Marco Schmitt

Einwendungen und Einreden gegen revokatorische Ansprüche im Rahmen der Rückabwicklung von Rechtsgeschäften, die nach §§ 1365, 1366 BGB nichtig sind

WÜRZBURGER
RECHTSWISSENSCHAFTLICHE SCHRIFTEN

herausgegeben
von
der Juristischen Fakultät der Universität Würzburg

Band 74

ERGON VERLAG

Marco Schmitt

Einwendungen und Einreden gegen revokatorische Ansprüche im Rahmen der Rückabwicklung von Rechtsgeschäften, die nach §§ 1365, 1366 BGB nichtig sind

ERGON VERLAG

Bibliografische Information der Deutschen Nationalbibliothek
Die Deutsche Nationalbibliothek verzeichnet diese Publikation in der Deutschen Nationalbibliografie; detaillierte bibliografische Daten sind im Internet über http://dnb.d-nb.de abrufbar.

Bibliographic information published by the Deutsche Nationalbibliothek
The Deutsche Nationalbibliothek lists this publication in the Deutsche Nationalbibliografie; detailed bibliographic data are available in the Internet at http://dnb.d-nb.de.

Gedruckt auf alterungsbeständigem Papier.
Satz: Sandra Kloiber, Ergon Verlag
Umschlaggestaltung: Jan von Hugo

www.ergon-verlag.de

Printed in Germany
ISSN 1432-0339
ISBN 978-3-89913-614-2

Meiner Familie

Vorwort

Die vorliegende Arbeit ist im Sommersemester 2007 von der juristischen Fakultät der Bayerischen Julius-Maximilians-Universität Würzburg als Dissertation angenommen worden.

Mein besonderer Dank gilt meinem Doktorvater, Herrn Prof. Dr. Klaus Tiedtke, der diese Arbeit angeregt, betreut und durch seinen fachlichen Rat gefördert hat.

Während meiner Tätigkeit als wissenschaftlicher Mitarbeiter an seinem Lehrstuhl für Finanz- und Wirtschaftsrecht sowie Zivilrecht hat er als herausragender Wissenschaftler mein juristisches Denken geschult und geprägt.

Danken möchte ich auch Herrn Prof. Dr. Frank Weiß für die zügige Erstellung des Zweitgutachtens.

Vor allem danke ich meiner Familie, insbesondere meinen Eltern und meiner Frau Christina. Ihnen widme ich diese Arbeit.

Schöllkrippen, im April 2008 Marco Schmitt

Inhaltsverzeichnis

Literaturverzeichnis

Achilles-Greiff: Bürgerliches Gesetzbuch, 21. Auflage, Berlin 1958 (zit.: *Achilles-Greiff)*

Bürgerliches Gesetzbuch, 19. Auflage, Berlin 1949 (zit.: *Achilles-Greiff*, 19. Aufl.)

Ahrens, Claus: Zivilrechtliche Zurückbehaltungsrechte, Berlin 2003

Alternativkommentar:

Kommentar zum Bürgerlichen Gesetzbuch, Band 5 Familienrecht (§§ 1297 - 1921), Neuwied, Darmstadt 1981 (zit.: AK-BGB/*Bearbeiter*)

Kommentar zur Zivilprozessordnung, Neuwied, Darmstadt 1987 (zit.: AK-ZPO/*Bearbeiter*)

Bamberger, Heinz Georg / Roth, Herbert: Kommentar zum Bürgerlichen Gesetzbuch:

Band 1, §§ 1 – 610, München 2003

Band 2, §§ 611 – 1296, ErbbauVO, WEG, München 2003

Band 3, §§ 1297 – 2385, EGBGB, CISG, München 2003

(zit.: Bamberger/Roth - *Bearbeiter*)

Bärmann, Johannes: Das neue Ehegüterrecht, AcP 157, 145 - 214

Baumann, Jürgen / Brehm, Wolfgang: Zwangsvollstreckung, 2. Auflage, Bielefeld 1982 (zit.: *Baumann/Brehm*)

Baumbach, Adolf / Hueck, Alfred: GmbH-Gesetz, 18. Auflage, München 2006 (zit.: Baumbach/Hueck-*Bearbeiter*)

Baumbach, Adolf / Lauterbach, Wolfgang / Albers, Jan / Hartmann, Peter: Zivilprozessordnung, 65. Aufl., München 2007 (zit.: Baumbach/Lauterbach-*Bearbeiter*)

Baur, Fritz: Zivilprozessuale Fragen zum Gleichberechtigungs- und zum Familienrechtsänderungsgesetz 1961, FamRZ 1962, 508 - 514

Baur, Fritz: Zwangsvollstreckungs- und konkursrechtliche Fragen zum Gleichberechtigungsgesetz, FamRZ 1958, 252 - 259

Baur, Fritz / Stürner, Rolf: Zwangsvollstreckungs-, Konkurs- und Vergleichsrecht, 12. Auflage,

Band 1, Heidelberg 1995

(zit.: *Baur/Stürner*, Zwangsvollstreckungsrecht I)

Band 2, Heidelberg 1990

(zit.: *Baur/Stürner*, Zwangsvollstreckungsrecht II)

Baur, Jürgen F. / Stürner Rolf: Sachenrecht, 17. Auflage, München 1999 (zit.: *Baur/Stürner*, Sachenrecht)

Beitzke, Günther: BGB-Familienrecht, Prüfe Dein Wissen, München 1986 (zit.: *Beitzke*, Familienrecht, Prüfe Dein Wissen)

Beitzke, Günther: Familienrecht, 26. Auflage, München 1992 (zit.: *Beitzke*, Familienrecht)

Benthin, Klaus: Probleme der Zugewinngemeinschaft heute, FamRZ 1982, 338 - 347

Berger, Christian: Die subjektiven Grenzen der Rechtskraft bei der Prozessstandschaft, Diss. Heidelberg 1990 (zit.: *Berger*)

Blank, Hubert / Börstinghaus, Ulf: Miete, 2. Auflage, München 2004 (zit.: *Blank/Börstinghaus*)

Blomeyer, Arwed: Zivilprozessrecht - Vollstreckungsverfahren, Berlin 1975 (zit.: *Blomeyer*, Zivilprozessrecht)

Boehmer, Gustav: Einige Fragen zu der sog. Vinkulierung des Hausrats in § 1369 BGB n.F., FamRZ 1959, 1 - 6

Boehmer, Gustav: Einige kritische Gedanken zum Gleichberechtigungsgesetz, in: Recht und Wirtschaft, Festschrift für Justus Wilhelm Hedemann zu seinem 80. Geburtstag, Berlin 1958, S. 25 - 46 (zit.: *Boehmer*, Festschrift für Hedemann)

Boehmer, Gustav: Ergänzende Bemerkungen zu der sog. Vinkulierung des Hausrats in § 1369 BGB n.F., FamRZ 1959, 81 - 84

Boehmer, Gustav: Die Teilreform des Familienrechts durch das Gleichberechtigungsgesetz vom 18. Juni 1957 und das Familienrechtsänderungsgesetz vom 11. August 1961, Recht und Staat, 1962, S. 1 ff. (zit.: *Boehmer*, Recht und Staat)

Böhringer, Walter: Der Zeitpunkt der Kenntnis bei Grundstücksrechtsgeschäften nach § 1365 BGB, BWNotZ 1987, 56 - 58

Böttcher, Roland: Verfügungsbeschränkungen, Rechtspfleger 1984, 377 - 385

Bosch, Friedrich Wilhelm: Bemerkungen zum „Gleichberechtigungsgesetz" (GlbG), FamRZ 1957, 189 - 196

Bosch, Friedrich Wilhelm: Das neue Ehevermögensrecht, insbesondere das Ehegüterrecht — Grundlinien und Hauptprobleme, FamRZ 1958, 289 - 298

Bosch, Friedrich Wilhelm: Ergänzende Bemerkungen zum Gleichberechtigungsgesetz, FamRZ 1957, 231 - 233

Bosch, Friedrich Wilhelm: Freiheit und Bindung im neuen deutschen Familienrecht, FamRZ 1958, 81 - 88

Bosch, Friedrich Wilhelm: Zum Inkrafttreten des Gleichberechtigungsgesetzes am 1. Juli 1958, FamRZ 1958, 241 - 243

Bosch, Friedrich Wilhelm: Zur Neuordnung des ehelichen Güterrechts, FamRZ 1954, 149 - 156

Braga, S.: Die „subjektive Theorie“ oder was sonst? Ein Beitrag zu den §§ 1365 - 1369 BGB, FamRZ 1967, 652 - 662

Braun, Johann: Zur Auslegung der §§ 1365, 1369 BGB in: Festschrift für Hans-Joachim Musielak zum 70. Geburtstag, München 2004 (zit.: *Braun*, Festschrift für Musielak)

Brox, Hans: Allgemeiner Teil des BGB, 30. Auflage, Köln Berlin Bonn München 2006 (zit.: *Brox*, Allgemeiner Teil)

Brox, Hans: Die Vinkulierung des Vermögens im ganzen sowie der Haushaltsgegenstände und ihre Auswirkungen im Zivilprozeß, FamRZ 1961, 281 - 287

Brox, Hans / Walker, Wolf-Dietrich: Besonderes Schuldrecht, 31. Auflage, München 2006 (zit.: *Brox/Walker*)

Bub, Wolf-Rüdiger / Treier, Gerhard: Handbuch der Geschäfts- und Wohnraummiete, 3. Auflage, München 1999 (zit.: Bub/Treier-*Bearbeiter*)

Calavros, Constantin: Urteilswirkung zu Lasten Dritter, Diss. Bielefeld 1978 (zit.: *Calavros*)

Damrau, Jürgen: Das Ärgernis um §§ 1812, 1813 BGB, FamRZ 1984, 842 - 851

De la Motte, Hans: Der Einfluß der güterrechtlichen Verwaltungsbeschränkung des § 1365 BGB auf das Unternehmensrecht, Diss. Kiel 1966 (zit.: *De la Motte*)

Dernburg, Heinrich: Deutsches Familienrecht, 4. Auflage, Halle a.d.S. 1908 (zit.: *Dernburg*, Familienrecht)

Dernburg, Heinrich: Geschichte und Theorie der Kompensation, 2. Auflage, 1868 (zit.: *Dernburg*, Geschichte und Theorie der Kompensation)

Deutsch, Erwin: Einschränkung des Aufrechnungsverbots bei vorsätzlich begangener unerlaubter Handlung, NJW 1981, 735 — 736

Dittmann, Ottmar: Die Anwendung des § 1365 BGB bei Beendigung des gesetzlichen Güterstandes, *DNotZ 1963, 707 — 719*

Dölle, Hans: Familienrecht, Band 1, Karlsruhe 1964 (zit.: *Dölle*, Familienrecht)

Dübeck, Inger: Gütertrennungsreform in Dänemark und skandinavisches Güterstandsrecht, ZEuP 1995, 827 — 839

Eickmann, Dieter: Widerspruch und Grundbuchberichtigung bei Nichtigkeit nach §§ 1365, 1366 BGB, Rechtspfleger 1981, 213 - 218

Eißer, Georg: Die Anerkennung der Persönlichkeit der Frau im neuen Eherecht, FamRZ 1959, 177 - 188

Emmerich, Volker: BGB-Schuldrecht, Besonderer Teil, 11. Auflage, Heidelberg 2006 (zit.: *Emmerich*, Schuldrecht BT)

Engisch, Karl: Einführung in das juristische Denken, 10. Auflage, Stuttgart 2005
Eppig, Brigitte: Verwaltungsbeschränkungen und Verkehrsschutz bei der Zugewinngemeinschaft, Diss. München 1959 (zit.: *Eppig*)
Erman, Walter: Kommentar zum Bürgerlichen Gesetzbuch,
Band 1, §§ 1 – 811, 11. Auflage, Münster 2004
Band 2, §§ 812 – 2385, 11. Auflage, Münster 2004
(zit.: Erman/*Bearbeiter*)
Handkommentar zum Bürgerlichen Gesetzbuch,
1. Auflage, Münster 1952
(zitiert: Erman/*Bearbeiter*, 1. Aufl.)
Band 2, §§ 854 - 2385, 5. Auflage, Münster 1972
(zit.: Erman/*Bearbeiter*, 5. Aufl.)
Band 2, §§ 854 – 2385, 10. Auflage, Münster 2000
(zit.: Erman/*Bearbeiter*, 10. Aufl.)
Esser, Josef / Schmidt, Eike: Schuldrecht, Band 1: Allgemeiner Teil, Teilband 1, 8. Auflage, Heidelberg 1995 (zit.: *Esser/Schmidt*)
Esser, Josef / Weyers, Hans-Leo: Schuldrecht, Band 2: Besonderer Teil, Teilband 1, 8. Auflage, Heidelberg 1998 (zit.: *Esser/Weyers*)
Fenge, Hilmar: Rechtskrafterstreckung bei revokatorischen Ansprüchen aus Verstößen gegen die Verfügungsbeschränkungen der Zugewinngemeinschaft, in: Festschrift für Eduard Wahl zum 70. Geburtstag, Heidelberg 1973, 475 - 493 (zit.: *Fenge*, Festschrift für Wahl)
Finke, Franz Josef: Das künftige eheliche Güterrecht, JR 1957, 161 - 168
Finke, Franz Josef: Erläuterungen zum Gleichberechtigungsgesetz (II), MDR 1957, 514 - 521
Firsching, Karl / Graba, Hans-Ulrich: Familienrecht, 1. Halbband – Familiensachen, 6. Auflage, München 1998 (zit.: *Firsching/Graba*, Familienrecht)
Fischer, Robert: Kollision zwischen Gesellschaftsrecht und ehelichem Güterrecht, NJW 1960, 937 - 943
Flume, Werner: Allgemeiner Teil des Bürgerlichen Rechts, Band 2: Das Rechtsgeschäft, 4. Auflage, Berlin 1992 (zit.: *Flume*, Allgemeiner Teil)
Frank, Adolf: Kein Gutglaubensschutz nach dem Gleichberechtigungsgesetz? NJW 1959, 135 - 137
Friedrich, Edgar / Merdsche, Fritz: Die Gleichberechtigung ab 1. Juli 1958, Frankfurt a.M. 1958 (zit.: *Friedrich/Merdsche*)
Gaa, Lothar: Die Verfügungsbefugnis der Ehegatten im gesetzlichen Güterstand der Zugewinngemeinschaft, Diss. Heidelberg 1960 (zit.: Gaa)

Geißler, Markus: Dogmatische Grundfragen bei der Zwangsvollstreckung in Geldforderungen, JuS 1986, 614 - 619

Gerhardt, Walter: Vollstreckungsrecht, 2. Auflage, Berlin New York 1982 (zit.: *Gerhardt*, Vollstreckungsrecht)

von Gerkan, Hartwin: Zur Pfändbarkeit von Geldforderungen, die dem Vollstreckungsschuldner gegen den Vollstreckungsgläubiger zustehen, Rechtspfleger 1963, 369 — 370

Gernhuber, Joachim: Die Erfüllung und ihre Surrogate, 2. Auflage, Tübingen 1994 (zit.: *Gernhuber*, Erfüllung)

Gernhuber, Joachim / Coester-Waltjen, Dagmar: Lehrbuch des Familienrechts, 5. Auflage, München 2006 (zit.: *Gernhuber/Coester-Waltjen*, Familienrecht)

Geßler, Ernst / Hefermehl, Wolfgang / Eckardt, Ulrich / Kropff, Bruno: Aktiengesetz, Band 1 (§§ 1-75), 2. Auflage, München 2000 (zit.: Geßler-Hefermehl/*Bearbeiter*)

Giesen, Dieter: Familienrecht, 2. Auflage, Tübingen 1994 (zit.: *Giesen*, Familienrecht)

Glum, Christine Elisabeth: Die Einschränkung der Verwaltungsfreiheit der Ehegatten im Güterstand der Zugewinngemeinschaft, Diss. Erlangen-Nürnberg 1961 (zit.: *Glum*)

Glötzner, Victor: Zum Aufrechnungsverbot des § 393 BGB, MDR 1975, 718 - 721

Gottwald, Peter: Insolvenzrechts-Handbuch, 3. Auflage, München 2006 (zit.: *Gottwald*, Insolvenzrechts-Handbuch)

Grasmann, Günther: Das Familienrecht, Berlin 1972 (zit.: *Grasmann*, Familienrecht)

Großkommentar: Aktiengesetz, Band 1, Halbband 1, §§ 1-75, 4. Auflage, Berlin 2004 (zit.: GroßKomm-AktG/*Bearbeiter*)

Haase, Richard: Zum Verbot der Aufrechnung gem. § 393 BGB, JR 1972, 137 — 139

Hachenburg, Max: Gesetz betreffend die Gesellschaften mit beschränkter Haftung (GmbHG), Band 1 (§§ 1 - 34), 8. Auflage, Berlin 1992 (zit.: Hachenburg - *Bearbeiter*)

Haegele, Karl: Das eheliche Güterrecht, 6. Auflage, 1964 (zit.: *Haegele*, Das eheliche Güterrecht)

Haegele, Karl: Die Verpflichtungs- und Verfügungsbeschränkungen bei Zugewinngemeinschaft im Grundstücksverkehr, Rechtspfleger 1959, 4 - 10

Haegele, Karl: Neues um § 1365 BGB im Bereich des Grundstücksrechts, Rechtspfleger 1960, 271 - 275

Haegele, Karl: Nochmals: Die Verpflichtungs- und Verfügungsbeschränkungen nach § 1365 BGB bei Zugewinngemeinschaft, Rechtspfleger 1959, 242 - 250

Haegele, Karl: Sechs Jahre Zugewinngemeinschaft, Probleme und Erfahrungen unter Berücksichtigung von Rechtsprechung und Schrifttum, FamRZ 1964, 242 - 257

Häsemeyer, Ludwig: Insolvenzrecht, 3. Auflage, Köln 2003 (zit.: *Häsemeyer*, Insolvenzrecht)

Hakulinen, Y.J.: Das Eherecht Finnlands, in: Leske-Loewenfeld, Rechtsverfolgung im internationalen Verkehr, Band I; Das Eherecht der europäischen und außereuropäischen Staaten, Erster Teil, Die europäischen Staaten, 2. Lieferung, 1964, S. 343 - 368 (zit.: *Hakulinen*, Das Eherecht Finnlands)

Hartung, Wolfgang: Verfügungsbeschränkung bei ehelichem Hausrat, Zur Auslegung der §§ 1365 bis 1369 BGB unter besonderer Berücksichtigung des § 1369 BGB, Köln 1962 (zit.: *Hartung*)

Hartung, Wolfgang: Der Schutz des guten Glaubens bei den Verfügungsbeschränkungen des Gleichberechtigungsgesetzes, NJW 1959, 1020 - 1021

Heintzmann, Walther: Die Prozessführungsbefugnis, Köln 1970 (zit.: *Heintzmann*, Die Prozessführungsbefugnis)

Heintzmann, Walther: Zivilprozessrecht II, 2. Auflage, Heidelberg 1998 (zit.: *Heintzmann*, Zivilprozessrecht II)

Hellwig, Konrad / Oertmann Paul: System des Deutschen Zivilprozessrechts, Zweiter Teil, Leipzig 1919 (zit.: *Hellwig/Oertmann*)

Henrich, Dieter: Familienrecht, 5. Auflage, Berlin 1995 (zit.: *Henrich*, Familienrecht)

Hergenhahn, Theodor: Aus dem Zwangsvollstreckungsverfahren der Reichs-Civil-Prozeßordnung, insbesondere die Pfändung und Überweisung von Forderungen des Schuldners gegen den beitreibenden Gläubiger betreffend, Gruchot 31 (1887), 610 ff.

Hohloch, Gerhard: Anmerkung zu BGH, Urt. v. 2.2.2000 - XII ZR 25/98, LM BGB § 1365 Nr. 19 (8/2000), 1467

Hohloch, Gerhard: Familienrecht, Stuttgart 2002 (zit.: *Hohloch*, Familienrecht)

Hohloch, Gerhard: Revokationsbefugnis und Aufrechnung, JuS 2000, 820

Hoppe, Michael: Die revokatorische Klage nach § 1368 BGB, Diss. Münster 2001 (zit.: *Hoppe*)

Jakobs, Horst Heinrich / Schubert, Werner: Die Beratung des Bürgerlichen Gesetzbuchs in systematischer Zusammenstellung der unveröffentlichten Quellen, Recht der Schuldverhältnisse I, §§ 241 bis 432, Berlin u.a. 1978 (zit.: *Jakobs/Schubert*, Die Beratung des Bürgerlichen Gesetzbuchs)

Jastrow: Statthaftigkeit der Pfändung einer Forderung, welche dem Schuldner gegen den beitreibenden Gläubiger selbst zusteht, ZZP 8 (1885), 461 ff.

Jauernig, Othmar: Bürgerliches Gesetzbuch, 11. Auflage, München 2004 (zit.: Jauernig/*Bearbeiter*)

Jauernig, Othmar: Zwangsvollstreckungs- und Insolvenzrecht, 21. Auflage, München 1999 (zit.: *Jauernig*, Zwangsvollstreckungsrecht)

Kamnitzer- Bohnenberg: Gleichberechtigung und Bürgerliches Gesetzbuch, Köln 1958 (zit.: *Kamnitzer-Bohnenberg*)

Kastrup, Dieter: Die Verpflichtungs- und Verfügungsbeschränkungen der Zugewinngemeinschaft, Diss. Köln 1961 (zit.: *Kastrup*)

Keller, Rolf: Das Zurückbehaltungsrecht nach § 273 BGB, JuS 1982, 665 - 668

Kemper, Karl: Die Verwaltungsbeschränkungen der Ehegatten im Güterstand der Zugewinngemeinschaft (§§ 1365 - 1368 BGB n.F.), Diss. Bonn 1962 (zit.: *Kemper*)

Knur, Alexander: Zugewinngemeinschaft, Ehevertrag und Verfügung von Todes wegen, DNotZ 1957, 451 — 483

Knur, Alexander: Probleme der Zugewinngemeinschaft, Köln 1959 (zit.: *Knur*)

Kölner Kommentar zum Aktiengesetz: 2. Auflage, Band 1, §§ 1 - 75, Köln 2004 (zit.: KölnKomm/*Bearbeiter*)

Koeniger, Hans: Der Schutz der Familie in der Zugewinngemeinschaft, DRiZ 1959, 372 - 375

Korn: Ueber die Zulässigkeit der Pfändung einer Forderung des Schuldners an den Vollstreckungsgläubiger, ZZP 11 (1887), 294 ff.

Kroppenberg, Inge: Anmerkung zu BGH, Urt. v. 2.2.2000 - XII ZR 25/98, WuB I E 4 Avalkredit 1.00, 735 - 736

Krüger, Hildegard / Breetzke, Ernst / Nowack, Kuno: Gleichberechtigungsgesetz, München und Berlin 1958 (zit.: *Krüger/Breetzke/Nowack*, Gleichberechtigungsgesetz)

von Kübel, Franz Philipp: Entwurf eines bürgerlichen Gesetzbuches für das Deutsche Reich, Recht der Schuldverhältnisse, Allgemeiner Teil mit Begründung, Vorlage des Redaktors, Berlin 1882

Künzl, Reinhard: Heilung schwebend unwirksamer Gesamtvermögensgeschäfte eines Ehegatten? FamRZ 1988, 452 - 460

Lackmann, Rolf: Zwangsvollstreckungsrecht, 7. Auflage, München 2005 (zit.: *Lackmann*, Zwangsvollstreckungsrecht)

Lange, Hermann: Verfügung über ein Grundstück als Verfügung über das Gesamtvermögen gem. § 1365 BGB, maßgeblicher Zeitpunkt für die Kenntnis des Erwerbers – LG Osnabrück, FamRZ 1973, 652, JuS 1974, 766 – 770

Larenz, Karl: Lehrbuch des Schuldrechts, Band 1, 14. Auflage, München 1987 (zit.: *Larenz*, Schuldrecht I)

Larenz, Karl: Methodenlehre der Rechtswissenschaft, 6. Auflage, Berlin 1991 (zit.: *Larenz*, Methodenlehre)

Larenz, Karl / Canaris, Claus-Wilhelm: Methodenlehre der Rechtswissenschaft, 3. Auflage, Berlin 1995 (zit.: *Larenz/Canaris*, Methodenlehre)

Larenz, Karl / Wolf, Manfred: Allgemeiner Teil des Bürgerlichen Rechts, 9. Auflage, München 2004 (zit.: *Larenz/Wolf*, Allgemeiner Teil)

Lauhoff, Erich: Die Verfügungsbeschränkungen der Ehegatten in der Zugewinngemeinschaft gemäß §§ 1365 – 1369 BGB, Diss. Münster 1962 (zit.: *Lauhoff*)

Lehmann, Heinrich: Deutsches Familienrecht, 3. Auflage, Berlin 1960 (zit.: *Lehmann*, Familienrecht)

Leible, Stefan: Zur Aufrechnungsbefugnis des Dritten im Rahmen der Revokation, JA 2000, 742 – 745

Lippross, Otto-Gerd: Vollstreckungsrecht, 9. Auflage, Neuwied 2002 (zit.: *Lippross*, Vollstreckungsrecht)

Lövold, Arne: Das Eherecht Norwegens, in: Leske-Loewenfeld, Rechtsverfolgung im internationalen Verkehr, Band I; Das Eherecht der europäischen und außereuropäischen Staaten, Erster Teil, Die europäische Staaten, 2. Lieferung, 1964, S. 227 – 273 (zit.: *Lövold*, Das Eherecht Norwegens)

Lorenz, Werner: Die Verfügungsbeschränkungen im Rahmen der Zugewinngemeinschaft, JZ 1959, 105 – 109

Lüderitz, Alexander: Familienrecht, 27. Auflage, München 1999 (zit.: *Lüderitz*, Familienrecht)

Lüke, Wolfgang: Zivilprozessrecht, 9. Auflage, München 2006 (zit.: *Lüke*, Zivilprozessrecht)

Mager, Heinrich: Verfahrensbeschleunigung durch Vorbehaltsurteile bezüglich der Aufrechnung, JZ 1969, 548 – 549

Marcus, Franz: Das Eherecht Dänemarks, in: Leske-Loewenfeld, Rechtsverfolgung im internationalen Verkehr, Band I, Das Eherecht der europäischen und außereuropäischen Staaten, Erster Teil, Die europäischen Staaten, 2. Lieferung, 1964, S. 275 – 13 (zit.: *Marcus*, Das Eherecht Dänemarks)

Massfeller, Franz: Das gesamte Familienrecht, Band 1, Frankfurt am Main 1962 (zit.: *Massfeller*)
Massfeller, Franz: Das Gleichberechtigungsgesetz im Geschäftsverkehr der Kreditinstitute, Sparkassenheft Nr. 15, Stuttgart 1957
Massfeller, Franz / Reinicke, Dietrich: Das Gleichberechtigungsgesetz mit Erläuterungen, Köln und Berlin 1958 (zit.: *Massfeller/Reinicke*)
Massfeller, Franz / Reinicke, Dietrich: Zu dem Entwurf eines Gesetzes über die Neuordnung des ehelichen Güterrechts in der Fassung des Unterausschusses „Familienrechtsgesetz“ des Bundestages, Beilage zum Bundesanzeiger Nr. 154 vom 10. August 1956
Medicus, Dieter: Allgemeiner Teil des BGB, 9. Auflage, Heidelberg 2006 (zit.: *Medicus*, Allgemeiner Teil)
Medicus, Dieter: Bürgerliches Recht, 20. Auflage, Köln 2004 (zit.: *Medicus*, Bürgerliches Recht)
Medicus, Dieter: Schuldrecht I, 17. Auflage, München 2006 (zit.: *Medicus*, Schuldrecht I)
Merzbacher, Friedrich: Die Zugewinngemeinschaft, AcP 156 (1957) 1 – 28
Meyer-Landrut, Joachim / Miller, Georg / Niehus, Rudolf J.: Gesetz betreffend die Gesellschaften mit beschränkter Haftung (GmbHG), Berlin 1987 (zit.: *Meyer-Landrut/Müller/Niehus*)
Meyer-Stolte, Klaus: Vinkulierung der Gesamtvermögensgeschäfte, FamRZ 1959, 228 - 234
Mikat, Paul: Schranken der Vertragsfreiheit im Ehegüterrecht, in: Festschrift für Wilhelm Felgenträger zum 70. Geburtstag, Göttingen 1969, 323 - 352 (zit.: *Mikat*, Festschrift für Felgenträger)
Motive: Motive zum Entwurfe eines Bürgerlichen Gesetzbuches für das Deutsche Reich, Band 4, Familienrecht, 2. Auflage, Berlin 1896 (zit.: *Motive* IV)
Mülke, Horst: Die Verwaltungsbeschränkung des § 1365 Abs. 1 BGB, Diss. Münster 1962 (zit.: *Mülke*)
Mülke, Horst: Zur Verwaltungsbeschränkung des § 1365 Abs. 1 BGB, AcP 161 (1962), 129 - 162
Müller, K. F. Wilhelm: Einführung in das Ehe- und Familienrecht nach dem Gleichberechtigungsgesetz, Berlin 1957 (zit.: *Müller*, Ehe- und Familienrecht)
Müller, Friedrich: Juristische Methodik, Band 1, 9. Auflage, Berlin 2004 (zit.: *Müller*, Juristische Methodik)
Münchener Kommentar: Kommentar zum Bürgerlichen Gesetzbuch, Band 2a, Schuldrecht Allgemeiner Teil, §§ 241 – 432, 4. Auflage, München 2003

Band 5, Schuldrecht, Besonderer Teil III, 705 - 853, 4. Auflage, München 2004
Band 6, Sachenrecht, §§ 854 - 1296, 4. Auflage, München 2004
Band 7 Familienrecht, §§ 1297 - 1588, 4. Auflage, München 2000 (zit.: MünchKomm/*Bearbeiter*)
Band 7 Familienrecht, §§ 1297 - 1588, 3. Auflage, München 1993 (zit.: MünchKomm/*Bearbeiter*, 3. Aufl.)

Münchener Kommentar: Kommentar zur Zivilprozessordnung, Band 1 (§§ 1 – 354), 2. Auflage, München 2001 (zit.: MünchKomm-ZPO/*Bearbeiter*)

Münchener Kommentar: Kommentar zur Insolvenzordnung, Band 1, §§ 1 - 102, 1. Auflage, München 2001 (zit.: MünchKomm-InsO/*Bearbeiter*)

Mugdan, Benno: Die gesammten Materialien zum Bürgerlichen Gesetzbuch für das Deutsche Reich, Band IV, Berlin 1899

Oberheim, Rainer: Zivilprozeßrecht für Referendare, 2. Auflage, Düsseldorf 1994 (zit.: *Oberheim*, Zivilprozessrecht)

Oertmann, Paul: Das Pfandrecht an eigener Schuld (Pignus debiti), AcP 81 (1893), 61 -127

Oertmann, Paul: Die rechtliche Natur der Aufrechnung, AcP 113 (1915), 376 – 428

Ollig, Gerhard: Die Auslegung des § 1365 Abs. 1 BGB und sein Einfluß auf das Gesellschaftsrecht, Diss. Frankfurt a.M. 1964

Olzen, Dirk: Rechtsprobleme des § 1365 BGB, Jura 1988, 13 - 19

Opet, Otto / von Blume, Wilhelm: Das Familienrecht, 1. Abschnitt, Bürgerliche Ehe, erläutert von Otto Opet, Berlin 1906 (zit.: *Opet*, Familienrecht)

Palandt, Otto: Bürgerliches Gesetzbuch, 67. Auflage, München 2008 (zit.: Palandt/*Bearbeiter)*
Bürgerliches Gesetzbuch, 16. Auflage, München 1957
zit.: Palandt/*Bearbeiter*, 16. Aufl.)

Papenheim, Christoph G.: Das Teilhaberecht der Ehegatten an vinkulierten Vermögenswerten und die Rechtsnatur des § 1368 BGB, Frankfurt am Main 1996 (zit.: *Papenheim*)

Patzelt, Georg: Umgehung von Aufrechnungsverboten durch Forderungspfändung, Diss. Tübingen 1955 (zit.: *Patzelt*)

Pawlowski, Hans-Martin: Methodenlehre für Juristen, Theorie der Norm und des Gesetzes, 3. Auflage, Heidelberg 1999 (zit.: *Pawlowski*, Methodenlehre)

Petermann, Gerhard: Die Vinkulierung des Hausrats bei der Zugewinngemeinschaft (§ 1368 BGB n.F.), Rechtspfleger 1960, 233 - 237

Petersen, Julius: Die Civilprozeßordnung für das Deutsche Reich, Band 2, §§ 511 - 1048, 5. Auflage, Lahr 1906 (zit: *Petersen*)

Pielemeier, Klaus: Das Aufrechnungsverbot des § 393 BGB, Berlin 1988 (zit.: *Pielemeier*)

Planck, Gottlieb: Kommentar zum Bürgerlichen Gesetzbuch, IV. Band, Familienrecht, 1. und 2. Auflage, Berlin 1901 (zit.: Planck/*Bearbeiter*)

Rauscher, Thomas: Familienrecht, Heidelberg 2001 (zit.: *Rauscher*, Familienrecht)

Reichsgerichtsrätekommentar: Das Bürgerliche Gesetzbuch, mit besonderer Berücksichtigung der Rechtsprechung des Reichsgerichts und des Bundesgerichtshofs,
Band II, 1. Teil, Recht der Schuldverhältnisse, §§ 241- 413, 12. Auflage, Berlin 1976
Band II, 5. Teil, §§ 812 - 831, 12. Auflage, Berlin 1989
Band III, 1. Teil, Sachenrecht, §§ 854 - 1011, 12. Auflage, Berlin 1979
Band IV, 1. Teil, Familienrecht, §§ 1297 - 1563, 12. Auflage, Berlin 1984
Band IV, 4. Teil, Familienrecht, §§ 1741 - 1921, 12. Auflage, Berlin 1999
(zit.: RGKR/*Bearbeiter*)
IV. Band, Familienrecht, 7. Auflage, Berlin und Leipzig 1929
(zit.: RGKR/*Bearbeiter*, 7. Aufl.)
IV. Band, Familienrecht, 9. Auflage, Berlin 1940
(zit.: RGKR/*Bearbeiter*, 9. Aufl.)
IV. Band, 1.Teil, Familienrecht, 10./11. Auflage, Berlin 1960
(zit.: RGKR/*Bearbeiter*, 10./11. Aufl.)

Reinicke, Dietrich: Der Einfluß der Scheidung auf die nach den §§ 1365, 1366 BGB schwebend unwirksamen Rechtsgeschäfte, NJW 1972, 1786 - 1789

Reinicke, Dietrich: Die Rechtsfolgen der Verweigerung einer nach den §§ 1365, 1366 BGB erforderlichen Genehmigung, NJW 1973, 305 - 307

Reinicke, Dietrich: Die Rechtsprechung des Bundesgerichtshofes zur Zugewinngemeinschaft, DB 1965, 1351 - 1355

Reinicke, Dietrich: Verwaltungsbeschränkungen im gesetzlichen Güterstand der Zugewinngemeinschaft, BB 1957, 564 - 568

Reinicke, Dietrich: Verwaltungsbeschränkungen im Güterstand der Zugewinngemeinschaft und Gesellschaftsrecht, BB 1960, 1002 - 1005

Reinicke, Dietrich: Zum neuen ehelichen Güterrecht, NJW 1957, 889 - 893

Reinicke, Dietrich / Schwarzhaupt, Elisabeth: Die Gleichstellung von Mann und Frau nach dem Gesetz vom 8.6.1957, Stuttgart 1957 (zit.: *Reinicke/Schwarzhaupt*)

Reinicke, Dietrich / Tiedtke Klaus: Kaufrecht, 7. Auflage, München 2004 (zit.: *Reinicke/Tiedtke*, Kaufrecht)

Reuter, Dieter / Martinek, Michael: Ungerechtfertigte Bereicherung, Tübingen 1983 (zit.: *Reuter/Martinek*)

Riedel, Erwin: Zur Problematik des § 1365 BGB, MDR 1962, 4 - 7

Riedel, Erwin: Vermögens- und Verfügungsinhalt zu §§ 419, 1365 BGB im Grundstücksverkehr, Rechtspfleger 1961, 261 - 269

Rimmelspacher, Bruno: Revokation und Klageantrag im Fall des § 1368 BGB, NJW 1969, 1997 - 1999

Rimmelspacher, Bruno / Spellenberg, Ulrich: Pfändung einer Gegenforderung und Aufrechnung, JZ 1973, 271 - 274

Rittner, Fritz: Handelsrecht und Zugewinngemeinschaft (I): Die Bedeutung des § 1365 BGB im Handelsrecht, FamRZ 1961, 1 - 17

Röhl, Klaus: Allgemeine Rechtslehre, 2. Auflage, Köln 2001 (zit.: *Röhl*, Allgemeine Rechtslehre)

Rosenberg, Leo / Gaul, Hans Friedhelm / Schilken, Eberhard: Zwangsvollstreckungsrecht, 11. Auflage, München 1997 (zit.: *Rosenberg/Gaul/Schilken*)

Roth, Günther H. / Altmeppen, Holger: Gesetz betreffend die Gesellschaften mit beschränkter Haftung (GmbHG), 5. Auflage, München 2005 (zit.: Roth/Altmeppen-*Bearbeiter*)

Rüthers, Bernd: Rechtstheorie, 3. Auflage, München 2007 (zit.: *Rüthers*, Rechtstheorie)

Sandrock, Otto: Gesellschaftsvertragliche Vereinbarungen und die Verwaltungsbeschränkung des § 1365 Abs. 1 BGB, in: Festschrift für Konrad Duden zum 70. Geburtstag, München 1977, 513 – 536

Schellhammer, Kurt: Familienrecht nach Anspruchsgrundlagen, 4. Auflage, Heidelberg 2006 (zit.: *Schellhammer*, Familienrecht)

Schellhammer, Kurt: Zivilprozess, 11. Auflage, Heidelberg 2004 (zit.: *Schellhammer*, Zivilprozess)

Schlegelberger, Franz / von Seth P. / von Wrede, Freiherr A. / Dix, Hellmuth: Das Zivilrecht der nordischen Länder, Teil 1, Das Zivilrecht Finnlands und Schwedens, Berlin 1939 (zit.: *Schlegelberger/Seth/Wrede/Dix*, Das Zivilrecht der nordischen Länder)

Schlieper, Hartmut: Das Spannungsverhältnis von Familien- und Verkehrsinteressen im Rahmen des § 1365 BGB, Frankfurt am Main 1991 (zit.: *Schlieper*)

Schlosser, Peter: Vermögensbeziehungen unter Ehegatten, Jura 1983, 198 - 205; 260 - 266

Schlosser, Peter: Die Sachurteilsvoraussetzungen, Jura 1981, 648 - 660

Schlüter, Wilfried: BGB-Familienrecht, 12. Auflage, Heidelberg 2006 (zit.: *Schlüter*, Familienrecht)

Schmidt-Futterer, Wolfgang: Mietrecht, Großkommentar des Wohn- und Gewerberaummietrechts, 9. Auflage, München 2007 (zit.: Schmidt-Futterer/*Bearbeiter*)

Schmidt, A. B. / Hedemann, J.W. / Fuchs, A.: Familienrecht, 1. Abschnitt: Die bürgerliche Ehe, erläutert von A.B. Schmidt, München 1907 (zit.: *Schmidt*, Familienrecht)

Schmidt-Horix, Hans: Das eheliche Güterrecht in Deutschland und Norwegen, Diss. Münster 1981 (zit.: *Schmidt-Horix*)

Scholz, Franz: Kommentar zum GmbH-Gesetz, 10. Auflage, Band 1 (§§ 1 — 44), Köln 2006 (zit.: Scholz-*Bearbeiter*)

Schubert, Werner: Vorentwürfe der Redaktoren zum BGB, Recht der Schuldverhältnisse, Teil 1, Allgemeiner Teil, Berlin 1980 (zit.: *Schubert*, Vorentwürfe der Redaktoren zum BGB)

Schulin, Paul: Das Gleichberechtigungsgesetz und der Prozeßrichter, DRiZ 1959, 76 - 80

Schulz-Kersting, Willibald: Die Auswirkungen des Gleichberechtigungsgesetzes auf den Grundbuchverkehr, JR 1959, 81 - 86; 134 - 139

Schuschke, Winfried / Walker, Wolf-Dietrich: Vollstreckung und Vorläufiger Rechtsschutz, 3. Auflage, Band 1 (§§ 704 - 915h ZPO), Köln 2002 (zit.: Schuschke/Walker-*Bearbeiter*)

Schwab, Dieter: Familienrecht, 14. Auflage, München 2006 (zit.: *Schwab*, Familienrecht)

v. Seuffert, Lothar: Kommentar zur Zivilprozessordnung, 11. Auflage, Band 2 (§§ 511 - 1048), München 1911 (zit.: *v. Seuffert*, Zivilprozessordnung)

Seidl, Helmut: Familienrecht, 6. Auflage, München 2003 (zit.: *Seidl*, Familienrecht)

Siebert Wolfgang / Vogel, Herrmann: Familienrecht, Stuttgart 1955 (zit.: *Siebert/Vogel*, Familienrecht)

Simsons, Gerhard: Das Eherecht Schwedens, in: Leske-Loewenfeld, Rechtsverfolgung im internationalen Verkehr, Band I; Das Eherecht der europäischen und außereuropäischen Staaten, Erster Teil, Die europäischen Staaten, 2. Lieferung, 1964, S. 173 - 223 (zit.: *Simsons*, Das Eherecht Schwedens)

Soergel, Hans Theodor: Bürgerliches Gesetzbuch mit Einführungsgesetz und Nebengesetzen

Band 2, Allgemeiner Teil 2, §§ 104 - 240, 13. Auflage, Stuttgart 1999
Band 2, Schuldrecht I, §§ 241 — 432, 12. Auflage, Stuttgart 1990
Band 12, Schuldrecht 10, §§ 823 — 853, 13. Auflage, Stuttgart 2005
Band 15/1, Sachenrecht 2/1, §§ 985 — 1017, 13. Auflage, Stuttgart 2006
Band 7, Familienrecht I, §§ 1297 — 1588, 12. Auflage, Stuttgart 1998
Band 20, Familienrecht 4, §§ 1741 — 1921, 13. Auflage, Stuttgart 2000
(zit.: Soergel/*Bearbeiter*)
III. Band, Sachenrecht, Familien- und Erbrecht, §§ 854 bis 2385, 7. Auflage, Stuttgart 1939 (zit.: Soergel/*Bearbeiter*, 7. Aufl.)
III. Band, Sachenrecht, Familien- und Erbrecht §§ 854 bis 2385, 8. Auflage, Stuttgart 1955 (zit.: Soergel/*Bearbeiter*, 8. Aufl.)

Staudinger, Julius: Kommentar zum Bürgerlichen Gesetzbuch mit Einführungsgesetz und Nebengesetzen
Einleitung zum Bürgerlichen Gesetzbuch, §§ 1 - 14, Verschollenheitsgesetz, 13. Auflage, Berlin 2004
Allgemeiner Teil 4, §§ 134 - 163, 13. Auflage, Berlin 2003
Zweites Buch, Recht der Schuldverhältnisse, Einleitung zu § 241 ff; §§ 241 - 243, 13. Auflage, Berlin 1995
Leistungsstörungsrecht I, §§ 255 - 304, 13. Auflage, Berlin 2004
Erfüllung, Hinterlegung, Aufrechnung, §§ 362 - 396, 13. Auflage, Berlin 2006
Mietrecht 1, §§ 353 - 562 d, 13. Auflage, Berlin 2006
Drittes Buch, Sachenrecht, §§ 985 - 1011, 13. Auflage, Berlin 2006
Viertes Buch, Familienrecht, §§ 1363 - 1563, 13. Auflage, Berlin 2000
Vormundschaftsrecht, §§ 1773 - 1895, 13. Auflage, Berlin 2004
(zit.: Staudinger/*Bearbeiter*)
IV. Band, Familienrecht, 1. Teil, §§ 1297 - 1588, 5./6. Auflage, München 1910 (zit.: Staudinger/*Bearbeiter*, 5./6. Aufl.)
IV. Band, Familienrecht, 1. Teil, §§ 1297 - 1588, 9. Auflage, München 1926 (zit.: Staudinger/*Bearbeiter*, 9. Aufl.)
IV. Band, Familienrecht, Teil 2, §§ 1363 - 1588, 10./11. Auflage, Berlin 1970 (zit.: Staudinger/*Bearbeiter*, 10./11. Aufl.)

Stein, Friedrich / Jonas, Martin: Kommentar zur Zivilprozessordnung, 22. Auflage
Band 1, Einleitung, §§ 1 - 40, Tübingen 2003
Band 2, §§ 41 - 127a, Tübingen 2004
Band 3, §§ 128 - 252, Tübingen 2005
Band 8, §§ 828 - 915 h, Tübingen 2004
(zit.: Stein/Jonas-*Bearbeiter*)

Stöber, Kurt: Forderungspfändung, 14. Auflage, Bielefeld 2005 (zit.: *Stöber*, Forderungspfändung)

Struckmann, Johannes / Koch, Richard: Die Zivilprozessordnung für das Deutsche Reich, 9. Auflage, Berlin 1910 (zit.: *Struckmann/Koch*)

Teichmann, Arndt: Die Gesetzesumgehung, Göttingen 1962 (zit.: *Teichmann*, Gesetzesumgehung)

Thomas, Heinz / Putzo, Hans: Zivilprozessordnung, 28. Auflage, München 2007 (zit.: *Thomas/Putzo*)

Tiedau, Erwin: Zum neuen ehelichen Güterrecht, insbesondere zu den Beschränkungen des § 1365 BGB n.F., MDR 1959, 79 - 82

Tiedau, Erwin: Zur Bedeutung des Inkrafttretens des neuen ehelichen Güterstandes der Zugewinngemeinschaft am 1. Juli 1958, insbesondere für die anwaltliche und notarielle Praxis, MDR 1958, 377 - 384

Tiedau, Erwin: Zur Problematik des § 1365 BGB unter besonderer Berücksichtigung des Gesellschaftsrechtes, MDR 1961, 721 - 725

Tiedtke, Klaus: Der Zeitpunkt, zu dem die subjektiven Voraussetzungen des § 1365 BGB vorliegen müssen, FamRZ 1975, 65 - 70

Tiedtke, Klaus: Die Umdeutung eines nach den §§ 1365, 1366 BGB nichtigen Rechtsgeschäfts in einen Erbvertrag, FamRZ 1981, 1 - 5

Tiedtke, Klaus: Die Zustimmungsbedürftigkeit der Auflassungsvormerkung im Güterstand der Zugewinngemeinschaft, FamRZ 1976, 320 - 323

Tiedtke, Klaus: Rechtsprechung des Bundesgerichtshofs zum ehelichen Güterrecht seit dem 1. Januar 1978, JZ 1984, 1018 - 1022

Tiedtke, Klaus: Verfügungen eines Ehegatten über das Vermögen im ganzen, FamRZ 1988, 1007 - 1010

Tiedtke, Klaus / Schmitt, Marco: Der Anwendungsbereich des kaufrechtlichen Schadensersatzes statt der Leistung nach §§ 437 Nr. 3, 280 Abs. 1 und 3, 281 Abs. 1 BGB, BB 2005, 615 - 624

Tiedtke, Klaus / Schmitt, Marco: 40 Probleme aus dem BGB, Kaufrecht, München 2005 (zit.: *Tiedtke/Schmitt*, Kaufrecht)

Wank, Rolf: Die Auslegung von Gesetzen, 3. Auflage, Köln 2005 (zit.: *Wank*, Die Auslegung von Gesetzen)

Warneyer, Otto: Kommentar zum Bürgerlichen Gesetzbuch für das Deutsche Reich, 2. Band, 2. Auflage, Tübingen 1930 (zit.: *Warneyer*)

Weber, Hans: Die Zwangsvollstreckung in Mobilien nach dem Gleichberechtigungsgesetz, Rechtspfleger 1959, 179 - 180

Weigelin, Ernst: Das Recht zur Aufrechnung als Pfandrecht an der eigenen Schuld, Hannover 1904 (zit.: *Weigelin*, Aufrechnung)

Weigelin, Ernst: Pfändungspfandrecht an Forderungen, Stuttgart 1899 (zit.: *Weigelin*, Pfändungspfandrecht)

Weimar, Robert: Die Bestellung einer Kaufgeldhypothek aus der Sicht des § 1365 BGB, MDR 1961, 909
Weimar, Robert: Zur Anwendbarkeit des § 1365 Abs. 1 BGB auf den Teilungsversteigerungsantrag, NJW 1959, 1478 - 1479
Weimar, Robert: Zur Anwendbarkeit des § 1365 Abs. 1 BGB bei dinglichen Unterwerfungsklauseln, JR 1961, 255 - 256
Werner, Frank: Umgehung von Aufrechnungshindernissen durch Zwangsvollstreckung in eigene Schulden, Bielefeld 2000 (zit.: *Werner*, Umgehung von Aufrechnungshindernissen)
Werner, Friedrich: Die Aufrechnungsverbote, Diss. Köln 1955 (zit.: *Werner*, Aufrechnungsverbote)
Westermann, Harm Peter: Die Bedeutung der Güterstände und der beschränkten Geschäftsfähigkeit für die Bankgeschäfte, FamRZ 1967, 645 - 651
Wieczorek, Bernhard / Schütze, Rolf: Zivilprozessordnung und Nebengesetze, 3. Auflage, Band 4, 2. Teilband, §§ 704 - 915 h, Berlin 1999 (zit.: Wieczorek/Schütze-*Bearbeiter*).
Wieser, Eberhard: Prozessrechtskommentar zum BGB, 2. Auflage, Köln 2002 (zit.: *Wieser*)
Wörbelauer, Herbert: Zum Begriff der Verfügung über das Vermögen im ganzen (§ 1365 BGB), NJW 1960, 793 - 798
Wolf, Christian: Übertriebener Verkehrsschutz, Zur subjektiven und objektiven Theorie im Rahmen von § 1365 BGB, JZ 1997, 1087 - 1094
Ziege, Hans Joachim: Zur Auslegung des § 1369 BGB n.F., NJW 1957, 1579 - 1581
Zimmermann, Walter: Zivilprozessordnung, 7. Auflage, Heidelberg 2005
Zöller, Richard: Zivilprozessordnung, 26. Auflage, Köln 2007 (zit.: Zöller-*Bearbeiter*)
Zunft: Zur Auslegung des neuen § 1369 BGB, NJW 1958, 130 - 131

Abkürzungsverzeichnis

a.A.	andere Ansicht
a.a.O.	am angegebenen Ort
Abs.	Absatz
AcP	Archiv für die civilistische Praxis
a.F.	alte Fassung
AG	Aktiengesellschaft oder Amtsgericht
AK	Alternativkommentar
AktG	Aktiengesetz
Alt.	Alternative
Anh.	Anhang
Anm.	Anmerkung
AO	Abgabenordnung
AP	Arbeitsrechtliche Praxis (Nachschlagewerk des Bundesarbeitsgerichts)
Arch.	Archiv
arg.	argumentum
Art.	Artikel
AT	Allgemeiner Teil
Aufl.	Auflage
BAG	Bundesarbeitsgericht
BAGE	Entscheidungen des Bundesarbeitsgerichts
BayObLG	Bayerisches Oberstes Landesgericht
BB	Betriebs-Berater
BBiG	Berufsbildungsgesetz
Bd.	Band
Bem.	Bemerkung
BFH	Bundesfinanzhof
BFHE	Entscheidungssammlung des Bundesfinanzhofs
BGB	Bürgerliches Gesetzbuch
BGBl.	Bundesgesetzblatt
BGH	Bundesgerichtshof
BGHZ	Entscheidungen des Bundesgerichtshofs in Zivilsachen
BR	Bundesrat
BReg.	Bundesregierung
BStBl.	Bundessteuerblatt
BT	Bundestag

BT-Drs.	Bundestag-Drucksache
BVerfG	Bundesverfassungsgericht
BVerfGE	Entscheidungen des Bundesverfassungsgerichts
bzw.	beziehungsweise
DB	Der Betrieb
ders.	derselbe
dies.	dieselbe(n)
DiskE	Disskussionsentwurf
Diss.	Dissertation
DJZ	Deutsche Juristen-Zeitung
DNotI-Report	Informationsdienst des Deutschen Notarinstituts
DNotZ	Deutsche Notar-Zeitung
DR	Deutsches Recht
DRiZ	Deutsche Richterzeitung
Drucks.	Drucksache
DStR	Deutsches Steuerrecht
EFG	Entscheidungen der Finanzgerichte
Einf.	Einführung
EWiR	Entscheidungen zum Wirtschaftsrecht
f., ff.	folgende
FamRZ	Zeitschrift für das gesamte Familienrecht
FG	Finanzgericht
Fn.	Fußnote
FR	Finanz-Rundschau
GBO	Grundbuchordnung
GewO	Gewerbeordnung
GenG	Gesetz betreffend die Erwerbs- und Wirtschaftsgenossenschaften
GG	Grundgesetz
GmbH	Gesellschaft mit beschränkter Haftung
GmbHG	Gesetz betreffend die Gesellschaften mit beschränkter Haftung
GmbHR	GmbH-Rundschau
GrdstVG	Grundstücksverkehrsgesetz
h.L.	herrschende Lehre

h.M.	herrschende Meinung
HGB	Handelsgesetzbuch
HS.	Halbsatz
i.S.d.	im Sinne des
i.V.m.	in Verbindung mit
InsO	Insolvenzordnung
JA	Juristische Arbeitsblätter
JR	Juristische Rundschau
JurA	Juristische Analysen
Jura	Juristische Ausbildung
JuS	Juristische Schulung
JW	Juristische Wochenschrift
JZ	Juristenzeitung
Kap.	Kapitel
KG	Kammergericht, Kommanditgesellschaft
KGJ	Jahrbuch für Entscheidungen des Kammergerichts
KO	Konkursordnung
Komm.	Kommentar
KStG	Körperschaftssteuergesetz
LAG	Landesarbeitsgericht
LG	Landgericht
LM	Lindenmayer/Möhring, (Nachschlagewerk des Bundesgerichtshofes)
MDR	Monatsschrift für Deutsches Recht
MittBayNot	Mitteilungen des Bayerischen Notarvereins
MünchKomm	Münchener Kommentar zum BGB
m.w.N.	mit weiteren Nachweisen
NJW	Neue Juristische Wochenschrift
NJW-RR	NJW-Rechtsprechungs-Report
Nr.	Nummer
NZG	Neue Zeitschrift für Gesellschaftsrecht
OHG	Offene Handelsgesellschaft

OLG	Oberlandesgericht
OLGZ	Entscheidungen der Oberlandesgerichte in Zivilsachen
RAG	Reichsarbeitsgericht
Rdnr.	Randnummer
RegE	Regierungsentwurf
RG	Reichsgericht
RGRK	Kommentar, herausgegeben von Reichsgerichtsräten und Bundesrichtern
RGZ	Entscheidungen des Reichsgerichts in Zivilsachen
RJA	Reichsjustizamt
Rpfleger	Der Deutsche Rechtspfleger
Rz.	Randziffer
S.	Seite oder Satz
SGB	Sozialgesetzbuch
SchG	Scheckgesetz
SJZ	Süddeutsche Juristenzeitung
Slg.	Sammlung
sog.	sogenannte
StGB	Strafgesetzbuch
str.	streitig
StuW	Steuer und Wirtschaft
u.a.	und andere
Urt.	Urteil
vgl.	vergleiche
Vorbem.	Vorbemerkung
WEG	Wohnungseigentumsgesetz
WG	Wechselgesetz
WM	Wertpapier-Mitteilungen
WuB	Entscheidungssammlung zum Wirtschafts- und Bankrecht
z.B.	zum Beispiel
ZGR	Zeitschrift für Unternehmens- und Gesellschaftsrecht
ZHR	Zeitschrift für das gesamte Handels- und Wirtschaftsrecht

ZIP	Zeitschrift für Wirtschaftsrecht
zit.	zitiert
ZMR	Zeitschrift für Miet- und Raumrecht
ZPO	Zivilprozessordnung
ZEuP	Zeitschrift für europäisches Privatrecht
ZVG	Gesetz über die Zwangsversteigerung und die Zwangsverwaltung
ZZP	Zeitschrift für Zivilprozessordnung

Einleitung

Keine Bestimmung des gesetzlichen Güterstandes ist so umstritten wie § 1365 BGB.[1] Nach dieser Vorschrift kann ein Ehegatte nur mit Einwilligung des anderen Ehegatten Rechtsgeschäfte über sein Vermögen im Ganzen abschließen. Wird die Genehmigung verweigert, ist der jeweilige Vertrag nach § 1366 Abs. 4 BGB unwirksam. Ziel des § 1365 BGB ist es, die wirtschaftliche Grundlage der Ehe und die Zugewinnausgleichsforderung des übergangenen Ehegatten vor den Risiken, die mit derartigen Rechtsgeschäften einhergehen, zu schützen.[2]

Die ursprüngliche Annahme des Gesetzgebers, die Erschwerung des Rechtsverkehrs durch § 1365 BGB werde „verhältnismäßig gering"[3] sein, wurde angesichts zahlreicher, vom Gesetz offen gelassener Fragen durch die Praxis allerdings sehr bald widerlegt.[4]

In den ersten Jahren nach dem Inkrafttreten des Güterstandes der Zugewinngemeinschaft[5] stand vor allem das Problem im Vordergrund, ob § 1365 BGB auch dann anwendbar ist, wenn ein Ehegatte nicht sein gesamtes Vermögen als solches, sondern nur einen oder mehrere Vermögensgegenstände veräußert, diese aber sein ganzes oder nahezu gesamtes Vermögen darstellen. Diese Frage wurde von Rechtsprechung[6] und Rechtslehre[7]

---

1 *Tiedtke*, FamRZ 1975, 65 (65); vgl. auch *de la Motte*, S. 9; *Meyer-Stolte*, FamRZ 1959, 228 (228); *Mülke* AcP 161, 129 (129); *Olzen*, Jura 1988, 13 (13); Soergel/*Lange*, § 1365 Rdnr. 4; *Sandrock*, Festschrift für Duden, 514 (514).

2 BGHZ 35, 135 (137); 132, 218 (221); 143, 356 (359); *Dörr*, NJW 1989, 810 (814); RGRK/*Finke*, § 1365 Rdnr. 1; *Futter*, NJW 1976, 551 (551); *Haegele*, Rechtspfleger 1959, 4 (5); *Knur*, DNotZ 1957, 451 (453); *Kroppenberg*, WuB I E 4 Avalkredit 1.00, 735 (736); *Künzl*, FamRZ 1988, 452 (455); *Lange*, JuS 1970, 500 (503); *ders.*, JuS 1974, 766 (767); *Lorenz*, JZ 1959, 105 (105 f.); *Mülke*, AcP 161, 129 (129); MünchKomm/*Koch*, § 1365 Rdnr. 1; *Olzen*, Jura 1988, 13 (14); *Reinicke*, BB 1960, 1002 (1002); *ders.*, DB 1965, 1351 (1351); *Riedel*, Rpfleger 1961, 261 (264); *Rittner*, FamRZ 1961, 1 (4, 13); *Schulz-Kersting*, JR 1959, 81 (83); *Tiedtke*, JZ 1984, 1018 (1018); Staudinger/*Thiele*, § 1365 Rdnr. 2; *Wolf*, JZ 1997, 1087 (1092).

3 Bericht des Abgeordneten *Seidl* (Dorfen) im Ausschuß für Rechtswesen und Verfassungsrecht, Auswirkungen der Gleichberechtigung auf den Güterstand, BT-Drucks. II/3409, S. 6.

4 *Braun*, Festschrift für Musielak, 513 (113); *Mülke* AcP 161, 129 (129); Soergel/*Lange*, § 1365 Rdnr. 4.

5 1. Juli 1958.

6 BGHZ 106, 253 (256); 77, 293 (295); 64, 246 (247); 35, 135 (143).

7 RGRK/*Finke*, § 1365 Rdnr. 3; *Massfeller/Reinicke*, § 1365 Rdnr. 2; MünchKomm/*Koch*, § 1365 Rdnr. 13; Soergel/*Lange*, § 1365 Rdnr. 9; *Mülke* AcP 161, 129 (134 ff.); *Reinicke*, BB 1957, 564 (564); *Tiedtke*, FamRZ 1975, 65 (65); Staudinger/ *Thiele*, § 1365 Rdnr. 17.

im Hinblick auf den Zweck des § 1365 BGB bejaht, jedoch mit einer Einschränkung. Zum Schutz des Rechtsverkehrs wurde in diesen Fällen vorausgesetzt, dass der Vertragspartner weiß, dass es sich bei dem jeweiligen Gegenstand um das nahezu gesamte Vermögen des Ehegatten handelt (subjektive Theorie)[8].

Anschließend galt es zu klären, zu welchem Zeitpunkt diese Kenntnis des Erwerbers vorliegen muss. Fraglich war, ob zur Anwendung des § 1365 BGB erforderlich ist, dass der Dritte bei Abschluss des Verpflichtungsgeschäftes die Vermögensverhältnisse des Ehegatten kennt, oder ob es genügt, wenn er bei der Verfügung weiß, dass das Rechtsgeschäft das nahezu gesamte Vermögen des Ehegatten erfasst. Diese Frage ist inzwischen beantwortet. Der BGH[9] stellte im Anschluss an *Tiedtke*[10] klar, dass der Abschluss des schuldrechtlichen Vertrages der maßgebliche Zeitpunkt für die Kenntnis des Vertragspartners ist und dass die Wirksamkeit des Verpflichtungsgeschäftes durch nachträgliche Kenntnis des Erwerbers nicht beeinträchtigt wird.

Heute – fast 50 Jahre nach Inkrafttreten des Gleichberechtigungsgesetzes – sind die Probleme, die mit dem Anwendungsbereich des § 1365 BGB zusammenhängen, weitgehend geklärt. Offen sind hingegen noch eine Reihe von Fragen im Zusammenhang mit der *Rückabwicklung* von nach §§ 1365, 1366 BGB nichtigen Rechtsgeschäften, wenn es bereits zu einem Leistungsaustausch gekommen ist, d.h. wenn der verfügende Ehegatte die Sache, die sein Vermögen im Ganzen darstellt, bereits an den Dritten übergeben hat.

Wenn ein Ehegatte ohne die erforderliche Zustimmung seines Partners über sein gesamtes Vermögen verfügt hat, dann ist nicht nur er, sondern gem. § 1368 BGB auch der übergangene Ehegatte berechtigt, die sich aus der nach §§ 1365, 1366 BGB unwirksamen Verfügung ergebenden Rechte gegen den Dritten gerichtlich geltend zu machen. Dadurch wird der übergangene Ehegatte in die Lage versetzt, eigenständig die vermögensrechtlichen Folgen des unwirksamen Rechtsgeschäftes zu beseitigen; er soll also davor geschützt werden, dass sein Ehegatte die Verfügung aufrechterhalten will.

---

8 BGHZ 132, 218 (221); 123, 93 (95); 77, 293 (295); 43, 174 (177); RGRK/*Finke*, § 1365 Rdnr. 12; Soergel/*Lange*, § 1365 Rdnr. 12; MünchKomm/*Koch*, § 1365 Rdnr. 27 ff.; *Reinicke*, BB 1960, 1002 (1003); *Tiedtke*, FamRZ 1975, 65 (65); *ders.* JZ 1984, 1018 (1018); *ders.*, FamRZ 1988, 1007 (1007); Staudinger/*Thiele*, § 1365 Rdnr. 20.

9 BGHZ 106, 253 (258).

10 FamRZ 1975, 65; vgl. auch *Tiedtke*, FamRZ 1976, 320 (322); *ders.*, JZ 1984, 1018 (1019).

Das *umstrittenste Problem*[11] im Zusammenhang mit den güterrechtlichen Verfügungsbeschränkungen ist die Frage, ob dem Dritten aufgrund seiner erbrachten Gegenleistung ein *Zurückbehaltungsrecht gemäß § 273 BGB* zusteht. Dieses Problem wird seit Inkrafttreten des Gleichberechtigungsgesetzes kontrovers diskutiert[12]: Bis heute ist es weder abschließend geklärt, noch höchstrichterlich entschieden. Dabei ist es in der Praxis von hoher Relevanz, denn nicht selten wird die Unwirksamkeit eines Rechtsgeschäftes von dem übergangenen Ehegatten erst dann geltend gemacht, nachdem es zum Leistungsaustausch gekommen ist. Verlangen die Ehegatten später das Objekt der nach §§ 1365, 1366 BGB nichtigen Verfügung vom Geschäftspartner zurück, dürfte dieser seine Gegenleistung zurückfordern und das Geleistete solange zurückbehalten wollen, bis er seine Gegenleistung erhalten hat.

Wenn der übergangene Ehegatte die zu Unrecht veräußerte Sache nach § 1368 BGB zurückverlangt, ist es von Bedeutung, ob er als Ehegatte ein eigenes materielles Recht an der streitbefangenen Sache hat oder lediglich als Prozessstandschafter auftritt.

Falls dem revozierenden Ehegatten ein eigenes sachliches Recht zustünde, wäre dieses unabhängig von den vertraglichen Beziehungen des Dritten und des verfügenden Ehegatten. Schon deshalb könnte sich der Vertragspartner nicht auf eine Einrede nach § 273 BGB berufen. Geht man aber davon aus, der übergangene Ehegatte würde ausschließlich die Rechte seines Ehepartners geltend machen, wäre er grundsätzlich den gleichen Einwendungen und Einreden ausgesetzt wie dieser, denn Rechtsträger der Ansprüche bliebe in diesem Fall der verfügende Ehepartner. Die umstrittene Frage nach dem materiellen oder prozessualen Charakter des § 1368 BGB ist daher keineswegs nur ein theoretisches Problem, sondern in der Praxis von erheblicher Relevanz. Zwar hat sich in Rechtsprechung[13] und Rechtslehre[14] die Ansicht durchgesetzt, dass die Revokation nach § 1368 BGB den Fall einer gesetzlichen Prozessstandschaft darstelle, aber selbst im jüngeren

---

11 Vgl. *Hoppe*, S. 51; *Hartung*, S. 99.

12 bejahend: *Boehmer*, FamRZ 1959, 1 (6); *ders.*, FamRZ 1959, 81 (81 f.); *ders.*, in: Festschrift für Hedemann, S. 44; *ders.*, Recht und Staat, 1 (20); *Bosch*, FamRZ 1959, 240 (241); Dölle, § 52 III 3, S. 764.
verneinend: *Baur*, FamRZ 1958, 252 (257); *Brox*, FamRZ 1961, 281 (286); *Finke*, MDR 1947, 514 (515); *Massfeller/Reinicke*, § 1368 Anm. 7; *Reinicke*, BB 1957, 564 (568); *Reinicke/ Schwarzhaupt*, S. 19; RGRK/*Finke*, § 1368 Rdnr. 15.

13 BGH NJW 1984, 609 (610); BGHZ 106, 253, (255); BGHZ 143, 356 (360).

14 Erman/*Heckelmann*, § 1368 Rdnr. 3; MünchKomm/*Koch*, § 1368 Rdnr. 3; Soergel/*Lange*, § 1368 Rdnr. 9; Staudinger/*Thiele*, § 1368 Rdnr. 18; *Thomas/Putzo*, § 51 Rdnr. 24; Zöller/*Vollkommer*, Vor § 50 Rdnr. 24.

Schrifttum[15] wird immer noch die Auffassung vertreten, der übergangene Ehegatte habe ein eigenes sachliches Recht an den ohne seine Einwilligung nach § 1365 BGB veräußerten Vermögensgegenständen.

Da diese Frage für das Verständnis der Revokation im gesetzlichen Güterrecht von großer Bedeutung ist, soll im *ersten Teil* dieser Arbeit nicht nur das Ergebnis eines Meinungsstreites referiert, sondern die Rechtsnatur des § 1368 BGB grundlegend untersucht werden. Während im Schrifttum[16] bislang hauptsächlich grammatikalische und systematische Gesichtspunkte erörtert worden sind, soll in dieser Arbeit darüber hinaus an Hand der Entstehungsgeschichte und der Gesetzesmaterialien der Wille des historischen Gesetzgebers ermittelt werden.

Ein weiteres Problem ergibt sich, wenn nicht der übergangene, sondern der verfügende Ehegatte selbst die Unwirksamkeit seines Rechtsgeschäftes geltend macht. Ist es eine unzulässige Rechtsausübung, wenn er die Zustimmungsbedürftigkeit des Rechtsgeschäftes bei Vertragsschluss kannte und sie verschwieg oder wenn er wahrheitswidrig behauptete, nicht verheiratet zu sein, er später aber die Rückabwicklung des von ihm gewollten und vollzogenen Rechtsgeschäfts fordert? Kann sein Geschäftspartner in einem solchen Fall einwenden, es liege ein Verstoß gegen den Grundsatz von Treu und Glauben vor und dies habe zur Folge, dass eine Inanspruchnahme durch den verfügenden Ehegatten nach § 242 BGB ausgeschlossen ist?

Diese Frage, die im Schrifttum seit Kodifizierung des § 1365 BGB umstritten[17] und bislang noch nicht höchstrichterlich entschieden worden ist, wird im *zweiten Teil* dieser Arbeit erörtert und insbesondere im Rahmen einer teleologischen Auslegung beantwortet.

Der *dritte Teil* dieser Arbeit widmet sich der in der Praxis bedeutsamsten, zugleich aber in der Rechtslehre umstrittensten Frage: Hat der Vertragspartner gegenüber revokatorischen Forderungen ein Zurückbehaltungsrecht? Hier ist zu unterscheiden zwischen dem Zurückbehaltungsrecht nach § 273 BGB und dem Zurückbehaltungsrecht nach § 1000 BGB. Außerdem ist danach zu differenzieren, wer die Unwirksamkeit der Verfügung geltend macht, der verfügende oder der übergangene Ehegatte.

Zu Beginn des dritten Teils werden alle Ansprüche dargestellt, die dem Vertragspartner infolge eines nach §§ 1365, 1366 BGB nichtigen Rechtsge-

---

15 *Oberheim*, Zivilprozessrecht, § 2 Rdnr. 24; *Papenheim*, S. 81 ff, 123 ff.

16 Vgl. *Hoppe*, S. 10.

17 Vgl. Bamberger/Roth-*Mayer*, § 1368 Rdnr. 5; *Boehmer*, Recht und Staat 1962, 1 (20 f); *Dölle*, § 52 III 3, S. 764; *Gernhuber/Coester-Waltjen*, § 35 V Rdnr. 83; S. 532; *Kemper*, S. 123; MünchKomm/*Koch*, § 1368 Rdnr. 16; BGB-RGRK/*Finke*, § 1368 Rdnr. 14; Soergel/*Lange*, § 1368 Rdnr. 13; *Lauhoff*, S. 40 ff.; Staudinger/*Thiele*, § 1368 Rdnr. 50.

schäftes gegen den verfügenden Ehegatten entstehen können. Anschließend wird untersucht, ob der Vertragspartner aufgrund seines Bereicherungsanspruchs hinsichtlich der von ihm erbrachten Gegenleistung die Einrede nach § 273 BGB erheben kann, wenn der übergangene Ehegatte die unwirksam veräußerte Kaufsache herausverlangt. In diesem Zusammenhang ist der Wille des historischen Gesetzgebers zu ermitteln und zu prüfen, ob sich ein Zurückbehaltungsrecht mit dem Zweck der §§ 1365, 1368 BGB vereinbaren lässt.

Danach wird erörtert, ob die gleichen Erwägungen gelten, wenn nicht der übergangene, sondern der verfügende Ehegatte selbst die Rückabwicklung des unwirksamen Rechtsgeschäftes vornimmt. Da dieser die Gegenleistung erhalten hat, müsste er grundsätzlich in der Lage sein, durch Rückzahlung oder Herausgabe das Zurückbehaltungsrecht abzuwenden.

Im Anschluss wird untersucht, ob der Vertragspartner eine Einrede nach § 273 BGB jedenfalls dann erheben kann, wenn er sich nicht nur auf einen Bereicherungs-, sondern auch auf einen Schadensersatzanspruch gegen den verfügenden Ehegatten berufen kann. Die Frage der Zulässigkeit des Zurückbehaltungsrechts nach § 273 BGB gegenüber einer bestimmten, zweckgebundenen Gläubigerforderung ist nicht zwangsläufig einheitlich zu beantworten, sondern hängt jeweils davon ab, welche Gegenforderung der Schuldner erheben kann. Es kommt im Einzelfall darauf an, welche Bedeutung die Rechtsordnung dem Anspruch des Gläubigers im Vergleich zu dem Gegenanspruch des Schuldners beimisst.[18]

Hat der Vertragspartner zur Erhaltung und Verbesserung des unwirksam erworbenen Vermögensgegenstandes Aufwendungen gemacht, kann er unter den Voraussetzungen der §§ 994 ff. BGB Ersatz verlangen. Die Ansprüche auf Aufwendungsersatz geben dem Besitzer zunächst nur ein Zurückbehaltungsrecht gegenüber dem Eigentümer gemäß § 1000 BGB.

Die Verwendungsersatzansprüche nach § 1001 S. 1 BGB können im Klageweg erst durchgesetzt werden, wenn der verfügende Ehegatte als Eigentümer die Sache wiedererlangt oder die Verwendungen genehmigt hat. In diesem Fall ist zu klären, ob der Geschäftspartner diese Einrede nach § 1000 BGB auch dann erheben kann, wenn einer der Ehegatten die Unwirksamkeit der Verfügung nach §§ 1365, 1366 BGB geltend macht und den zu Unrecht weggegebenen Vermögensgegenstand zurückfordert.

Dabei ist zu beachten, dass das Zurückbehaltungsrecht nach § 1000 BGB unter anderen Voraussetzungen als das Zurückbehaltungsrecht nach § 273 BGB ausgeschlossen ist. Gemäß § 273 Abs. 1 BGB kann sich der Schuldner

---

18 MünchKomm/*Krüger*, § 273 Rdnr. 47.

auf das Zurückbehaltungsrecht bereits dann nicht berufen, wenn *„aus dem Schuldverhältnis sich ein anderes ergibt"*. Demgegenüber enthält § 1000 BGB eine derartige offene Klausel nicht. Lediglich in § 1000 S. 2 BGB ist ein ausdrücklicher Ausschluss geregelt. Danach steht dem Besitzer das Zurückbehaltungsrecht nicht zu, wenn er die Sache durch eine vorsätzlich begangene, unerlaubte Handlung erlangt hat. Es ist daher zu prüfen, unter welchen Bedingungen die Einrede nach § 1000 BGB ausgeschlossen ist und ob diese Voraussetzungen auch vorliegen, wenn ein Ehegatte die Rückabwicklung einer nach §§ 1365, 1366 BGB unwirksamen Verfügung vornimmt.

Bei der Rückabwicklung von nach §§ 1365, 1366 BGB nichtigen Verfügungen ist nicht nur fraglich, ob der Dritte ein Zurückbehaltungsrecht geltend machen kann, sondern auch, ob er gegen revokatorische Zahlungsansprüche aufrechnen darf. Wenn der Erwerber die herauszugebende Sache an einen gutgläubigen Vierten wirksam weiterveräußert hat, kann der Ehegatte nach § 816 Abs.1 BGB als Surrogat einen Bereicherungsanspruch geltend machen. Wird der Dritte von einem der Ehegatten aufgrund dieser Forderung nunmehr in Anspruch genommen, liegt es nahe, dass er mit seiner Forderung auf Rückzahlung des von ihm geleisteten Kaufpreises aufrechnen möchte. Es fragt sich, ob der Schutzzweck der §§ 1365, 1368 BGB in diesem Fall zu einem gesetzlich nicht normierten Aufrechnungsverbot führt.

Diese Frage war vor allem nach Inkrafttreten des Gleichberechtigungsgesetzes im Schrifttum umstritten. Während die beiden für den Gesetzesentwurf zuständigen Ministerialreferenten[19] die Ansicht vertraten, man dürfe die Frage, ob der Dritte mit seiner Gegenforderung aufrechnen kann, nicht anders entscheiden als die Frage, ob ihm ein Zurückbehaltungsrecht zustehe, ist der überwiegende Teil der Rechtslehre[20] der Meinung, die Aufrechnung sei zulässig.

Als sich der BGH in einer jüngeren Entscheidung[21] mit der Aufrechnung im Rahmen der Revokation zu befassen hatte, ließ er sie ebenfalls zu. Damit scheint der Meinungsstreit entschieden zu sein. Die Begründung wirft allerdings Fragen auf, die an der Richtigkeit dieser Entscheidung zweifeln

---

19 *Massfeller/Reinicke,* § 1368 Anm. 5.

20 *Duderstadt*, in: Klein, Das gesamte Familienrecht, § 1368 Rdnr. 2; *Firsching/Graba*, Rdnr. 189; *Hohloch*, Familienrecht, Rdnr. 470; *ders.*, JuS 2000, 820; *ders.*, in: LM H. 8/2000 Nr. 19 zu § 1365 BGB, Bl. 1467; Jauernig/*Berger*, vor 1365-1369 Rdnr. 16; *Kemper*, S. 123; *Kroppenberg*, WuB I E 4 Avalkredit 1.00, 735 (736); *Leible*, JA 2000, 742 (745); Bamberger/Roth-*Mayer*, § 1368 Rdnr. 5; RGRK/*Finke*, § 1368 Rdnr. 15; *Schellhammer*, Familienrecht, Rdnr. 102; Soergel/*Lange*, § 1368 Rdnr. 15; Staudinger/*Thiele*, § 1368 Rdnr. 52.

21 BGHZ 143, 356.

lassen. Der BGH argumentiert, der Dritte könne in den gegen ihn gerichteten Herausgabeanspruch mit seiner Gegenforderung vollstrecken. Diese Möglichkeit bestehe auch dann, wenn sich der Herausgabeanspruch in einen Zahlungsanspruch umwandle. Wenn der Dritte im Rahmen der Zwangsvollstreckung den Zahlungsanspruch des verfügenden Ehegatten pfänden könne, so sei es folgerichtig, dass er auch aufrechnen könne.

Der BGH will also das Nichtvorliegen eines gesetzlich nicht normierten Aufrechnungsverbotes im Ergebnis dadurch ermitteln, dass er prüft, ob die jeweilige Forderung gepfändet werden kann. Kann aber von der Pfändbarkeit einer Forderung auf die Zulässigkeit der Aufrechnung geschlossen werden?

In einer früheren Entscheidung[22] hatte der BGH im Rahmen der Prüfung, ob ein gesetzlich nicht normiertes Aufrechnungsverbot vorliegt, ausdrücklich festgestellt, dass die Zwangsvollstreckung in die eigene Zahlungsverpflichtung trotz eines bestehenden Aufrechnungshindernisses zulässig sei. Wenn aber eine Forderung gepfändet werden kann, der gegenüber die Aufrechnung unzulässig ist, dann ist fraglich, ob von der Pfändbarkeit der Forderung auf die Zulässigkeit der Aufrechnung gefolgert werden kann.

Im *vierten Teil*, der die Zulässigkeit der Aufrechnung im Rahmen der Revokation thematisiert, wird die Argumentation des BGH[23] näher betrachtet. Es soll untersucht werden, ob der von ihm gewählte Ansatz geeignet ist, das Vorliegen gesetzlich nicht geregelter Aufrechnungsverbote zu beweisen.

Ebenfalls wird geprüft, ob der entgegengesetzte Ansatzpunkt zutrifft, d.h. die Zulässigkeit von Zurückbehaltungsrecht und Aufrechnung in der Revokation zwingend einheitlich zu beurteilen ist. Ferner soll erörtert werden, ob der Schutzzweck der §§ 1365, 1368 BGB noch erreicht werden kann, wenn es dem Vertragspartner nicht mehr möglich ist, den veräußerten Gegenstand herauszugeben und der Ehegatte als Surrogat nur noch einen Zahlungsanspruch hat. Dabei ist zu beachten, dass die konkreten Vermögensverhältnisse, die vor der unwirksamen Verfügung bestanden, nicht mehr herbeigeführt werden können.

---

[22] BGHZ 95, 109.
[23] BGHZ 143, 356.

Erster Teil
Die Rechtsnatur des § 1368 BGB

Erstes Kapitel
Ausgangspunkt und Meinungsstand

Hat ein Ehegatte ohne die erforderliche Zustimmung des anderen Ehegatten über sein gesamtes Vermögen verfügt, so ist gem. § 1368 BGB auch der andere berechtigt, die sich aus der nach §§ 1365, 1366 BGB unwirksamen Verfügung ergebenden Rechte gegen den Vertragspartner gerichtlich geltend zu machen.

Von Bedeutung ist in diesem Zusammenhang die Frage, wie dieses Revokationsrecht einzustufen ist, als eigenes materielles Recht oder lediglich als Prozessstandschaft. Geht man davon aus, dem revozierenden Ehegatten stünde ein eigenes sachliches Recht zu, so wäre es unabhängig von den vertraglichen Beziehungen des Dritten und des verfügenden Ehegatten. Wenn aber der übergangene Ehegatte hingegen ausschließlich die Rechte seines Ehepartners geltend machen würde, dann wäre er grundsätzlich den gleichen Einwendungen und Einreden ausgesetzt wie dieser, denn in diesem Fall bliebe der verfügende Ehepartner Rechtsträger der Ansprüche.

Als sich der BGH[24] mit der Aufrechnungsbefugnis des Dritten im Rahmen der Revokation zu befassen hatte, problematisierte er die Rechtsnatur des § 1368 BGB im Rahmen der Prüfung, ob eine Aufrechnungslage vorliegt. Dies ist zutreffend, denn hätte der übergangene Ehegatte eine materielle Rechtsinhaberschaft an den Verfügungsgegenständen oder deren Surrogaten, so fehlte es an der für die Aufrechnung erforderlichen Gegenseitigkeit der Forderungen. Die materielle oder prozessuale Beurteilung des § 1368 BGB ist nicht nur von rein theoretischem Interesse, sondern in der Praxis äußerst relevant.

Die Frage, ob § 1368 BGB dem übergangenen Ehegatten ein eigenes Recht gibt oder ihm nur die Befugnis einräumt, fremde Ansprüche geltend zu machen, war vor allem nach Inkrafttreten des Gleichberechtigungsgesetzes am 1. Juli 1958 sehr umstritten und wird auch in der jüngeren Rechtslehre noch immer unterschiedlich beantwortet. Ein Teil des Schrifttums[25]

---

24 BGHZ 143, 356 (360).

25 *Baur*, FamRZ 1958, 252 (257); *ders.*, FamRZ 1962, 508 (510); *Fenge*, Festschrift für Wahl, 475 (490); *Friedrich/Merdsche*, S. 12; *Lüderitz*, Familienrecht, Rdnr. 363; *Mikat*,

geht davon aus, der übergangene Ehegatte, der die Unwirksamkeit der Verfügung geltend mache, sei an den Verfügungsgegenständen oder deren Surrogaten materiell berechtigt. Die in der Rechtslehre überwiegende Auffassung[26] sieht in § 1368 BGB aber den Fall einer gesetzlichen Prozessstandschaft. Dieser Ansicht hat sich die Rechtsprechung[27] angeschlossen.

A. Eigenes materielles Recht

Nach einer Ansicht[28] ist die in § 1368 BGB geregelte Revokationsbefugnis mehr als eine bloße Prozessstandschaft; der übergangene Ehegatte handle aus eigener sachlicher Berechtigung. Soweit sich die Vertreter dieser Auffassung um eine dogmatische Begründung bemühen, erfolgt diese allerdings mit unterschiedlichen Ansätzen. Die einen[29] sehen in der Rückforderungsbefugnis des § 1368 BGB ein selbständiges materielles Rückforderungsrecht

---

Festschrift für Felgenträger, 323 (344); *Oberheim*, Zivilprozessrecht, § 2 Rdnr. 24; *Papenheim*, S. 81 ff, 123 ff.

26 *Berger*, S. 259 ff.; *Blomeyer*, Zivilprozessrecht, § 41 II 2; *Boehmer*, FamRZ 1959, 1 (6); *ders.*, FamRZ 1959, 81 (82); *ders.*, Recht und Staat 1962, 1 (20); *Böttcher*, Rechtspfleger, 1984, 377 (378); *Dölle*, Familienrecht, § 52 III 3, S. 763; AK-BGB/*Fieseler*, § 1368 Rdnr. 2; RGRK/*Finke*, § 1368 Rdnr. 12; *Eickmann*, Rechtspfleger 1981, 213 (214); *Gernhuber/Coester-Waltjen*, Familienrecht, § 35 VI Rdnr. 90; S. 533; MünchKomm/*Gernhuber*, 3. Aufl., § 1368 Rdnr. 3; MünchKomm/*Koch*, § 1368 Rdnr. 3; *Giesen*, Familienrecht, Rdnr. 284; *Rosenberg/Schwab/Gottwald*, § 46 II 1d; Baumbach/Lauterbach-*Hartmann*, Anhang § 52 Rdnr. 3; *Hartung*, S. 89; Erman/*Heckelmann*, § 1368 Rdnr. 3; *Heintzmann*, Die Prozessführungsbefugnis, S. 22; *Henrich*, Familienrecht, § 10 IV 4; *Hohloch*, Familienrecht, Rdnr. 470; *ders.*, in: LM H. 8/2000 Nr. 19 zu § 1365 BGB, Bl. 1467; *Hoppe*, S. 7 ff., 12; *Kemper*, S. 135; *Kroppenberg*, WuB I E 4 Avalkredit 1.00, 735 (736); AK-ZPO/*Koch*, Vor § 50 Rdnr. 15; *Krüger/Breetzke/Nowack*, Gleichberechtigungsgesetz, § 1368 Rdnr. 1; *Lauhoff*, S. 136 ff; 169; Soergel/*Lange*, § 1368 Rdnr. 9; 169; MünchKommZPO/*Lindacher*, Vor § 50 Rdnr. 46, § 52 Anhang, Rdnr. 6; Bamberger/Roth-*Mayer*, § 1368 Rdnr. 3; *Petermann*, Rechtspfleger 1960, 233 (236), *Rauscher*, Familienrecht, Rdnr. 390; *Schellhammer*, Familienrecht, Rdnr. 102; *ders.*, Zivilprozess, Rdnr. 1227; *Schlieper*, S. 11; *Schlosser*, Jura 1981, 648 (651); *ders.*, Jura 1983, 198 (201); *ders.*, Zivilprozessrecht, Rdnr. 256; *Schlüter*, Familienrecht, Rdnr. 117; *Schwab*, Familienrecht, Rdnr. 242; Jauernig/*Berger*, § 1368 Rdnr. 3; *Schulin*, DRiZ 1959, 76 (79); *Schulz-Kersting*, JR 1959, 81 (83); Stein/Jonas/*Bork*, Vor § 50 Rdnr. 51; Staudinger/*Thiele*, § 1368, Rdnr. 18; *Thomas/Putzo*, § 51 Rdnr. 24; Zöller/*Vollkommer*, Vor § 50 Rdnr. 24; Wieczorek/Schütz/*Hausmann*, Vor § 50 Rdnr. 114; *Wieser*, Prozessrechtskommentar zum BGB, § 1368 Rdnr. 1; *Ziege*, NJW 1957, 1579 (1581); *Zimmermann*, Zivilprozessordnung, § 51 Rdnr. 16; *Zunft*, NJW 1958, 130 (131).

27 BGH NJW 1984, 609 (610); BGHZ 106, 253 (255); BGHZ 143, 356 (360).

28 *Baur*, FamRZ 1958, 252 (257); *ders.*, FamRZ 1962, 508 (510); *Fenge*, Festschrift für Wahl, 475 (490); *Friedrich/Merdsche*, S. 12; *Lüderitz*, Familienrecht, Rdnr. 363; *Mikat*, Festschrift für Felgenträger, 323 (344); *Oberheim*, Zivilprozessrecht, § 2 Rdnr. 24; *Papenheim*, S. 81 ff., 123 ff.

29 *Fenge*, Festschrift für Wahl, 475 (490); *Mikat*, Festschrift für Felgenträger, 323 (344).

des übergangenen Ehepartners, das mit der Unwirksamkeit der Verfügung entstehe. Die anderen[30] meinen sogar, jeder Ehegatte habe generell ein echtes subjektives Teilhaberecht an den durch §§ 1365, 1369 BGB gesicherten Gegenständen. Ein materielles Rückforderungsrecht des übergangenen Ehepartners entstehe also nicht erst mit der nach §§ 1365, 1366 BGB unwirksamen Verfügung. Indem der Übergangene gem. § 1368 BGB vorgehe und den weggegebenen Gegenstand zurückhole, übe er vielmehr sein bereits bestehendes materielles Teilhaberecht aus.

I. Materielles Rückforderungsrecht

Die Ansicht[31], die in der Revokationsbefugnis des § 1368 BGB ein selbständiges materielles Rückforderungsrecht des übergangenen Ehegatten sieht, geht im Grunde von einem Recht „eigener Art" [32] aus, das mit der Unwirksamkeit der Verfügung entsteht. Dabei soll der verfügende Ehegatte seine vollständige Eigentümerstellung behalten. Maßgeblich sei, dass die durch §§ 1365 und 1369 BGB gesicherten Interessen an der Erhaltung der Vermögenssubstanz der Ehe verletzt worden seien.[33] Zwar begründe die durch die Verfügungsbeschränkungen normierte „negative" Mitverwaltungsbefugnis noch kein eigenes materielles Recht, aber wenn sie verletzt werde, entstehe in der Revokationsbefugnis des § 1368 BGB eine eigene Rechtsposition des übergangenen Ehegatten.

Hintergrund dieses Ansatzes ist vor allem das Ziel, dem Schutz der Familie Vorrang vor den Interessen des Dritten einzuräumen. Die Konstruktion eines materiellen Rückforderungsrechts ermöglicht es dem Ehegatten, die Unwirksamkeit geltend zu machen, ohne dabei irgendwelchen Einwendungen oder Einreden des Vertragspartners ausgesetzt zu sein.

II. Materiell gesichertes Teilhaberecht des Ehegatten

Eine jüngere Auffassung[34] geht sogar so weit, angesichts der §§ 1365, 1369 BGB im gesetzlichen Güterstand „Strukturen einer rechtlichen Vergemeinschaftung" zu sehen. Hierbei handle es sich um eine so genannte „Ehehabe", die aus dem Hausrat und den Gegenständen bestehe, die das Vermögen eines Ehegatten im Ganzen bilden. An dieser „Ehehabe" habe jeder

---

30 *Papenheim*, S. 81 ff., 123 ff.; wohl auch *Baur*, FamRZ 1958, 252 (257).
31 *Fenge*, Festschrift für Wahl, 475 (490); *Mikat*, Festschrift für Felgenträger, 323 (344).
32 Vgl. Staudinger/*Thiele*, *§* 1368 Rdnr. 18.
33 *Mikat*, Festschrift für Felgenträger, 323 (344).
34 *Papenheim*, S. 81 ff, 130.

Ehegatte ein subjektives Recht, das sich in der Mitwirkungsbefugnis nach §§ 1365, 1369 BGB äußere.

Veräußere ein Ehegatte nach §§ 1365, 1369 BGB vinkulierte Gegenstände, verletze er hierdurch das durch die Mitwirkungskompetenz gesicherte Teilhaberecht seines Ehepartners. Indem der Übergangene gem. § 1368 BGB vorgeht und den weggegebenen Gegenstand zurückholt, mache er sein Teilhaberecht an der Ehehabe geltend. Folglich klage er aus eigener sachlicher Zuständigkeit und nicht lediglich als Prozessstandschafter, der nur Rechte eines anderen geltend mache.

Diese Auffassung geht davon aus, dass trotz der prinzipiellen Trennung der beiden Vermögensmassen im gesetzlichen Güterstand das Teilhabeprinzip gelte. Auch die Verfügungsbeschränkungen seien Ausprägungen dieses Teilhabeprinzips. Durch die §§ 1365, 1369 BGB sei das Teilhaberecht zu einer Mitbestimmungs- und Mitwirkungskompetenz ausgestaltet worden. Faktisch würden damit die beiden Vermögen, soweit es um für die Lebensgemeinschaft grundlegende Gegenstände geht, von den Ehegatten gemeinschaftlich verwaltet.[35]

Da der Eigentümer-Ehegatte nur mit Zustimmung seines Ehegatten verfügen könne, bewirke diese Zweckbindung, dass dessen Zuständigkeit nur noch eine formale sei. Somit würden Strukturen einer rechtlichen Vergemeinschaftung transparent, auch wenn der Ehe im gesetzlichen Güterstand eine Vermögensträgerschaft fehle. Hausrat und Sachen, die das Gesamtvermögen ausmachten, bildeten die so genannte „Ehehabe", ohne die sachenrechtliche Zuordnung zu ändern. Zwar werde durch die Qualifizierung bestimmter Vermögenswerte als Ehehabe kein gemeinschaftliches Vermögen geschaffen, aber das Eigentum des einen Ehegatten werde durch das Teilhaberecht des anderen überlagert.[36]

Hierbei handele es sich um ein echtes subjektives Teilhaberecht.[37] Maßgeblich sei dabei eine von der Rechtsordnung anerkannte Willensmacht, die nicht immer eine der Stellung des Eigentümers vergleichbare, unmittelbare Herrschaftsgewalt über einen Gegenstand vermitteln müsse; es genüge bereits die Möglichkeit, durch Willensbetätigung Einfluss auf den Gegenstand zu nehmen. Diese Voraussetzungen würden durch die Verfügungsbeschränkungen des gesetzlichen Güterstandes erfüllt.

Jeder Ehegatte habe am Erhalt der Ehehabe ein eigenes sachliches Recht. Fordere der übergangene Ehegatte ohne Zustimmung veräußerte Gegenstände zurück, so mache er ein eigenes materielles Recht geltend. Er sei da-

---

35 *Papenheim*, S. 82.
36 *Papenheim*, S. 89.
37 *Papenheim*, S. 122.

her kein Prozessstandschafter, sondern prozessführungsbefugt aufgrund eigener Sachbefugnis. [38]

B. Prozessstandschaft

I. Argumentation des BGH

Der BGH[39] stuft die Regelung des § 1368 BGB als Prozessstandschaft ein. Er gesteht der oben dargestellten Gegenansicht jedoch zu, dass man das von § 1365 BGB statuierte Zustimmungserfordernis als Ausdruck einer „eigenen" Mitwirkungs- und Mitbestimmungskompetenz des nicht verfügenden Ehegatten ansehen könne, die dessen „eigene" Interessen an der Erhaltung der Vermögenssubstanz der Ehe sichern solle.[40]

Dies rechtfertige aber nicht den Schluss, dass dem einen Ehegatten aus der unwirksamen Verfügung des anderen eigene Ansprüche erwachsen und dass die materielle Rechtsinhaberschaft an den Verfügungsgegenständen vom verfügenden auf den nicht verfügenden Ehegatten übergeht. § 1368 BGB gebe dem übergangenen Ehepartner lediglich die Befugnis, Ansprüche, die sich aus der Unwirksamkeit der Verfügung nach §§ 1365, 1366 BGB ergeben, im eigenen Namen geltend zu machen. Sachlich stünden diese Forderungen aber nicht dem revozierenden, sondern ausschließlich dem verfügenden Ehegatten zu.

II. Argumentation der herrschenden Rechtslehre

Die in der Rechtslehre herrschende Auffassung beruft sich zunächst auf den Wortlaut des § 1368 BGB. Die Vorschrift verweise nur pauschal auf die sich aus der Unwirksamkeit ergebenden Rechte des verfügenden Ehegatten. Ein selbständiges Recht des übergangenen Ehegatten in der Form, dass eine eigene Rechtsposition, losgelöst vom anderen Ehepartner, bestehe, könne der Regelung nicht entnommen werden.[41]

Die Annahme eines eigenen sachlichen Rechts des anderen Ehegatten sei für die Zugewinngemeinschaft systemfremd. Dingliche Nutzungs- und Teilhaberechte oder dingliche Lösungs- und Rückforderungsrechte widersprä-

---

38 *Papenheim*, S. 128 ff.
39 BGH NJW 1984, 609 (610); BGHZ 106, 253 (255); BGHZ 143, 356 (360).
40 BGHZ 143, 356 (360).
41 *Lauhoff*, S. 138; Soergel/*Lange*, § 1368 Rdnr. 9; Staudinger/*Thiele*, § 1368 Rdnr. 18.

chen der im gesetzlichen Güterstand bestehenden Gütertrennung.[42] Diese Bewertung gelte auch für die Verfügungsbeschränkungen der §§ 1365, 1369 BGB, die dem Schutz der Familie und der Sicherung etwaiger Zugewinnansprüche dienen und mithin den vermögensrechtlichen „status quo" sichern.[43]

Die Stellung der Ehegatten werde nur durch Verpflichtungs- und Verfügungsbeschränkungen reglementiert. Die Notwendigkeit einer Mitwirkung bei bestimmten Rechtsgeschäften begründe als solche kein eigenes materielles Recht des Zustimmungspflichtigen. Hierfür biete das Gesetz keinen Ansatz.[44] Der Schutzzweck der §§ 1365, 1368 BGB rechtfertige zwar eine Prozessstandschaft, nicht aber ein eigenes materielles Recht.[45]

§ 1368 BGB diene der Durchsetzung der nach §§ 1365, 1369 BGB angeordneten Unwirksamkeit und fülle die trotz der Verfügungs- und Verpflichtungsbeschränkungen bestehende Schutzlücke, wenn sich der verfügende Ehegatte weigert, die Unwirksamkeit des Rechtsgeschäftes geltend zu machen.[46] Ein eigenes materielles Recht werde allerdings nicht begründet.

Wenn eine eigene materielle Rechtsposition gewünscht worden wäre, so hätte diese explizit im Gesetz festgeschrieben werden müssen. Dafür böten die Vorschriften über die Zugewinngemeinschaft aber keinen Hinweis. Nur in § 1390 BGB werde dem Ehegatten für den Sonderfall einer unentgeltlichen, benachteiligenden Verfügung ein direkter, eigener Anspruch nach den §§ 812 ff. BGB, insbesondere §§ 818 ff. BGB eingeräumt. In § 1368 BGB fehle eine vergleichbare Regelung. Dies mache deutlich, dass der Vorschrift keine eigene materielle Berechtigung entnommen werden könne.[47]

Zweites Kapitel
Lösung

A. Der Wortlaut des § 1368 BGB

Nach § 1368 BGB ist *„auch der übergangene Ehegatte berechtigt, die sich aus der Unwirksamkeit der Verfügung ergebenden Rechte gegen den Dritten geltend zu ma-*

[42] *Boehmer*, FamRZ 1959, 81 (82); Soergel/*Lange*, § 1368 Rdnr. 9, *Heintzmann*, Die Prozessführungsbefugnis, S. 24.
[43] Staudinger/*Thiele*, § 1368 Rdnr. 18.
[44] *Hoppe*, S. 10.
[45] Erman/*Heckelmann*, § 1368 Rdnr. 3.
[46] *Boehmer*, FamRZ 1959, 81 (82); MünchKomm/*Gernhuber*, 3. Aufl, § 1368 Rdnr. 3; MünchKomm/*Koch*, § 1368 Rdnr. 3.
[47] *Hoppe*, S. 11.

chen." Den Umfang der dem übergangenen Ehegatten zustehenden Befugnisse bestimmt § 1368 BGB nicht ausdrücklich, sondern verweist pauschal auf die sich aus der unwirksamen Verfügung „*ergebenden Rechte*". Damit sind begrifflich aber keine eigenen Rechte des Übergangenen gemeint, sondern die Ansprüche des verfügenden Ehepartners, dessen Rechtsgeschäft wegen Verstoßes gegen die Beschränkung der §§ 1365, 1369 BGB unwirksam ist. Neue Ansprüche werden nicht geschaffen. Der pauschale Hinweis auf die Rechte des verfügenden Ehegatten zeigt vor allem, dass der Gesetzestext keine Anhaltspunkte dafür enthält, dass sich die Interessen des übergangenen Ehegatten zu einem materiellen Recht sui generis verdichtet hätten.

Dies ergibt sich insbesondere aus der Formulierung, dass „*auch der andere Ehegatte*" die sich aus der unwirksamen Verfügung ergebenden Rechte geltend machen könne. Das Wort „*auch*" macht deutlich, dass es sich bei den Ansprüchen, die beide Ehegatten geltend machen können, um identische Rechte handelt. Können aber beide Ehegatten ein und denselben Anspruch geltend machen, so kann nur der verfügende Ehegatte Anspruchsinhaber sein; nur in dessen Person können unmittelbar aus der Unwirksamkeit der Verfügung Ansprüche entstehen. Insoweit ergibt sich also aus dem Wortlaut, dass allein der verfügende Ehegatte Inhaber der Rechte ist.

Davon geht auch das Gesetz aus, wenn es dem übergangenen Ehegatten das bloße Geltendmachen gestattet. Die Formulierung „*geltend machen*" wird im Gesetz grundsätzlich dann gebraucht, wenn der Fall einer gesetzlichen Prozessstandschaft vorliegt. Das ist etwa der Fall in § 1629 Abs. 3 S. 1 BGB, wonach jedes Elternteil Unterhaltsansprüche des Kindes gegen den anderen Elternteil nur im eigenen Namen „*geltend machen*" kann. Nach § 75 Abs. 2 Nr. 5 WEG ist beispielsweise der Verwalter berechtigt, im Namen aller Wohnungseigentümer Ansprüche gerichtlich und außergerichtlich „*geltend zu machen*". Die Formulierung „*geltend machen*" wird in der Sprache des Gesetzes nur dann gebraucht, wenn von vorhandenen Ansprüchen die Rede ist. Soll hingegen ein Anspruch erst geschaffen werden, so spricht das Gesetz von „fordern" oder „verlangen können". Das Gesetz geht also von einem bestehenden Anspruch aus, dessen prozessuale Verfolgung lediglich einem anderen gestattet wird.

Folglich ist nach dem Wortlaut des § 1368 BGB eindeutig, dass der nicht verfügende Ehegatte ausschließlich Rechte des verfügenden Ehegatten geltend macht, dass ihm also lediglich eine Prozessführungsbefugnis in Form der Prozessstandschaft eingeräumt wird. Eine Rechtsposition in dem Sinne, dass die geltend gemachten Ansprüche einen selbständigen Charakter haben, ist der Vorschrift bei grammatikalischer Auslegung nicht zu entnehmen.

B. Historische Auslegung

Bezeichnenderweise hat der Gesetzgeber die Frage, ob der übergangene Ehegatte im Rahmen der Revokation ein eigenes Recht geltend macht, nicht ausdrücklich beantwortet. Gleichwohl hatte er sich mehrfach mit der Frage auseinander zu setzen, ob und inwieweit ein Ehegatte im gesetzlichen Güterstand am Vermögen des anderen dinglich zu beteiligen ist.

I. Güterstände skandinavischer Staaten und weitere Gesetzesentwürfe

Anlass, über die Frage einer dinglichen Beteiligung der Ehegatten nachzudenken, gaben der Gesetzesentwurf der SPD-Bundestagsfraktion[50] und die Ehegesetze einzelner skandinavischer Staaten, in denen die Gleichberechtigung von Mann und Frau bereits umgesetzt worden war und die deshalb von den Gesetzesverfassern bei der Erarbeitung des Regierungsentwurfes herangezogen wurden.[51]

1. Das schwedische Güterrecht

Nach dem schwedischen Ehegesetz vom 11. Juni 1920, dem „Giftermålsbalk“, sind die Ehegatten einander gleichgestellt. Jeder Ehegatte ist Eigentümer des Vermögens, das ihm bei Eingehung der Ehe gehörte oder das er während der Ehe erworben hat. Ein Gesamtgut entsteht also nicht. Jeder Ehegatte verwaltet sein Vermögen selbständig und haftet persönlich für seine Schulden. Jeder Ehegatte hat an seinem Vermögen grundsätzlich dieselbe Eigentümerstellung, als ob er nicht verheiratet wäre. [52]

Allerdings hat jeder Ehegatte durch die Eheschließung ein familienrechtliches Gattenanteilsrecht, den sog. „giftorätt“. Dieses Gattenanteilsrecht besteht im Wesentlichen darin, dass bei Auflösung der Ehe (Tod, Nichtigkeitserklärung, Scheidung), bei gerichtlicher Aufhebung der häuslichen Gemeinschaft oder bei Einführung der Gütertrennung die Vermögen der beiden Ehegatten zusammenzulegen und unter ihnen zu verteilen sind.

---

[50] BT-Drs. 2/178.

[51] Vgl. *Boehmer*, FamRZ 1959, 1 (6).

[52] Vgl. *Simsons,* Das Eherecht Schwedens, S. 173 (193).

Hierbei handelt es sich nicht nur um einen schuldrechtlichen Anspruch wie bei der Zugewinngemeinschaft im deutschen Recht, sondern um ein regelrechtes dingliches Anwartschaftsrecht auf die Hälfte des Gattenanteilsgutes.[53]

Der Sache nach ist das Gattenanteilsrechtssystem nach dem schwedischen Ehegesetz eine Kombination von Gütertrennung während der Ehe und Gütergemeinschaft bei Auflösung der Ehe. Vom dinglichen Gattenanteilsrecht wird das gesamte Vermögen der Ehegatten erfasst, jedoch mit Ausnahme des Vorbehaltsguts der Ehegatten. Vorbehaltsgut ist, was die Ehegatten durch einen ehelichen Güterrechtsvertrag hierzu bestimmen und was ein Ehegatte von einem Dritten aufgrund einer Schenkung oder eines Testaments als Vorbehaltsgut erhalten hat, und auch das Surrogat, das an die Stelle dieser Werte getreten ist. Das sonstige Vermögen jedes Ehegatten bildet sein Gattenanteilsgut, an dem das gesetzliche Anteilsrecht des anderen Teils besteht.

2. Das finnische Güterrecht

Im finnischen Ehegesetz vom 13. Juni 1929[54] werden die güterrechtlichen Beziehungen der Ehegatten ebenfalls vom Grundsatz der Gleichberechtigung beherrscht. Jeder Ehepartner hat sein eigenes Vermögen, seine eigenen Schulden; er kann nur über sein Eigentum verfügen. Insoweit gilt Gütertrennung. Auch im finnischen Eherecht hat jeder Ehegatte ein Anteilsrecht am Vermögen des anderen. Das finnische Ehegesetz spricht von *„avio-oikeus“* (dt. Gattenanteilsrecht). Damit ist die Gesamtheit aller Befugnisse der Ehegatten gemeint, die das Vermögen des anderen betreffen, auch die Verfügungsbeschränkungen und die Ausgleichsansprüche bei der Auseinandersetzung. Die Verfügungsbeschränkungen beziehen sich in erster Linie auf unbewegliches Vermögen. Der Ehegatte darf nicht ohne Zustimmung des anderen über ein Grundstück oder ein sonstiges Immobiliarrecht verfügen, weder durch Kauf, Tausch oder Schenkung noch durch Bestellung einer Hypothek. Bei der Auseinandersetzung kommt es – anders als im schwedischen Recht – nicht zur Realteilung, sondern – vergleichbar dem deutschen Güterrecht – zum Wertausgleich.

Die Ehegatten haben also nur einen schuldrechtlichen Anspruch auf Ausgleich des ehelichen Zugewinns. Zwar wird im finnischen Recht von ei-

---

53 *Merzbacher*, AcP 156, 1 (14).
54 Vgl. *Hakulinen*, Das Eherecht Finnlands, S. 343 (353).

nem „Gattenanteilsrecht“ gesprochen, es handelt sich aber – anders als im schwedischen Güterrecht – nicht um ein dingliches Recht.

3. Das dänische und das norwegische Güterrecht

In Dänemark[55] und Norwegen[56] hatte sich der Gesetzgeber bei der Umsetzung der Gleichberechtigung für die Beibehaltung der allgemeinen Gütergemeinschaft als gesetzlichen Güterstand entschieden. Bestandteil des Gesamtgutes ist alles, was die Ehegatten zum Zeitpunkt der Eheschließung besitzen und alles, was sie später erwerben. Bei Beendigung der Ehe wird das Gesamtgut in zwei Teile geteilt. Jeder Ehegatte kann dann über seinen Anteil am Gesamtgut allein verfügen. Im norwegischen Güterrecht war das Alleinverfügungsrecht allerdings dahingehend eingeschränkt, dass ein Ehegatte über ein Grundstück, das gemeinsames Eigentum ist, nur mit schriftlicher Einwilligung des anderen verfügen konnte.

4. Der Gesetzesentwurf der SPD-Bundestagsfraktion

Der Gesetzesentwurf der SPD-Bundestagsfraktion[57] sah als gesetzlichen Güterstand die „Gütertrennung mit Gewinnteilung“ vor. Es wurden drei verschiedene Vermögensmassen vorgeschlagen: das Sondervermögen, die Errungenschaft und das Hausgut. Sondervermögen eines Ehegatten sollte das Vermögen sein, das er bei Begründung des Güterstandes besitzt oder während des Güterstandes von Todes wegen oder unentgeltlich unter Lebenden erwirbt. Als Errungenschaft eines Ehegatten sollte hingegen das gelten, was er während des Güterstandes erwirbt und was nicht zum Hausgut oder Sondervermögen gehört. Nach dem Umfang der Errungenschaft sollte der Gewinnausgleich der Ehegatten bei Beendigung des Güterstandes bemessen werden. Der Entwurf sah vor, dass die Ehegatten über ihr Sondervermögen unbeschränkt verfügen können. Das sollte grundsätzlich auch für die Errungenschaft gelten, allerdings war ein Widerspruchsrecht für den anderen Ehegatten dann vorgesehen, wenn die Verfügung eines Ehegatten nicht im

---

55 Vgl. Gesetz über die Rechtswirkungen der Ehe vom 18. März 1925, geändert durch eine Novelle vom 7. Mai 1937; *Dübeck*, ZEuP 1995, 827 (827 ff.); *Marcus, Franz,* Das Eherecht Dänemarks, S. 275 (281 f.).

56 *Lövold,* Das Eherecht Norwegens, S. 225 (245); *Schmidt-Horix*, Das eheliche Güterrecht in Deutschland und Norwegen, S. 21 ff.

57 BT-Drs. 2 / 178.

Rahmen einer ordnungsgemäßen Wirtschaft liegt oder wenn sie bezweckt, den Gewinnanspruch des anderen Ehegatten zu schmälern.[58]

Verfügungsbeschränkungen i.S.d. §§ 1365, 1369 BGB kannte der Gesetzesentwurf hingegen nicht. Stattdessen war ein „Hausgut" vorgesehen als eigene Vermögensmasse, die im gemeinschaftlichen Eigentum der Ehegatten steht und die der gemeinschaftlichen Verwaltung und Nutznießung unterliegt. Über Gegenstände des Hausguts sollten die Ehegatten nur gemeinschaftlich verfügen können. Das betreffe laut Gesetzesentwurf das Recht auf die Wohnung und den Hausrat, sowie die Ansprüche aus Sozialversicherung, Lebensversicherungen oder anderen zur Vorsorge für den Haushalt üblichen Versicherungen. Haushaltsgegenstände sollten auch dann als gemeinschaftliches Vermögen der Ehegatten gelten, wenn sie vor der Eheschließung angeschafft wurden.[59]

II. Die Gesetzesmaterialien

Im Zusammenhang mit den Gesetzesentwürfen zum Gleichberechtigungsgesetz und im Hinblick auf die skandinavischen Ehegüterrechte, die – zumindest teilweise – dingliche Teilhaberechte eines Ehegatten am Vermögen des anderen vorsahen, befasste sich auch der Gesetzgeber mit der Frage, ob und gegebenenfalls wie ein Ehegatte am Vermögen des anderen materiell beteiligt werden solle. Hierauf wurde sowohl in den Begründungen der Regierungsentwürfe als auch in der Stellungnahme des Rechtsausschusses Bezug genommen.

1. Der erste Regierungsentwurf

Die Bundesregierung legte dem Bundestag zum Gleichberechtigungsgesetz insgesamt zwei Gesetzesentwürfe vor. Der erste Entwurf[60] erfolgte bereits in der ersten Legislaturperiode des Deutschen Bundestages. Damals lehnten die Entwurfsverfasser jegliche dingliche Beteiligung eines Ehegatten am Vermögen des anderen ausdrücklich ab. Um diesbezüglich nicht den geringsten Zweifel entstehen zu lassen, nannten sie den gesetzlichen Güterstand ursprünglich nicht „Zugewinngemeinschaft", sondern „Gütertrennung mit Ausgleich des Zugewinns". In der Begründung des ersten Regie-

---

58 BT-Drs. 2 / 178, S. 3.

59 BT-Drs. 2 / 178, S. 2; vgl. auch *Bärmann*, AcP 157, 145 (160).

60 RegE. I vom 23.10. 1952, BT-Drs. 1 / 3802.

rungsentwurfes[61] heißt es wörtlich: *„Er [der Entwurf] nennt diesen Güterstand jedoch nicht Zugewinnstgemeinschaft oder Zugewinnstbeteiligung, weil dadurch der Eindruck hervorgerufen werden könnte, als wäre ein Ehegatte dinglich am Vermögen des anderen beteiligt. Der Entwurf bezeichnet den Güterstand vielmehr als ›Gütertrennung mit Ausgleich des Zugewinnes‹."* Damit machten die Verfasser deutlich, dass auch die vorgesehenen Verfügungsbeschränkungen weder zur Sicherung bestehender materieller Rechte dienen noch zur Entstehung derartiger Rechte führen sollten.

2. Der zweite Regierungsentwurf

Der zweite Regierungsentwurf[62] nannte den gesetzlichen Güterstand „Zugewinngemeinschaft", übernahm also nicht die Bezeichnung „Gütertrennung mit Ausgleich des Zugewinnes" aus dem ersten Entwurf. Dies erfolgte jedoch nicht, weil der Gesetzgeber etwa zwischenzeitlich eine dingliche Beteiligung der Ehegatten befürwortet hätte, sondern nur, um Unklarheiten zu vermeiden. So heißt es in der Gesetzesbegründung[63]: *„Der Entwurf II übernimmt diese Bezeichnung nicht, weil sie, wie die Stellungnahmen zu dem Entwurf I ergeben haben, häufig missverstanden worden ist; es ist der irrige Eindruck erweckt worden, das Schwergewicht des künftigen Güterstandes liege in der Gütertrennung und nicht im Ausgleich des Zugewinns."*

Auch der zweite Regierungsentwurf lehnte jegliche dingliche Beteiligung eines Ehegatten am Vermögen des anderen ab. So wurde im Gesetzestext der Güterstand der Zugewinngemeinschaft bewusst mit dem in Klammern gesetzten Zusatz „Güterstand des Zugewinnausgleiches" versehen. Dies sei, so der berichterstattende Abgeordnete *Seidl* (Dorfen) bei seiner Stellungnahme im Rechtsausschuss, ausschließlich erfolgt, *„um nicht die irrige Vorstellung zu erwecken, ein Ehegatte sei an dem Vermögen des anderen dinglich beteiligt."*[64]

Unter Bezugnahme auf den Vorschlag der SPD-Fraktion, Hausrat zu gemeinschaftlichem Eigentum der Ehegatten zu machen, stellte die Gesetzesbegründung[65] außerdem klar, dass für eine dingliche Beteiligung – egal in welcher Form – kein Bedürfnis besteht: *„Der Hausrat muss zwar im Interesse der Familie geschützt werden. Der Schutz wird aber dadurch gewährleistet, dass nach dem Vorschlag des Entwurfs ein Ehegatte über den ihm gehörenden Hausrat nur mit*

---

[61] RegE. I, BT-Drs. 1 / 3802, S. 53.
[62] RegE. II vom. 29.01.1954, BT-Drs. 2 / 224.
[63] RegE. II, BT-Drs. 2 / 224, S. 38.
[64] Anlage zu BT-Drs. 2 / 3409, S. 5.
[65] RegE. II, BT-Drs. 2 / 224, S. 39.

Zustimmung des anderen Ehegatten verfügen darf." Wenn der Gesetzgeber in Bezug auf den Hausrat der Ansicht war, dass eine materielle Mitberechtigung des anderen Ehegatten nicht erforderlich sei, so muss dies erst recht für Gegenstände gelten, die das (nahezu) gesamte Vermögen eines Ehegatten ausmachen. Eine entsprechende dingliche Berechtigung wurde im Vorfeld des Gesetzgebungsverfahrens nicht einmal im Ansatz erwogen.

3. Schriftlicher Bericht des Rechtsausschusses

Auch der Ausschuss für Rechtswesen und Verfassungsrecht sprach sich gegen eine materielle Mitberechtigung des einen Ehegatten am Vermögen des anderen aus. Um den Eindruck zu verhindern, dass ein Ehegatte an dem Vermögen des anderen in irgendeiner Form dinglich beteiligt wäre, fügte der Ausschuss[66] dem § 1363 Abs. 1 BGB einen zweiten Absatz hinzu, in dem der Inhalt der Zugewinngemeinschaft kurz wiedergegeben und klargestellt wird, dass das Vermögen des Mannes und der Frau nicht gemeinschaftliches Vermögen der Ehegatten wird und dass dies auch für Vermögen gilt, das ein Ehegatte nach der Eheschließung erwirbt.

Der Ausschuss[67] lehnte außerdem alle Vorschläge ab, die über die in §§ 1365 und 1369 BGB geregelten Verfügungsbeschränkungen hinausgingen. So heißt es wörtlich: *„Die vom Ausschuss gefundene Lösung, wonach die Verfügung lediglich über das Vermögen im ganzen und über die Gegenstände des ehelichen Haushaltes der Bindung an die Einwilligung unterliegt, konnte zwar im Hinblick auf den Schutz der Familiengemeinschaft nicht allen Vorstellungen voll gerecht werden. Sie war jedoch das Äußerste, was mit Rücksicht auf die Brauchbarkeit des Güterstandes und im Hinblick auf die Sicherung des Rechtsverkehrs vertretbar erschien.*" Hier wird deutlich, dass der Rechtsausschuss mit den Verfügungsbeschränkungen eine über die Nichtigkeitsfolge hinausgehende dingliche Bindung nicht beabsichtigte.

4. Bericht der Ministerialreferenten

Diese Vorstellung des Gesetzgebers spiegelt sich auch in dem das Gesetzgebungsverfahren zusammenfassenden Bericht[68] der für den Regierungsentwurf zuständigen Ministerialreferenten *Massfeller* und *Reinicke* wider. Darin lehnten sie jegliche materielle Mitberechtigung eines Ehegatten am Vermö-

---

66 Anlage zu BT-Drs. 2 / 3409, S. 5 f.
67 Anlage zu BT-Drs. 2 / 3409, S. 8.
68 Beilage zum Bundesanzeiger Nr. 154 vom 10. August 1956, S. 4 ff.

gen des anderen ab. Sie stellten klar, dass es dem Gesetzgeber bei der Konzipierung des gesetzlichen Güterstandes um streng getrennte Vermögensmassen gegangen sei: *„Der Regierungsentwurf (§ 1363) BGB hat den Güterstand der Zugewinngemeinschaft mit dem in Klammern gesetzten Zusatz ›Güterstand des Zugewinnausgleichs‹ versehen, um nicht die irrige Vorstellung zu erwecken, ein Ehegatte sei an dem Vermögen des anderen dinglich beteiligt."*[69] Die Referenten machten deutlich, dass eine dingliche Mitberechtigung der Ehegatten – in welcher Form auch immer – nicht beabsichtigt war. Sie sollte auch nicht durch die Verfügungsbeschränkungen nach §§ 1365, 1368 BGB herbeigeführt werden.

III. Vergleich mit den legislatorischen Vorbildern des § 1368 BGB

Auch aus dem Umstand, dass § 1368 BGB den §§ 1407 Nr. 3, 1449 BGB a.F. entspricht[70], lässt sich kein anderer Wille des Gesetzgebers ermitteln.

Nach § 1407 Nr. 3 BGB a.F. konnte die Ehefrau im Güterstand der Nutznießung und Verwaltung des Mannes ein zu ihrem Vermögen gehörendes Recht (eingebrachtes Gut) gerichtlich geltend machen, wenn der Ehemann ohne ihre nach § 1375 BGB a.F. erforderliche Zustimmung darüber verfügt hatte. Die gleiche Befugnis gab § 1449 BGB a.F. der Ehefrau im Güterstand der allgemeinen Gütergemeinschaft, wenn der Ehemann ohne die nach § 1444 BGB a.F. notwendige Zustimmung über das Gesamtgut im Ganzen oder zum Beispiel über ein zum Gesamtgut gehörendes Grundstück verfügt hatte. §§ 1407 Nr. 3, 1449 BGB a.F gaben der Ehefrau die Möglichkeit, ein eigenes Recht oder zumindest Miteigentum geltend zu machen, das ihr sonst vorenthalten geblieben wäre. § 1368 BGB hingegen gibt dem einen Ehegatten die Befugnis, die Rechte geltend zu machen, die dem anderen Ehegatten infolge seiner unwirksamen Verfügung zustehen.

Der Gesetzgeber orientierte sich zwar bei der Formulierung des § 1368 BGB an § 1449 BGB a.F., er stellte die Regelung aber in einen anderen güterrechtlichen Kontext. Somit geht es nicht mehr um Vermögensmassen, an denen die Ehegatten dinglich berechtigt sind. Im gesetzlichen Güterstand der Zugewinngemeinschaft sieht der Gesetzgeber ausdrücklich die Trennung der Vermögen der Eheleute vor.

---

[69] Beilage zum Bundesanzeiger Nr. 154 vom 10. August 1956, S. 4.
[70] BT-Drs. 2/224, S. 42.

C. Systematische Auslegung

Im Gegensatz zum früheren Güterstand der Nutzverwaltung des Ehemannes und zu den Gütergemeinschaften kann aus dem heute geltenden gesetzlichen Güterstand eine eigene Berechtigung der Ehegatten am geltend gemachten Anspruch nicht hergeleitet werden. Dingliche Nutzungs- oder Teilhaberechte sind der Zugewinngemeinschaft fremd. Sie widersprechen der in § 1363 Abs. 2 S. 1 BGB ausdrücklich angeordneten Gütertrennung.

Auch durch die Verfügungsbeschränkungen der §§ 1365, 1369 BGB ergibt sich somit keine Änderung der materiellen Berechtigung. Die Notwendigkeit einer Mitwirkung bei bestimmten Rechtsgeschäften überwindet den Grundsatz der strengen Gütertrennung nicht und begründet folglich auch kein eigenes materielles Recht des Zustimmungspflichtigen. Hierfür bietet das Gesetz keinen Ansatz, denn der Gesetzgeber hat sich bei der Zugewinngemeinschaft für das Prinzip der Gütertrennung entschieden. Ein eigener materieller Anspruch des Übergangenen ist damit nicht zu vereinbaren.[71]

Wäre trotz der Gütertrennung eine eigene materielle Rechtsposition des übergangenen Ehegatten beabsichtigt gewesen, hätte der Gesetzgeber dies im Gesetz ausdrücklich normieren müssen. Ein eigener direkter Anspruch nach den §§ 812 ff. BGB wird dem Ehegatten nur in § 1390 BGB gegeben, und zwar für den Fall, dass der andere Ehegatte in der Absicht, ihn zu benachteiligen, an einen Dritten unentgeltliche Zuwendungen gemacht hat und ihm deshalb eine Ausgleichsforderung nicht zusteht. Bei § 1368 BGB wurde eine solche Regelung nicht getroffen. Damit bleibt es beim strengen Grundsatz der Gütertrennung, der eine materiellrechtliche Mitberechtigung nicht zulässt.

D. Teleologische Auslegung

Die Annahme eines eigenen materiellen Rechtes lässt sich außerdem auch nicht mit dem von den §§ 1365, 1368 BGB verfolgten Schutzzweck rechtfertigen. Es ist ohnehin äußerst zweifelhaft, ob sich ein dingliches Teilhaberecht mit rein teleologischen Gesichtspunkten begründen lässt. Diese Frage stellt sich vorliegend nicht; der mit der Revokationsbefugnis verfolgte Zweck wird auch im Rahmen einer gesetzlichen Prozessstandschaft erreicht.

§ 1365 BGB will in erster Linie der Familie die wirtschaftliche Grundlage erhalten und außerdem den Zugewinnausgleich des anderen Ehegatten si-

---

[71] *Boehmer*, FamRZ 1959, 81 (82); *Heintzmann*, Die Prozessführungsbefugnis, S. 24; *Hoppe*, S. 10; Soergel/*Lange*, § 1368 Rdnr. 9.

chern. § 1368 BGB dient der Durchsetzung der von § 1365 BGB bestimmten Verfügungsbeschränkung. Verweigert der übergangene Ehegatte seine Zustimmung, so hätte er ohne § 1368 BGB keine Möglichkeit, die Beschränkungen gegenüber Dritten durchzusetzen. Er könnte nur über § 1353 BGB gegen seinen Partner vorgehen, um diesen zu veranlassen, seinerseits den Dritten in Anspruch zu nehmen: ein langwieriger und schwieriger Weg. Durch bloße Untätigkeit hätte es der verfügende Ehegatte in der Hand, eine faktische Wirksamkeit des von ihm geschlossenen Rechtsgeschäftes herbeizuführen. Nach seinem Zweck soll es § 1368 BGB dem anderen Ehegatten ermöglichen, die gesetzlichen Verfügungsbeschränkungen effektiv durchzusetzen. Dies ist mit einer gesetzlichen Prozessstandschaft ausreichend gewährleistet; einer materiellen Berechtigung des übergangenen Ehegatten bedarf es hierzu nicht.

E. Ergebnis

Nach alledem handelt der Ehegatte, der gem. § 1368 BGB die Unwirksamkeit der nach §§ 1365, 1366 BGB nichtigen Verfügung geltend macht, nicht aus eigenem materiellen Recht, sondern im Rahmen einer gesetzlichen Prozessstandschaft. § 1368 BGB verleiht dem übergangenen Ehegatten eine bloße Prozessführungsbefugnis, jedoch keine dingliche Berechtigung. Dies ergibt sich einheitlich aus dem Wortlaut des § 1368 BGB, aus der Entstehungsgeschichte und aus den Gesetzesmaterialien, sowie aus der Entscheidung des Gesetzgebers für das Prinzip der Gütertrennung. Auch der von den §§ 1365 und 1368 BGB verfolgte Zweck führt zu keinem anderen Ergebnis. Folglich hat der übergangene Ehegatte kein eigenes materielles Recht an der streitbefangenen Sache, sondern tritt lediglich als Prozessstandschafter auf, wenn er nach § 1368 BGB die Unwirksamkeit der Verfügung seines Ehegatten geltend macht.

Zweiter Teil
Revokation durch den verfügenden Ehegatten als unzulässige Rechtsausübung

Verfügt ein Ehegatte über sein ganzes oder nahezu gesamtes Vermögen, obwohl er weiß, dass gemäß § 1365 BGB zur Wirksamkeit des Rechtsgeschäftes die Zustimmung des anderen Ehegatten erforderlich wäre, und übergibt er den veräußerten Gegenstand seinem Geschäftspartner, dann wird sich dieser möglicherweise auf § 242 BGB oder § 817 S. 2 BGB berufen, wenn der Ehegatte später die Unwirksamkeit geltend macht. Die Frage ist also, ob in diesen Fällen die Revokation durch den verfügenden Ehegatten eine unzulässige Rechtsausübung darstellt oder ob dies nicht der Fall ist.

Erstes Kapitel
Verstoß gegen Treu und Glauben, § 242 BGB

A. Ausgangspunkt

Kennt ein Ehegatte die Zustimmungsbedürftigkeit des Rechtsgeschäfts und verschweigt er sie, behauptet er wahrheitswidrig, er sei nicht verheiratet oder lebe nicht im gesetzlichen Güterstand, und kommt es infolgedessen zum Leistungsaustausch, dann ist sein Verhalten als widersprüchlich und treuwidrig zu bezeichnen, wenn er danach die Rückabwicklung des von ihm vollzogenen Rechtsgeschäfts fordert.

Ein solches Verhalten stellt den klassischen Fall des „*venire contra factum proprium*" dar. Danach ist eine Rechtsausübung unzulässig, wenn sie mit einem früheren Verhalten in Widerspruch steht. Ein typischer Anwendungsfall dieses Gedankens liegt vor, wenn sich zum Beispiel jemand zu seinem Vorteil auf eine Rechtsvorschrift beruft, die er selbst missachtet.[72]

Es stellt sich also die Frage, ob der Geschäftspartner in einem solchen Fall einen Verstoß gegen den Grundsatz von Treu und Glauben i.S.d. § 242 BGB mit der Folge einwenden kann, dass eine Inanspruchnahme durch den verfügenden Ehegatten als unzulässige Rechtsausübung ausgeschlossen ist. Dies lässt sich grundsätzlich nicht abstrakt beurteilen; vielmehr ist der Sinn

---

72 MünchKomm/*Roth*, § 242 Rdnr. 455.

und Zweck der Vorschrift zu berücksichtigen, auf die sich der widersprüchlich Handelnde beruft.[73]

B. Meinungsstand

Fordert der übergangene Ehegatte nach § 1368 BGB die Rückabwicklung der ohne seine Zustimmung ergangenen Vermögensverfügung, so kann ihm nach zutreffender Ansicht[74] weder ein rechtsmissbräuchliches Verhalten i.S.d. § 242 BGB vorgeworfen noch ein rechtsmissbräuchliches Verhalten des handelnden Ehegatten zugerechnet werden. Der übergangene Ehegatte soll nach dem Sinn des § 1368 BGB in der Lage sein, auch gegen den Willen des anderen Ehegatten die Unwirksamkeit der ohne seine Zustimmung erfolgten Verfügung geltend zu machen. Das muss erst recht gelten, wenn der verfügende Ehegatte in schädigender Absicht gehandelt und seinen Ehepartner absichtlich übergangen hat.

Umstritten ist, ob etwas anderes gilt, wenn der treuwidrig handelnde Ehegatte selbst die Unwirksamkeit des von ihm vollzogenen Rechtsgeschäftes geltend machen möchte. Diese Frage wird – seit Einführung des Gleichberechtigungsgesetzes – in der Rechtslehre unterschiedlich beantwortet.

I. Grundsätzlich Einwendung nach § 242 BGB

Nach einer Meinung[75] soll der treuwidrig handelnde Ehegatte selbst nicht revozieren können. Wer wissentlich die Unwirksamkeit seiner Verfügung verursache und diese anschließend geltend mache, handele widersprüchlich und verstoße gegen den Grundsatz des „venire contra factum proprium." Angesichts des treuwidrigen Verhaltens müsse in diesem Fall der Schutzgedanke des § 1365 BGB zurücktreten, denn es sei nicht einzusehen, dem Ehegatten, der die verbotswidrige Verfügung vorgenommen habe, Schutz gegen seinen eigenen Rechtsverstoß zu gewähren.

---

73 Staudinger/*Thiele*, § 1368 Rdnr. 49.

74 *Achilles/Greif*, § 1368 Anm. 5; Bamberger/Roth-*Mayer*, § 1368 Rdnr. 5; *Boehmer*, Recht und Staat 1962, 1 (21); *Dölle*, Familienrecht, § 52 III 3, S. 764; RGRK/*Finke*, § 1368 Rdnr. 14; *Gernhuber/Coester-Waltjen*, Familienrecht, § 35 V Rdnr. 83; S. 532; *Gießen*, Familienrecht, Rdnr. 284; MünchKomm/*Gernhuber*, 3. Aufl., § 1368 Rdnr. 15; MünchKomm/*Koch*, § 1368 Rdnr. 16; *Kemper*, S. 123; Soergel/*Lange*, § 1368 Rdnr. 13; *Lauhoff*, S. 40 ff; Staudinger/*Thiele*, § 1368 Rdnr. 50.

75 *Boehmer*, FamRZ 1959, 1 (6).

II. Differenzierung nach der Schwere der Arglist

Eine andere Ansicht[76] will nach der Schwere der Arglist differenzieren. Der Dritte könne sich nicht grundsätzlich auf den Verstoß gegen Treu und Glauben berufen – außer bei einem besonders arglistigen Verhalten des verfügenden Ehegatten. Wann ein besonders arglistiges Verhalten vorliege, sei im Einzelfall zu bestimmen. Dies sei der Fall, wenn der verfügende Ehegatte nicht nur wissentlich ohne die Zustimmung des anderen über sein Vermögen im Ganzen verfüge, sondern seinem Vertragspartner gegenüber vortäusche, die Voraussetzungen des § 1365 BGB lägen nicht vor.

Wenn also der verfügende Ehegatte seinem Geschäftspartner gegenüber wahrheitswidrig behauptet, dass er nicht verheiratet sei, dass sein Ehepartner zugestimmt habe oder dass es sich nicht um sein nahezu gesamtes Vermögen handle, dann soll sich der Vertragspartner auf den Grundsatz von Treu und Glauben nach § 242 BGB berufen und die Rückabwicklung der nichtigen Verfügung verweigern können.

III. Differenzierung nach der Gutgläubigkeit des Dritten

Eine weitere Auffassung[77] will die Einwendung der Treuwidrigkeit gemäß § 242 BGB zulassen, wenn der Vertragspartner bei Vertragsschluss gutgläubig gewesen ist und dessen Schadensersatz- oder Bereicherungsklage keinen Erfolg verspricht, weil der veräußernde Ehegatte kein pfändbares Vermögen mehr hat. Es sei unbillig, wenn der Ehegatte, der sein Vermögen veräußere, zunächst den Erlös verjuble und anschließend die Rückgabe mit der Begründung fordere, sein Ehegatte habe nicht zugestimmt. Ein derartiges Verhalten könne nicht durch das Gleichberechtigungsgesetz rechtens geworden sein. Die Bestimmung des § 242 BGB gelte neben § 1368 BGB unverändert weiter. [78]

---

76 Erman/*Heckelmann*, § 1368 Rdnr. 2.
77 *Frank*, NJW 1959, 135 (136 f.).
78 *Frank*, NJW 1959, 135 (136 f.).

IV. Keine Einwendung nach § 242 BGB

Die wohl überwiegende Ansicht[79] in der Rechtslehre will dem Dritten die Einwendung des Verstoßes gegen Treu und Glauben auch dann nicht zubilligen, wenn er von dem treuwidrig handelnden Ehegatten selbst in Anspruch genommen wird. Dies wird vor allem mit dem Regelungsziel der §§ 1365 und 1368 BGB begründet. Diese bezweckten einen optimalen Familienschutz bei unwirksamen Gesamtvermögensgeschäften. Das Gesetz ordne nicht nur deren Unwirksamkeit an, sondern gewähre dem zustimmungsberechtigten Ehegatten das Recht, die Rückabwicklung tatsächlich bereits vollzogener Verfügungen selbst geltend zu machen. Die Einwendung der Treuwidrigkeit nach § 242 BGB würde diesem Normzweck widersprechen. Der von § 1368 BGB durchzusetzende Schutz der wirtschaftlichen Vermögensgrundlage der Familie habe daher grundsätzlich Vorrang vor den Interessen des Dritten. Das gelte im Verhältnis des Dritten zu beiden Ehegatten.[80] Schließlich gewähre das Gesetz auch dem handelnden Ehegatten das Rückforderungsrecht, obwohl er die verbotene Verfügung vorgenommen habe. Damit mache er das Geschehene wieder gut und wahre die Interessen der Familie.[81]

C. Lösung

I. Der Wortlaut des § 1368 BGB

Der Wortlaut des § 1368 BGB lässt für eine Differenzierung danach, wer die Unwirksamkeit geltend macht, keinen Raum. Das Gesetz hat das Rückforderungsrecht des verfügenden Ehegatten in keiner Weise eingeschränkt, sondern in § 1368 BGB durch das Wort „auch" der Rückforderungsbefugnis des anderen inhaltlich gleichgestellt. Beide Ehegatten sollen in gleicher Weise und in gleichem Umfang die Unwirksamkeit der Verfügung geltend machen können. Damit ließe sich nicht vereinbaren, dass der verfügende Ehegatte durch die Einwendung treuwidrigen Verhaltens nach § 242 BGB eingeschränkt wäre, während der andere Ehegatte uneingeschränkt revozieren kann.

---

79 *Achilles/Greif*, § 1368 Anm. 5; *Dölle*, Familienrecht, § 52 III 3, S. 764; RGRK/*Finke*, § 1368 Rdnr. 14; *Gernhuber/Coester-Waltjen*, Familienrecht, § 35 V Rdnr. 83; *Gießen*, Familienrecht, Rdnr. 284; MünchKomm/*Gernhuber*, 3. Aufl., § 1368 Rdnr. 15; *Kemper*, S. 123; MünchKomm/*Koch*, § 1368 Rdnr. 16; Soergel/*Lange*, § 1368 Rdnr. 13; Bamberger/Roth-Mayer, § 1368 Rdnr. 5; Staudinger/*Thiele*, § 1368 Rdnr. 50.

80 Bamberger/Roth-Mayer, § 1368 Rdnr. 5.

81 *Kemper*, S. 123.

Mit der Frage, ob die Rückabwicklung von nach §§ 1365, 1366 BGB nichtigen Rechtsgeschäften durch § 242 BGB im Einzelfall eingeschränkt werden kann, setzen sich die Gesetzesmaterialien nicht auseinander. Im Regierungsentwurf[82] stellt der Gesetzgeber allerdings klar, dass § 1368 BGB mit der Regelung übereinstimme, die das Bürgerliche Gesetzbuch früher bei dem Güterstand der Verwaltung und Nutznießung und den Gütergemeinschaften für den Fall getroffen hat, dass der Ehemann Rechtsgeschäfte ohne die erforderliche Zustimmung der Frau vorgenommen hat, §§ 1407 Nr. 3, 1449, 1519 Abs. 2, 1549 BGB a.F. Mit dieser Bezugnahme legt der Gesetzgeber nahe, zur Auslegung des § 1368 BGB auf die bisherige Rechtspraxis zurückzugreifen, soweit diese mit dem neu geschaffenen Güterstand vereinbar ist.

Die herrschende Lehre[83] vor Einführung des Gleichberechtigungsgesetzes zog eine Einwendung nach § 242 BGB gegenüber dem treuwidrig handelnden Ehemann nicht in Betracht. Verfügte etwa der Ehemann im Güterstand der Verwaltung und Nutznießung des Mannes wissentlich ohne die Zustimmung seiner Ehefrau über das Gesamtgut, so konnte der Ehemann die sich nach § 1448 BGB a.F. ergebende Unwirksamkeit der Verfügung geltend machen, ohne dass ihm der Einwand eines widersprüchlichen Verhaltens entgegenstand.

Es ist nicht ersichtlich, weshalb im Rahmen des § 1365 BGB etwas anderes gelten sollte. Vielmehr ist davon auszugehen, dass der Gesetzgeber die bisherige Rechtsanwendung beibehalten und eine Einwendung nach § 242 BGB gegenüber dem verfügenden Ehegatten nicht zulassen wollte.

Auch der Vorschlag,[84] bei Gutgläubigkeit des Geschäftspartners eine Ausnahme zu machen und ihm jedenfalls dann die Einwendung nach § 242 BGB zu gewähren, lässt sich nicht mit dem Willen des Gesetzgebers vereinbaren. Im Regierungsentwurf[85] wird ausdrücklich, im Hinblick auf eine mögliche Gutgläubigkeit des Geschäftspartners, klargestellt: *„Sein guter Glaube wird nicht geschützt."* Was für den Anwendungsbereich der Verfügungsbeschränkungen gilt, muss erst recht für die Rückabwicklung der

---

82 RegE, BT-Drs. 2 / 224, S. 42.

83 Vgl. *Dernburg*, Familienrecht, S. 210; Palandt/*Lauterbach*, 16. Aufl., § 1455 Anm. 1; Planck/*Unzner*, § 1455 Anm. 5; Staudinger/*Engelmann*, 9. Aufl., § 1448 Anm. 3; § 1449 Anm. 4; 1455 Anm. 2; RGRK/*Buchwald*, 9.Aufl., § 1455 Anm. 4; *Siebert/Vogel*, Familienrecht, § 1455 Anm. 1; auch *Reinicke*, BB 1957, 564 (568).

84 *Frank*, NJW 1959, 135 (136 f.).

85 RegE, BT-Drs. 2 / 224, S. 42.

nichtigen Verfügungen gelten. Andernfalls würde der ausdrücklich ausgeschlossene Gutglaubensschutz auf einem Umweg wieder eingeführt.

III. Teleologische Auslegung

§ 1365 BGB dient in erster Linie der Aufrechterhaltung des vorhandenen Gesamtvermögens als wirtschaftliche Grundlage der ehelichen Gemeinschaft. § 1368 BGB soll gewährleisten, dass die Folgen der nach §§ 1365, 1366 BGB unwirksamen Verfügung umgehend rückgängig gemacht und der vermögensrechtliche „status quo" tatsächlich wiederhergestellt wird. Der übergangene Ehegatte soll die Unwirksamkeit der Verfügung eigenständig durchsetzen können, andernfalls würden die vermögensrechtlichen Folgen des unwirksamen Rechtsgeschäfts durch die Untätigkeit des verfügenden Ehegatten beibehalten. Der Übergangene soll also davor geschützt werden, dass sein Ehegatte die Verfügung aufrechterhalten will.

Wenn ein Ehegatte hingegen das Geschehene im Interesse seiner Familie wieder gutmachen will und selbst gegen seinen Geschäftspartner vorgeht, erfordert es der Schutzzweck der §§ 1365, 1368 BGB, dass er dies im gleichen Umfang kann wie sein Ehegatte. Daraus folgt, dass der Dritte sich auch gegenüber dem verfügenden Ehegatten nicht auf einen Verstoß gegen den Grundsatz von Treu und Glauben berufen kann. Trotz eines missbräuchlichen Vorverhaltens dieses Ehegatten ist die Revokation nicht als unzulässige Rechtsausübung zu untersagen, denn die Wiederherstellung der verbotswidrig gestörten tatsächlichen Vermögensverhältnisse erfolgt im Interesse der wirtschaftlichen Grundlage der Ehegemeinschaft und des Zugewinnausgleichs und ist keine persönliche Angelegenheit dieses Ehegatten.

Insoweit kann es auch keine Rolle spielen, ob der verfügende Ehegatte gegenüber seinem Geschäftspartner besonders arglistig aufgetreten ist.[86] Die Rechtsethik, die Einwendungen gegenüber dem treuwidrig handelnden Ehegatten vorsieht, ist sekundär, wenn es um einen umfassenden Schutz für die Familie geht.[87]

---

[86] So aber Erman/*Heckelmann*, § 1368 Rdnr. 2.

[87] *Lauhoff*, S. 142 ff.

Das Gesetz hat keine Fehlbewertung vorgenommen, wie diejenigen[88] annehmen, die gegen den verfügenden Ehegatten den Einwand des *„venire contra factum proprium"* zulassen wollen. Dass der Einwand der Treuwidrigkeit auch dem verfügenden Ehegatten gegenüber ausgeschlossen ist, entspricht im Ergebnis der Interessenlage aller Beteiligten.

Für den Vertragspartner bedeutet dies keinen wirklichen Nachteil. Es würde ihm nichts nützen, wenn er gegenüber dem verfügenden Ehegatten aufgrund des Einwandes nach § 242 BGB eine Klageabweisung erreichen könnte, da das ergangene Urteil gegenüber dem anderen Ehegatten keine Rechtskraft entfaltet.[89] Würde dieser anschließend Klage erheben und die Herausgabe des durch die unwirksame Verfügung Erlangten verlangen, könnte sich der Dritte nicht auf das treuwidrige Verhalten seines Geschäftspartners berufen und würde zur Herausgabe verurteilt. Er könnte also weder eine materielle Besserstellung erreichen noch Kosten sparen.

Demgegenüber besteht ein begründetes wirtschaftliches und rechtliches Interesse der Ehegatten daran, dass auch der verfügende Ehegatte in einem von ihm eingeleiteten Prozess Erfolg hat. Würde die Klage abgewiesen, so müsste der andere Ehegatte erneut eine Klage erheben, bei der er obsiegen würde. Die Familiengemeinschaft würde mit Prozesskosten belastet, ohne dass der Dritte entlastet würde. Dies wäre unverhältnismäßig und nicht prozessökonomisch.

Ferner ist die Treuwidrigkeit zu beachten, die der handelnde Ehegatte durch die Verfügung gegenüber seinem Ehegatten begeht. Er ist rechtlich verpflichtet, diese wieder gutzumachen. Die Verpflichtung ergibt sich aus der ehelichen Lebensgemeinschaft (§ 1353 BGB) und aus den §§ 1365, 1369 BGB, die inzident das Gebot enthalten, vorgenommene Verfügungen

---

88 *Boehmer*, FamRZ 1959, 1 (6); *Frank*, NJW 1959, 135 (136); Erman/*Heckelmann*, § 1368 Rdnr. 2.

89 AG Holzminden, FamRZ 1996, 180 (180); Ak-*Fieseler*, § 1368 Rdnr. 4, *Lüderitz*, Familienrecht, Rdnr. 363; *Blomeyer*, Zivilprozessrecht, § 92 I 2a; *Brox*, FamRZ 1961, 281 (282 ff.); *Calavros*, S. 55 ff.; Erman/*Heckelmann*, § 1368 Rdnr. 14; Gernhuber/*Coester-Waltjen*, Familienrecht, § 35 V Rdnr. 83; *Hartung*, S. 111 ff; *Heintzmann*, S. 85; Jaunerig/*Berger*, § 1368 Rdnr. 4; *Koeniger*, DRiZ 1959, 374 (275); *Lauhoff*, S. 176 ff.; *Lorenz* JZ 1959, 105 (109); MünchKomm/*Gernhuber*, 3. Aufl., § 1368 Rdnr. 21; MünchKomm/*Koch*, § 1368 Rdnr. 22; Münch/Komm-ZPO/*Gottwald*, § 325 Rdnr. 39; *Petermann*, Rpfleger 1960, 233 (237); RGRK/*Finke*, § 1368 Rdnr. 19 f.; *Rosenberg/Schwab/Gottwald*, § 46 V 3b; *Schlüter*, Familienrecht, Rdnr. 117; *Schulin*, DRiZ 1959, 76 (79); Soergel/*Lange*, § 1368 Rdnr. 16; Staudinger/*Thiele*, § 1368 Rdnr. 34 ff.; Stein/Jonas/*Bork*, vor § 50 Rdnr. 51; Stein/Jonas/*Leipold*, § 325 Rdnr. 5; Zöller/*Vollkommer*, Vor § 50 Rdnr. 38.

rückgängig zu machen und den früheren Zustand wieder herzustellen. Hierzu wäre der verfügende Ehegatte nicht in der Lage, wenn ihm der Einwand treuwidrigen Verhaltens nach § 242 BGB wirksam entgegengesetzt werden könnte.[90]

V. Ergebnis

Nach alledem kann der verfügende Ehegatte die Unwirksamkeit der Verfügung auch dann geltend machen, wenn er sich damit widersprüchlich verhält und die Voraussetzungen eines Verstoßes gegen den Grundsatz von Treu und Glauben vorliegen. Der Geschäftspartner kann sich nicht auf eine Einwendung nach § 242 BGB berufen.

D. Sonderfall: Treuwidriges Zusammenwirken beider Ehegatten

Etwas anderes muss jedoch gelten, wenn – was selten vorkommen dürfte – beiden Ehegatten ein Verstoß gegen § 242 BGB vorgeworfen werden kann. Das ist zum Beispiel anzunehmen, wenn die Ehegatten mit Missbrauchsabsicht die familienrechtlichen Schutzvorschriften ausnutzen, um den Dritten zu schädigen oder den wirtschaftlichen Erfolg eines Rechtsgeschäfts abzuwarten.

Leugnet der nicht beteiligte Ehegatte im Vorfeld eines Gesamtvermögensgeschäftes gegenüber dem Dritten, mit dem verfügenden Ehegatten verheiratet zu sein, und verzichtet der Dritte daraufhin, sich nach der Zustimmung i.S.d. § 1365 BGB zu erkundigen, so können die Ehegatten später, wenn sich das Geschäft als wirtschaftlich nachteilig erwiesen hat, nicht mit der Begründung dessen Unwirksamkeit geltend machen, es habe keine Zustimmung vorgelegen. Sie können also nicht auf diese Weise das Risiko des wirtschaftlichen Erfolges eines Gesamtvermögensgeschäftes auf den Geschäftspartner abwälzen. Immer dann, wenn die Ehegatten in treuwidriger Weise zusammenwirken, um auf Kosten des Geschäftspartners die Vorschriften der §§ 1365, 1368 BGB auszunutzen, ist die Revokationsbefugnis der Ehegatten nach § 242 BGB zu begrenzen.[91] Unter Umständen kann das Verhalten des zustimmungsberechtigten Ehepartners auch so ausgelegt werden, dass er dem Rechtsgeschäft des Verfügenden zugestimmt hat.

---

[90] *Lauhoff*, S. 143 ff.

[91] *Gernhuber/Coester-Waltjen*, Familienrecht, § 35 V Rdnr. 83; MünchKomm/*Gernhuber*, 3. Aufl., § 1368 Rdnr. 15; MünchKomm/*Koch*, § 1368 Rdnr. 16; RGRK/ *Finke*, § 1368 Rdnr. 14; Soergel/*Lange*, § 1368 Rdnr. 13; Staudinger/*Thiele*, § 1368 Rdnr. 50.

Dann stellt sich die Frage einer treuwidrigen Rückabwicklung nicht. Es fehlt bereits an den Voraussetzungen des § 1365 BGB.

Zweites Kapitel
Einwand der par turpitudo nach § 817 S. 2 BGB

Verfügt ein Ehegatte über sein ganzes oder nahezu gesamtes Vermögen, obwohl er weiß, dass gemäß § 1365 BGB zur Wirksamkeit des Rechtsgeschäftes die Zustimmung des anderen Ehegatten erforderlich wäre, und übergibt er den veräußerten Gegenstand seinem Geschäftspartner, stellt sich die Frage, ob sich dieser auf die Einwendung des § 817 S. 2 BGB berufen kann, falls der Ehegatte später die Unwirksamkeit geltend macht und den Gegenstand zurückfordert. Nach dieser Vorschrift ist die Rückabwicklung ausgeschlossen, wenn der Leistende seinerseits gegen ein gesetzliches Verbot oder die guten Sitten verstoßen hat. Wer sich außerhalb der Rechts- oder Sittenordnung stellt, soll für sein Handeln keinen Rechtsschutz erhalten.

Fraglich ist bereits, ob die tatbestandlichen Voraussetzungen des § 817 S. 2 BGB vorliegen. Dazu müsste die zustimmungslose Verfügung über das ganze oder nahezu gesamte Vermögen einen Verstoß gegen ein gesetzliches Verbot im Sinne dieser Vorschrift darstellen. Das hängt davon ab, wie § 1365 BGB rechtsdogmatisch einzuordnen ist, und kann bejaht werden, wenn man in § 1365 BGB – mit der Rechtsprechung[92] und der überwiegenden Auffassung der Rechtslehre[93] – nicht nur eine Verfügungsbeschränkung[94], sondern ein absolutes Veräußerungsverbot sieht.

Im Ergebnis kann diese Frage offen bleiben. Die Anwendung des § 817 S. 2 BGB ist nämlich immer dann ausgeschlossen, wenn der Schutzzweck der verletzten Norm, aus der sich die Nichtigkeit ergibt, gerade darin besteht, die jeweilige Vermögensverschiebung zu unterbinden. In solchen Fällen würde die mit § 817 S. 2 BGB verbundene Aufrechterhaltung der rechtsgrundlosen Vermögenszuordnung tatsächlich mit dem Zweck der jeweiligen Vorschrift unvereinbar sein.[95]

---

92 BGHZ 40, 218 (220).

93 Palandt/*Brudermüller*, § 1365 Rdnr. 14; RGRK/*Finke*, § 1365 Rdnr. 1; *Künzl*, FamRZ 1988, 452 (455); Soergel/*Lange*, § 1365 Rdnr. 59; *Reinicke*, BB 1957, 564 (566); *ders.*, DB 1965, 1351 (1352); vgl. auch BT-Drs. 2/224, S.42.

94 so aber *Hoppe*, 39, 66; *Schlüter*, Familienrecht, Rdnr. 105; vgl auch Staudinger/*Thiele*, § 1365 Rdnr. 99.

95 MünchKomm/*Lieb*, § 817 Rdnr. 13.

Im Zusammenhang mit der Rückabwicklung von nach §§ 1365, 1366 BGB nichtigen Rechtsgeschäften wird § 817 S. 2 BGB zu Recht nicht angewendet,[96] denn der Zweck des § 1365 BGB, im Interesse der Familie und zur Sicherung des Zugewinnausgleichsanspruchs das Vermögen in seiner konkreten Zusammensetzung zu erhalten und gegenüber einseitigen Entscheidungen eines Ehegatten zu schützen, würde durch die Anwendung des § 817 S. 2 BGB unterlaufen. Vor allem § 1368 BGB macht deutlich, dass das Gesetz die Rückabwicklung des nach §§ 1365, 1366 BGB nichtigen Rechtsgeschäfts durchsetzen will. Im Ergebnis muss daher § 817 S. 2 BGB gegenüber dem Ziel dieser speziellen Regelung zurücktreten.

---

96 *Boehmer*, FamRZ 1959, 1 (6); *ders.*, Festschrift für Hedemann, 44 (45); *Lüderitz*, Familienrecht, § 14 II 7, Rdnr. 363; *Gernhuber/Coester-Waltjen*, Familienrecht, § 35 Rdnr. 83; MünchKomm/*Gernhuber*, 3.Aufl., § 1368 Rdnr. 16; *Hoppe*, S. 66; MünchKomm/*Koch*, § 1368 Rdnr. 17; Staudinger/*Thiele*, § 1368 Rdnr. 50.

Dritter Teil
Einreden aufgrund von Gegenansprüchen des Dritten

Verfügt ein Ehegatte über sein gesamtes oder nahezu gesamtes Vermögen ohne die Zustimmung des anderen und ist die Verfügung infolgedessen nach §§ 1365, 1366 BGB unwirksam, können beide Ehegatten von dem Dritten die Herausgabe der überlassenen Vermögenswerte fordern. Da es sich bei § 1365 BGB nicht um ein relatives Veräußerungsverbot handelt[97], genießt der Dritte auch nicht den in § 135 BGB vorgesehenen Schutz unwissender redlicher Geschäftspartner.

Hat der Dritte seinerseits bereits Leistungen erbracht, besteht für ihn die Gefahr, auf Herausgabe des erhaltenen Gegenstandes in Anspruch genommen und verurteilt zu werden, seine Gegenansprüche jedoch selbständig geltend machen zu müssen. Ob diese Gegenansprüche aber realisiert werden können, ist meist fraglich. Möglicherweise müsste sich der Dritte auf einen Wettlauf mit anderen Gläubigern des Ehegatten einlassen.

Der Geschäftspartner des verfügenden Ehegatten ist daher daran interessiert, eigene Gegenforderungen zu erheben, um eine solche Inanspruchnahme zu verhindern. Zumindest wird er aber versuchen, die Herausgabe solange zu verweigern, bis seine Forderungen Zug um Zug befriedigt werden.

Bevor im Folgenden untersucht wird, ob dem Dritten aufgrund von Gegenansprüchen Einreden zustehen, ist zunächst zu prüfen, welche Forderungen der Dritte gegenüber dem verfügenden Ehegatten überhaupt geltend machen kann.

Erstes Kapitel
Gegenansprüche des Dritten

Hinsichtlich der Rechte des Vertragspartners enthalten die §§ 1363 ff. BGB keinerlei Regelungen. Der Gesetzgeber des Gleichberechtigungsgesetzes hat die Rechtsstellung des Dritten nicht geregelt; seine Ansprüche ergeben sich ausschließlich aus den allgemeinen Vorschriften.

---

97 BGHZ 40, 218 (219); vgl auch RGRK/*Finke*, § 1365 Rdnr. 1; *Gernhuber/Coester-Waltjen*, Familienrecht, § 35 I Rdnr. 6; MünchKomm/ *Koch*, § 1365 Rdnr. 4; *Künzl*, FamRZ 1988, 452 (455); Staudinger/*Thiele*, § 1365 Rdnr. 99.

A. Vertragliche Ansprüche

Wenn der zwischen dem Ehegatten und seinem Vertragspartner abgeschlossene Vertrag nach §§ 1365, 1366 BGB unwirksam ist, bestehen keine vertraglichen Erfüllungsansprüche. Insoweit entfallen auch Schadensersatzansprüche des Geschäftspartners wegen Nichterfüllung[98]. Das Gleiche gilt für vereinbarte Vertragsstrafen im Falle der Nichterfüllung. Hat der Dritte bereits geleistet, kann er keine vertraglichen Rückforderungsansprüche geltend machen, etwa im Rahmen des Schadensersatzes *statt der ganzen Leistung* nach §§ 280 Abs. 1 und 3 i.V.m. § 281 oder § 283 BGB.

Der Dritte kann auch keinen Ersatz für einen etwaigen Verzugsschaden gem. § 280 Abs. 1 und 2 i.V.m. § 286 BGB fordern. Da ein Erfüllungsanspruch nicht besteht, kann der verfügende Ehegatte mit einer ihm obliegenden Leistung nicht in Verzug geraten. Ist das Kausalgeschäft nach §§ 1365, 1366 BGB unwirksam, scheiden vertragliche Ansprüche des Geschäftspartners ohnehin aus.

B. Bereicherungsansprüche aufgrund der erbrachten Gegenleistung

Wenn der Dritte seinerseits bereits geleistet, also etwa nach Aushändigung des veräußerten Gegenstandes den Kaufpreis an den verfügenden Ehegatten gezahlt hat, so kann er einen Rückforderungsanspruch gem. § 812 Abs. 1 S.1 1. Alt. BGB geltend machen.

Die Voraussetzungen einer Leistungskondiktion liegen vor. Der Ehegatte hat durch die Leistung des Dritten einen Vermögensvorteil erlangt, in der Regel Eigentum und Besitz am gezahlten Geld. Zugleich besteht hierfür kein Rechtsgrund, da angesichts des nach §§ 1365, 1366 BGB unwirksamen Rechtsgeschäftes eine wirksame Verpflichtung zur Zahlung nicht vorliegt. Nach § 818 Abs. 2 BGB kann der Dritte Wertersatz verlangen. Insoweit ergibt sich ein Zahlungsanspruch in der Höhe des gezahlten Kaufpreises.

Der Bereicherungsanspruch des Dritten geht allerdings nur so weit, als der verfügende Ehegatte noch bereichert ist. Ist die Geldzahlung in seinem Vermögen nicht mehr vorhanden, so kann sich dieser – sofern kein Fall des § 819 BGB gegeben ist – gem. § 818 Abs. 3 BGB auf den Einwand der Entreicherung berufen.

---

98 Vgl. *Tiedtke*, FamRZ 1975, 65 (69).

Wenn der Verfügende bei Vertragsschluss erklärt hat, dass sein Ehegatte dem geschlossenen Vertrag zustimmen werde und er hierfür die Garantie übernehme, stellt sich die Frage, ob der Geschäftspartner möglicherweise Ansprüche aus einer Garantieübernahme herleiten kann.

Vereinzelt wird im Schrifttum[99] eine derartige Garantieübernahme für wirksam gehalten mit der Folge, dass der Dritte einen Schadensersatzanspruch habe, wenn der andere Ehegatte seine Zustimmung verweigert. Die wohl überwiegende Auffassung[100] sieht ein solches Garantieversprechen im Hinblick auf den Schutzzweck des § 1365 BGB als unwirksam an.

Dem ist zuzustimmen. Wenn eine derartige Garantie wirksam und der Ehegatte dem Dritten bei Verweigerung der erforderlichen Zustimmung zum Schadensersatz wegen Nichterfüllung verpflichtet wäre, dann würden die Interessen des übergangenen Ehegatten, die von § 1365 BGB geschützt werden sollen, nicht gewahrt.[101] Schließlich kann der auf das positive Interesse gerichtete Schadensersatzanspruch die gleichen Folgen haben wie der aufgrund § 1365 BGB ausdrücklich nicht bestehende Erfüllungsanspruch. Das könnte dazu führen, dass das Vermögen als Ganzes nicht mehr erhalten bleibt und die wirtschaftliche Grundlage der ehelichen Lebensgemeinschaft erheblich gefährdet ist. Andererseits ist ein Vertragspartner, der sich auf eine Garantieerklärung einlässt, nicht schutzbedürftig. [102] Er kennt die Zustimmungsbedürftigkeit des Rechtsgeschäfts und hat sich, zusammen mit dem verfügenden Ehegatten, dafür entschieden, den anderen Ehegatten nicht einzubeziehen.

Etwas anderes gilt, wenn sich der verfügende Ehegatte gegenüber dem Dritten verpflichtet, eine Zustimmungsersetzung durch das Vormundschaftsgericht zu beantragen. Dies ist zulässig[103]. Der Ehegatte schuldet hier nicht den von § 1365 BGB ausgeschlossenen Leistungserfolg, sondern ist

---

99 *Dittmann*, DNotZ 1963, 707 (716); *Dölle*, Familienrecht, S. 755; vgl. aber auch RG, JW 1924, 539 (zu § 1445 BGB a.F.).

100 Erman/*Heckelmann*, § 1365 Rdnr. 20; Gernhuber/*Coester-Waltjen*, Familienrecht, § 35 IV Rn 78; *Hartung*, S. 98; *Hoppe*, S. 46; *Massfeller/Reinicke*, § 1366 Anm. 4; MünchKomm/*Gernhuber*, 3. Aufl., § 1366 Rdnr. 40; MünchKomm/*Koch*, § 1366 Rdnr. 39; Palandt/*Brudermüller*, § 1365 Rdnr. 16; *Reinicke*, BB 1957, 564 (567); RGRK/*Finke*, § 1366 Rdnr. 25; Soergel/*Lange*, § 1365 Rdnr. 62; Staudinger/*Thiele*, § 1365 Rdnr. 101; *Tiedau*, MDR 1958, 377 (379); *Tiedtke*, FamRZ 1975, 66 (69).

101 *Tiedtke*, FamRZ 1975, 66 (69).

102 *Reinicke*, BB 1957, 564 (567).

103 *Bosch*, FamRZ 1959, S. 241; Erman/*Heckelmann*, § 1365 Rdnr. 20; Palandt/*Brudermüller*, § 1365 Rdnr. 16; RGRK/*Finke*, § 1365 Rdnr. 43; § 1366 Rdnr. 25; Soergel/*Lange*, § 1365 Rdnr. 62; Staudinger/*Thiele*, § 1365 Rdnr. 92.

lediglich verpflichtet, von seinem Recht nach § 1365 Abs. 2 BGB Gebrauch zu machen. Stellt er einen Antrag an das Vormundschaftsgericht und hat dieser keinen Erfolg, so steht dem Dritten kein Schadensersatzanspruch zu.

D. Schadensersatzansprüche nach § 280 Abs. 1 i.V.m. § 311 Abs. 2 BGB (culpa in contrahendo)

Behauptet der Ehegatte wahrheitswidrig, nicht verheiratet zu sein, im Güterstand der Gütertrennung zu leben oder mit Zustimmung seines Gatten zu handeln, verstößt er jeweils gegen ihm obliegende Nebenpflichten. Es stellt sich daher die Frage, ob der Dritte Schadensersatzansprüche nach §§ 280 Abs. 1, 311 Abs. 2, 241 Abs. 2 BGB geltend machen kann.

I. Meinungsstand vor der Schuldrechtsreform 2002

Vor der ausdrücklichen Kodifizierung der „culpa in contrahendo" (c.i.c.) durch die Schuldrechtsreform 2002 wurde in der Rechtslehre kontrovers diskutiert, ob der Dritte wegen Verletzung vorvertraglicher Pflichten gegen den handelnden Ehegatten einen Schadensersatzanspruch geltend machen kann. Eine Ansicht[104] lehnte damals die Haftung des Ehegatten aus c.i.c. grundsätzlich ab. Sie wäre mit dem Schutzzweck des § 1365 BGB nicht vereinbar,[105] denn dann würde der Vertragspartner wirtschaftlich so gestellt, wie wenn der nach §§ 1365, 1366 BGB unwirksame Vertrag vollzogen worden wäre.[106]

Demgegenüber bejahte eine andere Ansicht[107] Schadensersatzansprüche des Dritten aus c.i.c., wenn der Ehegatte gegen vorvertragliche Pflichten verstoßen und beispielsweise bewusst falsche Angaben gemacht hat. Der Schutzzweck des § 1365 BGB stehe einer Schadensersatzpflicht nicht im Weg. Zwar könne durch diesen mittelbar die Entscheidungsfreiheit des anderen Ehegatten beeinträchtigt werden, aber dies sei mit dem Zweck des § 1365 BGB zu vereinbaren. Die Verletzung von Pflichten, die sich nicht

---

[104] *Bosch*, FamRZ 1957, 189 (195); *ders.*, FamRZ 1958, 289 (294); *Hartung*, S. 99; Soergel/*Lange*, § 1365 Rdnr. 63; *Zunft* NJW 1958, 130 (130); wohl auch Erman/*Heckelmann*, 10. Aufl., § 1366 Rdnr. 9; § 1368 Rdnr. 5.

[105] Soergel/*Lange*, § 1365 Rdnr. 63.

[106] *Hartung* S.99; *Zunft*, NJW 1958, 130 (130).

[107] *Boehmer*, Festschrift für Hedemann, S. 44; *Dölle*, S. 755; *Eppig*, S. 74; *Gernhuber/Coester-Waltjen*, Familienrecht, § 35 V Rdnr. 85-87; MünchKomm/*Gernhuber*, 3. Aufl., § 1366 Rdnr. 41; MünchKomm/*Koch*, § 1366 Rdnr. 40; *Hoppe*, S. 40 ff; *Schlüter*, Rdnr. 114; Staudinger/*Thiele*, § 1365 Rdnr. 98; *Ziege*, NJW 1957, 1579 (1581). *ders.*, NJW 1958, 131 (132).

auf die Zustimmung des übergangenen Ehegatten bezögen, begründete schließlich die Schadensersatzpflicht.[108]

Allerdings ist unter den Vertretern der Ansicht, die eine Haftung des Ehegatten aus c.i.c. bejahte, der Umfang der Schadensersatzpflicht streitig. Während ein Teil dieser Auffassung[109] im Hinblick auf den Schutzgedanken des § 1365 BGB eine Haftungsbeschränkung auf das negative Interesse vorsah, wollte die Gegenansicht[110] dem Dritten einen Ersatzanspruch sogar in Höhe des Erfüllungsinteresses zubilligen, wenn bei pflichtgemäßem Verhalten ein wirksames Geschäft zustande gekommen wäre. Eine Haftung auf das Erfüllungsinteresse widerspreche nicht der Teleologie der Verfügungsbeschränkung, und außerdem gewähre das Gesetz auch sonst keinen Schutz gegen Schmälerungen des Vermögens durch Ersatzverpflichtungen aller Art.[111]

Im Zusammenhang mit der Frage, ob der Ehegatte aus c.i.c. haftet, wurde nach alter Rechtslage diskutiert, ob die §§ 309, 307 BGB a.F. als gesetzliche Sonderregelungen vorgingen und daher einem Rückgriff auf die Grundsätze der c.i.c. entgegenstünden.[112]

Gem. § 309 BGB a.F. fand § 307 BGB a.F. entsprechende Anwendung, wenn ein Vertrag gegen ein gesetzliches Verbot verstieß. Nach dieser Vorschrift erhielt der Vertragspartner, der auf die Gültigkeit eines Vertrages vertraut hatte, einen Schadensersatzanspruch, der allerdings seiner Höhe nach auf das Erfüllungsinteresse begrenzt war. Der Dritte hätte also verlangen können, so gestellt zu werden, wie er stünde, wenn er sich nicht auf das nach §§ 1365, 1366 BGB nichtige Rechtsgeschäft eingelassen hätte. Voraussetzung war allerdings, dass der einen Vertragspartei der Gesetzesverstoß bekannt (oder infolge Fahrlässigkeit unbekannt) war und dass die andere Vertragspartei kein Fahrlässigkeitsvorwurf traf.

Ob die §§ 309, 307 BGB a.F. im Falle eines nach §§ 1365, 1366 BGB unwirksamen Rechtsgeschäftes überhaupt angewendet werden konnten, war damals in der Rechtslehre umstritten, wurde aber von der wohl überwiegenden Ansicht[113] bejaht. Man vertrat entweder eine direkte[114], eine ent-

---

[108] MünchKomm/*Koch*, § 1366 Rdnr. 40; Staudinger/*Thiele*, § 1365 Rdnr. 98.

[109] *Dölle*, S. 755; *Eppig*, S. 74; *Hoppe*, S. 44; MünchKomm/*Koch*, § 1366 Rdnr. 40; Staudinger/*Thiele*, § 1365 Rdnr. 98; *Ziege*, NJW 1957, 1579 (1581); *ders.*, NJW 1958, 131 (132).

[110] *Gernhuber/Coester-Waltjen*, Familienrecht, § 35 V Rdnr. 85-87; MünchKomm/*Gernhuber*, 3. Aufl., § 1366 Rdnr. 41.

[111] *Gernhuber/Coester-Waltjen*, Familienrecht, § 35 V Rdnr. 85-87.

[112] Vgl. *Gernhuber/Coester-Waltjen*, Familienrecht, § 35 V Rdnr. 85-87.

[113] *Boehmer*, FamRZ 1959, 1 (6); *ders.* FamRZ 1959, S. 81 (84); *ders.*, Festschrift für Hedemann, 25 (44); *Dölle*, Familienrecht, S. 755; *Hoppe*, S. 38 ff; Jauernig/*Berger*, vor

sprechende[115] oder eine analoge[116] Anwendung. Die Gegenansicht[117] lehnte einen Rückgriff auf die §§ 309, 307 BGB ab; § 309 sei nicht einschlägig, da es sich bei § 1365 BGB um kein gesetzliches Verbot handle.

II. Aktuelle Rechtslage

Mit der Schuldrechtsreform ist das Rechtsinstitut des Verschuldens bei Vertragsschluss (c.i.c.) in § 311 Abs. 2 und § 241 Abs. 2 BGB ausdrücklich kodifiziert worden. Ersatzlos gestrichen wurden hingegen die §§ 309, 307 BGB a.F., so dass ihre Anwendung nicht mehr in Betracht kommt. Die Frage, ob sie als gesetzliche Sonderregelungen vorrangig sind, hat sich somit erledigt.

Hat der verfügende Ehegatte bei Vertragsschluss gegenüber seinem Geschäftspartner wahrheitswidrige Angaben hinsichtlich seines Güterstandes oder der Zustimmung seines Ehepartners gemacht, und entstehen diesem infolge der Nichtigkeit des Rechtsgeschäftes nach §§ 1365, 1366 BGB Schäden, sind die Voraussetzungen eines Schadensersatzanspruches nach §§ 280 Abs. 1, 311 Abs. 2 i.V.m. § 241 Abs. 2 BGB erfüllt.

Der Schadensersatzanspruch ist auf den Ersatz des negativen Interesses gerichtet.[118] Der Vertragspartner kann verlangen, so gestellt zu werden, wie er stünde, wenn der Ehegatte die wahrheitswidrigen Angaben nicht gemacht oder die aufklärungsbedürftigen Umstände nicht verschwiegen hätte. Sind dem Vertragspartner durch den Vertragsabschluss Kosten erstanden, so hat sie der Ehegatte zu ersetzen. Wenn der Geschäftspartner seine Gegenleistung bereits erbracht hat, dann hat er im Rahmen des Schadensersatzanspruches nach §§ 280 Abs. 1, 311 Abs. 2 i.V.m. § 241 Abs. 2 BGB das Recht, sie wieder zurückzuverlangen. Er kann aber nicht fordern, so gestellt zu werden, wie wenn die Angaben, die der Verkäufer gemacht hat, wahr wären, also das nach §§ 1365, 1366 BGB nichtige Rechtsgeschäft wirksam wäre (Erfüllungsinteresse). Dies entspricht dem Willen des Gesetzgebers, der

---

§§ 1365-1369 Rdnr. 17; *Lüderitz*, Familienrecht, Rdnr. 362; Palandt/*Brudermüller*, § 1368 Rdnr. 2; *Petermann*, Rechtspfleger 1960, 233 (237); RGRK-*Finke*, § 1366 Rdnr. 26; *Schlüter*, Familienrecht, Rdnr. 114; Soergel/*Lange*, § 1365 Rdnr. 63.

114 *Boehmer*, FamRZ 1959, 1 (6); *ders.* FamRZ 1959, 81 (84); *ders.*, in: Festschrift für Hedemann, S. 44; *Lüderitz*, Rdnr. 362; Palandt/*Brudermüller*, 60. Aufl., § 1368 Rdnr. 2; RGRK-*Finke*, § 1366 Rdnr. 26.

115 *Dölle*, Familienrecht, S. 755; *Hoppe*, S.38 ff.

116 Jauernig/*Berger*, vor §§ 1365-1369, Rdnr. 16; *Petermann*, Rechtspfleger 1960, 233 (237); *Schlüter*, Familienrecht, Rdnr. 114; Soergel/*Lange*, § 1365 Rdnr. 63.

117 *Hartung*, S. 98; Staudinger/*Thiele*, § 1365 Rdnr. 98.

118 *Reinicke/Tiedtke*, Kaufrecht, Rdnr. 850; MünchKomm/*Emmerich*, § 311 Rdnr. 86; Staudinger/ *Löwisch*, § 311 Rdnr. 138; vgl. auch BGH NJW 1996, 1884 (1885).

im Rahmen der Schuldrechtsreform ausdrücklich unterschieden hat zwischen dem „einfachen Schadensersatz“ nach § 280 Abs. 1 BGB und dem „Schadensersatz statt der Leistung“ nach §§ 280 Abs. 1 und 3, 281 BGB, der das Erfüllungsinteresse erfasst.[119]

E. Deliktische Schadensersatzansprüche

Wenn der Dritte gegenüber dem handelnden Ehegatten deliktische Schadensersatzansprüche hat, wird nach allgemeiner Ansicht[120] der Anwendungsbereich der §§ 823 ff. BGB von § 1365 BGB weder ausgeschlossen noch eingeschränkt.

Macht der verfügende Ehegatte absichtlich falsche Angaben über Familienstand, Güterstand oder die nicht erteilte Zustimmung, damit sein Geschäftspartner irrtümlich von der Wirksamkeit des nach §§ 1365, 1366 BGB nichtigen Rechtsgeschäftes ausgeht und ihm deshalb die nicht geschuldete Gegenleistung erbringt, erfüllt dies den Tatbestand des Betruges. Sein Vertragspartner hat folglich einen Schadensersatzanspruch nach § 823 Abs. 2 BGB i.V.m. § 263 StGB. In der Regel liegen damit auch die Voraussetzungen eines Anspruchs nach § 826 BGB wegen vorsätzlicher sittenwidriger Schädigung vor.[121]

Ein Anspruch des Vertragspartners nach § 823 Abs. 2 BGB i.V.m. § 1365 BGB scheidet hingegen aus. Selbst wenn man § 1365 BGB als Schutzgesetz i.S.d. § 823 Abs. 2 BGB anerkennt[122], so gehört der Geschäftspartner des zustimmungslos verfügenden Ehegatten nicht zum Kreis der Personen, deren Schutz § 1365 BGB bezweckt.

---

119 Vgl. *Reinicke/Tiedtke*, Kaufrecht, Rdnr. 499 ff.; *Tiedtke/Schmitt*, BB 2005, 615 (616 ff.); *dies.*, Kaufrecht, S. 173.

120 *Boehmer*, Festschrift für Hedemann, 25 (44); *ders.*, FamRZ 1958, 1 (6); *Dölle*, Familienrecht, S. 755; *Eppig*, S. 74; Erman/*Heckelmann*, § 1365 Rdnr. 20, § 1366 Rdnr. 9; *Finke*, MDR 1957, 514 (518); *Hartung*, S. 99; *Hoppe*, S. 48; Jauernig/*Berger*, vor §§ 1365-1369 Rdnr. 16; *Krüger/Breetzke/Nowack*, vor §§ 1365-1369 Rdnr. 3; *Massfeller/Reinicke*, § 1366 Anm. 4; MünchKomm/*Gernhuber*, 3. Aufl., § 1366 Rdnr. 41; *Münchkomm/Koch*, § 1366 Rdnr. 40; Palandt/*Brudermüller*, § 1365 Rdnr. 16; § 1368 Rdnr. 2; *Petermann*, Rechtspfleger 1960, 233 (237); *Reinicke*, BB 1957, 564 (567); RGRK/*Finke*, § 1366 Rdnr. 26; Soergel/*Lange*, § 1365 Rdnr. 63; Staudinger/*Thiele*, § 1365 Rdnr. 98; *Zunft*, NJW 1958, 130 (131).

121 *Hartung*, S. 99; *Hoppe*, S. 49; Soergel/*Lange*, § 1365 Rdnr. 63; Staudinger/*Thiele*, § 1365 Rdnr. 98.

122 OLG Celle, FamRZ 1970, 1882 (1883); MünchKomm/*Wagner*, § 823 Rdnr. 358; Staudinger/*Schäfer*, § 823 Rdnr. 599.

Gem. § 249 Abs. 1 BGB umfasst der deliktische Schadensersatzanspruch das negative Interesse des Vertragspartners[123]. Der deliktisch handelnde Ehegatte hat den Vertrauensschaden seines Geschäftspartners zu ersetzen. Der Vertragspartner ist also so zu stellen, wie er stehen würde, wenn er nicht auf die Gültigkeit des Rechtsgeschäftes vertraut hätte[124].

F. Ansprüche auf Aufwendungsersatz

Hat der Vertragspartner zur Erhaltung und Verbesserung des unwirksam erworbenen Vermögensgegenstandes Aufwendungen gemacht, fordert er in der Regel dafür Wertersatz, wenn er schon die Sache selbst und gegebenenfalls auch die gezogenen Nutzungen an den Ehegatten als Eigentümer zurückgeben muss.

Wenn der Erwerber zum Zeitpunkt der Aufwendungen nicht wusste, dass das Erwerbsgeschäft nach §§ 1365, 1366 BGB nichtig ist, und wenn er deshalb noch nicht verklagt wurde, kann er nach § 994 Abs. 1 S. 1 BGB ohne weitere Voraussetzungen Ersatz der notwendigen Verwendungen verlangen mit Ausnahme der gewöhnlichen Erhaltungskosten für die Zeit, für die ihm die Nutzungen verbleiben, §§ 994 Abs. 1 S. 2, 995 S. 2 BGB. Notwendig sind alle Vermögensaufwendungen, die zur Erhaltung oder ordnungsgemäßen Bewirtschaftung der Sache objektiv erforderlich sind.[125] Das ist zum Beispiel der Fall, wenn der unrechtmäßige Besitzer eines Hausgrundstückes die funktionsunfähige Heizung gegen eine neue austauscht.[126]

Zusätzlich kann der redliche und unverklagte Besitzer nach § 996 BGB so genannte nützliche Verwendungen geltend machen, also solche, die zwar nicht zur Erhaltung oder ordnungsgemäßen Bewirtschaftung notwendig sind, aber den Verkehrswert der Sache objektiv steigern. Voraussetzung ist, dass die Wertsteigerung zur Zeit der Wiedererlangung der Sache durch den Ehegatten noch besteht.

Kannte der Vertragspartner hingegen zum Zeitpunkt der Vornahme der Verwendungen die Unwirksamkeit der Verfügung oder war bereits eine Herausgabeklage rechtshängig, beschränkt sich seine Ersatzberechtigung auf die notwendigen Verwendungen und ist ferner nach § 994 Abs. 2 BGB an die Vorschriften über die Geschäftsführung ohne Auftrag gebunden. Maß-

---

[123] *Reinicke*, BB 1957, 564 (567); Palandt/*Sprau*, Einf v § 823 Rdnr. 17.
[124] BGHZ 57, 137 (139); Palandt/*Heinrichs*, vorbem. v § 249 Rdnr. 17.
[125] BGHZ 64, 333 (339); Palandt/*Bassenge*, § 994 Rdnr. 1; Erman/*Ebbing*, § 994 Rdnr. 12; Staudinger/*Gursky*, § 994 Rdnr. 2; MünchKomm/*Medicus*, § 994 Rdnr. 16.
[126] BGH, NJW-RR 1996, 336 (337).

geblich ist dann der wirkliche oder mutmaßliche Wille des Eigentümers, der bei notwendigen Verwendungen regelmäßig zu bejahen sein dürfte.

Im Zusammenhang mit der Frage, wann Kenntnis i.S.d. § 990 BGB vorliegt, führte der BGH[127] aus, dass die Kenntnis der Nichtberechtigung als erlangt gelten muss, wenn der Nichtberechtigte über den Mangel seines Besitzes in einer Weise aufgeklärt wurde, so dass ein redlich und vom eigenen Vorteil nicht beeinflusst Denkender sich der Überzeugung seiner Nichtberechtigung nicht verschließen würde.

Kenntnis i.S.d. § 990 BGB ist daher dann anzunehmen, wenn der Geschäftspartner den erlangten Gegenstand weiterveräußert, obwohl er von dem Verfügenden oder dessen Ehegatten zur Rückabwicklung des gemäß §§ 1365, 1366 BGB nichtigen Rechtsgeschäftes aufgefordert worden ist und ihm sämtliche Umstände mitgeteilt worden sind, aus denen sich die Nichtigkeit des Erwerbsgeschäftes ergibt.

Sonstige Verwendungen, die den Verkehrswert der Sache nicht erhöhen, etwa Luxusausgaben aus Liebhaberei, brauchen dem Vertragspartner, gleichgültig ob er redlich oder unredlich war, nicht ersetzt zu werden. Er hat aber ein Wegnahmerecht nach § 997 BGB.

Im Klageweg durchsetzbar werden die Verwendungsersatzansprüche nach § 1001 S. 1 BGB erst, wenn der verfügende Ehegatte als Eigentümer die Verwendungen genehmigt oder die Sache wieder erlangt hat. Ob solche Genehmigungen gem. § 1365 BGB der Zustimmung bedürfen, hängt vom Umfang der jeweiligen Verwendung ab.

Zweites Kapitel
Zurückbehaltungsrecht nach § 273 Abs. 1 BGB wegen der Gegenleistung des Dritten

A. Ausgangspunkt

Das umstrittenste Problem[128] im Zusammenhang mit den güterrechtlichen Verfügungsbeschränkungen ist die Frage, ob dem Dritten aufgrund seiner erbrachten Gegenleistung ein Zurückbehaltungsrecht gemäß § 273 BGB zusteht. Diese Frage wird seit Inkrafttreten des Gleichberechtigungsgesetzes kontrovers diskutiert und ist bis heute höchstrichterlich nicht entschieden. Dabei ist sie in der Praxis von zentraler Bedeutung. In den meisten Fällen wird die Unwirksamkeit eines Rechtsgeschäftes von den Ehegatten erst gel-

---

[127] BGHZ 26, 256 (260).
[128] Vgl. *Hartung*, S.99; *Hoppe*, S. 51.

tend gemacht, wenn es zum Leistungsaustausch gekommen ist. Verlangen die Ehegatten später das Objekt der nach §§ 1365, 1366 BGB nichtigen Verfügung vom Geschäftspartner zurück, so wird dieser seine Gegenleistung zurückfordern und das Geleistete solange zurückbehalten wollen, bis er seine Gegenleistung erhalten hat.

§ 273 BGB gibt dem Schuldner das Recht, seine Leistung zu verweigern, bis der ihm gegenüber aus demselben rechtlichen Verhältnis verpflichtete Gläubiger leistet. Die beiderseitigen Leistungspflichten werden miteinander in der Weise verknüpft, dass der Schuldner seine Leistung so lange zurückhalten kann, bis er vom Gläubiger wegen seiner Forderung befriedigt wird. Das Zurückbehaltungsrecht gibt dem Schuldner eine aufschiebende Einrede, so dass er, wenn er vom Gläubiger verklagt wird, nach § 274 BGB nur auf Erfüllung Zug um Zug verurteilt werden kann. Das Zurückbehaltungsrecht beruht auf dem Gedanken, dass treuwidrig handelt, wer aus einem einheitlichen Rechtsverhältnis die ihm gebührende Leistung fordert, ohne die ihm obliegende Gegenleistung zu erbringen.

B. Anwendungsbereich und Voraussetzungen des § 273 BGB

§ 273 BGB gilt für Ansprüche aller Art, gleichgültig aus welchem Rechtsgebiet sie stammen und unabhängig davon, ob sie sich aus Gesetz oder Vertrag ergeben.[129] Die Vorschrift findet damit auch bei Eigentumsherausgabeansprüchen[130] oder bei Grundbuchberichtigungsansprüchen[131] Anwendung, wie sie von den Ehegatten im Rahmen der Revokation nach § 1368 BGB regelmäßig geltend gemacht werden.

Das Zurückbehaltungsrecht setzt zunächst einen wirksamen fälligen Gegenanspruch des Schuldners voraus. Es müssen sich – wie bei der Aufrechnung – zwei Forderungen gegenüberstehen. Mit dem bereicherungsrechtlichen Anspruch des Dritten auf Herausgabe der von ihm erbrachten Gegenleistung liegt ein solcher Gegenanspruch vor.

Die nach § 273 BGB erforderliche Gegenseitigkeit der Forderungen besteht auch dann, wenn der übergangene Ehegatte, der nicht Schuldner des Anspruchs auf Herausgabe der Gegenleistung ist, die Unwirksamkeit der Verfügung geltend macht. Gleichwohl besteht Identität zwischen Schuldner

---

129 BGHZ 92, 194 (196).

130 BGHZ 64, 122 (124); BGH, NJW-RR 1986, 282 (283); Palandt/*Heinrichs*, § 273 Rdnr. 2; *Larenz*, Schuldrecht I, § 16, 5; MünchKomm/*Krüger*, § 273 Rdnr. 4.

131 BGHZ 41, 30 (35); BGHZ 75, 288 (293); BGH, NJW 1988, 3260 (3261); BGH, ZIP 1990, 305 (305 ff.); Palandt/*Heinrichs*, § 273 Rdnr. 2; MünchKomm/*Krüger*, § 273 Rdnr. 4.

und Gläubiger. Der übergangene Ehegatte ist materiell selbst nicht berechtigt und macht die Rechte seines Ehepartners nur als Prozessstandschafter geltend. Zu einer anderen Beurteilung kommen nur diejenigen, die ein eigenes materielles Recht des übergangenen Ehegatten bejahen. Für die Vertreter dieser Ansicht[132] kommt ein Zurückbehaltungsrecht bereits mangels der nach § 273 BGB notwendigen Gegenseitigkeit der Ansprüche nicht in Betracht.

Außerdem ist Konnexität i.S.d. § 273 BGB erforderlich, d.h. Anspruch und Gegenanspruch müssen sich aus demselben rechtlichen Verhältnis ergeben. Der Schuldner soll die Leistung nicht wegen eines jeden beliebigen Gegenanspruchs zurückhalten dürfen, sondern nur dann, wenn die gegenseitigen Ansprüche aus einem innerlich zusammenhängenden, einheitlichen Lebensverhältnis entspringen, wenn sie also in einem natürlichen und wirtschaftlichen Zusammenhang stehen.[133] Konnexität besteht immer dann, wenn die aufgrund eines nichtigen Vertrages bewirkten beiderseitigen Leistungen nach Bereicherungsrecht zurückverlangt werden.[134] Sie ist vorliegend bei der Rückabwicklung des nach §§ 1365, 1366 BGB nichtigen Rechtsgeschäftes gegeben, denn der Anspruch des Ehegatten und der seines Geschäftspartners beruhen auf demselben rechtlichen Schuldverhältnis.

Liegt eine nach §§ 1365, 1366 BGB unwirksame Verfügung vor, sind grundsätzlich die Voraussetzungen erfüllt, dass der Vertragspartner hinsichtlich der von ihm erbrachten Gegenleistung ein Zurückbehaltungsrecht nach § 273 Abs. 1 BGB geltend machen kann.

C. Ausschluss des Zurückbehaltungsrechts

Die Geltendmachung des Zurückbehaltungsrechts nach § 273 Abs. 1 BGB steht allerdings unter dem Vorbehalt, dass sich nicht etwas anderes aus dem Schuldverhältnis ergibt. Die Besonderheiten des jeweiligen Schuldverhältnisses sind zu beachten. Diese können durch gesetzliche Spezialvorschriften bestimmt sein, auf vertraglicher Vereinbarung beruhen, sich aus der Natur des Schuldverhältnisses ergeben oder gegebenenfalls aus Treu und Glauben resultieren.[135] Da ein ausdrücklicher Ausschluss in den §§ 1365 ff.

---

132 *Baur*, FamRZ 1958, 252 (257); *ders.*, FamRZ 1962, 508 (510); *Fenge*, Festschrift für Wahl, 475 (490); *Friedrich/Merdsche*, S. 12; *Lüderitz*, Familienrecht, Rdnr. 363; *Mikat*, Festschrift für Felgenträger, 323 (344); *Oberheim*, Zivilprozessrecht, § 2 Rdnr. 24; *Papenheim*, S. 81 ff, 123 ff.

133 MünchKomm/*Krüger*, § 273 Rdnr. 13 m.w.N.

134 RGZ 108, 329 (336); BGH, NJW-RR 1990, 646 (646 f.).

135 MünchKomm/*Krüger*, § 273 Rdnr. 42.

BGB nicht vorzufinden und eine vertragliche Vereinbarung in der Regel nicht getroffen worden ist, könnte sich ein Ausschluss des Zurückbehaltungsrechts lediglich aus der Natur des Schuldverhältnisses ergeben.

Im Folgenden soll untersucht werden, ob sich aus dem Schutzzweck der §§ 1365, 1368 BGB ein Ausschluss des Zurückbehaltungsrechts nach § 273 Abs. 1 BGB ergibt. Hierbei ist danach zu differenzieren, wer den Geschäftspartner in Anspruch nimmt und den veräußerten Vermögenswert zurückverlangt: der verfügende Ehegatte selbst oder der übergangene Ehegatte. Zwar können beide gleichermaßen die Unwirksamkeit der Gesamtvermögensverfügung geltend machen, da sich aber die vom Dritten erbrachte Gegenleistung in der Regel noch beim verfügenden Ehegatten befindet, wäre nur dieser in der Lage, ein möglicherweise bestehendes Zurückbehaltungsrecht des Dritten hinsichtlich der von ihm erbrachten Gegenleistung abzuwenden.

I. Inanspruchnahme des Dritten durch den übergangenen Ehegatten

1. Meinungsstand

Wenn der übergangene Ehegatte die Unwirksamkeit der Verfügung geltend macht, dann will ein Teil[136] der Rechtslehre unter Hinweis auf den Schutzzweck der Verfügungsbeschränkungen dem Geschäftspartner die Einrede nach § 273 BGB generell versagen. Die bisherige Rechtsprechung[137] hat

---

136 Achilles-Greif/*Beitzke*, § 1368 Anm. 7; AK/*Fieseler*, § 1368 Rdnr. 3; Bamberger/Roth-*Mayer*, § 1368 Rdnr. 5; *Baur*, FamRZ 1958, 252 (257); *Baur/Stürner*, Sachenrecht, § 51 Rdnr. 29; *Beitzke*, BGB-Familienrecht, Prüfe Dein Wissen, S.55; *Brox*, FamRZ 1961, 281 (286); RGRK/*Finke*, § 1368 Rdnr. 15; Staudinger/*Felgenträger*, 10./11.Auflage, § 1368 BGB Rdnr. 55; *Finke*, MDR 1947, 514 (515); RGRK/*Finke*, § 1368 Rdnr. 15; *Friedrich/Merdsche*, S. 12; *Gernhuber/Coester-Waltjen*, Familienrecht, § 35 V Rdnr. 84; *Giesen*, Familienrecht, Rdnr. 284; *Glum*, S. 200; *Grasmann*, Familienrecht, Rdnr. 462, S. 120; *Haegele*, Das eheliche Güterrecht, S. 8; *ders.*, Rechtspfleger 1959, 4 (10); Jauernig/*Berger*, vor § 1365-1369, Rdnr. 17; *Kamnitzer-Bohnenberg*, zu § 1368 BGB; *Kastrup*, S. 98 ff.; *Kemper*, S. 120; *Kroppenberg*, WuB I E 4 Avalkredit 1.00, 735 (736); *Krüger/Breetzke/Nowack*, Gleichberechtigungsgesetz, § 1368 Rdnr. 2; *Lauhoff*, S. 141 ff.; *Lüderitz*, Familienrecht, § 14 II 7, Rdnr. 363; *Lehmann*, Familienrecht, § 13 III 2, S. 84; *Massfeller/Reinicke*, § 1368 Anm. 7; *Müller*, Ehe- und Familienrecht, S. 26; MünchKomm/*Gernhuber*, 3. Aufl., § 1368 Rdnr. 18; MünchKomm/*Koch*, § 1368 Rdnr. 19; Palandt/*Brudermüller*, § 1368 Rdnr. 3; *Petermann*, Rechtspfleger 1960, 233 (237); *Reinicke*, BB 1957, 564 (568); RGRK/*Scheffler*, 10./11. Auflage, § 1368 Anm. 15; *Reinicke/ Schwarzhaupt*, S. 19; RGRK/*Finke*, § 1368 Rdnr. 15; *Schmidt*, Familienrecht, § 10, 2a; *Seidl*, Familienrecht, S. 182; Soergel/*Lange*, § 1368 Rdnr. 14; Staudinger/*Thiele*, § 1368 Rdnr. 51.

137 OLG Köln, MDR 1968, 586; LG Ravensburg, FamRZ 1995, 1585.

sich dieser Auffassung angeschlossen. Eine Gegenansicht[138] sieht darin jedoch eine unzulässige Übersteigerung des Familienschutzes zulasten des Rechtsverkehrs und billigt dem Dritten das Zurückbehaltungsrecht deshalb auch ohne Einschränkung zu, wenn der übergangene Ehegatte revoziert. Eine dritte Meinung[139] differenziert danach, ob der Geschäftspartner bei Vertragsschluss gut- oder bösgläubig war. Habe er gewusst, dass sein Vertragspartner verheiratet sei, stehe ihm kein Zurückbehaltungsrecht zu. Eine vierte Auffassung[140] greift sogar auf das Kriterium der Pfändbarkeit zurück. Der Dritte könne die Einrede nach § 273 BGB nur erheben, wenn der in seinem Besitz befindliche Gegenstand nicht zu den unpfändbaren Sachen gehöre. Eine fünfte Ansicht[141] macht schließlich die Zulässigkeit des Zurückbehaltungsrechts von der Zahlungsfähigkeit des verfügenden Ehegatten abhängig.

a. Kein Zurückbehaltungsrecht

Die im Schrifttum wohl mehrheitlich befürwortete Auffassung[142] lehnt ein Zurückbehaltungsrecht des Geschäftspartners ab, wenn der übergangene

---

138 *Boehmer*, FamRZ 1959, 1 (6); *ders.*, FamRZ 1959, 81 (81 f.); *ders.*, Festschrift für Hedemann, 25 (44); *ders.*, Recht und Staat 1962, 1 (20); *Bosch*, FamRZ 1959, 240 (241); *Dölle*, Familienrecht, § 52 III 3, S. 764; Erman/*Bartholomeyczik*, 5. Auflage, § 1368 Rdnr. 6; Erman/*Heckelmann*, § 1368 Rdnr. 5; *Gaa*, S. 199; *Hoppe*, S. 58 ff.; *Schlüter*, Familienrecht, Rdnr. 117, wohl auch *Braga*, FamRZ 1967, 652 (660).

139 *Koeniger*, DRiZ 1959, 372 (375).

140 *Hartung*, S. 99 ff.

141 *Mülke*, S. 150 ff.

142 Achilles-Greif/*Beitzke*, § 1368 Anm. 7; AK/*Fieseler*, § 1368 Rdnr. 3; Bamberger/Roth-*Mayer*, § 1368 Rdnr. 5; *Baur*, FamRZ 1958, 252 (257); *Baur/Stürner*, Sachenrecht, § 51 Rdnr. 29; *Beitzke*, BGB-Familienrecht, Prüfe Dein Wissen, S. 55; *Brox*, FamRZ 1961, 281 (286); RGRK/*Finke*, § 1368 Rdnr. 15; Staudinger/*Felgenträger*, 10./11.Auflage, § 1368 BGB Rdnr. 55; *Finke*, MDR 1947, 514 (515); RGRK/*Finke*, § 1368 Rdnr. 15; *Friedrich/Merdsche*, S. 12; *Gernhuber/Coester-Waltjen*, Familienrecht, § 35 V Rdnr. 84; *Giesen*, Familienrecht, Rdnr. 284; *Glum*, S. 200; *Grasmann*, Familienrecht, Rdnr. 462, S. 120; *Haegele*, Das eheliche Güterrecht, S. 8; *ders.*, Rechtspfleger 1959, 4 (10); Jauernig/*Berger*, vor §§ 1365-1369 Rdnr. 16; *Kamnitzer-Bohnenberg*, zu § 1368 BGB; *Kastrup*, S. 98 ff.; *Kemper*, S. 120; *Kroppenberg*, WuB I E 4 Avalkredit 1.00, 735 (736); *Krüger/Breetzke/Nowack*, Gleichberechtigungsgesetz, § 1368 Rdnr. 2; *Lauhoff*, S. 141 ff.; *Lüderitz*, Familienrecht, § 14 II 7, Rdnr. 363; *Lehmann*, Familienrecht, § 13 III 2, S. 84; *Massfeller/Reinicke*, § 1368 Anm. 7; *Müller*, Ehe- und Familienrecht, S. 26; MünchKomm/*Gernhuber*, 3. Aufl., § 1368 Rdnr. 18; MünchKomm/*Koch*, § 1368 Rdnr. 19; Palandt/*Brudermüller*, § 1368 Rdnr. 3; *Petermann*, Rechtspfleger 1960, 233 (237); *Reinicke*, BB 1957, 564 (568); RGRK/*Scheffler*, 10./11. Auflage, § 1368 Anm. 15; *Reinicke/Schwarzhaupt*, S. 19; RGRK/*Finke*, § 1368 Rdnr. 15; *Schmidt*, Familienrecht, § 10, 2a; *Seidl*, Familienrecht, S. 182; Soergel/*Lange*, § 1368 Rdnr. 14; Staudinger/*Thiele*, § 1368 Rdnr. 51.

Ehegatte das aufgrund der unwirksamen Verfügung Geleistete zurückfordert.

Begründet wird dies zunächst damit, dass bei der Revokation nach § 1368 BGB das Gleiche gelten müsse wie im Rahmen des § 1449 BGB a.F., dessen Regelung der Regierungsentwurf[143] übernommen habe. Habe die Ehefrau im Güterstand der allgemeinen Gütergemeinschaft die Unwirksamkeit einer Verfügung ihres Mannes geltend gemacht, so habe dem Dritten hinsichtlich seiner Gegenleistung kein Zurückbehaltungsrecht zugestanden.

Insoweit könne auf die Auslegung des bisherigen § 1449 BGB a.F. zurückgegriffen werden,[144] denn die Familie solle wie bei dieser Vorgängervorschrift nach dem Willen des Gesetzgebers wieder in den Besitz des veräußerten Gegenstandes kommen.

Durch ein Zurückbehaltungsrecht des Dritten würde dieses Ziel vereitelt, denn der übergangene Ehegatte, der nicht im Besitz der Gegenleistung ist, könne die unwirksame Gesamtvermögensverfügung nicht rückgängig machen, wenn sich der verfügende Ehegatte weigere, die Gegenleistung herauszugeben. [145]

Der Ausschluss des Zurückbehaltungsrechts wird in erster Linie mit dem Schutzzweck der §§ 1365, 1368 BGB begründet. § 1365 BGB diene dem Erhalt der ehelichen Lebensgrundlage und werde durch § 1368 BGB vollzogen, der eine effektive Wiederherstellung der Vermögensverhältnisse vor der unwirksamen Verfügung gewährleisten solle. § 1368 BGB könne seinen Zweck aber nur dann erfüllen, wenn weder der verfügende Ehegatte noch der Dritte rechtlich in der Lage sei, die Wiederherstellung des vermögensrechtlichen „status quo“ einseitig und gegen den Willen des anderen Ehegatten auszuschließen. Daher verbiete der Schutzzweck der §§ 1365, 1368 BGB ein Zurückbehaltungsrecht gegenüber dem nicht verfügenden Ehegatten zu.

Überdies sei der Ausschluss des Zurückbehaltungsrechts nicht unbillig, denn der Dritte werde nicht ungerechtfertigt belastet. Er behalte schließlich seinen Anspruch auf Rückzahlung der Gegenleistung und könne, anders als der zustimmungsberechtigte Ehegatte, eine Gefährdung seiner Rechtsposition verhindern. Vor allem könne und müsse er mit der Verfügungsbeschränkung seines ehemündigen Geschäftspartners rechnen und sich darauf

---

143 BT-Drs. 2 / 224, S. 42.

144 *Brox*, FamRZ 1961, 281 (286); *Finke*, MDR 1947, 514 (515); *Massfeller/Reinicke*, § 1368 Anm. 7; *Reinicke*, BB 1957, 564 (568).

145 *Brox*, FamRZ 1961, 281 (286).

einstellen.[146] Daher habe ihm das Gesetz das Risiko, das sich aus den Verfügungsbeschränkungen ergebe, auferlegt, wie sich insbesondere an der Versagung des Gutglaubensschutzes zeige. Diese Wertung dürfe sich bei der Rückabwicklung der nichtigen Verfügung nicht zu Lasten des anderen Ehegatten umkehren.[147]

b. Zurückbehaltungsrecht

Nach der Gegenansicht[148] soll sich der Geschäftspartner des verfügenden Ehegatten hinsichtlich seiner Gegenleistung uneingeschränkt auf die Einrede nach § 273 BGB berufen können, und zwar auch dann, wenn der übergangene Ehegatte gemäß § 1368 BGB revoziert.

Ein Ausschluss des Zurückbehaltungsrechts lasse sich den Bestimmungen des gesetzlichen Güterrechtes nicht entnehmen. Normativ geregelt seien lediglich die Unwirksamkeit des zwischen dem Dritten und dem Ehepartner abgeschlossenen Verpflichtungs- und Verfügungsgeschäftes und das Revokationsrecht des zustimmungsberechtigten Ehegatten.

Der Ausschluss des Zurückbehaltungsrechts nach § 273 Abs. 1 BGB lasse sich nicht damit begründen, dass diese Auffassung früher schon zu den §§ 1444 - 1449 und 1455 BGB a.F. vertreten worden sei, und dass die jetzigen §§ 1365 - 1369 BGB sowohl in ihrem sachlichen Grundgehalt als auch in ihrer rechtstechnischen Formulierung diesen Vorschriften nachgebildet seien. Zum einen sei die Frage, ob dem Geschäftspartner ein Zurückbehaltungsrecht zustehe, bereits nach früherer Rechtslage streitig gewesen. So habe etwa das OLG Stettin[149] die Einrede des § 273 BGB ausdrücklich zugelassen.[150] Zum anderen sei eine für den Güterstand der Gütergemeinschaft entwickelte Ansicht auf die durch das Gleichberechtigungsgesetz eingeführte Zugewinngemeinschaft nicht übertragbar.[151]

Die Belange des anderen Ehegatten würden durch die Zubilligung der eigenen Klagebefugnis in § 1368 BGB und die Unwirksamkeit der Verfügungen nach §§ 1365, 1366 BGB ausreichend geschützt, so dass es nicht ge-

---

146 *Lauhoff*, S.148.
147 *Lauhoff*, S.148.
148 *Boehmer*, FamRZ 1959, 1 (6); *ders.*, FamRZ 1959, 81 (81 f.); *ders.*, in: Festschrift für Hedemann, S. 44; *ders.*, Recht und Staat 1962, 1 (20); *Bosch*, FamRZ 1959, 240 (241); *Dölle*, Familienrecht, § 52 III 3, S. 764; Erman/*Bartholomeyczik*, 5. Auflage, § 1368 Rdnr. 6; Erman/*Heckelmann*, § 1368 Rdnr. 5; *Gaa*, S. 199; *Hoppe*, S. 58 ff.; *Schlüter*, Familienrecht, Rdnr. 117.
149 JW 1930, 81 (81).
150 *Boehmer*, FamRZ 1959, 81 (81).
151 *Hoppe*, S. 61.

rechtfertigt erscheine, dem Dritten die Berufung auf Gegenrechte aus seiner Beziehung zum verfügenden Ehegatten zu versagen.[152] Wenn der nicht verfügende Ehepartner schon berechtigt sei, die sich aus der Unwirksamkeit der Verfügung seines Gatten ergebenden Ansprüche geltend zu machen, müsse er sich als Konsequenz die Forderungen des Dritten entgegenhalten lassen. Darüber hinausgehende Eingriffe in die Rechte des Dritten hätte der Gesetzgeber explizit regeln müssen.[153]

Heckelmann[154] weist daher darauf hin, dass die Vorschriften über die Verwaltungsbeschränkungen der Ehegatten Ausnahmevorschriften seien. Als solche seien sie grundsätzlich eng auszulegen. Der Ausschluss des Zurückbehaltungsrechts im Rahmen der Revokation würde demgegenüber zur Ausdehnung einer Ausnahmeregelung führen.

Das Hauptargument für die Zulassung des Zurückbehaltungsrechts sehen ihre Befürworter in der Schutzbedürftigkeit des Rechtsverkehrs. Die Versagung des Zurückbehaltungsrechts führe dazu, dass der Geschäftspartner des verfügenden Ehegatten dessen Insolvenzrisiko zu tragen habe. Im Hinblick auf die Möglichkeit der Ehegatten, den zurückerhaltenen Vermögenswert zwischenzeitlich selbst wirtschaftlich zu verwerten, sei jedenfalls zweifelhaft, ob seine selbständig geltend zu machenden Ansprüche durchgesetzt werden könnten. Die eigenständige Geltendmachung der Ansprüche sei zudem mit zeitlichen Verzögerungen und, wenn eine gerichtliche Durchsetzung erforderlich werde, mit zusätzlichen Kosten verbunden.[155]

Boehmer[156] geht sogar so weit, in der Versagung des Zurückbehaltungsrechts eine Entrechtung des Dritten zu sehen: *„Der Dritte wird nicht nur der gutgläubig erworbenen Sache beraubt, sondern auch der Möglichkeit, deren Herausgabe jedenfalls solange zu verweigern, bis er Zug um Zug für seine berechtigten Gegenansprüche befriedigt ist. Ich sehe nicht ein, dass der verbotswidrig handelnde Ehegatte, der in der Regel „bösgläubig“ ist, und sein Ehegenosse einen so starken Schutz verdienen, dass dadurch der gutgläubige Vertragsgegner völlig entrechtet wird.“*

Demgegenüber sieht *Hoppe*[157] im Ausschluss des Zurückbehaltungsrechts keinen Vorteil für die Familie. Sei der verfügende Ehegatte bereit, die Gegenleistung an seinen Vertragspartner zurückzugeben, sei es irrelevant, ob die Einrede nach § 273 BGB zulässig oder ausgeschlossen sei, denn die

[152] Erman/*Heckelmann*, § 1368 Rdnr. 5; *Schlüter*, Rdnr. 117.
[153] Erman/*Heckelmann*, § 1368 Rdnr. 5; *Hoppe*, S. 61.
[154] Erman/*Heckelmann*, § 1368 Rdnr. 5.
[155] *Hoppe*, S. 59.
[156] FamRZ 1959, 1 (6).
[157] *Hoppe*, S. 60.

Vermögenslage, wie sie vor der unwirksamen Verfügung bestand, werde wieder hergestellt.

Leiste der Ehegatte keine Zahlung, weil er hierzu nicht bereit oder dazu nicht in der Lage sei, könne der Dritte zur Durchsetzung seines Bereicherungsanspruches einen vollstreckbaren Titel erwerben. Damit sei er grundsätzlich in der Lage, die Vollstreckung auch in den zuvor zurückgegebenen Vermögenswert zu betreiben. Als Folge werde dieser den Ehegatten und der Familie dauerhaft entzogen, ohne dass die Schutzbestimmungen der §§ 1365, 1369 BGB zur Anwendung kämen. Dann sei jedoch nicht ersichtlich, weshalb ein Zurückbehaltungsrecht entfallen solle.[158]

Schließlich sei der Schutz der Familie und des übergangenen Ehegatten vor dem Verlust des Vermögens i.S.d. § 1365 BGB keineswegs umfassend. Zum einen lasse § 1365 Abs. 2 BGB eine Ersetzung der Zustimmung durch das Vormundschaftsgericht auch gegen den ausdrücklichen Willen des Ehepartners zu. Zum anderen könne der Ehegatte seine Zustimmung auch dann erteilen, wenn sich das Rechtsgeschäft als denkbar ungünstig für die Familie darstelle.[159]

c. *Differenzierende Ansichten*

aa. *Differenzierung nach der Gutgläubigkeit des Vertragspartners*

Eine vermittelnde Auffassung[160] differenziert bei der Frage, ob dem Geschäftspartner wegen seiner Gegenleistung eine Einrede nach § 273 Abs. 1 BGB zusteht, danach, ob dieser bei Vertragsschluss gut- oder bösgläubig gewesen war. Habe der Dritte bei Vertragschluss gewusst, dass sein Vertragsgegner verheiratet ist, habe er kein Zurückbehaltungsrecht, wenn das Rechtsgeschäft mangels Zustimmung des Ehegatten nach §§ 1365, 1366 BGB unwirksam ist.

Der gute Glaube soll sich nach der Kenntnis des Familienstandes beurteilen. Schließlich habe der Vertragspartner die Möglichkeit, den Vertragsschluss davon abhängig zu machen, dass der nicht beteiligte Ehegatte zustimme. Durfte der Dritte hingegen annehmen, dass sein Vertragspartner nicht verheiratet sei, soll ihm das Zurückbehaltungsrecht hingegen zustehen.

---

158 *Hoppe*, S. 59.
159 *Hoppe*, S. 59.
160 *Koeniger*, DRiZ 1959, 372 (375).

bb. Differenzierung nach der Pfändbarkeit des herauszugebenden Gegenstandes

Eine andere Ansicht[161] macht die Zulässigkeit des Zurückbehaltungsrechts in der Revokation davon abhängig, dass der vom Dritten herauszugebende Gegenstand pfändbar ist. Grundsätzlich stehe dem Geschäftspartner ein Zurückbehaltungsrecht zu. Man müsse allerdings Einschränkungen vornehmen. Sei der in seinem Besitz befindliche Gegenstand unpfändbar, sei auch die Einrede nach § 273 Abs. 1 BGB ausgeschlossen.

Der Erwerber, dem die Geltendmachung eines Zurückbehaltungsrechts mit dem Hinweis auf den Schutz der Familiengemeinschaft untersagt werde, könne sich noch vor der Entscheidung über den Herausgabeanspruch des Ehegatten wegen seines Anspruchs auf die Gegenleistung einen vorläufig vollstreckbaren Titel verschaffen, den in seinem Besitz befindlichen Gegenstand pfänden und aufgrund des dadurch entstehenden Pfändungspfandrechts die Herausgabe nach § 986 BGB verweigern.[162] Außerdem könne er in den in seinem Besitz befindlichen Haushaltsgegenstand vollstrecken.

Das Zurückbehaltungsrecht sei jedoch seiner Wirkung nach viel schwächer und führe nicht wie die Zwangsvollstreckung zu einer endgültigen Entziehung des Gegenstandes, sondern lediglich zu einer Verzögerung der Rückgabe bis zur Befriedigung der berechtigten Gegenansprüche. Ist die herauszugebende Sache unpfändbar, muss daher auch das Zurückbehaltungsrecht ausgeschlossen sein. Andernfalls könne der Geschäftspartner auf dem Umweg des Zurückbehaltungsrechts eine Sicherung erlangen, die er als Vollstreckungs- oder Pfandgläubiger nicht habe.[163]

cc. Differenzierung nach der Zahlungsfähigkeit des verfügenden Ehegatten

Nach einer weiteren Ansicht[164] besteht ein Zusammenhang zwischen der Zulässigkeit des Zurückbehaltungsrechts und der Zahlungsfähigkeit des verfügenden Ehegatten. Grundsätzlich könne sich der Dritte auf die Einrede nach § 273 Abs. 1 BGB berufen. Das gesetzliche Zurückbehaltungsrecht sei aber ausgeschlossen, wenn der verfügende Ehegatte dem Dritten die erlangte Gegenleistung nicht zurückzahlen könne.

---

161 *Hartung*, S. 99 ff.

162 *Hartung*, S. 101.

163 *Hartung*, S. 101 ff., beschäftigt sich überwiegend mit der Verfügungsbeschränkung nach § 1369 BGB bei Haushaltsgegenständen. Er meint in erster Linie die nach § 811 Ziffer 1 ZPO unpfändbaren Gegenstände.

164 *Mülke*, S. 150 ff.

Ansatz dieser Differenzierung ist ein Vergleich mit der Einräumung eines vertraglichen Zurückbehaltungsrechts. § 1365 BGB greife bei der Vereinbarung eines vertraglichen Zurückbehaltungsrechts nur dann ein, wenn durch die Besitzüberlassung der Ehegatte über sein Vermögen im Ganzen verfüge. Das sei in der Regel nicht der Fall, da der Ehegatte durch die mit dem Zurückbehaltungsrecht verbundene Besitzüberlassung nicht den gesamten realisierbaren Wert des Vermögens verliere.

Bei der vertraglichen Einräumung eines Zurückbehaltungsrechts liege hingegen eine Verfügung über das Vermögen im Ganzen nach § 1365 BGB vor, wenn schon zum Zeitpunkt der Vereinbarung feststehe, dass das Vermögen dadurch in seiner Gesamtheit entwertet werde. Das sei aber nur der Fall, wenn keine Aussicht besteht, dass der Ehegatte jemals seine eigenen Verpflichtungen erfüllen könne, etwa weil er die erhaltene Gegenleistung ausgegeben habe.

Bei der Frage, ob das gesetzliche Zurückbehaltungsrecht zulässig sei, könne nichts anderes gelten als bei der Frage, ob die Einräumung eines vertraglichen Zurückbehaltungsrechts nach § 1365 BGB zustimmungsbedürftig sei. Das gesetzliche Zurückbehaltungsrecht sei daher nur dann ausgeschlossen, wenn angesichts der Vermögenssituation des verfügenden Ehegatten feststeht, dass er seine eigenen Verpflichtungen gegenüber dem Dritten nicht erfüllen kann.[165] In den übrigen Fällen könne sich der Geschäftspartner jedoch auf das Zurückbehaltungsrecht berufen.

2. Lösung

a. Auslegung des Wortlautes

Aus dem Wortlaut der §§ 1365, 1368 BGB ergibt sich ein Ausschluss des Zurückbehaltungsrechts nicht. Das Gesetz hat diesbezüglich keine ausdrückliche Regelung getroffen. Hieraus können allerdings keine Rückschlüsse gezogen werden, denn ein ausdrücklicher Ausschluss des Zurückbehaltungsrechts findet sich im BGB nur sehr selten.[166] So regelt § 175 BGB, dass der Bevollmächtigte hinsichtlich der Vollmachturkunde kein Zurückbehaltungsrecht hat, und die §§ 570, 596 Abs. 2 BGB verbieten Mieter und Pächter die Miet- oder Pachtsache zurückzubehalten. Daraus, dass der Gesetzgeber auch im Rahmen der §§ 1363 ff. BGB eine derartige ausdrückliche Regelung nicht normiert hat, kann insoweit nicht gefolgert werden,

165 *Mülke*, S. 152.
166 MünchKomm/*Krüger*, § 273 Rdnr. 43.

dass ein Zurückbehaltungsrecht im Rahmen der Revokation grundsätzlich zulässig sein sollte.[167]

§ 273 Abs. 1 BGB verlangt für den Ausschluss des Zurückbehaltungsrechts keine ausdrückliche gesetzliche Regelung. Nach dem Wortlaut des § 273 Abs. 1 BGB kann der Schuldner die geschuldete Leistung verweigern, *„sofern nicht aus dem Schuldverhältnis sich ein anderes ergibt"*. Aus dem Schuldverhältnis kann sich beispielsweise dann etwas anderes ergeben, wenn die Parteien den Ausschluss eines Zurückbehaltungsrechts bei Vertragsschluss vereinbart haben oder wenn sich der Ausschluss aus der Natur des Schuldverhältnisses ergibt. Das ist etwa der Fall, wenn das Zurückbehaltungsrecht dem Willen des Gesetzgebers zuwiderlaufen oder wenn es den mit einer gesetzlichen Regelung verfolgten Zweck vereiteln würde. Im Folgenden ist zu untersuchen, ob dies auch für die Revokation des übergangenen Ehegatten nach § 1368 BGB zutrifft.

b. Historische Auslegung

Mit der Frage, ob dem Geschäftspartner ein Zurückbehaltungsrecht zusteht, wenn er von dem übergangenen Ehegatten in Anspruch genommen wird, befasste sich der Gesetzgeber nicht ausdrücklich. In den Gesetzesmaterialien fehlen hierzu Ausführungen. Das muss jedoch nicht bedeuten, dass der Gesetzgeber diesbezüglich keine Meinung hatte. Der Wille des historischen Gesetzgebers lässt sich möglicherweise aus der Entstehungsgeschichte der §§ 1365 ff. BGB oder durch Auslegung der Gesetzesmaterialien ermitteln.

aa. Die Eherechte einzelner skandinavischer Staaten

Zwar zogen die Gesetzesverfasser bei der Erarbeitung des Regierungsentwurfes die Ehegesetze einzelner skandinavischer Staaten heran,[168] aber bei der Konzeption der §§ 1365 ff. BGB orientierten sie sich nicht an den dort geltenden Regelungen. Grundsätzlich waren auch dort bestimmte Verfügungen eines Ehegatten zustimmungspflichtig, etwa die Veräußerung von Grundstücken. Die zustimmungslose Verfügung war – anders als bei § 1365 BGB – nicht ipso jure nichtig, sondern für beide Geschäftspartner bindend.

Nach dem schwedischen Ehegesetz von 1920 hatte der zustimmungsberechtigte Ehegatte (und nur dieser) lediglich das Recht, innerhalb von drei Monaten seit Kenntnis des Rechtsgeschäftes und spätestens innerhalb eines

---

[167] So aber Erman/*Heckelmann*, § 1368 Rdnr. 5; *Hoppe*, S. 61.
[168] Vgl. S. 16.

Jahres seit Eintragung oder Weggabe Anfechtungsklage zu erheben.[169] Das Gericht hatte dann zu prüfen, ob der Dritte bei Abschluss des Rechtsgeschäftes gutgläubig war. War dies nicht der Fall, so stellte das Gericht die Ungültigkeit der Verfügung fest. Zwar konnte der übergangene Ehegatte durch gerichtlichen Rechtsbehelf die Unwirksamkeit des Rechtsgeschäftes herbeiführen, war aber nicht in der Lage, die Folgen der unwirksamen Verfügung zu beseitigen. Insbesondere konnte er nicht die Herausgabe des Verfügungsgegenstandes verlangen, wie dies § 1368 BGB vorsieht.

Mit dem befristeten Anfechtungsrecht des übergangenen Ehegatten nach skandinavischem Vorbild setzten sich die Verfasser des Regierungsentwurfs auseinander, übernahmen es jedoch nicht, um den übergangenen Ehepartner noch besser abzusichern: *„Eine derartige Regelung, die übrigens auch bis ins einzelne ausgestaltet werden müsste, würde den anderen Ehegatten praktisch zu wenig schützen."*[170]

Insoweit sind Schlussfolgerungen aus der Rechtspraxis der einzelnen skandinavischen Staaten nicht möglich. Aus der Ablehnung dieser Regelungen kann allerdings geschlossen werden, dass der Gesetzgeber einen umfassenderen Schutz des übergangenen Ehepartners erreichen wollte.

bb. Der Reformvorschlag des Familiengüterrechtsausschusses der Akademie für Deutsches Recht

Bestrebungen, das eheliche Güterrecht zu reformieren, gab es bereits Jahrzehnte vor Inkrafttreten des Gleichberechtigungsgesetzes. Die 1933 gegründete Akademie für Deutsches Recht hatte eigens einen „Familiengüterrechtsausschuss" eingesetzt, der, bestehend aus Vertretern von Rechtsprechung und Rechtslehre, legislatorische Vorarbeiten leisten und einen Reformvorschlag erarbeiten sollte. Zu einer Umsetzung des in zahlreichen Sitzungen erarbeiteten Entwurfs kam es angesichts des Zweiten Weltkrieges nicht. Im Vorfeld des Gleichberechtigungsgesetzes wurde der Reformvorschlag und das protokollarische Verhandlungsmaterial[171] von den Referenten zur Vorbereitung des Gesetzesentwurfes herangezogen.[172]

---

169 Schwedisches Ehegesetz vom 11. Juni 1920, 6. Kap., §§ 1 – 6; ähnlich die anderen skandinavischen Gesetze; vgl. *Schlegelberger/Seth/Wrede/Dix*, Das Zivilrecht der nordischen Länder, S. 67.

170 *Massfeller/Reinicke*, Beilage zum Bundesanzeiger Nr. 154 vom 10. August 1956, S. 5.

171 Vgl. Ausschussprotokolle der Akademie für Deutsches Recht, Familienrecht.

172 RegE. II, BT-Drs. 2 / 224, S. 38; vgl. auch *Boehmer*, Festschrift für Hedemann, 25 (25).

Der Entwurf der Akademie für Deutsches Recht sah – wie das heutige Güterrecht – Verfügungsbeschränkungen vor. Diese betrafen zwar nicht Gesamtvermögensgeschäfte im Sinne des § 1365 BGB, sondern Verfügungen über einen zum „Hausgut“ gehörenden Gegenstand. Der Reformvorschlag zählte zum sogenannten Hausgut – neben Haushaltsgegenständen im Sinne des heutigen § 1369 BGB – auch Arbeitsgeräte und das Recht zum Gebrauch der gemeinsamen Wohnung. Fehlte die Zustimmung, so sollte der übergangene Ehegatte die Herausgabe des unwirksam veräußerten Gegenstandes verlangen können. Insoweit sah der Reformvorschlag ein Revokationsrecht vor, das der Regelung des heutigen § 1368 BGB entsprochen haben dürfte. Die Ausgestaltung dieses Rückforderungsrechts war im Güterrechtsausschuss nicht unumstritten; es kam deshalb zu einer Änderung der ursprünglichen Version.

(1) Der Entwurf vom Herbst 1942

Der ursprüngliche Gesetzesvorschlag des Familiengüterrechtsausschusses vom Herbst 1942[173] sah in § 8 Abs. 1 folgende Regelung vor: *„Ein Ehegatte kann ohne die Zustimmung des anderen einen zum Hausgut i. S. des § 2 gehörenden Gegenstand weder veräußern noch belasten noch Gebrauchsrechte an ihm einräumen, soweit es sich nicht um gewöhnliche Haushaltsgeschäfte handelt. Fehlt die Zustimmung, so kann der andere Ehegatte Rückgewähr gegen Erstattung der von dem Dritten bewirkten Leistung verlangen.“*

Der Ehegatte sollte den Gegenstand ausdrücklich nur *„gegen Erstattung der von dem Dritten bewirkten Leistung“* herausverlangen können. Mit dieser Regelung sollte dem Dritten also bereits nach dem Gesetzeswortlaut hinsichtlich der von ihm erbrachten Gegenleistung ein Zurückbehaltungsrecht zustehen.

Die Formulierung ist nicht ganz eindeutig, denn begrifflich könnte die Erstattung der Gegenleistung auch nachträglich, also nach Rückgewähr, erfolgen. Allerdings hätte dieser Zusatz dann keinen eigenständigen Sinn, denn einen Anspruch auf Rückzahlung seiner Gegenleistung hätte der Geschäftspartner bereits nach Bereicherungsrecht. Der Vorsitzende des Familiengüterrechtsausschusses[174] nahm auf jene Regelung im Entwurf vom Herbst 1942 Bezug und stellte klar, dass dort ein Zurückbehaltungsrecht des Vertragspartners ausdrücklich vorgesehen gewesen sei. Die Mitglieder des Familiengüterrechtsausschusses hätten für den Vertragspartner des Ehe-

---

173 Ausschussprotokolle der Akademie für Deutsches Recht, Familienrecht, S. 952.
174 *Boehmer*, FamRZ 1959, 1 (6).

gatten hinsichtlich der von ihm erbrachten Gegenleistung ausdrücklich eine Einrede normieren wollen.

Eine solche Regelung ist nur dann sinnvoll, wenn man davon ausgeht, dass die Voraussetzungen des § 273 Abs. 1 BGB grundsätzlich nicht vorliegen. Anderenfalls stünde dem Dritten schon aufgrund dieser Vorschrift ein Zurückbehaltungsrecht zu, der Zusatz wäre überflüssig. Die Mitglieder des Güterrechtsausschusses mussten also angenommen haben, dass sich aus der Natur des Schuldverhältnisses ein Ausschluss der Einrede nach § 273 Abs. 1 BGB ergeben könnte. Angesichts der in der damaligen Rechtslehre herrschenden Ansicht[175], die im Rahmen der Revokation nach § 1449 BGB a.F. ein Zurückbehaltungsrecht des Vertragspartners ausdrücklich ablehnte, lag diese Annahme nahe.

(2) Der Entwurf vom 15. August 1943

Die ausdrückliche Normierung eines Zurückbehaltungsrechts für den Geschäftspartner ist im Familiengüterrechtsausschusses kritisiert worden. Die Ausschussmitglieder *Rolf Dietz* und *Wilhelm Felgenträger* schlugen am 28.06.1943 in einem eigenen Entwurf[176] eine Änderung vor: Der übergangene Ehegatte sollte Rückgewähr des veräußerten Gegenstandes ohne Einschränkungen verlangen können, d.h. die Rückerstattung der Gegenleistung wurde anders als in dem ursprünglichen Entwurf ausdrücklich nicht mehr zur Bedingung gemacht. In dem neuen Entwurfsvorschlag hieß es nur noch: *„Fehlt die Zustimmung, so kann der andere Ehegatte Rückgewähr verlangen.“*[177]

Die beiden Antragsteller betonten, dass sie den Zusatz *„gegen Erstattung der von dem Dritten bewirkten Leistung“* nicht nur aus redaktionellen Gründen gestrichen hatten, etwa weil sie ihn im Hinblick auf § 273 Abs. 1 BGB als deklaratorische Erklärung für überflüssig gehalten hätten. Sie stellten vielmehr klar, dass mit der Streichung jegliches Zurückbehaltungsrecht des Dritten gegenüber dem übergangenen Ehegatten ausgeschlossen sein sollte. In einer anschließenden Anmerkung erläuterten die Ausschussmitglieder den Grund ihrer Änderung: *„Ebenso ist zu streichen ‚gegen Erstattung der von dem Dritten bewirkten Leistung‘, da die Auferlegung dieser Lösungspflicht den*

---

175 Vgl. S. 59 ff.

176 Entwurf vom 28.06.1943, Ausschussprotokolle der Akademie für Deutsches Recht, Familienrecht, S. 967.

177 Entwurf vom 28.06.1943, Ausschussprotokolle der Akademie für Deutsches Recht, Familienrecht, S. 967.

Rückgewähranspruch gefährdet.“[178] Die Rückabwicklung des nichtigen Rechtsgeschäftes sollte also im Hinblick auf Gegenansprüche des Dritten nicht belastet werden.

Bei der Zusammenstellung des endgültigen Gesetzesvorschlages vom 15.08. 1943[179] schloss sich der Familiengüterrechtsausschuss dieser Auffassung an und strich den Zusatz *„gegen Erstattung der von dem Dritten bewirkten Leistung“*. Er sprach sich damit mehrheitlich gegen die Zulassung eines Zurückbehaltungsrechts gegenüber dem revozierenden Ehegatten aus.

(3) Schlussfolgerungen

Der Familiengüterrechtsausschuss lehnte einerseits ein Zurückbehaltungsrecht des Vertragspartners ausdrücklich ab, andererseits stellte er aber klar, dass ein Zurückbehaltungsrecht des Dritten ausdrücklich hätte normiert werden müssen. Der in zahlreichen Sitzungen erarbeitete Entwurf des Familiengüterrechtsausschusses und die Sitzungsprotokolle[180] sind keine Gesetzesmaterialien im klassischen Sinne und entstanden außerdem in einem anderen historischen Umfeld. Sie lassen aber insoweit bestimmte Schlussfolgerungen im Hinblick auf den gesetzgeberischen Willen zu, als sie von den Referenten zur Vorbereitung des Gesetzesentwurfes herangezogen wurden.[181]

Insbesondere kannten die Gesetzesverfasser auch den ursprünglichen Entwurf des Ausschusses vom Herbst 1942.[182] Sie wussten also, dass die Befürworter eines Zurückbehaltungsrechts in der Rechtslehre eine ausdrückliche Regelung für notwendig hielten. Der Gesetzgeber hat aber eine derartige Bestimmung in § 1368 BGB nicht aufgenommen und dies lässt die Vermutung zu, dass er eine ausdrückliche Normierung des Zurückbehaltungsrechts für nicht sinnvoll hielt und dass er dem Dritten wegen seiner Gegenleistung ein solches nicht einräumen wollte.

Der Gesetzgeber kannte schließlich die Begründung, mit der der Familiengüterrechtsausschuss der Akademie für Deutsches Recht ein Zurückbehaltungsrecht des Dritten mehrheitlich abgelehnt hatte. Die Rückabwick-

---

178 Entwurf vom 28.06.1943, Ausschussprotokolle der Akademie für Deutsches Recht, Familienrecht, S. 967.

179 Entwurf vom 15.8.1943, Ausschussprotokolle der Akademie für Deutsches Recht, Familienrecht, S. 975.

180 Vgl. Ausschussprotokolle der Akademie für Deutsches Recht, Familienrecht.

181 RegE. II, BT-Drs. 2 / 224, S. 38; vgl. auch *Boehmer*, Festschrift für Hedemann, 25 (25).

182 *Boehmer*, Festschrift für Hedemann, 25 (25).

lung der nichtigen Verfügung sollte nicht gefährdet werden.[183] Dies war auch ein zentrales Anliegen bei der Konzeption des Gleichberechtigungsgesetzes.[184]

cc. Der Regierungsentwurf

In der Begründung des Regierungsentwurfs stellten die Verfasser klar, dass § 1368 BGB dem übergangenen Ehegatten eine eigenständige Wiederherstellung der rechtswidrig veränderten Vermögensverhältnisse ermöglichen soll. Zur Begründung des § 1368 BGB führten sie aus: *„Diese Bestimmung ist zum Schutz des Ehegatten erforderlich, dessen Zustimmung zu dem Rechtsgeschäft erforderlich ist. Könnte lediglich der Ehegatte, der das Rechtsgeschäft geschlossen hat, die Unwirksamkeit des Geschäfts geltend machen, so wären die Interessen des anderen Ehegatten nicht hinreichend geschützt.“*[185]

Der Gesetzgeber will den übergangenen Ehepartner umfassend schützen. Er soll – unabhängig vom verfügenden Ehegatten – den ursprünglichen Vermögensstatus selbständig wieder herbeiführen können. Dieses Ziel wäre gefährdet, wenn der Dritte ein Zurückbehaltungsrecht im Hinblick auf die von ihm bereits erbrachte Leistung hätte. Der übergangene Ehegatte wäre dann erneut auf den verfügenden Ehegatten angewiesen. Mit Hilfe der Einrede aus § 273 Abs. 1 BGB könnte der Verfügungsgegenstand wenn nicht dauerhaft, so jedoch längerfristig vorenthalten werden. Die Zulassung eines Zurückbehaltungsrechts wäre hiermit nicht vereinbar.

dd. Rückschlüsse aus der bisherigen Anwendung der legislatorischen Vorbilder des § 1368 BGB

§ 1368 BGB enthält dieselbe Regelung, die für die Güterstände des früheren Rechts durch §§ 1407 Nr. 3, 1449, 1519 Abs. 2 und 1549 BGB a. F. getroffen wurde. Möglicherweise können aus der bisherigen Anwendungspraxis dieser Vorschriften Rückschlüsse auf die Auslegung der Neuregelung gezogen werden. Es ist zu untersuchen, ob die zu den genannten Bestimmungen alten Rechts entwickelten Rechtsansichten nach dem Willen des Gesetzgebers auch Inhalt des neuen Rechts werden sollten.

---

[183] Entwurf vom 28.06.1943, Ausschussprotokolle der Akademie für Deutsches Recht, Familienrecht, S. 967.
[184] BT-Drs. 2/224 S. 42.
[185] BT-Drs. 2/224 S. 42.

(1) Die Vorbilder des § 1368 BGB

(a) § 1407 Nr. 3 BGB a.F.

Der früher geltende Güterstand der Verwaltung und Nutznießung des Mannes entfiel gemäß Art. 117 Abs. 1 GG ab dem 31.03.1953, da er dem Grundsatz der Gleichberechtigung widersprach. Der bisherige gesetzliche Güterstand hatte vorgesehen, dass das Vermögen, das die Ehefrau bei Eheschließung besaß oder während der Ehe erwarb (= eingebrachtes Gut), der Verwaltung und Nutznießung ihres Ehemannes unterlag. Der Ehemann war berechtigt, die zum eingebrachten Gut gehörenden Sachen in Besitz zu nehmen und zu verwalten, §§ 1373, 1374 BGB a.F.. Die Nutzungen des eingebrachten Gutes erwarb er gem. § 1383 BGB a.F. im selben Umfang wie ein Nießbraucher. Das Verwaltungsrecht des Ehemannes war allerdings nicht unbegrenzt. Der Ehemann durfte zwar nach § 1376 BGB a.F. ohne Zustimmung der Frau über deren Geld und andere verbrauchbare Sachen verfügen und Verbindlichkeiten des eingebrachten Gutes erfüllen, aber er hatte gem. § 1375 BGB a.F. nicht die Befugnis, die Frau durch Rechtsgeschäft zu verpflichten oder über eingebrachtes Gut ohne ihre Zustimmung zu verfügen. Hatte der Ehemann ohne die erforderliche Zustimmung über ein zum eingebrachten Gut gehörendes Recht verfügt, so konnte die Ehefrau gem. § 1407 Nr. 3 BGB a.F. auch ohne Zustimmung ihres Ehemannes dieses Recht gerichtlich geltend machen.

Wollte die Ehefrau über ihr eingebrachtes Gut verfügen, so benötigte sie hierzu gem. § 1395 BGB a.F. die Einwilligung ihres Mannes. Anderenfalls war die Verfügung nach § 1398 BGB a.F. unwirksam. Der Ehemann konnte dann das unwirksam veräußerte Recht nach § 1380 BGB a.F. im eigenen Namen gerichtlich geltend machen.

(b) § 1449 BGB a.F.

Im vertraglichen Güterstand der allgemeinen Gütergemeinschaft wurde das Vermögen des Mannes und der Frau gemäß § 1438 BGB a.F. mit der Eheschließung gemeinschaftliches Vermögen (Gesamtgut) beider Ehegatten, ohne dass eine Übertragung durch Rechtsgeschäft erforderlich gewesen wäre. Das Gesamtgut wurde nach § 1443 BGB a.F. vom Ehemann verwaltet. Er konnte die zum Gesamtgut gehörenden Sachen in Besitz nehmen und über sie verfügen, sowie Rechtsstreitigkeiten, die sich auf das Gesamtgut bezogen, im eigenen Namen führen. Wollte der Ehemann allerdings über das Gesamtgut im Ganzen verfügen oder sich hierzu verpflichten, so war gem. § 1444 BGB a.F. die Einwilligung der Ehefrau erforderlich. Das Gleiche galt, wenn er über ein zum Gesamtgut gehörendes Grundstück oder Schiff verfügen oder einen Gegenstand aus dem Gesamtgut verschenken wollte. Ohne Einwilligung der Frau, die allerdings durch das Vormundschaftsgericht ersetzt werden konnte, war die jeweilige Verfügung nichtig. In diesem Fall konnte die Frau gem. § 1449 BGB a.F. ohne Mitwirkung des Mannes das zu dem Gesamtgut gehörende Recht gerichtlich geltend machen.

Wurde durch ein ohne die erforderliche Zustimmung vorgenommenes Rechtsgeschäft das Gesamtgut bereichert, etwa im Hinblick auf die Gegenleistung des Dritten, so stellte § 1455 BGB a.F. klar, dass die Herausgabe der Bereicherung aus dem Gesamtgut nach den Vorschriften über die Herausgabe einer ungerechtfertigten Bereicherung gefordert werden könne.

Die Regelung des § 1449 BGB a.F. fand gem. § 1519 Abs. 2 BGB a.F. auch im Rahmen der Errungenschaftsgemeinschaft und gem. § 1549 BGB a.F. auch bei der Fahrnisgemeinschaft Anwendung. Im Güterstand der Errungenschaftsgemeinschaft wurde – anders als bei der Gütergemeinschaft – nicht das vorhandene Vermögen zu Gesamtgut, sondern nur das, was die Ehegatten während der Ehe erwarben. Die Verwaltung des Gesamtgutes erfolgte nach den Vorschriften der Gütergemeinschaft durch den Ehemann.

Der Güterstand der Fahrnisgemeinschaft entsprach im Grunde dem der Gütergemeinschaft. Der Unterschied bestand lediglich darin, dass unbewegliches Vermögen, das ein Ehegatte bei Eheschließung hatte oder während der Ehe durch Erbfolge, Vermächtnis oder mit Rücksicht auf ein künftiges Erbrecht erwarb, nicht zum Gesamtgut gehörte, sondern eingebrachtes Gut wurde.

Durch die Verweisung in den §§ 1519 Abs. 2, 1549 BGB a.F. konnte in den Güterständen der Errungenschaftsgemeinschaft und der Fahrnisgemeinschaft auch die Ehefrau, wenn ihr Gatte ohne ihre Zustimmung über das Gesamtgut im Ganzen verfügt hatte, die Unwirksamkeit des Rechtsgeschäftes geltend machen und gem. § 1449 BGB a.F. den veräußerten Gegenstand herausverlangen.

(2) Zulässigkeit eines Zurückbehaltungsrechts nach früherer Rechtslage

Ging also die übergangene Ehefrau nach § 1407 Nr. 3 BGB a.F. oder nach § 1449 BGB a.F. gegen den Dritten vor und forderte sie den von ihrem Mann unwirksam veräußerten Gegenstand zurück, so stellte sich – genauso wie heute im Rahmen des § 1368 BGB – die Frage, ob ihr der Dritte wegen der von ihm erbrachten Gegenleistung ein Zurückbehaltungsrecht entgegenhalten konnte.

(a) Die Ansicht der zur früheren Rechtslage bestehenden Rechtslehre

In der Rechtslehre[186] wurde im Hinblick auf den Schutzzweck des § 1449 BGB a.F. und mit Rücksicht auf das Interesse der übergangenen Ehefrau ein Zurückbehaltungsrecht des Dritten wegen seiner Gegenleistung abgelehnt. Hatte also ein Ehemann über das Gesamtgut im Ganzen ohne die erforderliche Zustimmung verfügt, sollte die Frau den unrechtmäßig weggegebenen Gegenstand zurückverlangen können, ohne einer Einrede des Dritten gem. § 273 Abs.1 BGB ausgesetzt zu sein. Anderenfalls stünde sie einer unrechtmäßigen Verfügung ihres Ehemannes im Ergebnis schutzlos gegenüber.[187] Hierfür spreche auch der Sinn der Regelungen, die Stellung der Ehefrau nach außen gegenüber Dritten zu stärken. Im Zusammenhang mit der Revokation nach § 1407 Nr. 3 BGB a.F. ist von der damaligen Rechtslehre die Zulässigkeit des Zurückbehaltungsrechts nicht erörtert worden. Die Rechtsprechung hatte diese Frage bislang nicht zu entscheiden. Lediglich das OLG Stettin[188] hatte in einem obiter dictum hierzu Stellung genommen.

(b) Die Argumentation des OLG Stettin

Das OLG Stettin[189] hatte – vereinfacht dargestellt – folgenden Fall zu entscheiden: Der verheiratete Kläger, der im gesetzlichen Güterstand der Verwaltung und Nutznießung des Mannes lebte, verlangte vom Beklagten Bewilligung der Löschung einer Hypothek, die seine Ehefrau ohne seine Zustimmung an einem ihr gehörenden Grundstück bestellt hatte. Die Hypothek sollte zur Sicherung eines Darlehens erfolgen, das der Beklagte der Ehefrau zuvor – ebenfalls ohne Zustimmung des Klägers – gewährt hatte. Die Ehefrau des Klägers hatte sich bei Abschluss des Darlehensvertrages und bei der Hypothekenbestellung im Beisein des Notars wahrheitswidrig als geschieden ausgegeben. Der Beklagte war der Ansicht, ihm stehe hinsichtlich der von ihm an die Ehefrau gezahlten Darlehensvaluta ein Berei-

---

[186] *Dernburg*, Familienrecht, S. 210; Staudinger/*Engelmann*, 9. Aufl., § 1448 Anm. 3; § 1449 Anm. 4; § 1455 Anm. 2; Erman/*Gerstberger*, 1. Aufl., Anm. zu § 1455; Palandt/*Lauterbach*, 16. Aufl., § 1455 Anm. 1; *Opet*, Familienrecht, § 1449 Anm. 2; Planck/*Unzner*, § 1443 Anm. 6; RGRK/ *Buchwald*, 9. Aufl., § 1455 Anm. 4; *Schmidt*, Familienrecht, § 1449 Anm. 4, § 1455 Anm. 2; *Siebert/Vogel*, Familienrecht, § 1455 Anm. 1; Soergel/*Vogel*, § 1449, 8. Aufl., § 1455 Anm. 1 (a.A. noch 7. Auflage); vgl. auch *Reinicke*, BB 1957, 564 (568).

[187] *Dernburg*, Familienrecht, S. 210.

[188] JW 1930, 1013 (1013).

[189] JW 1930, 1013 (1013).

cherungs- und ein Schadensersatzanspruch gegen das eingebrachte Gut der Frau zu. Im Hinblick auf diese Ansprüche berief er sich auf die Einrede des § 273 Abs. 1 BGB und verweigerte die Bewilligung der Löschung der unwirksamen Hypothek, bis ihm der Darlehensbetrag erstattet worden sei.

Das OLG Stettin stellte fest, dass dem Beklagten die Einrede des Zurückbehaltungsrechts nicht versagt werden könne. Der Ehemann, der die Unwirksamkeit einer Verfügung seiner Ehefrau geltend mache, könne dies nur tun gegen Befriedigung der Ansprüche, die dem Dritten aus dem Geschäft mit der Ehefrau gegen das eingebrachte Gut erwachsen seien. Die Ansprüche der Parteien beträfen beide dasselbe einheitliche und tatsächliche Verhältnis.

Dem vom Kläger geltend gemachten Anspruch auf Bewilligung der Hypothekenlöschung stünden Bereicherungs- und Schadensersatzansprüche des Beklagten gegenüber. Ein Bereicherungsanspruch ergebe sich aufgrund des unwirksamen Darlehensvertrages. Ein Schadensersatzanspruch ergebe sich aufgrund der arglistigen Täuschung der Ehefrau, einer unerlaubten Handlung, die zu einem Schaden geführt habe. Dieser bestehe darin, dass der Beklagte statt eines hypothekarisch gesicherten Anspruchs einen ungesicherten Anspruch gegen die Frau erlangt habe, der, da er gegen das eingebrachte Gut nicht wirksam sei, wirtschaftlich wertlos bleibe. Das OLG Stettin bejahte die Voraussetzungen des § 273 Abs. 1 BGB und stellte fest, dass sich auch aus dem Rechtsverhältnis nichts anderes ergebe. Insbesondere könne nicht gefolgert werden, dass der Ausschluss des Zurückbehaltungsrechts vom Gesetzgeber gewollt sei.

Obwohl es im vom OLG Stettin zu entscheidenden Fall nicht um die Revokation einer Frau nach § 1449 BGB a.F. ging, nahm das Gericht hierauf Bezug. In einem obiter dictum setzte es sich mit der Frage auseinander, ob dem Dritten ein Zurückbehaltungsrecht auch dann zustehe, wenn er von der übergangenen Ehefrau nach § 1449 BGB a.F. in Anspruch genommen werde. Unter ausdrücklicher Ablehnung der bislang veröffentlichten herrschenden Rechtslehre gestand das OLG dem Dritten auch für diesen Fall – die Revokation einer übergangenen zustimmungsberechtigten Ehefrau – ein Zurückbehaltungsrecht nach § 273 Abs.1 BGB zu. Hier könne nichts anderes gelten, als wenn der Ehemann gegen den Dritten vorgehe. Weder der Hinweis auf das Interesse der Frau noch der allgemeine Gesichtspunkt, die durch das jeweilige Güterrecht geschaffene Stellung der Ehegatten nach außen gegenüber Dritten zu stärken, könne, so das Gericht, überzeugen. Durch den Ausschluss des Zurückbehaltungsrechts würde die Durchsetzung der Rechte der Gegenseite nur verzögert, nicht aber aufgehalten; der Wegfall der Einrede hätte zur Folge, dass der Geschäftspartner seinen Anspruch im Wege einer besonderen Klage verfolgen würde. Die Ehegatten müssten dann wegen der Gegenansprüche des Dritten eine Zwangsvollstreckung in das Gesamtgut (oder das eingebrachte Gut) dulden. Könne der Dritte im Wege der Vollstreckung ohnehin seinen Anspruch durchsetzen, so sei nicht einzusehen, weshalb ihm die Einrede gem. § 273 Abs. 1 BGB verwehrt werden solle.

(c) Stellungnahme

Das OLG Stettin begründet seine Auffassung im Wesentlichen mit zwei Argumenten. Erstens, der Wegfall der Einrede nach § 273 Abs. 1 BGB verzögere die Durchsetzung der Rechte der Gegenseite. Zweitens, der Ausschluss des Zurückbehaltungsrechts könne nicht verhindern, dass das eingebrachte Gut durch Maßnahmen der Zwangsvollstreckung geschmälert werde.

Beide Ansatzpunkte sind in der Sache keine Argumente für die vom OLG vertretene Ansicht und können eine generelle Zulassung des Zurückbehaltungsrechts im Rahmen des § 1449 BGB a.F. nicht rechtfertigen. Es ist zwar richtig, dass durch den Ausschluss des Zurückbehaltungsrechts die Durchsetzung der gegnerischen Ansprüche lediglich verzögert wird. Der Schuldner verliert eine Sicherung seines Gegenanspruchs und kann in Anspruch genommen werden, ohne Zug um Zug die Gegenleistung fordern zu können. Das gilt aber in allen Fällen, in denen das Zurückbehaltungsrecht ausgeschlossen ist. Mit diesem Argument könnte man also in allen Fällen, in denen das Zurückbehaltungsrecht nach § 273 Abs. 1 BGB aufgrund der Natur des Schuldverhältnisses abgelehnt wird, den Ausschluss verneinen und generell die Geltendmachung des Zurückbehaltungsrechts zulassen.

Tatsächlich hat der Gesetzgeber bestimmt, dass aufgrund der Natur des Schuldverhältnisses die Einrede gemäß § 273 BGB ausgeschlossen sein kann. Diese Entscheidung lässt sich nicht mit dem prozessökonomischen Hinweis verdrängen, dass der Ausschluss des Zurückbehaltungsrechts zu einer verzögerten Durchsetzung des Gegenanspruchs führen würde. Bei der Frage, ob ein Zurückbehaltungsrecht mit dem Schuldverhältnis vereinbar ist, kommt es vielmehr auf die Frage an, ob der Durchsetzung des Gläubigeranspruchs eine derartige Bedeutung zukommt, so dass dem Schuldner eine solche Verzögerung zuzumuten ist. Diese Frage hat das OLG Stettin nicht beantwortet.

Richtig ist weiterhin die Feststellung des OLG, der Ausschluss des Zurückbehaltungsrechts könne nicht verhindern, dass das eingebrachte Gut durch Maßnahmen der Zwangsvollstreckung geschmälert werde. Das ist mit dem Ausschluss des Zurückbehaltungsrechts auch nicht beabsichtigt. Sekundär ist, ob und wann die Ansprüche des Dritten durchgesetzt werden.

Primär geht es darum, dass der Anspruch der übergangenen Ehefrau, die nach § 1407 Nr. 3 BGB a.F. oder § 1449 BGB a.F. die Folgen der unwirksamen Verfügung ihres Ehemannes beseitigen möchte, überhaupt durchgesetzt werden kann.

Das wäre aber ausgeschlossen, wenn die Ehefrau die Gegenleistung herausgeben müsste. Dazu wäre sie ohne Mithilfe ihres Ehemannes nicht in der Lage. Dieser wiederum wird, wenn er überhaupt noch in Besitz der Gegenleistung ist, deren Herausgabe ablehnen. Könnte sich der Geschäftspartner des Ehemannes auf die Einrede nach § 273 BGB gegenüber der revozierenden Ehefrau berufen, so könnte er im Zweifel die Rückabwicklung der rechtswidrigen Verfügung verhindern. Das widerspräche aber der Stellung, die der revozierenden Ehefrau vom Gesetz eingeräumt worden sei.[190] Der ursprüngliche Zustand des eingebrachten Gutes bzw. des Gesamtgutes könnte endgültig nicht mehr hergestellt werden.

Schließlich ist der Fall, den das OLG Stettin zu entscheiden hatte, nicht mit der Situation vergleichbar, die der Revokation nach § 1407 Nr. 3 oder § 1449 BGB a.F. zugrunde liegt. Es ist ein erheblicher Unterschied, ob der verwaltungsberechtigte Ehemann die Unwirksamkeit einer Verfügung seiner Frau geltend macht oder ob die übergangene Ehefrau revoziert, die keine oder nur eine zustimmungsabhängige Verfügungsbefugnis hat.

Hatte die Ehefrau ohne die Zustimmung des Mannes verfügt und ergab sich aus diesem Rechtsgeschäft etwa im Hinblick auf die erhaltene Gegenleistung eine Bereicherung, so haftete im früheren gesetzlichen Güterstand und in der allgemeinen Gütergemeinschaft das eingebrachte Gut bzw. das Gesamtgut, §§ 1411 bzw. 1455 ff. BGB a.F.. Der Ehemann als Verwalter dieser Gütermassen konnte zwar wegen der Bereicherung auf Leistung oder auf Duldung der Zwangsvollstreckung verklagt werden (§§ 739, 740 ZPO a.F.), konnte aber auch den Gegenanspruch des Dritten selbst erfüllen.

Derartige Bereicherungsansprüche entstanden zwar auch, wenn der Ehemann unwirksam über eingebrachtes Gut oder Gesamtgut verfügte, aber die Ehefrau war rechtlich nicht in der Lage, diese zu erfüllen. Für eine hierzu erforderliche Verfügung benötigte sie nämlich die Zustimmung ihres Ehemannes oder des Vormundschaftsgerichts nach § 1402 BGB a.F. oder nach § 1451 BGB a.F.. Anders als der übergangene Ehemann war im gesetzlichen Güterstand und in der Gütergemeinschaft die übergangene Ehefrau grundsätzlich nicht in der Lage, den Anspruch des Dritten auf Erstattung seiner Gegenleistung zu erfüllen. Insoweit konnte man nicht, wie es das

---

190 *Dernburg*, Familienrecht, S. 210.

OLG Stettin tat, die Revokation durch die Ehefrau mit der des Mannes gleichstellen.

In der Rechtslehre[191] ist jene Entscheidung zu Recht abgelehnt worden. Lediglich *Vogel*[192] hatte sich zunächst der Ansicht des *OLG Stettin*[193] angeschlossen und dem Geschäftspartner die Berufung auf das Zurückbehaltungsrecht auch dann gestatten wollen, wenn dieser von der übergangenen Ehefrau im Rahmen der Revokation nach § 1449 BGB a.F. in Anspruch genommen werde. Diese Auffassung hat er später aufgegeben und sich der übrigen Rechtslehre angeschlossen, die eine Einrede nach § 273 Abs.1 BGB gegenüber dem revozierenden Ehegatten kategorisch ablehnte.[194]

Als das Gleichberechtigungsgesetz entworfen wurde, bestand also in der Rechtslehre übereinstimmend die Auffassung, dass dem Dritten ein Zurückbehaltungsrecht wegen seiner Gegenleistung nicht zustehe, wenn die übergangene Ehefrau den zu Unrecht erhaltenen Vermögensgegenstand von ihm gemäß § 1449 BGB a.F. zurückforderte.

(3) Wille des Gesetzgebers, die zu § 1449 BGB a.F. bestehenden Rechtsansichten auf § 1368 BGB zu übertragen

Fraglich ist, ob nach dem Willen des Gesetzgebers die zu den genannten Bestimmungen alten Rechts entwickelten Rechtsansichten bei der Auslegung des § 1368 BGB übertragen werden sollten.

Dazu sind der Gesetzeswortlaut und die Materialien zu analysieren. Anschließend ist zu untersuchen, ob sich jene – zu den legislatorischen Vorbildern entwickelten – Rechtsansichten ohne Einschränkung auf § 1368 BGB übertragen lassen.

Schon dem Wortlaut des § 1368 BGB ist zu entnehmen, dass der Gesetzgeber im Grunde keine neue Vorschrift konzipieren, sondern die bestehende Regelung des § 1449 BGB a.F. – eventuell mit geringen Modifikationen im Hinblick auf den neuen Güterstand – übernehmen wollte. Deutlich wird dies durch einen Vergleich der jeweiligen Formulierungen:

---

[191] Erman/*Gerstberger*, 1. Aufl., Anm. zu § 1455; Palandt/*Lauterbach*, 16. Aufl., § 1455 Anm. 1; Planck/*Unzner*, § 1455 Anm. 5; § 1448 Anm. 3; § 1449 Anm. 4; § 1455 Anm. 2; *Reinicke*, BB 1957, 564 (568); RGRK/*Buchwald*, 9. Aufl., 8. Aufl., § 1455 Anm. 4; *Siebert/Vogel*, Familienrecht, § 1455 Anm. 1; Soergel/*Vogel*, § 1449, 8. Aufl., § 1455 Anm. 1.

[192] Soergel/*Vogel*, § 1449, 7. Aufl., § 1449 Anm. 1, § 1455 Anm. 1.

[193] JW 1930, 1013 (1013).

[194] Soergel/*Vogel*, § 1449, 8. Aufl., § 1455 Anm. 1.

§ 1449 BGB a.F.: *„Verfügt der **Mann** ohne die erforderliche Zustimmung der Frau über ein zu dem Gesamtgute gehörendes Recht, so kann die **Frau** das Recht ohne Mitwirkung des Mannes gegen Dritte gerichtlich geltend machen."*

§ 1368 BGB: *„Verfügt **ein Ehegatte** ohne die erforderliche Zustimmung des anderen Ehegatten über sein Vermögen, so ist auch der **andere Ehegatte** berechtigt, die sich aus der Unwirksamkeit der Verfügung ergebenden Rechte gegen den Dritten gerichtlich geltend zu machen."*

Im Grunde übernahm der Gesetzgeber die Formulierung des § 1449 BGB a.F. und hat sie den Besonderheiten der Zugewinngemeinschaft angepasst. Hierauf hat er ausdrücklich auch in der Gesetzesbegründung[195] hingewiesen: *„§ 1375 des Entwurfs [= § 1368 BGB] stimmt mit der Regelung überein, die das Bürgerliche Gesetzbuch bei dem Güterstand der Verwaltung und Nutznießung und den Gütergemeinschaften für den Fall getroffen hat, dass der Mann Rechtsgeschäfte ohne die erforderliche Zustimmung der Frau vorgenommen hat."*

Der Gesetzgeber wies hier nicht nur unverbindlich auf die legislatorischen Vorbilder hin, denen § 1368 BGB „entspricht" oder „nachempfunden wurde". Er hat ausdrücklich klargestellt, dass § 1368 BGB mit diesen *„übereinstimmt"*. Der Gesetzgeber wollte damit klarstellen, dass bei der Anwendung des § 1368 BGB im Grunde die gleichen Erwägungen gelten, wie bei seinen Vorgängernormen.

Auffallend ist, dass sich in der Gesetzesbegründung[196] keine Ausführungen zur Anwendung des § 1368 BGB finden. Während anderen Vorschriften teilweise längere Erläuterungen zukommen, beschränkt sich bei § 1368 BGB der Gesetzgeber darauf, auf die Übereinstimmung mit den §§ 1407 Nr. 3, 1449, 1519 Abs. 2, 1549 BGB a.F. hinzuweisen. Erklärungen waren offensichtlich nicht notwendig. Bei der Auslegung des § 1368 BGB sollten Rechtsprechung und Rechtslehre die zu den legislatorischen Vorbildern bestehenden Rechtsansichten übernehmen. Der Hinweis auf die Revokationsvorschriften früherer Güterstände war vor diesem Hintergrund mehr als eine unverbindliche Orientierungsempfehlung. Der Gesetzgeber entschied sich im Sinne der Rechtssicherheit für die Beibehaltung der bisherigen Anwendungspraxis.

(4) Übertragbarkeit der bisherigen Auffassung auf die neue Rechtslage

Die Verweisung des Gesetzgebers auf die Auslegung der §§ 1407 Nr. 3, 1449 BGB a.F. betrifft im Grunde auch die in der Rechtslehre vertretene Auffassung, dass dem Dritten im Rahmen der Revokation hinsichtlich sei-

[195] RegE.II, BT-Drs. 2 / 224, S. 42.
[196] RegE.II, BT-Drs. 2 / 224, S. 42.

ner Gegenforderung kein Zurückbehaltungsrecht nach § 273 BGB zustehe. Etwas anderes müsste allerdings dann gelten, wenn jene Erwägungen, die im Güterstand der Gütergemeinschaft für einen Ausschluss des Zurückbehaltungsrechts ausschlaggebend waren, sich nicht aufgrund der Besonderheiten der Zugewinngemeinschaft auf die neue Rechtslage übertragen ließen.

Im Grunde hat § 1368 BGB nahezu die gleiche Funktion wie die §§ 1407 Nr. 3, 1449 BGB a.F.: Der übergangene Ehegatte soll zur Rückabwicklung einer ohne seine Zustimmung erfolgten Verfügung die Aktivlegitimation erlangen, die ihm prinzipiell fehlt.

Bei genauer Betrachtung ergeben sich aufgrund der verschiedenen Güterstände gerade im Hinblick auf die Revokation leichte Unterschiede. Während der übergangene Ehegatte nach § 1368 BGB als bloßer Prozessstandschafter einen fremden Anspruch im eigenen Namen geltend macht, also den des ohne Zustimmung über sein Vermögen verfügenden Ehegatten, war die übergangene Ehefrau nach früherer Rechtslage an dem von ihr zurückverlangten Gegenstand materiell berechtigt. Im Fall des § 1407 Nr. 3 BGB a.F. handelte es sich um eingebrachtes Gut, also ausschließlich um Vermögen der Frau, im Fall des § 1449 BGB a.F. um das Gesamtgut, also um gemeinschaftliches Vermögen der Ehegatten.

Trotz geringfügiger Unterschiede liegen die Gründe, weshalb im Rahmen des § 1449 BGB a.F. ein Zurückbehaltungsrecht des Dritten abzulehnen war, auch bei § 1368 BGB vor. In beiden Fällen geht es primär um den Schutz des übergangenen Ehegatten, dessen Zustimmung zum Rechtsgeschäft erforderlich ist. Dieser soll – damals im Rahmen des § 1449 BGB a.F., heute nach § 1368 BGB – in der Lage sein, die Folgen der unwirksamen Verfügung zu beseitigen, eigenständig und ohne die Mitwirkung des eigenmächtig handelnden Ehegatten, um den rechtswidrig veränderten ursprünglichen Zustand der Vermögensverhältnisse im Interesse der familiären Lebensgrundlage wieder herbeizuführen.

Durch die Besonderheiten der Zugewinngemeinschaft ergibt sich kein Anhaltspunkt, die Frage des Zurückbehaltungsrechts anders zu beurteilen als nach früherer Rechtslage. Die Absicht des Gesetzgebers, die Auslegung der nach alter Rechtslage geltenden Revokationsregeln zu übertragen, erfasst damit auch den Ausschluss des Zurückbehaltungsrechts.

ee. Die Ansicht der Entwurfverfasser

Bestätigt wird dieses Ergebnis von den für den Gesetzesentwurf zuständigen Referenten im Bundesjustizministerium *Massfeller*, *Reinicke* und *Finke*, sowie der parlamentarischen Berichterstatterin im Rechtsausschuss *Schwarzhaupt*. In verschiedenen Veröffentlichungen[197] lehnten sie ein Zurückbehaltungsrecht des Dritten gegenüber dem nach § 1368 BGB revozierenden Ehegatten ab und verwiesen als Begründung ausdrücklich auf die bereits zu § 1449 BGB a.F. geltende Rechtsauffassung. Sie machten damit deutlich, dass im Rahmen des § 1368 BGB nichts anderes gelten könne als bisher.

Dabei ist zu beachten, dass die Ansicht der Entwurfsverfasser nicht direkt mit dem „Willen des Gesetzgebers" gleichgesetzt werden darf. Ihre Veröffentlichungen sind keine Gesetzesmaterialien. Grundsätzlich lässt sich die Regelungsabsicht des Gesetzgebers nur aus der Gesetzesbegründung selbst, den Protokollen der Gesetzgebungsorgane und aus der Entstehungsgeschichte ermitteln. Auch wenn sich in diesen Auslegungsquellen keine Anhaltspunkte für eine bestimmte Absicht des Gesetzgebers finden, können und dürfen Meinungen der am Gesetzgebungsverfahren beteiligten Personen nicht für sich in Anspruch nehmen, den „Willen des Gesetzgebers" zu formulieren.

Wenn sich aber aus den Gesetzesmaterialien deutliche Hinweise ergeben, dass der Gesetzgeber eine bestimmte Rechtsfrage in einer bestimmten Weise entschieden hätte, dann sind die Veröffentlichungen der Referenten zumindest ein weiteres aussagekräftiges Indiz für einen entsprechenden Willen des Gesetzgebers. Das gilt vor allem dann, wenn sie - wie hier - in ihrer Auffassung übereinstimmen und auf die Gesetzesmaterialien Bezug nehmen.

ff. Ergebnis

Mit § 1368 BGB übernahm der Gesetzgeber eine Regelung aus dem früheren Güterstand der Gütergemeinschaft. Durch den Wortlaut der Vorschrift, vor allem aber durch die Gesetzesbegründung, wurde zum Ausdruck gebracht, dass die bisherige Anwendungspraxis beibehalten werden soll. Das gilt insbesondere für die Auffassung, dass im Rahmen der Revokation dem Dritten ein Zurückbehaltungsrecht nicht zustehe. Die Gründe, die bisher dafür sprachen, sind mit Einführung der Zugewinngemeinschaft nicht entfallen. Somit kann ein verbindlicher Wille des Gesetzgebers angenommen

---

[197] *Finke*, MDR 1947, 514 (515); *Massfeller/Reinicke*, § 1368, Anm. 7; *Reinicke*, BB 1957, 564 (568); *Reinicke/Schwarzhaupt*, S. 19; RGRK/*Finke*, § 1368 Rdnr. 15; auch *Massfeller*, Das Gleichberechtigungsgesetz im Geschäftsverkehr der Kreditinstitute, S. 16, der jedoch ein Zurückbehaltungsrecht ablehnen will, wenn der verfügende Ehegatte selbst die Unwirksamkeit der Verfügung geltend macht.

werden, eine Einrede nach § 273 Abs. 1 BGB gegenüber dem übergangenen Ehegatten nicht zuzulassen.

c. Teleologische Auslegung

Die Normvorstellung des historischen Gesetzgebers ist jedoch nur *ein* Auslegungskriterium unter mehreren. Ergebnis jeder Auslegung ist freilich nicht die Ermittlung des „wirklichen Willens" des historischen Gesetzgebers, sondern die heute rechtlich maßgebliche Bedeutung des Gesetzes.[198]

Die Ausübung eines Zurückbehaltungsrechts ist nach § 273 Abs. 1 BGB ausgeschlossen, wenn sich aus dem Schuldverhältnis etwas anderes ergibt. Allgemeine Grundsätze, wann die Geltendmachung mit der Natur des Schuldverhältnisses nicht vereinbar ist, lassen sich nur begrenzt aufstellen. Maßgeblich ist die Frage, welche Bedeutung die Rechtsordnung dem Anspruch des Gläubigers im Verhältnis zum Gegenanspruch des Schuldners beimisst.[199] Neben dem bereits ermittelten Willen des Gesetzgebers ist dabei vor allem die Zweckbestimmung entscheidend, die dem Anspruch des Gläubigers zukommt.

aa. Zweck der §§ 1365, 1368 BGB

Da vorliegend das Rechtsverhältnis zwischen dem Dritten und dem verfügenden Ehegatten auf der von §§ 1365, 1366 BGB angeordneten Unwirksamkeit beruht, ist zu untersuchen, ob der Normzweck dieser Vorschrift eine Versagung des Zurückbehaltungsrechts erfordert.

§ 1365 BGB soll in erster Linie die wirtschaftliche Grundlage der Familie erhalten und den Anspruch des übergangenen Ehegatten auf Zugewinnausgleich sichern. Der Gesetzgeber möchte allerdings das Vermögen eines Ehegatten nicht in seinem Wert, sondern in seiner konkreten Zusammensetzung erhalten. Im Interesse der Familie soll die Substanz des Vermögens vor den einseitigen Entscheidungen eines Ehegatten geschützt werden. Der Gesetzgeber hat sich ausdrücklich für einen gegenständlichen Schutz entschieden. Im Interesse der Familie soll der vermögensrechtliche „status quo" erhalten bleiben.[200] Durch das Zustimmungserfordernis soll das gesamte Vermögen oder der Gegenstand, der nahezu das gesamte Vermögen

---

198 *Larenz*, Methodenlehre, S. 354.
199 MünchKomm/*Krüger*, § 273 Rdnr. 47.
200 MünchKomm/*Koch*, § 1365 Rdnr. 1 ff.; Staudinger/*Thiele*, § 1365 Rdnr. 2, § 1368 Rdnr. 49.

ausmacht, vor den Risiken der mit einer Veräußerung regelmäßig verbundenen Liquidierung geschützt sein.

Auffallend ist dabei, mit welcher Konsequenz das Gesetz die Verfügungsbeschränkung der Ehegatten durchführt. Es ordnet nicht nur die Unwirksamkeit des ohne Zustimmung geschlossenen Rechtsgeschäftes an, sondern sieht auch dessen umgehende Rückabwicklung vor. Diese Funktion erfüllt § 1368 BGB. Der übergangene Ehegatte soll die Unwirksamkeit der Verfügung eigenständig durchsetzen können, damit die vermögensrechtlichen Folgen des unwirksamen Rechtsgeschäftes durch die Untätigkeit des verfügenden Ehegatten nicht beibehalten werden. Der Übergangene soll also davor geschützt werden, dass sein Ehegatte die Verfügung aufrechterhalten will.

Vor diesem Hintergrund stellt sich die Frage, ob die Zulassung eines Zurückbehaltungsrechts gegenüber dem revozierenden Ehegatten den Zweck der §§ 1365, 1368 BGB, nämlich die Wiederherstellung des zu Unrecht veränderten Vermögenszustandes, vereiteln oder jedenfalls erheblich gefährden würde.

bb. Zweckgefährdung durch Zulassung eines Zurückbehaltungsrechts

(1) Herausgabe der Gegenleistung durch übergangenen Ehegatten unmöglich

Würde man ein Zurückbehaltungsrecht gegenüber dem übergangenen Ehegatten zulassen, wäre die Rückgewähr davon abhängig, dass der verfügende Ehegatte dem Dritten die Gegenleistung zurückgibt. Auf dem Klageweg könnte der revozierende Ehegatte nur einen Titel erreichen, der den Dritten zur Rückgewähr Zug um Zug nach § 274 Abs. 1 BGB gegen Herausgabe eines anderen Gegenstandes oder gegen Zahlung einer Geldsumme verurteilt. Der nicht verfügende Ehegatte hätte gem. § 756 ZPO die Gegenleistung anzubieten, ehe er vollstrecken könnte.

Besteht die Gegenleistung in der Übergabe einer Sache oder in der Abtretung einer Forderung, ist es dem übergangenen Ehegatten nicht möglich, ohne Mitwirkung des verfügenden Ehegatten diese zu erbringen.

Doch selbst dann, wenn die Gegenleistung in einer Geldzahlung besteht, dürfte der übergangene Ehegatte finanziell nicht in der Lage sein, diese aus eigenen Mitteln zu begleichen. Zustimmungslose Gesamtvermögensverfügungen kommen, wie das OLG Köln[201] zutreffend ausführte, vor allem bei Ehe-Krisen in sozial schwachen Bevölkerungsschichten vor. Dort bedeutet

---

[201] MDR 1968, 586 (587).

ein durch die Krise bewirktes Getrenntleben der Ehegatten häufig eine zusätzliche wirtschaftliche Belastung. In der Regel fehlen dem übergangenen Ehegatten die Mittel zur Ablösung des Zurückbehaltungsrechts.

Der revozierende Ehegatte wäre also ausgerechnet von der Mitwirkung seines Ehepartners abhängig, der durch die zustimmungslose Verfügung bewiesen hat, dass er den Willen des anderen nicht respektiert. Verweigert er dann noch die Herausgabe der Gegenleistung, kann der übergangene Ehegatte den unwirksam veräußerten Vermögensgegenstand nicht mehr zurückerlangen und die ursprünglichen Vermögensverhältnisse wiederherstellen. Das unwirksame Rechtsgeschäft bliebe faktisch vollzogen.

Auch wenn der übergangene Ehegatte die Gegenleistung mit eigenen Mitteln erbringen könnte, stellt sich dennoch die Frage, ob ihm dies auch zuzumuten ist. Ist vom übergangenen Ehegatten zu verlangen, aus seinem Vermögen Aufwendungen zu machen, um den vom Gesetz gewollten Schutz durchführen zu können? Auf diesem Weg käme man zu einer Haftung des zustimmungsberechtigten Ehegatten für Schulden seines Ehepartners.

Der übergangene Ehegatte hätte zwar einen internen Ausgleichsanspruch in Höhe der erbrachten Gegenleistung gegen den anderen Ehegatten. Darauf wird er sich aber kaum einlassen wollen, um nicht in das Insolvenzrisiko seines Gatten zu geraten. Eine solche Haftung widerspricht dem Wesen der Zugewinngemeinschaft und kann erst recht nicht aus einer Norm hergeleitet werden, die gerade dem Schutz des anderen Ehegatten dienen soll, wie dies in § 1368 BGB der Fall ist. § 1368 BGB soll sicherstellen, dass die nach §§ 1365, 1366 BGB unwirksame Verfügung rückgängig gemacht und die frühere Vermögenslage wieder hergestellt wird. Wenn dies aber für den übergangenen Ehegatten mit einem in der Regel nicht unerheblichen finanziellen Aufwand und mit hohem Risiko verbunden ist, wird sich dieser nicht darauf einlassen und von der Revokation nach § 1368 BGB absehen. Die vom Gesetz gewollte Rückabwicklung unterbliebe.

(2) Inanspruchnahme des verfügenden Ehegatten

Der übergangene Ehegatte könnte allerdings selbst gegen den verfügenden Ehegatten vorgehen und von diesem die Herausgabe der Gegenleistung verlangen. Anspruchsgrundlage hierfür wäre § 1353 BGB. Aus dem in dieser Vorschrift normierten Grundsatz der ehelichen Lebensgemeinschaft ist allgemein auch die Pflicht des verfügenden Ehegatten abzuleiten, den Verstoß gegen die gesetzlichen Verfügungsbeschränkungen wieder rückgängig zu machen. Diese Verpflichtung kann der Übergangene gegen seinen Ehegatten somit im Wege eines selbständigen Anspruchs durchsetzen.[202]

Die Pflicht, die Folgen der unwirksamen Verfügung zu beseitigen, enthält auch die Herausgabe der erhaltenen Gegenleistung, wenn hiervon die Rückabwicklung abhängt. Der revozierende Ehegatte kann nach § 1353 BGB von dem verfügenden Partner die Herausgabe der Gegenleistung an den Dritten verlangen, um die Einrede des Vertragspartners nach § 273 BGB zu umgehen. Folglich könnte man in Betracht ziehen, dass ein Ausschluss des Zurückbehaltungsrechts nicht erforderlich sei, um den Zweck der §§ 1365, 1368 BGB zu erreichen.

Das hätte allerdings zur Folge, dass der übergangene Ehegatte in den meisten Fällen, in denen es zu einem Leistungsaustausch gekommen ist, zunächst den verfügenden Ehegatten in Anspruch nehmen müsste, d.h. auf dessen Mithilfe angewiesen wäre. Das wollte der Gesetzgeber[203] mit der Schaffung des § 1368 BGB indes verhindern. Der übergangene Ehegatte soll in der Lage sein, eigenständig die nach §§ 1365, 1366 BGB unwirksame Verfügung rückgängig zu machen. Man wollte ihm ersparen, sich an den verfügenden Ehegatten, der ihn übergangen hat, wenden zu müssen.

Der zustimmungsberechtigte Ehepartner kann nach § 1353 BGB vom verfügenden Ehegatten verlangen, dass dieser die Folgen der nach §§ 1365, 1366 BGB unwirksamen Gesamtvermögensverfügung beseitigt. Gleichwohl gab der Gesetzgeber dem übergangenen Gatten mit § 1368 BGB ein eigenes Revokationsrecht und stellte in der Begründung des Regierungsentwurfes klar: *„Diese Bestimmung ist zum Schutz des Ehegatten erforderlich, dessen Zustimmung zu dem Rechtsgeschäft erforderlich ist. Könnte lediglich der Ehegatte, der das Rechtsgeschäft geschlossen hat, die Unwirksamkeit des Geschäfts geltend machen, so wären die Interessen des anderen Ehegatten nicht hinreichend geschützt.*"[204]

Die Interessen des übergangenen Ehegatten wären auch dann unzureichend geschützt, wenn er hinsichtlich der Gegenleistung regelmäßig gegen seinen Ehegatten vorgehen müsste, um die Folgen der zustimmungslosen Vermögensverfügung beseitigen zu können.

Es macht im Ergebnis wenig Unterschied, ob der Übergangene gegen den verfügenden Ehegatten nach § 1353 BGB vorgehen muss, damit dieser die Gegenleistung herausgibt oder die Rückabwicklung der nichtigen Verfügung endlich veranlasst. Das Gesetz wollte den übergangenen Ehegatten

---

202 *Gernhuber/Coester-Waltjen*, Familienrecht, § 35 VI Rdnr. 89; MünchKomm/*Gernhuber*, 3. Aufl., § 1368 Rdnr. 4; MünchKomm/*Koch*, § 1368 Rdnr. 4; Soergel/*Lange*, § 1368 Rdnr. 8; Staudinger/*Thiele*, § 1368 Rdnr. 10.

203 RegE II, BT-Drs. 2 / 224, S. 42.

204 RegE II, BT-Drs. 2 / 224, S. 42.

davor bewahren, einen Rechtsstreit mit dem verfügenden Ehegatten führen zu müssen, bevor die Rückführung des zu Unrecht veräußerten Vermögens erfolgen kann.

Im Übrigen ist zu berücksichtigen, dass der Verfügende möglicherweise nicht mehr im Besitz der Gegenleistung ist. Wenn die Gegenleistung nicht mehr erstattet werden kann, wenn kein Geld und kein pfändbares Vermögen mehr vorhanden sind, wäre die unwirksame Verfügung faktisch doch „wirksam", die Gegenstände wären für die Familie endgültig verloren.

(3) Zweckgefährdung auch durch Verzögerung der Rückabwicklung

Selbst wenn der Verfügende noch im Besitz der Gegenleistung wäre, brächte ein Vorgehen nach § 1353 BGB für den übergangenen Ehegatten erhebliche zeitliche Verzögerungen. Müsste der revozierende Ehegatte aufgrund des Zurückbehaltungsrechts grundsätzlich zuerst gegen den eigenen Partner vorgehen, würde die Rückgewähr der für die Familie wichtigen Gegenstände erheblich hinausgezogen.

Eine derartige Verzögerung der Rückabwicklung bedeutet für die betroffene Familie eine erhebliche Belastung. Solange die betreffenden Gegenstände im Besitz des Dritten sind, bieten sie der Familie keine Existenzgrundlage mehr, auch wenn sie rechtlich nach wie vor zum Vermögen des Ehegatten gehören. Verbleiben die Sachen beim Dritten, so kann der Dritte in der Zwischenzeit darüber weiter verfügen. Erwirbt dann ein Vierter gutgläubig Eigentum daran, geht die von § 1365 BGB geschützte Rechtsposition endgültig verloren. Derartige Gefahren, verursacht durch die Verzögerung der Rückabwicklung, wollte § 1368 BGB ausschließen.

cc. Keine Differenzierung nach dem Vorhandensein der Gegenleistung

Hoppe[205] wendet ein, § 1368 BGB könne seinen Zweck nicht mehr erfüllen, wenn die Gegenleistung beim verfügenden Ehegatten nicht mehr vorhanden sei. Der Geschäftspartner sei dann gezwungen, Vollstreckungsmaßnahmen in den zurückzugebenden Vermögenswert einzuleiten. Dieser werde schließlich der Familie dauerhaft entzogen und könne weder die wirtschaftliche Grundlage der Familie bilden noch einen Zugewinnausgleichsanspruch sichern. In solchen Fällen sei der beabsichtigte Familienschutz von nur kurzer Dauer gewesen, und somit bestehe offensichtlich nicht die

---

205 *Hoppe*, S. 60.

Notwendigkeit, dem Dritten die Einrede nach § 273 Abs. 1 BGB zu verweigern.

Dieser Ansicht ist nicht zuzustimmen. Die ihr zugrunde liegende Schlussfolgerung ist ohnehin nur aus einer „Ex-Post-Betrachtung“ heraus möglich. Wenn der übergangene Ehegatte den Dritten auf Herausgabe des veräußerten Vermögenswertes verklagt, dann wissen nicht selten weder Kläger noch Beklagter, ob die Gegenleistung beim Verfügenden noch vorhanden ist. Dieser wird weder seinem Partner, den er bereits bei der Veräußerung übergangen hat, noch dem Dritten freiwillig Auskunft geben. Ob eine etwaige Auskunft wahrheitsgemäß wäre, sei dahingestellt. Ein formelles Auskunftsbegehren wäre letztlich mit weiteren Verzögerungen verbunden, die das Gesetz gerade vermeiden will.

Der Gesetzgeber hat sich für einen pauschal-formalisierten Familienschutz entschieden. Geschützt wird nicht das Vermögen in seinem Wert, sondern das gesamte Vermögen in seiner konkreten Zusammensetzung. Zustimmungslose Gesamtvermögensverfügungen sind deshalb unwirksam, ihre Folgen sind umgehend zu beseitigen. Im Interesse der Familie sollen die ursprünglichen Vermögensverhältnisse wiederhergestellt werden. Das ist in der Regel dann möglich, wenn der Verfügungsgegenstand noch im Besitz des Dritten ist. Das Revokationsrecht ist insoweit im Sinne der ehelichen Gemeinschaft verselbständigt. Der veräußerte Vermögenswert soll unbedingt zurückgeführt und die Gefahren, die mit dem Verbleib eines für die Familie wichtigen Vermögenswertes in der Hand eines Fremden einhergehen, sollen verringert werden. Das Gesetz gibt daher der umgehenden Rückabwicklung uneingeschränkten Vorrang. Eine Differenzierung nach dem Vorhandensein der Gegenleistung ist mit diesem formal-gegenständlichen Vermögensschutz nicht vereinbar.

Dabei geht es dem § 1365 BGB nicht darum, die gegenständliche Zusammensetzung des gesamten Vermögens dauerhaft zu erhalten. Zwangsvollstreckungsmaßnahmen in einen nach § 1365 BGB vinkulierten Vermögensgegenstand sind nicht ausgeschlossen. Das Vermögen in seiner Gesamtheit soll lediglich vor den Risiken einer übereilten und zustimmungslos erfolgten Veräußerung geschützt und vor der häufig damit einhergehenden totalen Liquidierung bewahrt werden. Kann der bisherige vermögensrechtliche „status quo“ wiederhergestellt werden, ist dieses Ziel erreichbar.

Wenn nach erfolgter Revokation aufgrund von Verbindlichkeiten in den maßgeblichen Vermögenswert vollstreckt wird, so ist dies ein gesondert zu betrachtender Vorgang. § 1365 BGB ist zum Beispiel auch dann anzuwenden, wenn der verfügende Ehegatte verschuldet ist und die Summe seiner Schulden den Wert seines Verfügungsgegenstandes übersteigt.[206] Spielt das Bestehen von Verbindlichkeiten bei der Anwendung des § 1365 BGB keine Rolle, dann kann auch bei der Rückabwicklung der nach §§ 1365, 1366 BGB nichtigen Verfügung nichts anderes gelten. Dabei ist es irrelevant, ob der Geschäftspartner des unwirksamen Rechtsgeschäftes oder andere Gläubiger des Ehegatten Vollstreckungsmaßnahmen gegen dessen Vermögen einleiten.

Die Herausgabe des unwirksam veräußerten Gegenstandes hat auch dann zu erfolgen, wenn feststeht, dass der zurückverlangte Gegenstand nach seiner Rückführung der Zwangsvollstreckung zum Opfer fällt. Allerdings kann hieraus kein Argument für die Zulassung eines Zurückbehaltungsrechts hergeleitet werden.

dd. Ergebnis

Der übergangene Ehegatte sollte nach dem Willen des Gesetzgebers in der Lage sein, die Folgen der unwirksamen Verfügung eigenständig zu beseitigen. Damit lässt sich ein Zurückbehaltungsrecht des Dritten nicht vereinbaren, das die Rückabwicklung verzögert und den revozierenden von der Mithilfe des verfügenden Ehegatten abhängig macht. Die Verfügungsbeschränkung des § 1365 BGB kann ihren Zweck aber nur dann erfüllen, wenn weder der verfügende Ehegatte noch der Dritte in der Lage ist, die Wiederherstellung einseitig und gegen den Willen des anderen Ehegatten auszuschließen. Nach alledem erfordert der Schutzzweck der §§ 1365, 1368 BGB den Ausschluss der Einrede aus § 273 Abs.1 BGB, wenn der übergangene Ehegatte die Unwirksamkeit der Verfügung geltend macht.

d. Systematische Auslegung

Heckelmann[207] will dem Dritten ein Zurückbehaltungsrecht grundsätzlich gestatten und beruft sich dabei auf ein systematisches Argument: Die Vorschriften über die Verwaltungsbeschränkungen der Ehegatten beim Abschluss einzelner Rechtsgeschäfte seien Ausnahmebestimmungen. Als solche seien sie grundsätzlich eng auszulegen; eine über die Versagung des Gutglaubensschutzes beim Rechtserwerb hinausgehende Wirkung hätte da-

---

[206] BGHZ 143, 356 (359); Staudinger/*Thiele*, § 1365 Rdnr. 14, 28.
[207] Erman/*Heckelmann*, § 1368 Rdnr. 5.

her besonders geregelt werden müssen. Schon deshalb sei dem Dritten ein Zurückbehaltungsrecht zuzubilligen.

Ob die allgemeine Annahme, Ausnahmevorschriften seien eng auszulegen und einer analogen Anwendung nicht fähig, zutrifft, kann dahinstehen. Jedenfalls beruht die formale Regel auf den alten Auslegungsgrundsätzen „singularia non sunt extenda“ und „exceptiones sunt strictissimae interpretationis“. Dort, wo es sich auch der Sache nach um eine Ausnahme handelt, hat die angeführte Auslegungsregel einen gewissen, aber nur „beschränkten Wert“.[208]

Eine Ausnahme in diesem Sinne liegt vor, wenn der Gesetzgeber eine Regel, der er in möglichst weitem Umfang Geltung zu verschaffen sucht, für bestimmte, meist eng umgrenzte Fälle durchbricht, weil ihre Anwendung in solchen Fällen wenig praktikabel oder unangebracht schien, d.h. weil er glaubte, hier eine Ausnahme zulassen zu können. Allerdings sollte die allzu weite Auslegung der Ausnahmebestimmung oder deren analoge Anwendung vermieden werden, damit die Regelungsabsicht des Gesetzgebers nicht in ihr Gegenteil verkehrt wird. Das bedeutet nicht automatisch, die Ausnahmebestimmung sei „so eng wie möglich“ auszulegen. Entscheidend ist vielmehr der Sinn, den der Gesetzgeber mit der Ausnahme verfolgt hat.[209]

Die alte formale Regel, „Ausnahmevorschriften seien eng auszulegen“, kann nicht als Auslegungsgrundsatz isoliert herangezogen werden; sie ist vielmehr ein einzelner Aspekt einer funktional einheitlichen teleologischen Auslegung.[210] Aus dem generellen Merksatz kann also keineswegs geschlossen werden, dass man auf normative Vorgaben keine Rücksicht zu nehmen braucht.

Es ist richtig, dass § 1365 BGB im ehelichen Güterrecht eine Ausnahme von dem Grundsatz bildet, dass jeder Ehegatte über sein Vermögen in der Regel eigenständig verfügt. Auch § 1368 BGB stellt in gewisser Weise eine Ausnahme dar, da es grundsätzlich nicht zulässig ist, fremde Rechte im eigenen Namen geltend zu machen. Die vom Gesetzgeber klar vorgegebene Grenze der Ausnahme wird vorliegend aber nicht überschritten, da der Anwendungsbereich des § 1365 BGB auf Gesamtvermögensgeschäfte beschränkt bleibt und nicht etwa auf andere im Gesetz nicht genannten Geschäfte ausgedehnt wird. Der Personenkreis der Revokationsberechtigten wird nicht erweitert. Mit dem Ausschluss des Zurückbehaltungsrechts wird

---

208 *Larenz*, Methodenlehre, S. 355.

209 *Larenz*, Methodenlehre, S. 356.

210 *Müller*, Juristische Methodik, Rdnr. 370, 373; *Pawlowski*, Methodenlehre, Rdnr. 489a.

lediglich die Durchsetzung der vom Gesetzgeber ausdrücklich getroffenen Ausnahme ermöglicht und damit die vom Gesetz gewollte Rückabwicklung des nichtigen Rechtsgeschäftes gewährleistet.

Ausnahmeregeln werden gewöhnlich eng ausgelegt, weil verhindert werden soll, dass eine Ausnahme gegen den Willen des Gesetzes zu Lasten der eigentlich gewollten Regel ausgedehnt wird. Der Ausschluss des Zurückbehaltungsrechts entspricht hingegen dem Willen des Gesetzgebers und der ratio der §§ 1365, 1368 BGB. Auf die Auslegungsregel für Ausnahmevorschriften, mit der formal und systematisch dem mutmaßlichen Willen des Gesetzgebers entsprochen werden soll, braucht folglich nicht zurückgegriffen werden.

e. Interessenabwägung

Die bisherige Auslegung ergab, dass der Schutzgedanke der §§ 1365, 1368 BGB einen Ausschluss des Zurückbehaltungsrechts erfordert. Nunmehr ist zu untersuchen, ob der damit verbundene Eingriff in die geschützten Interessen des Dritten durch den Schutzzweck der Verfügungsbeschränkungen auch ausreichend gerechtfertigt wird. Hierbei stehen sich nicht die Interessen des Klägers und die des Beklagten schlechthin gegenüber; vielmehr macht der revozierende Ehegatte die Interessen der Familiengemeinschaft geltend. Damit stellt sich die Frage, ob dem Familienschutz ein so hoher Stellenwert eingeräumt wird, dass dem Dritten ein ihm sonst zustehendes Recht entzogen werden kann.

aa. Interessenlage

Boehmer[211] meint, er sehe nicht ein, dass der verbotswidrig handelnde Ehegatte, der in der Regel „bösgläubig" sei, und sein Partner einen so starken Schutz verdienten, dass dadurch der gutgläubige Vertragsgegner „völlig entrechtet" werde. Dem ist in mehrfacher Hinsicht nicht zuzustimmen.

Zunächst ist es eine pauschale Behauptung, dass regelmäßig der verfügende Ehegatte bösgläubig und sein Vertragsgegner gutgläubig sei. Es sind genauso gut Fälle vorstellbar, in denen der Vertragsgegner weiß, dass der Veräußerer verheiratet ist, er im gesetzlichen Güterstand lebt und zu dem Geschäft die Zustimmung des Ehegatten erforderlich ist, während der verfügende Ehegatte die Zustimmungsbedürftigkeit nicht kennt.

---

[211] *Boehmer*, FamRZ 1959, 1 (6).

Zweitens kann es bei der Beurteilung der Interessen nicht auf subjektive Gesichtspunkte ankommen. Weder § 273 BGB noch die §§ 1365, 1368 BGB stellen auf den guten oder bösen Glauben ab. Nach dem Willen des Gesetzgebers muss der Dritte die Sache herausgeben, auch wenn er noch so gutgläubig gewesen ist.[212]

Schließlich ist der Dritte auch nicht „völlig entrechtet". Er behält seinen Anspruch aus ungerechtfertigter Bereicherung gegen den Verfügenden, allerdings kann er auf diesen kein Zurückbehaltungsrecht stützen.

(1) Die Interessen des Dritten

Durch den Ausschluss des Zurückbehaltungsrechts wird dem Vertragspartner des verfügenden Ehegatten ein Sicherungsmittel entzogen, das ihm im Normalfall zustünde. Wird er auf Herausgabe der veräußerten Sache verklagt, kann er diese nicht verweigern.

Er kann seinen Anspruch auf Rückzahlung der Gegenleistung auch nicht im Wege einer Widerklage geltend machen. Da sein Rückzahlungsanspruch gegen den verfügenden Ehegatten und nicht gegen den revozierenden gerichtet ist, fehlt es an der nach § 33 ZPO erforderlichen Parteiidentität, so dass allenfalls eine *isolierte Drittwiderklage* in Betracht käme.

Im Schrifttum[213], das die Zulässigkeit der Drittwiderklage an die Voraussetzungen einer normalen Streitgenossenschaft, §§ 59, 60 ZPO, knüpft, würde vorliegend eine Widerklage abgelehnt, weil zwischen dem übergangenen und dem verfügenden Ehegatten keine Streitgenossenschaft bestehe, sie auch nicht zulässig sein könne, denn verfügender und übergangener Ehegatte müssten schließlich auf derselben Seite als Beklagte stehen. Die Rechtsprechung[214], welche die Drittwiderklage nur unter den Voraussetzungen der nachträglichen Parteierweiterung gemäß §§ 263 ZPO ff. analog zulässt, müsste vorliegend die Zulässigkeit der Widerklage ebenfalls ablehnen, da sie sich nicht zugleich gegen den Kläger, d.h. den übergangenen Ehegatten, richtet.

Der Dritte muss also seinen Gegenanspruch in einem selbständigen Verfahren gegen den verfügenden Ehegatten geltend machen. Er kann sich auf diesem Weg einen vollstreckbaren Titel verschaffen und Vollstreckungsmaßnahmen einleiten.

---

212 *Brox*, FamRZ 1961, 281 (286).
213 *Thomas/Putzo*, § 33 Rdnr. 10 ff.; Zöller/*Vollkommer*, § 33 Rdnr. 23.
214 BGHZ 131, 76 (79) m.w.N.

Ist im Vermögen des Ehegatten die Gegenleistung noch vorhanden, so kann er im Wege der Zwangsvollstreckung darauf zugreifen. Ist die Gegenleistung hingegen nicht mehr vorhanden, etwa weil der verfügende Ehegatte damit bestehende Schulden getilgt hat, so ist der Dritte jedenfalls in der Lage, die Vollstreckung in den zuvor zurückgegebenen Vermögenswert zu betreiben. Vollstreckungsmaßnahmen unterliegen schließlich nicht der Beschränkung des § 1365 BGB. Der Dritte erleidet also im Hinblick auf seine Gegenleistung grundsätzlich keinerlei Nachteil.

Unzutreffend ist in diesem Zusammenhang die Behauptung, durch den Ausschluss des Zurückbehaltungsrechts nach § 273 Abs.1 BGB müsse der Vertragspartner das Insolvenzrisiko des verfügenden Ehegatten tragen.[215] Vielmehr muss der Vertragspartner das Insolvenzrisiko des verfügenden Ehegatten auch dann tragen, wenn er die Einrede des § 273 Abs.1 BGB geltend machen könnte. Da sich das Zurückbehaltungsrecht nach § 273 Abs. 1 BGB lediglich als Zwangsmittel zur Durchsetzung einer eigenen Forderung darstellt, kann es in der Insolvenz grundsätzlich nicht zugelassen werden, weil es im Widerspruch zum Prinzip der gleichmäßigen Befriedigung aller Gläubiger steht.[216] Folglich muss eine Leistung in die Insolvenzmasse erbracht werden, auch wenn der Leistungspflichtige auf einen konnexen Gegenanspruch nur die Insolvenzquote erhält.[217] Dies ist aber kein spezifisches Risiko von Rechtsgeschäften nach § 1365 BGB, sondern trifft vielmehr jeden, der insolvente Geschäftspartner hat.

§ 1365 BGB kommt bei der Veräußerung von Einzelobjekten zudem nur zur Anwendung, wenn der Geschäftspartner des verfügenden Ehegatten weiß, dass es sich bei dem Geschäftsgegenstand um das ganze Vermögen des Ehegatten handelt, oder wenn er zumindest die Umstände kennt, aus denen sich dies ergibt.[218] Wenn er dies aber weiß oder wenn sogar eine Gesamtvermögensverfügung vorliegt, dann muss der Vertragspartner stets mit der Zustimmungsbedürftigkeit nach § 1365 BGB rechnen.

Der Dritte kann im Vorfeld des Rechtsgeschäftes Erkundigungen einholen. Insoweit ist der Geschäftspartner dem übergangenen Ehegatten des

---

215 so *Hoppe*, S. 60.

216 BGH WM 1965, 408 (409); BGH, NJW 1995, 1484 (1485); MünchKomm-InsO/*Ganter*, § 51 Rdnr. 242; *Gottwald*, Insolvenzrechts-Handbuch, § 42 Rdnr. 48; *Häsemeyer*, Insolvenzrecht, Rdnr. 18.20.

217 MünchKomm-InsO/*Ganter*, § 51 Rdnr. 242.

218 BGHZ 35, 135 (143); 64, 246 (247); 77, 293 (295); 132, 218 (221); RGRK/*Finke*, § 1365 Rdnr. 12; *Gernhuber/Coester-Waltjen*, Familienrecht, § 35 Rdnr. 37; Erman/*Heckelmann*, § 1365 Rdnr. 8; MünchKomm/*Koch*, § 1365 Rdnr. 27; Soergel/*Lange*, § 1365 Rdnr. 12; *Reinicke*, NJW 1957, 889 (890); *ders*, BB 1960, 1002 (1003); *Tiedtke*, FamRZ 1976, 320 (320); Staudinger/*Thiele*, § 1365 Rdnr. 20.

Rechtsgeschäftes überlegen. Hat dieser vom Vertragsschluss keine Kenntnis, kann er ihn nicht verhindern. Der Dritte kann sich dagegen informieren, ob die Voraussetzungen des § 1365 BGB vorliegen. Schließlich ist die Wirksamkeit des Rechtsgeschäftes immer das Risiko der am Rechtsgeschäft Beteiligten.

(2) Die Interessen der Familie und des übergangenen Ehegatten

Den Interessen des Vertragspartners stehen die Interessen der Familie und des übergangenen Ehegatten gegenüber. Wie bereits dargelegt, sollen die ursprünglichen Vermögensverhältnisse umgehend wiederhergestellt werden, um der Familie die wirtschaftliche Grundlage zu erhalten und um außerdem einen möglichen Zugewinnausgleichsanspruch des übergangenen Ehegatten zu sichern. Die Familiengemeinschaft ist an einer umgehenden Rückabwicklung der unwirksamen Verfügung interessiert. Solange die betreffenden Vermögenswerte im Besitz des Dritten sind, bieten sie der Familie keine Existenzbasis mehr, auch wenn sie rechtlich nach wie vor zum Vermögen des Ehegatten gehören. Schließlich kann der Dritte in der Zwischenzeit darüber weiter verfügen. Erwirbt dann ein Vierter gutgläubig Eigentum daran, geht die von § 1365 BGB geschützte Rechtsposition endgültig verloren.

bb. Interessenbewertung durch das Gesetz

Bei unwirksamen Gesamtvermögensgeschäften bezweckt das Gesetz den optimalen Familienschutz. Es ordnet nicht nur deren Unwirksamkeit an, sondern gewährt dem zustimmungsberechtigten Ehegatten das Recht, die Rückabwicklung von bereits vollzogenen Verfügungen selbst geltend zu machen.

Soweit der Gesetzgeber im Rahmen der Verfügungsbeschränkungen widerstreitende Interessen auszugleichen hatte, räumte er stets den Interessen der Familie Vorrang ein vor denen des Geschäftspartners. Er bürdete das Risiko, das sich aus den Verfügungsbeschränkungen ergibt, dem Dritten auf, wie sich vor allem an der Versagung des Gutglaubensschutzes zeigt.

Auffallend ist schließlich die Konsequenz, mit der das Gesetz die Rückabwicklung der unwirksamen Verfügung durchsetzt. Die Gesetzesbegründung[219] sieht den Sinn der Revokation nach § 1368 BGB darin, dass trotz

[219] RegE II, BT-Drs. 2 / 224, S. 42.

der Untätigkeit des verfügenden Ehegatten die unrechtmäßigen Vermögensverhältnisse nicht aufrechterhalten bleiben.

Es ist kein Anhaltspunkt ersichtlich, weshalb sich diese Grundtendenz zu Lasten des anderen Ehegatten umkehren soll, wenn dem Dritten aus dem verbotswidrig vorgenommenen Rechtsgeschäft ebenfalls Ansprüche erwachsen sind, auf deren Entstehung der andere Ehegatte keinen Einfluss hatte. Nach alledem kann davon ausgegangen werden, dass das Gesetz auch bei der Frage des Zurückbehaltungsrechts den Interessen der Familie Vorrang einräumt.

f. Stellungnahme zu differenzierenden Auffassungen

aa. Differenzierung nach der Gutgläubigkeit des Vertragspartners

Nicht zu folgen ist der Ansicht[220], die dem Dritten ein Zurückbehaltungsrecht zugestehen möchte, wenn er bei Vertragsabschluss gutgläubig war. Im Rahmen der gesetzlichen Verfügungsbeschränkungen ist die Berücksichtigung von Gut- oder Bösgläubigkeit des Dritten systemfremd.[221] § 1365 BGB ist auch bei Gutgläubigkeit des Dritten anwendbar. In der Gesetzesbegründung[222] heißt es ausdrücklich: *„Hat der Ehegatte nicht eingewilligt, so erwirbt der Dritte auch dann keine Rechte ..., wenn er irrig annimmt, sein Geschäftspartner sei unverheiratet. Sein guter Glaube wird nicht geschützt."* Es ist kein Grund ersichtlich, weshalb bei der Rückabwicklung etwas anderes gelten sollte.

bb. Differenzierung nach Pfändbarkeit des herauszugebenden Gegenstandes

Abzulehnen ist auch die Auffassung,[223] die dem Dritten ein Zurückbehaltungsrecht einräumen möchte, falls der von ihm herauszugebende Gegenstand pfändbar ist. Diesem Ansatz liegt die Überlegung zugrunde, der Geschäftspartner könnte noch vor Entscheidung über den Herausgabeanspruch des Ehegatten aufgrund seiner Gegenforderung einen vollstreckbaren Titel erlangen und damit auch in den von ihm herauszugebenden Vermögensgegenstand vollstrecken. Könne er aber aufgrund des dadurch entstehenden Pfandrechts gem. § 986 BGB die Herausgabe verweigern, so müsse man ihm auch die Einrede nach § 273 Abs. 1 BGB gestatten.

---

220 *Koeniger*, DRiZ 1959, 372 (375).
221 Vgl. *Reinicke*, DB 1965, 1351 (1351).
222 RegE II, BT-Drs. 2 / 224, S. 42.
223 *Hartung*, S. 99 ff.

Pfändungsschutzvorschriften dienen dem Schutz des Schuldners im Zwangsvollstreckungsverfahren. Sie richten sich an den bei der Pfändung beweglicher Sachen als Vollstreckungsorgan zuständigen Gerichtsvollzieher. Für den jeweiligen Gläubiger ist es damit nicht möglich, an diesen Sachen ein Pfandrecht zu begründen und seine Ansprüche hieraus zu befriedigen. Die gesetzlich normierte Unpfändbarkeit beantwortet aber nicht die Frage, ob materiellrechtlich die Einrede des § 273 Abs. 1 BGB ausgeschlossen ist. Dies beurteilt sich, wenn vertragliche oder gesetzliche Bestimmungen fehlen, ausschließlich nach der Natur des jeweiligen Schuldverhältnisses. Stets kommt es auf die Eigenart des Gegenstandes oder etwa die Zweckbestimmung an, aber nicht darauf, ob dieser pfändbar ist.

cc. Differenzierung nach der Zahlungsfähigkeit des verfügenden Ehegatten

Wenig überzeugend ist ebenfalls die Ansicht[224], die Zulässigkeit des Zurückbehaltungsrechts sei von der Zahlungsfähigkeit des verfügenden Ehegatten abhängig zu machen. Die Einrede sei dann zuzulassen, wenn der verfügende Ehegatte zahlungsfähig sei. § 273 Abs. 1 BGB sei ausgeschlossen, wenn zu diesem Zeitpunkt die Einräumung eines vertraglichen Zurückbehaltungsrechts nach §§ 1365, 1366 BGB unwirksam wäre. Das sei nur dann der Fall, wenn der Ehegatte durch die mit dem Zurückbehaltungsrecht verbundene Besitzüberlassung den gesamten realisierbaren Wert verliere, also wenn er im Übrigen zahlungsunfähig sei.

Der Ansatz dieser Auffassung ist unzutreffend. Die Frage, ob die gesetzliche Einrede nach § 273 BGB aufgrund des Normzwecks der §§ 1365, 1368 BGB ausgeschlossen ist, lässt sich nicht durch die Frage ersetzen, ob im Zeitpunkt der Rückforderung die Einräumung eines vertraglichen Zurückbehaltungsrechts gem. § 1365 BGB zustimmungspflichtig gewesen wäre. Wer auf diese Weise vorgeht, betrachtet das Zurückbehaltungsrecht isoliert und nicht im Zusammenhang mit dem zuvor stattgefundenen Rechtsgeschäft. Es kommt ausschließlich darauf an, ob die den §§ 1365, 1368 BGB zugrundeliegende ratio legis eine Versagung des Zurückbehaltungsrechts verlangt.

g. Ergebnis

Der durch historische Auslegung ermittelte Wille des Gesetzgebers und der Normzweck der §§ 1365, 1368 BGB sprechen gegen ein Zurückbehaltungs-

---

224 *Mülke*, S. 150 ff.

recht des Dritten, wenn der übergangene Ehegatte im Rahmen der Revokation nach § 1368 BGB die Unwirksamkeit der ohne seine Zustimmung erfolgten Verfügungen geltend macht. Soweit hierdurch in die Interessen des Dritten eingegriffen wird, führt dies keinesfalls zu unbilligen Ergebnissen, sondern entspricht der Interessenabwägung des Gesetzes, das dem Familienschutz Vorrang vor dem Gläubigerschutz eingeräumt hat.

II. Inanspruchnahme des Dritten durch den verfügenden Ehegatten

Fraglich ist, ob das Zurückbehaltungsrecht des Vertragspartners hinsichtlich der von ihm erbrachten Gegenleistung auch dann ausgeschlossen ist, wenn der verfügende Ehegatte selbst die Ansprüche geltend macht, die sich aus seiner unwirksamen Verfügung ergeben. Im Unterschied zum übergangenen Ehegatten hat er die Gegenleistung erhalten und müsste daher grundsätzlich in der Lage sein, sie seinem Geschäftspartner zu erstatten.

1. Meinungsstand

Die Vertreter im Schrifttum[225], die bereits gegenüber dem übergangenen Partner das Zurückbehaltungsrecht nach § 273 BGB zulassen wollen, kommen zum gleichen Ergebnis, wenn der verfügende Ehegatte die Unwirksamkeit der Verfügung selbst geltend macht.

Die Vertreter der Gegenansicht, die ein Zurückbehaltungsrecht gegenüber dem übergangenen Ehegatten ablehnen, sind allerdings keineswegs einheitlich der Meinung, dass das Gleiche auch gegenüber dem verfügenden Ehegatten geltend müsse. Während ein Teil der Rechtslehre[226] den ver-

---

225 *Boehmer*, FamRZ 1959, 1 (6); *ders.*, FamRZ 1959, 81 (81 f.); *ders.*, Festschrift für Hedemann, *ders.*, Recht und Staat 1962, 1 (20); *Bosch*, FamRZ 1959, 240 (241); *Dölle*, Familienrecht, § 52 III 3, S. 764; Erman/*Bartholomeyczik*, 5. Auflage, § 1368 Rdnr. 6; Erman/*Heckelmann*, § 1368 Rdnr. 5; *Gaa*, S. 199; *Hoppe*, S. 58 ff.; *Schlüter*, Familienrecht, Rdnr. 117.

226 *Achilles/Greif*, § 1368, Anm. 7; AK/*Fieseler*, § 1368 Rdnr. 3; Bamberger/Roth-*Mayer*, § 1368 Rdnr. 5; *Baur*, FamRZ 1958, 252 (257); *Baur/Stürner*, Sachenrecht, § 51 Rdnr. 29; *Beitzke*, BGB-Familienrecht, Prüfe Dein Wissen, S. 55; *Brox*, FamRZ 1961, 281 (286); *Finke*, MDR 1947, 514 (515); *Gernhuber/Coester-Waltjen*, Familienrecht, § 35 V Rdnr. 84; *Glum*, S. 200; *Finke*, MDR 1957, 414 (415); *Haegele*, Das eheliche Güterrecht, S. 8; *ders.*, Rechtspfleger 1959, 4 (10); Jauernig/*Berger*, vor § 1365-1369, Rdnr. 17; *Kastrup*, S. 98 ff.; *Kemper*, S. 120; *Kroppenberg*, WuB I E 4 Avalkredit 1.00, 735 (736); *Krüger/Breetzke/Nowack*, Gleichberechtigungsgesetz, § 1368 Rdnr. 2; *Lüderitz*, Familienrecht, § 14 II 7, Rdnr. 363; *Lehmann*, Familienrecht, § 13 III 2, S. 84; *Massfeller/Reinicke*, § 1368, Anm. 7; MünchKomm/*Gernhuber*, 3. Aufl., § 1368 Rdnr. 18; MünchKomm/*Koch*, § 1368 Rdnr. 19; Palandt/*Brudermüller*, § 1368 Rdnr. 3; *Pe-*

fügenden und den zustimmungsberechtigten Ehegatten gleich behandelt und das Zurückbehaltungsrecht nach § 273 BGB generell ausschließt, will eine differenzierende Ansicht[227] danach unterscheiden, welcher Ehegatte revoziert, und somit die Einrede gegenüber dem verfügenden Ehegatten ausdrücklich zulassen.

a. Kein Zurückbehaltungsrecht

Nach der in der Rechtslehre überwiegenden Ansicht soll dem Dritten wegen der von ihm erbrachten Gegenleistung im Rahmen der Revokation bei nach §§ 1365, 1366 BGB nichtigen Verfügungen generell kein Zurückbehaltungsrecht nach § 273 Abs. 1 BGB zustehen. Das gelte auch dann, wenn der verfügende Ehegatte selbst den unwirksam veräußerten Gegenstand zurückfordere.

Auch der verfügende Ehegatte müsse die Möglichkeit haben, das der Familie und insbesondere seinem Ehegatten zugefügte Unrecht ungehindert wiedergutzumachen, d.h. die Sache wieder in das „Familienvermögen" zurückzubringen. In § 1368 BGB ergebe sich aus dem Wort „auch", dass der Gesetzgeber dem verfügenden Ehegatten das Rückforderungsrecht uneingeschränkt belassen habe.[228] Außerdem wäre es dogmatisch nicht vertretbar, bei denselben Ansprüchen dieselbe Einrede einmal zuzulassen und einmal abzulehnen, je nachdem, wer den Anspruch geltend mache.[229]

b. Zurückbehaltungsrecht

Diejenigen im Schrifttum[230], die das Zurückbehaltungsrecht des Dritten grundsätzlich für zulässig halten, unterscheiden nicht danach, welcher Ehegatte die Unwirksamkeit der Verfügung geltend macht. Auf ihre Argumente soll an dieser Stelle Bezug genommen werden.[231]

---

termann, Rechtspfleger 1960, 233 (237); *Reinicke*, BB 1957, 564 (568); RGRK/*Finke*, § 1368 Rdnr. 15; Staudinger/*Thiele*, § 1368 Rdnr. 51.

227 *Lauhoff*, S. 147; *Massfeller*, Das Gleichberechtigungsgesetz im Geschäftsverkehr der Kreditinstitute, S. 16.

228 *Kemper*, S. 122.

229 *Kemper*, S. 122.

230 *Boehmer*, FamRZ 1959, 1 (6); *ders.* FamRZ 1959, 81 (81 f.); *ders.*, in: Festschrift für Hedemann, S. 44; *ders.*, Recht und Staat 1962, 1 (20); *Bosch*, FamRZ 1959, 240 (241); *Dölle*, Familienrecht, § 52 III 3, S. 764; Erman/*Bartholomeyczik*, 5. Auflage, § 1368 Rdnr. 6; Erman/*Heckelmann*, § 1368 Rdnr. 5; *Gaa*, S. 199; *Hoppe*, S. 58 ff.; *Schlüter*, Familienrecht, Rdnr. 117.

231 Vgl. S. 49.

Die Vertreter des Schrifttums[232], die das Zurückbehaltungsrecht gegenüber dem übergangenen Ehegatten zwar ausschließen, es gegenüber dem verfügenden Ehegatten aber zulassen wollen, begründen dies mit der jeweils unterschiedlichen Rechts- und Interessenlage.

Wenn der handelnde Ehegatte selbst den Rückforderungsanspruch geltend mache, erfordere der Schutz der Familie und des anderen Ehegatten nicht, dass die Einrede des Zurückbehaltungsrechts wegen Bereicherungsansprüchen ausgeschlossen werde, denn der verfügende Ehegatte könne das Ziel des § 1368 BGB, den veräußerten Gegenstand der Familie wieder zurückzuführen, auch ohne eine unzumutbare Belastung erreichen, wenn die Einrede zugelassen werde.[233]

Im Unterschied zu den Einwendungen der §§ 242, 817 S. 2 BGB führe die Einrede nach § 273 Abs. 1 BGB nicht zu einer Klageabweisung, sondern nur zu einer eingeschränkten Verurteilung zur Leistung Zug um Zug gemäß § 274 Abs. 1 BGB gegen Verschaffung der Leistung, deretwegen das Zurückbehaltungsrecht geltend gemacht wird. Der Kläger könne nicht nur im Prozess obsiegen, sondern im Gegensatz zu dem anderen Ehegatten auch aus dem Urteil erfolgreich vollstrecken, ohne unzumutbare Aufwendungen machen zu müssen. Schließlich sei er im Besitz der Gegenleistung und ohnehin verpflichtet, diese an den Dritten herauszugeben.

Durch die Verpflichtung, die Leistung, wegen der zurückbehalten werde, anzubieten, könne der handelnde Ehegatte zwar gehemmt oder gehindert werden, das Urteil zu vollstrecken, aber es wäre, so *Lauhoff*[234], eine übertriebene Perfektion des Familienschutzes, wenn man die Einrede schon deshalb nicht zuließe, um dem handelnden Ehegatten den Entschluss zur Rechtsverfolgung zu erleichtern. Darin läge eine unangemessene Begünstigung dieses Ehegatten, die der Familienschutz nicht erfordere. Wenn der Dritte nicht freiwillig leiste, könne der andere Ehegatte selbst Klage erheben und so den Gegenstand zurückführen.

Da weder die Rückgewähr der Sache vereitelt werde noch besondere Kosten zu Lasten der Familien entstünden, bestehe kein Grund, das Zurückbehaltungsrecht gegen den verfügenden Ehegatten auszuschließen. Es sei nicht Aufgabe des § 1368 BGB, dem verfügenden Ehegatten zusätzlich zur rechtlichen Möglichkeit, die veräußerte Sache zurückzuholen, durch den

---

232 *Lauhoff*, S. 147; *Massfeller*, Das Gleichberechtigungsgesetz im Geschäftsverkehr der Kreditinstitute, S. 16, der seine differenzierende Ansicht jedoch später aufgegeben hat; vgl. *Massfeller/Reinicke*, § 1368 Anm. 7.

233 *Lauhoff*, S. 149 ff..

234 *Lauhoff*, S. 149.

Ausschluss von Einreden einen Anreiz zu geben, den Rückforderungsanspruch zu verfolgen.

Der übergangene Ehegatte sei ohnehin nie sicher, dass durch eine Klage seines Gatten der veräußerte Gegenstand auch tatsächlich zurückverschafft werde. Der handelnde Ehegatte könne sich doch auch verweigern, aus einem vorbehaltslosen Titel zu vollstrecken. Wolle der andere Ehegatte sicher und schnell die Rückgabe der Sache erreichen, müsse er selbst klagen.[235]

2. *Lösung*

a. Der Wortlaut des § 1368 BGB

Das Gesetz hat in den §§ 1365 und 1368 BGB die Zulässigkeit des Zurückbehaltungsrechts nicht geregelt. § 1368 BGB stellt lediglich klar, dass auch der verfügende Ehegatte selbst die Unwirksamkeit der Verfügung geltend machen kann. Das Gesetz hat somit das Rückforderungsrecht des Verfügenden nicht eingeschränkt, sondern durch das Wort „auch" der Rückforderungsbefugnis des Anderen inhaltlich gleichgestellt.

Der Wortlaut des Gesetzes legt also die Annahme nahe, dass beide Ehegatten in gleicher Weise und in gleichem Umfang die Unwirksamkeit der Verfügung geltend machen können. Eine solche Gleichstellung wäre indes nicht gegeben, wenn der verfügende Ehegatte (im Unterschied zum übergangenen) durch die Einrede des § 273 Abs. 1 BGB eingeschränkt wäre.

b. Historische Auslegung

aa. Entstehungsgeschichte

Der Güterrechtsausschuss der Akademie für deutsches Recht wollte das Revokationsrecht in seinem Reformvorschlag von 1943 ausdrücklich nur dem übergangenen Ehegatten zusprechen. In § 15 Abs. 1 S. 2 des von ihm erarbeiteten Entwurfs war folgende Regelung vorgesehen: *„Fehlt die Zustimmung, so kann der andere Ehegatte von dem Dritten Rückgewähr verlangen"*.[236] Auch im schwedischen Güterrecht[237], das die Entwurfsverfasser im Vorfeld herange-

---

[235] *Lauhoff*, S. 147.

[236] Ausschussprotokolle der Akademie für Deutsches Recht, Familienrecht, S. 979.

[237] Schwedisches Ehegesetz vom 11. Juni 1920, 6. Kap., §§ 1 – 6; ähnlich die anderen skandinavischen Gesetze; vgl. *Schlegelberger/Seth/Wrede/Dix*, Das Zivilrecht der nordischen Länder, S. 67.

zogen hatten, konnte allein der übergangene Ehegatte die Unwirksamkeit der ohne seine Zustimmung erfolgten Verfügung durch Anfechtung herbeiführen.

Der Gesetzgeber entschied sich schließlich bewusst gegen ein einseitiges Rückforderungsrecht des übergangenen Ehegatten. Zwar hängt nach § 1365 BGB von der Zustimmung des anderen Ehegatten die Wirksamkeit des jeweiligen Rechtsgeschäftes ab, aber der Verfügungsgegenstand wird nicht dem Vermögen und damit dem Verwaltungsrecht des handelnden Ehegatten entzogen. Das wäre mit dem streng durchgehaltenen Grundsatz getrennter Vermögensmassen auch nicht vereinbar gewesen. Der verfügende Ehegatte soll als der eigentlich Berechtigte in der gleichen Weise wie der nicht verfügende Ehegatte die Unwirksamkeit des Rechtsgeschäftes im Interesse der Familie geltend machen können.

bb. Rückschlüsse aus der bisherigen Anwendung der legislatorischen Vorbilder des § 1368 BGB

Wie bereits dargestellt, orientierte sich der Gesetzgeber bei der Konzipierung des § 1368 BGB an den Revokationsregeln der bisherigen Güterstände und übernahm insbesondere die Regelung des § 1449 BGB a.F.. Der Wortlaut der Vorschrift und die Gesetzesbegründung legen nahe, dass die bisherige Anwendung der Bestimmung beibehalten werden sollte.

In der Rechtslehre[238] wurde im Hinblick auf den Schutzzweck des § 1449 BGB a.F. ein Zurückbehaltungsrecht des Dritten wegen seiner Gegenleistung generell abgelehnt, also auch dann, wenn der Ehemann selbst revozierte. Hatte also ein Ehemann über das Gesamtgut im Ganzen ohne die erforderliche Zustimmung verfügt, sollte er den rechtmäßigen Zustand wiederherstellen können, ohne einer Einrede des Drittem gem. § 273 Abs. 1 BGB ausgesetzt zu sein. Der Ehemann sollte in gleichem Umfang wie die zustimmungsberechtigte Frau im Interesse der Familie die rechtmäßigen Vermögensverhältnisse herbeiführen können. Anderenfalls würde der Familie ein wichtiger Vermögenswert zu lange vorenthalten.

---

[238] *Dernburg,* Familienrecht, S. 210; Staudinger/*Engelmann,* 9. Aufl., § 1448 Anm. 3; § 1449 Anm. 4; 1455 Anm. 2; Erman/*Gerstberger,* 1. Aufl., Anm. zu § 1455; Palandt/*Lauterbach,* 16. Aufl., § 1455 Anm. 1; *Opet,* Familienrecht, § 1449 Anm. 2; Planck/*Unzner,* § 1443 Anm. 6; RGRK/ *Buchwald,* 9. Aufl., § 1455 Anm. 4; *Schmidt,* Familienrecht, § 1449 Anm. 4, § 1455 Anm. 2; *Siebert/Vogel,* Familienrecht, § 1455 Anm. 1; Soergel/*Vogel,* § 1449, 8. Aufl., § 1455 Anm. 1 (a.A. noch 7. Auflage); vgl. auch *Reinicke,* BB 1957, 564 (568).

[238] *Dernburg,* Familienrecht, S. 210.

Anhaltspunkte dafür, dass der Gesetzgeber im Rahmen der §§ 1365, 1368 BGB hinsichtlich der Einreden des Vertragspartners danach differenzieren wollte, welcher Ehegatte die Unwirksamkeit der Verfügung geltend macht und dann gegen den Dritten vorgeht, sind nicht ersichtlich.

Die Besonderheiten der Zugewinngemeinschaft gaben – im Vergleich zu den Bestimmungen der bisherigen Güterstände – keinen Anlass zu unterschiedlichen Beurteilungen. Es kann daher auf den Willen des historischen Gesetzgebers geschlossen werden, die bisherige Rechtspraxis beizubehalten und auch gegenüber dem verfügenden Ehegatten eine Einrede nach § 273 Abs. 1 BGB in der Revokation nicht zuzulassen.

c. Teleologische Auslegung

Weiter ist zu untersuchen, ob und inwieweit die ratio legis der §§ 1365, 1368 BGB den Ausschluss des Zurückbehaltungsrechts erfordert, wenn nicht der übergangene, sondern der verfügende Ehegatte die unwirksam veräußerte Sache von seinem Geschäftspartner herausverlangt.

Wie bereits erläutert[239], sichert § 1365 BGB die wirtschaftliche Grundlage der Familie und den Anspruch des übergangenen Ehegatten auf Zugewinnausgleich. Das gesamte Vermögen oder der Gegenstand, der nahezu das gesamte Vermögen ausmacht, soll mit dem Zustimmungserfordernis vor den Risiken der mit einer Veräußerung regelmäßig verbundenen Liquidierung geschützt werden. § 1368 BGB gewährleistet, dass die Folgen der nach §§ 1365, 1366 BGB unwirksamen Verfügung umgehend rückgängig gemacht werden, d.h. dass der ursprüngliche Vermögenszustand wiederhergestellt wird.

Insoweit fragt es sich, ob der Zweck der §§ 1365, 1368 BGB, also die Wiederherstellung des zu Unrecht veränderten Vermögenszustandes, vereitelt oder mindestens erheblich gefährdet würde, wenn man gegenüber dem verfügenden Ehegatten hinsichtlich der Gegenleistung ein Zurückbehaltungsrecht zuließe. Dieser hat schließlich die Gegenleistung erhalten. Diese Frage könnte unterschiedlich zu beantworten sein, je nachdem, ob und wie schnell der verfügende Ehegatte in der Lage ist, die Gegenleistung zurückzuzahlen, ob zum Beispiel die Gegenleistung noch in seinem Vermögen vorhanden ist.

---

239 Vgl. S. 70.

aa. Gegenleistung ist nicht mehr im Vermögen des verfügenden Ehegatten vorhanden

Ist es dem handelnden Ehegatten nicht mehr möglich, den Anspruch auf Herausgabe oder Rückzahlung der erhaltenden Gegenleistung zu erfüllen, weil er sie etwa ausgegeben hat, um Schulden zu tilgen, so würde durch die Zulassung eines Zurückbehaltungsrechts die Rückabwicklung der unwirksamen Verfügung dauerhaft und in der Regel endgültig vereitelt. Die von den §§ 1365, 1368 BGB beabsichtigte Wiederherstellung der ursprünglichen Vermögensverhältnisse wäre dann ausgeschlossen, das nach §§ 1365, 1366 BGB unwirksame Rechtsgeschäft würde faktisch aufrechterhalten. All das spricht grundsätzlich gegen ein Zurückbehaltungsrecht des Dritten.

Andererseits wird der Geschäftspartner wegen des ihm zustehenden Rückzahlungsanspruchs in den von ihm vorher zurückgegebenen Vermögenswert vollstrecken, wenn die Gegenleistung beim verfügenden Ehegatten nicht mehr vorhanden ist.

Somit bestünde die Gefahr, dass der geschützte Gegenstand der Familie ebenfalls dauerhaft entzogen wäre, d.h. weder die wirtschaftliche Grundlage der Familie bilden noch einen Zugewinnausgleichsanspruch sichern kann. In diesem Fall, so folgert *Hoppe*[240], könne die Revokation ihren Zweck nicht mehr erfüllen, und es bestehe daher nicht die Notwendigkeit, dem Dritten die Einrede nach § 273 Abs. 1 BGB zu verweigern.

Diese Sichtweise[241] scheint nicht zu differenzieren zwischen der Rückabwicklung einer nach §§ 1365, 1366 BGB nichtigen Verfügung einerseits und der Vollstreckung in das Vermögen des Ehegatten andererseits.

Wird nach durchgeführter Revokation aufgrund von Verbindlichkeiten in den zurückerlangten Vermögenswert vollstreckt, so ist dies ein gesondert zu betrachtender Vorgang. § 1365 BGB ist auch dann anzuwenden, wenn der verfügende Ehegatte überschuldet ist, also die Summe seiner Schulden den Wert des Verfügungsgegenstandes übersteigt.[242] Ist § 1365 BGB gleichwohl anwendbar, dann können sich auch bei der Rückabwicklung der nach §§ 1365, 1366 BGB nichtigen Verfügung keine Einschränkungen ergeben. Die Herausgabe des unwirksam veräußerten Gegenstandes hat selbst dann zu erfolgen, wenn feststeht, dass der zurückverlangte Gegenstand nach seiner Rückführung der Zwangsvollstreckung zum Opfer fällt. Das gilt auch dann, wenn Vollstreckungsgläubiger der Schuldner der revokatorischen Herausgabeklage ist.

---

240 *Hoppe*, S. 60.
241 Vgl. bereits S. 74.
242 BGHZ 143, 356 (359); Staudinger/*Thiele*, § 1365 Rdnr. 14, 28.

§ 1365 BGB kann die gegenständliche Zusammensetzung des gesamten Vermögens zwar vor zustimmungslosen Verfügungen und vor den häufig damit einhergehenden Risiken schützen, aber nicht dauerhaft erhalten. § 1365 BGB kann nicht verhindern, dass Dritte Zwangsvollstreckungsmaßnahmen in einen von ihm erfassten Vermögensgegenstand einleiten.[243] Der Schutz der §§ 1365, 1368 BGB reicht daher nicht weiter als bis zur erfolgten Wiederherstellung der tatsächlichen Vermögensverhältnisse. Er kann allerdings im Hinblick auf künftige Vollstreckungsmaßnahmen auch nicht beschränkt werden.

Das Gesetz will den Vermögensgegenstand nicht schlechthin erhalten, aber die Folgen einer zustimmungslosen Verfügung beseitigen. Wenn die veräußerte Sache noch im Besitz des Dritten ist, gelingt das, ein Zurückbehaltungsrecht des Dritten würde aber die bezweckte Rückabwicklung vereiteln. Daher ist der Ausschluss der Einrede auch dann notwendig, wenn die Gegenleistung des Dritten nicht mehr im Vermögen des verfügenden Ehegatten vorhanden ist.

bb. Gegenleistung ist nur noch wertmäßig im Vermögen des verfügenden Ehegatten vorhanden

Es ist auch denkbar, dass der verfügende Ehegatte die erhaltene Gegenleistung, in der Regel eine Geldzahlung, größtenteils wieder in anderen Vermögenswerten angelegt hat, etwa in Aktien, Immobilien oder Pfandbriefen. Dann ist die Gegenleistung zwar noch wertmäßig im Vermögen des Ehegatten enthalten, er müsste sie aber liquidieren, um den Rückzahlungsanspruch des Dritten befriedigen zu können. Das kostet Zeit, wenn er überhaupt die Chance hat, den ursprünglichen Betrag wieder zu erzielen. Hätte der verfügende Ehegatte gegen den Dritten aber nur einen Vollstreckungstitel auf Herausgabe Zug um Zug gegen Rückzahlung der Gegenleistung, müsste er die Einleitung der Vollstreckungsmaßnahme solange hinauszögern, bis er den zur Ablösung des Zurückbehaltungsrechts erforderlichen Geldbetrag erworben hätte, d.h. die Rückführung des unrechtmäßig veräußerten Vermögenswertes in das Familienvermögen würde unter Umständen unzumutbar verzögert.

Mit einer derartigen Verzögerung der Rückabwicklung drohen für die betroffene Familie in mehrfacher Hinsicht erhebliche Gefahren. Solange die betreffenden Vermögenswerte im Besitz des Dritten sind, fehlt der Familie

---

243 BGHZ 143, 356 (361); OLG Hamburg, NJW 1970, 952 (952 f.); OLG Düsseldorf, NJW 1991, 851 (851); *Baur*, FamRZ 1958, 252 (256); MünchKomm/*Koch* § 1365 Rdnr. 49; Soergel/*Lange*, § 1365 Rdnr. 32.

die Existenzgrundlage, auch wenn sie formal zum Vermögen des Ehegatten gehören. Verbleiben die Sachen beim Dritten, so kann der Dritte in der Zwischenzeit darüber weiter verfügen. Erwirbt ein Vierter gutgläubig Eigentum daran, geht die von § 1365 BGB erhaltene Rechtsposition endgültig verloren.

Diese Gefahren, die mit einer Verzögerung der Rückabwicklung einhergehen, sollten durch § 1368 BGB gerade ausgeschlossen werden. Der Ausschluss des Zurückbehaltungsrechts ist daher auch dann erforderlich, wenn der Wert der Gegenleistung noch im Vermögen des verfügenden Ehegatten vorhanden ist.

cc. Gegenleistung ist noch vollständig im Vermögen des verfügenden Ehegatten vorhanden

Vorstellbar ist ferner die Situation, dass der verfügende Ehegatte noch im Besitz der vollständigen Gegenleistung ist, d.h. dass er den erhaltenen Betrag noch zur sofortigen Verfügung stehen hat. Allerdings ist dies eher unwahrscheinlich, da Gesamtvermögensverfügungen in der Regel unter dem Einfluss finanzieller Schwierigkeiten erfolgen. Entscheidend ist hierfür, wann der übergangene Ehegatte von dem Rechtsgeschäft erfährt und ausdrücklich seine Zustimmung versagt.

Verlangt in diesem Fall der verfügende Ehegatte die ohne Zustimmung veräußerte Sache zurück, würde der Zweck der §§ 1365, 1368 BGB nicht gefährdet, wenn sein Vertragspartner hinsichtlich der von ihm erbrachten Gegenleistung ein Zurückbehaltungsrecht geltend machen dürfte. Der verfügende Ehegatte könnte den erhaltenen Kaufpreis zurückzahlen und den unrechtmäßig veräußerten Gegenstand im Gegenzug sofort zurückerhalten.

In diesem Fall könnte das vom Gesetzgeber verfolgte Ziel, den veräußerten Gegenstand der Familie wieder zuzuführen, trotz Geltendmachung eines Zurückbehaltungsrechts also erreicht werden.

Weder würde die Rückgewähr der Sache vereitelt, noch entstünden besondere Kosten zu Lasten der Familie. Selbst eine Verzögerung der Rückabwicklung ist in diesem Fall prinzipiell nicht zu befürchten. Ein Grund, das Zurückbehaltungsrecht gegen den verfügenden Ehegatten auszuschließen, besteht in diesem Fall nicht.

dd. Schlussfolgerung

Der Zweck der §§ 1365, 1368 BGB, die ursprünglichen Vermögensverhältnisse wiederherzustellen, ist nur dann erheblich gefährdet, wenn die erhaltene Gegenleistung nicht mehr als solche oder nur noch wertmäßig im Vermögen des verfügenden Ehegatten vorhanden ist. In diesen Fällen würde ein Zurückbehaltungsrecht des Dritten nach § 273 Abs.1 BGB die Rückabwicklung vereiteln, also das unwirksame Rechtsgeschäft faktisch aufrecht erhalten oder zumindest unzumutbar verzögern.

Nur wenn der Ehegatte hingegen in der Lage ist, das Zurückbehaltungsrecht durch sofortige Zahlung der Gegenleistung abzulösen, bestehen diese Gefahren nicht. In diesem Fall wäre der Ausschluss des Zurückbehaltungsrechts aus teleologischen Gesichtspunkten nicht erforderlich. Insoweit stellt sich die Frage, ob hinsichtlich des Zurückbehaltungsrechts bei der Revokation durch den verfügenden Ehegatten nach dessen Zahlungsfähigkeit zu differenzieren und die Einrede nach § 273 Abs.1 BGB zulässig ist, falls der Ehegatte die Gegenleistung sofort zurückzahlen kann.

Eine derartige Unterscheidung ist abzulehnen. Sie wäre nicht praktikabel, denn sie hätte zur Folge, dass immer dann, wenn der verfügende Ehegatte die Unwirksamkeit des Rechtsgeschäftes geltend macht, konkret geklärt werden müsste, ob dem Dritten ein Zurückbehaltungsrecht zusteht. Es wäre prinzipiell zu prüfen, ob der Revozierende in der Lage ist, die Gegenleistung umgehend zu zahlen. Alle diese zusätzlich erforderlichen Feststellungen würden das Verfahren und damit die gesamte Rückabwicklung verzögern.

Hinzu kommt, dass die Fälle, um die es hier geht, selten sein dürften. Da Gesamtvermögensverfügungen in der Regel unter dem Einfluss finanzieller Schwierigkeiten erfolgen, ist es eher die Ausnahme, wenn der verfügende Ehegatte noch im unveränderten Besitz der vollständigen Gegenleistung ist. Es wäre weder sachgerecht noch sinnvoll, wegen solcher Ausnahmen eine Verzögerung aller Rückabwicklungen zu veranlassen.

Der Gesetzgeber entschied sich für einen pauschal-formalisierten Familienschutz. Zustimmungslose Gesamtvermögensverfügungen sind unwirksam, ihre Folgen umgehend zu beseitigen. Im Interesse der Familie sollen die ursprünglichen Vermögensverhältnisse wiederhergestellt werden. Insoweit ist das Revokationsrecht im Sinne der ehelichen Gemeinschaft verselbständigt. Mit diesem generalisierten Vermögensschutz ist aber eine Differenzierung nach dem Vorhandensein und der Liquidität der Gegenleistung nicht vereinbar. Der Schutzzweck der §§ 1365, 1368 BGB erfordert daher, dass das Zurückbehaltungsrecht generell ausgeschlossen ist.

d. Interessenabwägung

Soweit die rechtlich geschützten Interessen der am nichtigen Rechtsgeschäft beteiligten Personen abzuwägen sind, gilt grundsätzlich nichts anderes, wie wenn der übergangene Ehegatte revozieren würde, denn der verfügende Ehegatte macht bei der Rückabwicklung des nach §§ 1365, 1366 BGB nichtigen Rechtsgeschäftes nicht eigene, sondern die rechtlich geschützten Interessen der Familiengemeinschaft geltend. Insoweit kann auf das Ergebnis der bereits vorgenommenen Interessenabwägung verwiesen werden.[244]

Dass dem Dritten gegenüber dem übergangenen Ehegatten kein Zurückbehaltungsrecht zusteht, wurde bereits festgestellt.[245] Der Umstand, dass ihm auch gegenüber dem verfügenden Ehegatten die Einrede nicht zusteht, bedeutet keine Verschlechterung seiner Situation. Umgekehrt brächte ihm die Zulassung eines Zurückbehaltungsrechts gegenüber dem Dritten im Grunde keine Vorteile. Das zeigt im Folgenden die differenzierte Betrachtung:

Sind die Ehegatten zerstritten, wird der übergangene Ehegatte die Unwirksamkeit der Verfügung ohnehin selbst geltend machen. Ein Zurückbehaltungsrecht gegenüber dem Verfügenden ginge ins Leere. Sind sich die Ehegatten aber einig, dann sind beide daran interessiert, die veräußerte Sache zurückzuholen, ohne vorher die Gegenleistung herausgeben zu müssen. Bestünde ein Zurückbehaltungsrecht gegenüber dem verfügenden Ehegatten, so würde der übergangene Ehegatte im gemeinsamen Einvernehmen die revokatorische Klage nach § 1368 BGB erheben. Selbst wenn der verfügende Ehegatte bereits seinen Geschäftspartner auf Herausgabe verklagt hätte, würde das ergangene Urteil gegenüber dem anderen Ehegatten aber keine Rechtskraft entfalten.[246] Der übergangene Ehegatte könnte erneut Klage erheben und einen uneingeschränkten Herausgabetitel erwirken. Ein Zu-

---

244 Vgl. S. 78.

245 Vgl. S. 83.

246 AG Holzminden, FamRZ 1996, 180 (180); Ak-*Fieseler*, § 1368 Rdnr. 4; *Lüderitz*, Familienrecht, Rdnr. 363; *Blomeyer*, Zivilprozessrecht, § 92 I 2a; *Brox*, FamRZ 1961, 281 (282 ff.); *Calavros*, S. 55 ff.; Erman/*Heckelmann*, § 1368 Rdnr. 15; Gernhuber/*Coester-Waltjen*, Familienrecht, § 35 VI Rdnr. 90; *Hartung*, S. 111 ff.; *Heintzmann*, S. 85; Jaunerig/*Berger*, § 1368 Rdnr. 4; *Koeniger*, DRiZ 1959, 374 (275); *Lauhoff*, S. 176 ff.; *Lorenz* JZ 1959, 105 (109); MünchKomm/*Gernhuber*, 3. Aufl., § 1368 Rdnr. 21; MünchKomm/*Koch*, § 1368 Rdnr. 22; Münch/Komm-ZPO/*Gottwald*, § 325 Rdnr. 39; *Petermann*, Rechtspfleger 1960, 233 (237); RGRK/*Finke*, § 1368 Rdnr. 19 f.; *Rosenberg/Schwab/Gottwald*, § 46 V 3b; *Schlüter*, Rdnr. 117; *Schulin*, DRiZ 1959, 76 (79); Soergel/*Lange*, § 1368 Rdnr. 16; Staudinger/*Thiele*, § 1368 Rdnr. 34 ff.; Stein/Jonas/*Bork*, vor § 50 Rdnr. 51; Stein/Jonas/*Leipold*, § 325 Rdnr. 5; Zöller/*Vollkommer*, Vor § 50 Rdnr. 38.

rückbehaltungsrecht gegenüber dem verfügenden Ehegatten könnte somit bewusst umgangen werden.

Es wäre also wenig sinnvoll, dem Dritten ein Zurückbehaltungsrecht gegenüber dem nicht verfügenden Ehegatten zu versagen, es dem verfügenden Ehegatten gegenüber aber zuzubilligen. Eine derartige Einrede würde grundsätzlich durch die Klage des anderen Ehegatten aus § 1368 BGB unterlaufen und bliebe letztlich ohne Wirkung. Eine derartige Regelung ist somit weder im Interesse des Dritten noch im Sinne des Gesetzgebers.

e. Ergebnis

Der durch historische Auslegung ermittelte Wille des Gesetzgebers und der Normzweck der §§ 1365, 1368 BGB sprechen gegen ein Zurückbehaltungsrecht des Dritten, selbst wenn der verfügende Ehegatte die Unwirksamkeit der ohne Zustimmung erfolgten Verfügung geltend macht. Sollte hierdurch in die berechtigten Interessen des Vertragspartners eingegriffen werden, entspricht dies der Interessenabwägung des Gesetzes, das dem Familienschutz Vorrang vor dem Gläubigerschutz eingeräumt hat. Angesichts des anerkannten Ausschlusses der Einrede gegenüber dem übergangenen Ehegatten hätte ein Zurückbehaltungsrecht gegenüber dem verfügenden Ehegatten ohnehin kaum Bedeutung.

Drittes Kapitel
Zurückbehaltungsrecht nach § 273 BGB wegen Schadensersatzansprüchen des Dritten

A. Ausgangspunkt

Hat der verfügende Ehegatte gegenüber seinem Geschäftspartner vor Vertragsschluss wahrheitswidrige Angaben gemacht und etwa behauptet, nicht verheiratet zu sein, im Güterstand der Gütertrennung zu leben oder mit Zustimmung des Ehegatten zu handeln, und ist es deshalb zum nach §§ 1365, 1366 BGB nichtigen Vertragsschluss gekommen, kann der Dritte regelmäßig Schadensersatzansprüche geltend machen.

Diese erstrecken sich grundsätzlich auf das negative Interesse. Das bedeutet, der Vertragspartner kann verlangen, so gestellt zu werden, wie er stünde, wenn der Ehegatte die wahrheitswidrigen Angaben nicht gemacht oder die aufklärungsbedürftigen Umstände nicht verschwiegen hätte. Sind ihm durch den Vertragsabschluss Kosten entstanden, so hat sie der Ehegatte zu ersetzen. Ist es bereits zum Leistungsaustausch gekommen, dann erfasst sein Schadensersatzanspruch auch die Rückzahlung der von ihm erbrachten Gegenleistung.

Zwischen dem revokatorischen Herausgabeanspruch des Ehegatten und dieser Schadensersatzforderung besteht Konnexität im Sinne des § 273 Abs. 1 BGB, da beide Forderungen aufgrund der nach §§ 1365, 1366 BGB nichtigen Verfügung entstanden sind. Es stellt sich daher die Frage, ob der Vertragspartner zumindest hinsichtlich seiner Schadensersatzforderung ein Zurückbehaltungsrecht geltend machen kann.

B. Meinungsstand

In der Rechtslehre wird im Zusammenhang mit der Frage, ob der Dritte im Rahmen der Revokation ein Zurückbehaltungsrecht nach § 273 BGB geltend machen kann, nicht zwischen den jeweiligen Gegenforderungen unterschieden. Die Vertreter der Ansicht[247], die eine Einrede nach § 273 BGB aufgrund von Bereicherungsansprüchen generell zulässt, kommen zu keinem anderen Ergebnis, wenn der Vertragspartner dem revozierenden Ehegatten Schadensersatzansprüche entgegenhält. Demgegenüber wollen die Vertreter der Gegenansicht[248], soweit sie überhaupt andere Ansprüche des Vertragspartners als den Rückzahlungsanspruch bezüglich der Gegenleis-

---

247 *Boehmer*, FamRZ 1959, 1 (6); *ders.* FamRZ 1959, 81 (81 f.); *ders.*, Festschrift für Hedemann, 25 (44); *ders.*, Recht und Staat 1962, 1 (20); *Bosch*, FamRZ 1959, 240 (241); *Dölle*, Familienrecht, § 52 III 3, S. 764; Erman/*Bartholomeyczik*, 5. Auflage, § 1368 Rdnr. 6; Erman/*Heckelmann*, § 1368 Rdnr. 5; *Gaa*, S. 199; *Hoppe*, S. 58 ff.; *Schlüter*, Familienrecht, Rdnr. 117.

248 Achilles-Greif/*Beitzke*, § 1368, Anm. 7; AK/*Fieseler*, § 1368 Rdnr. 3; Bamberger/Roth-*Mayer*, § 1368 Rdnr. 5; *Baur*, FamRZ 1958, 252 (257); *Baur/Stürner*, Sachenrecht, § 51 Rdnr. 29; *Beitzke*, BGB-Familienrecht, Prüfe Dein Wissen, S. 55; *Brox*, FamRZ 1961, 281 (286); RGRK/*Finke*, § 1368 Rdnr. 15; Staudinger/*Felgenträger*, 10./11. Auflage, § 1368 BGB Rdnr. 55; *Finke*, MDR 1947, 514 (515); RGRK/*Finke*, § 1368 Rdnr. 15; *Friedrich/Merdsche*, S. 12; *Gernhuber/Coester-Waltjen*, Familienrecht, § 35 V Rdnr. 84; *Giesen*, Familienrecht, Rdnr. 284; *Glum*, S. 200; *Grasmann*, Familienrecht, Rdnr. 462, S. 120; *Haegele*, Das eheliche Güterrecht, S. 8; *ders.*, Rechtspfleger 1959, 4 (10); Jauernig/*Berger*, vor § 1365-1369, Rdnr. 16; *Kamnitzer-Bohnenberg*, zu § 1368 BGB; *Kastrup*, S. 98 ff.; *Kemper*, S. 120; *Kroppenberg*, WuB I E 4 Avalkredit 1.00, 735 (736); *Krüger/Breetzke/Nowack*, Gleichberechtigungsgesetz, § 1368 Rdnr. 2; *Lauhoff*, S. 141 ff.; *Lüderitz*, Familienrecht, § 14 II 7, Rdnr. 363; *Lehmann*, Familienrecht, § 13 III 2, S. 84; *Massfeller/Reinicke*, § 1368 Anm. 7; *Müller*, Ehe- und Familienrecht, S. 26; MünchKomm/*Gernhuber*, 3. Aufl., § 1368 Rdnr. 18; MünchKomm/*Koch*, § 1368 Rdnr. 19; Palandt/*Brudermüller*, § 1368 Rdnr. 3; *Petermann*, Rechtspfleger 1960, 233 (237); *Reinicke*, BB 1957, 564 (568); *ders.*, WM 1958, 91; RGRK/*Scheffler*, 10./11. Auflage, § 1368 Anm. 15; *Reinicke/Schwarzhaupt*, S. 19; RGRK/*Finke*, § 1368, Rdnr. 15; *Schmidt*, Familienrecht, § 10, 2a; *Seidl*, Familienrecht, S. 182; Soergel/*Lange*, § 1368, Rdnr. 14; Staudinger/*Thiele*, § 1368 Rdnr. 51.

tung in Betracht ziehen, das Zurückbehaltungsrecht nach § 273 Abs.1 BGB in der Revokation generell ausschließen. Eine Differenzierung zwischen den jeweiligen Gegenforderungen des Vertragspartners ist bislang nicht vorgenommen worden.

C. Lösung

Aus dem Umstand, dass dem Vertragspartner nicht gestattet ist, gegenüber einem revokatorischen Herausgabeanspruch ein Zurückbehaltungsrecht wegen seiner Gegenleistung geltend zu machen, kann nicht gefolgert werden, dass ihm eine Berufung auf die Einrede des § 273 Abs.1 BGB, also auch im Hinblick auf mögliche Schadensersatzansprüche, generell versagt ist. Maßgeblich für den Ausschluss des Zurückbehaltungsrechts ist nicht allein der Schutzzweck einer Forderung, es kommt vielmehr im Einzelfall darauf an, welche Bedeutung die Rechtsordnung dem Anspruch des Gläubigers im Verhältnis zu dem Gegenanspruch des Schuldners beimisst.[249]

Vorliegend kann sich eine unterschiedliche Beurteilung ausschließlich im Rahmen der Interessenabwägung ergeben. Im Ergebnis ist zu prüfen, ob die berechtigten Interessen des Rechtsverkehrs Vorrang vor den Interessen der Familie haben, wenn der Vertragspartner vom verfügenden Ehegatten getäuscht wurde und ihm daher vorvertragliche oder deliktische Schadensersatzansprüche zustehen.

I. Historische Auslegung

Die Frage, wie der historische Gesetzgeber im vorliegenden Fall die widerstreitenden Interessen bewertet hätte, lässt sich weder anhand der Gesetzesmaterialien noch durch den Rückgriff auf die Anwendungspraxis der legislatorischen Vorbilder des § 1368 BGB beantworten.

Die damalige Rechtslehre[250] lehnte ein Zurückbehaltungsrecht im Rahmen der Revokation nach § 1449 BGB a.F. nur gegenüber dem Bereicherungsanspruch des Dritten nach § 1455 BGB a.F. ab. Hieraus können je-

---

249 MünchKomm/*Krüger*, § 273 Rdnr. 47.

250 *Dernburg*, Familienrecht, S. 210; Staudinger/*Engelmann*, 9. Aufl., § 1448 Anm. 3; § 1449 Anm. 4; § 1455 Anm. 2; Erman/*Gerstberger*, 1. Aufl., Anm. zu § 1455; Palandt/*Lauterbach*, 16. Aufl., § 1455 Anm. 1; *Opet*, Familienrecht, § 1449 Anm. 2; Planck/*Unzner*, § 1443 Anm. 6; RGRK/*Buchwald*, 9. Aufl., § 1455 Anm. 4; *Schmidt*, Familienrecht, § 1449 Anm. 4, § 1455 Anm. 2; *Siebert/Vogel*, Familienrecht, § 1455 Anm. 1; Soergel/*Vogel*, § 1449, 8. Aufl., § 1455 Anm. 1 (a.A. noch 7. Auflage); vgl. auch *Reinicke*, BB 1957, 564 (568).

doch keine Schlüsse gezogen werden. Schadensersatzansprüche des Dritten wegen vorsätzlich unrichtiger Angaben richteten sich weder gegen das Gesamtgut noch gegen die nach § 1444 BGB a.F. zustimmungsberechtigte Ehefrau, sondern ausschließlich gegen den treuwidrig handelnden Ehemann.[251]

Mangels Gegenseitigkeit der Ansprüche kam ein Zurückbehaltungsrecht gegenüber der Frau, die nach § 1449 BGB a.F. ein zum Gesamtgut gehörendes Recht geltend machte, nicht in Betracht. Die Frage, ob Schadensersatzansprüche des Vertragspartners eine Einrede nach § 273 BGB begründen können, stellte sich nach früherer Rechtslage also nicht.

II. Teleologische Auslegung

Der Schutzzweck der §§ 1365, 1368 BGB erfordert den Ausschluss des Zurückbehaltungsrechts nach § 273 Abs.1 BGB auch dann, wenn sich der Vertragspartner statt auf einen Bereicherungsanspruch auf einen Schadensersatz-anspruch beruft.

Wie bereits dargestellt,[252] soll das gesamte Vermögen oder der Gegenstand, der nahezu das gesamte Vermögen ausmacht, mit dem Zustimmungserfordernis vor den Risiken der mit einer Veräußerung regelmäßig verbundenen Liquidierung bewahrt werden. § 1368 BGB stellt sicher, dass die Folgen der nach §§ 1365, 1366 BGB unwirksamen Verfügung umgehend rückgängig gemacht werden und der ursprüngliche Vermögenszustand wiederhergestellt werden kann.

Der übergangene Ehegatte soll die Unwirksamkeit des Rechtsgeschäfts eigenständig durchsetzen können und davor geschützt werden, dass sein Ehegatte die unwirksame Verfügung aufrechterhalten will. Könnte sich der Vertragspartner hinsichtlich eines Schadensersatzanspruchs auf ein Zurückbehaltungsrecht berufen, würde die Wiederherstellung des zu Unrecht veränderten Vermögenszustandes vereitelt oder jedenfalls erheblich gefährdet werden. Aus Sicht der §§ 1365, 1368 BGB macht es keinen Unterschied, welche Forderung der Vertragspartner einer Einrede nach § 273 BGB zugrunde legt.

---

251 RGRK/*Erler*, 7. Aufl., § 1444 Anm. 7.
252 Vgl. S. 70.

Das Interesse der Familie an einer zügigen Rückabwicklung der unwirksamen Verfügung wurde bereits dargestellt.[253] Solange die Vermögenswerte, die das gesamte oder fast ganze Vermögen eines Ehegatten ausmachen, im Besitz des Dritten sind, bieten sie der Familie keine Existenzgrundlage mehr, auch wenn sie formal zum Vermögen des Ehegatten gehören.

Fraglich ist, ob demgegenüber das Sicherungsinteresse des Vertragspartners hinsichtlich seiner Schadensersatzansprüche überwiegt. Der verfügende Ehegatte hat nicht nur zustimmungslos über sein gesamtes oder nahezu ganzes Vermögen verfügt, sondern seinen Vertragspartner in vorwerfbarer Weise sogar über die Zustimmungsbedürftigkeit oder die fehlende Zustimmung im Unklaren gelassen. Die von dem Vertragspartner geltend gemachten Schäden entstanden also, weil auf die wahrheitswidrigen Angaben des verfügenden Ehegatten vertraut wurde.

Im Zusammenhang mit der Anwendung des § 1365 BGB stellte der Gesetzgeber klar, dass dieses Vertrauen weniger schutzwürdig ist als der Schutz der Familie. Im Regierungsentwurf[254] wird daher im Hinblick auf eine mögliche Gutgläubigkeit des Vertragspartners festgestellt: *„Sein guter Glaube wird nicht geschützt.“* Dies betrifft zwar den Anwendungsbereich der Verfügungsbeschränkungen und nicht die Rückabwicklung der nichtigen Verfügung, spiegelt aber eine grundsätzliche Interessenbewertung pro Familie wider.

Soweit das Gesetz im Rahmen der Verfügungsbeschränkungen widerstreitende Interessen auszugleichen hatte, hat es stets den Interessen der Familie Vorrang vor denen des Geschäftspartners eingeräumt. Insbesondere hat es das Risiko, das sich aus den Verfügungsbeschränkungen ergibt, dem Dritten aufgebürdet.

Könnte der Vertragspartner ein Zurückbehaltungsrecht im Hinblick auf seine Schadensersatzansprüche geltend machen, würde dies dazu führen, dass ein Ehegatte, der nicht nur seinen Ehepartner übergeht, sondern auch seine Vertragspartner täuscht, faktisch das Zustimmungserfordernis des § 1365 BGB unterlaufen kann, wenn der übergangene Ehegatte die Gegenansprüche des Vertragspartners nicht erfüllt. Dies hätte zur Folge, dass der übergangene Ehegatte, dessen Ehepartner arglistig und treuwidrig handelt, schlechter stünde als der Partner eines redlichen Gatten. Die §§ 1365, 1368 BGB sollen jedoch die übergangenen Ehegatten in gleicher Weise schützen.

---

253 Vgl. S. 81.
254 RegE II, BT-Drs. 2 / 224, S. 42.

Die Gesetzesbegründung[255] sieht den Sinn der Revokation nach § 1368 BGB darin, dass die unrechtmäßigen Vermögensverhältnisse durch die Untätigkeit des verfügenden Ehegatten nicht aufrechterhalten bleiben.

Es ist kein Anhaltspunkt ersichtlich, weshalb sich diese Grundtendenz zu Lasten des anderen Ehegatten umkehren soll, wenn dem Dritten ebenfalls Ansprüche aus dem verbotswidrig vorgenommenen Rechtsgeschäft erwachsen sind, auf deren Entstehung der andere Ehegatte keinen Einfluss hatte. Es kann also davon ausgegangen werden, dass nach der Wertung des Gesetzes den Interessen der Familie auch dann Vorrang einzuräumen ist, wenn der Vertragspartner ein Zurückbehaltungsrecht aus Schadensersatzansprüchen herleiten möchte.

IV. Ergebnis

Gegenüber revokatorischen Herausgabeansprüchen aufgrund von nach §§ 1365, 1366 BGB nichtigen Rechtsgeschäften kann sich der Vertragspartner auch dann nicht auf ein Zurückbehaltungsrecht nach § 273 Abs. 1 BGB berufen, wenn ihm infolge der nichtigen Verfügung gegen den verfügenden Ehegatten Schadensersatzansprüche zustehen.

Viertes Kapitel
Zurückbehaltungsrecht nach § 1000 BGB

A. Ausgangspunkt

Hat der Vertragspartner zur Erhaltung und Verbesserung des unwirksam erworbenen Vermögensgegenstandes Aufwendungen gemacht, kann er unter gewissen Umständen Ersatz verlangen. § 994 BGB gibt ihm einen Anspruch auf Ersatz seiner notwendigen Aufwendungen. Unter den Voraussetzungen des § 996 BGB kann er nützliche Verwendungen geltend machen.

Die Verwendungsersatzansprüche können allerdings gemäß § 1001 S. 1 BGB erst im Klageweg durchgesetzt werden, wenn der verfügende Ehegatte als Eigentümer die Sache wiedererlangt oder die Verwendungen genehmigt hat. Die Ansprüche auf Aufwendungsersatz nach den §§ 994 ff. BGB geben dem Besitzer zunächst nur ein Zurückbehaltungsrecht gegenüber dem Eigentümer gemäß § 1000 BGB.

---

[255] RegE.II, BT-Drs. 2 / 224, S. 42.

Fraglich ist, ob der Geschäftspartner diese Einrede nach § 1000 BGB auch gegenüber dem Ehegatten erheben kann, der die Unwirksamkeit der Verfügung nach §§ 1365, 1366 BGB geltend macht, d.h. den zu Unrecht weggegebenen Vermögensgegenstand zurückfordert. Schließlich könnten die gleichen Erwägungen, die zum Ausschluss des Zurückbehaltungsrechts nach § 273 BGB geführt haben, auch gegen die Einrede nach § 1000 BGB wegen Aufwendungsersatzansprüchen des Besitzers sprechen.

B. Meinungsstand

Die Rechtsprechung hatte die Frage, ob das Zurückbehaltungsrecht nach § 1000 BGB gegenüber dem revokatorischen Herausgabeanspruch eines Ehegatten bei nach §§ 1365, 1366 BGB nichtigen Gesamtvermögensverfügungen ausgeschlossen ist, bislang noch nicht zu entscheiden. In der Rechtslehre ist dieses Problem heftig umstritten.

Diejenigen im Schrifttum[256], die ein Zurückbehaltungsrecht nach § 273 BGB zulassen wollen, müssen konsequenterweise diese Auffassung erst recht auch bei der Einrede nach § 1000 BGB vertreten. Explizit klargestellt wird dies allerdings nur von Einzelnen.[257]

Demgegenüber sind die Vertreter der Gegenansicht, die ein Zurückbehaltungsrecht des Vertragspartners wegen der bereits erbrachten Gegenleistung oder wegen Schadensersatzansprüchen verneint haben, keineswegs einheitlich der Auffassung, dass dies auch für das Zurückbehaltungsrecht wegen Verwendungsersatzansprüchen gelten müsse.

Während eine Meinung[258] die beiden Einreden gleichbehandelt und dem Dritten sowohl ein Zurückbehaltungsrecht nach § 273 BGB als auch nach § 1000 BGB versagt, will die Gegenansicht[259] die beiden Zurückbehal-

---

[256] *Boehmer*, FamRZ 1959, 1 (6); *ders.* FamRZ 1959, 81 (81 f.); *ders.*, Festschrift für Hedemann, 25 (44); *ders.*, Recht und Staat 1962, 1 (20); *Bosch*, FamRZ 1959, 240 (241); *Dölle*, Familienrecht § 52 III 3, S. 764; Erman/*Heckelmann*, § 1368 Rdnr. 5; *Gaa*, S. 199; *Hohloch*, Familienrecht, Rdnr. 470; *Hoppe*, S. 58 ff.; *Schlüter*, Familienrecht, Rdnr. 117.

[257] Erman/*Heckelmann*, § 1368 Rdnr. 5 ff.; *Hohloch*, Familienrecht, Rdnr. 470; *Hoppe*, S. 58 ff., 70.

[258] Bamberger/Roth-*Mayer*, § 1368 Rdnr. 5; *Gernhuber/Coester-Waltjen*, Familienrecht, § 35 V Rdnr. 87; MünchKomm/*Gernhuber*, 3. Aufl., § 1368 Rdnr. 19; MünchKomm/*Koch*, § 1368 Rdnr. 20; *Kroppenberg*, WuB I E 4 Avalkredit 1.00, 735 (736); Staudinger/*Thiele*, § 1368 Rdnr. 51.

[259] Jauernig/*Berger*, Vorbem. zu den §§ 1365-1369 Rdnr. 16; RGRK/*Finke*, § 1368 Rdnr. 15; *Henrich*, Familienrecht, S. 51; Soergel/*Lange*, § 1368 Rdnr. 14; *Lüderitz*, Familienrecht, § 14 II 7.

tungsrechte unterschiedlich beurteilen und die Einrede nach § 1000 BGB zulassen, während sie die Einrede nach § 273 BGB ausschließt.

I. Zurückbehaltungsrecht

Dies hat zur Folge, dass die Zulässigkeit des Zurückbehaltungsrechts nach § 1000 BGB im Schrifttum[260] unterschiedlich begründet wird. Während einerseits[261] darauf hingewiesen wird, dass nichts anderes gelten könne als bei § 273 BGB, werden andererseits[262] die Unterschiede zwischen den beiden Einreden und den ihnen zugrundeliegenden Sachverhalten hervorgehoben.

Diejenigen im Schrifttum[263], die dem Dritten ein Zurückbehaltungsrecht sowohl nach § 273 BGB als auch nach § 1000 BGB zugestehen, begründen dies damit, dass die Belange des anderen Ehegatten durch die Zubilligung einer eigenen Klagebefugnis in § 1368 BGB und die Unwirksamkeit der Verfügung nach §§ 1365, 1366 BGB ausreichend geschützt seien, so dass es nicht gerechtfertigt erscheine, dem Dritten die Berufung auf Gegenrechte zu versagen. Gründe für den Ausschluss der Einreden nach § 273 und § 1000 BGB seien weder aus dem Gesetz noch aus der Natur der zwischen den Parteien bestehenden Beziehungen zu entnehmen.[264] Auch der Gedanke des Familienschutzes rechtfertige keinen derart schweren Eingriff in die Rechtsstellung des Vertragspartners.

Demgegenüber gibt es Stimmen in der Rechtslehre[265], die zwar ein Zurückbehaltungsrecht nach § 273 BGB ablehnen, aber nach § 1000 BGB zulassen wollen. Sie sind der Ansicht, dass die Einrede wegen Aufwendungsersatzforderungen ihrem Umfang und Gegenstand nach den Familienschutz weit weniger beeinträchtige als die nach § 273 Abs. 1 BGB. Außerdem beruhe das Zurückbehaltungsrecht nach § 1000 BGB häufig auf Verwendun-

---

260 Jauernig/*Berger*, Vorbem. zu den §§ 1365-1369 Rdnr. 16; RGRK/*Finke*, § 1368 Rdnr. 15; Erman/*Heckelmann*, § 1368 Rdnr. 5 ff.; *Henrich*, Familienrecht, S. 51; *Hohloch*, Familienrecht, Rdnr. 470; *Hoppe*, S. 58 ff., 70; Soergel/*Lange*, § 1368 Rdnr. 14; *Lüderitz*, Familienrecht, § 14 II 7.

261 Erman/*Heckelmann*, § 1368 Rdnr. 5 ff.; *Hoppe*, S. 58 ff., 70.

262 Jauernig/*Berger*, Vorbem. zu den §§ 1365-1369 Rdnr. 16; RGRK/*Finke*, § 1368 Rdnr. 15; *Henrich*, Familienrecht, S. 51; Soergel/*Lange*, § 1368 Rdnr. 14; *Lüderitz*, Familienrecht, § 14 II 7.

263 Erman/*Heckelmann*, § 1368 Rdnr. 5 ff.; *Hohloch*, Familienrecht, Rdnr. 470; *Hoppe*, S. 58 ff., 70.

264 Erman/*Heckelmann*, § 1368 Rdnr. 5.

265 Jauernig/*Berger*, Vorbem. zu den §§ 1365-1369 Rdnr. 16; RGRK/*Finke*, § 1368 Rdnr. 15; *Henrich*, Familienrecht, S. 51; Soergel/*Lange*, § 1368 Rdnr. 14; *Lüderitz*, Familienrecht, § 14 II 7.

gen, deren Unterlassung den Dritten Schadensersatzansprüchen aussetze.[266] Die Privilegierung von Aufwendungsersatzansprüchen samt der aus ihnen abzuleitenden Zurückbehaltungsrechte sei im Übrigen ein allgemeiner Rechtsgedanke, wie § 273 Abs. 2 BGB, 49 Abs. 1 Nr.3 KO (jetzt § 51 Nr. 2 InsO), § 26 VerglO und § 804 Abs. 2 ZPO zeige.[267]

II. Ausschluss des Zurückbehaltungsrechts

Unter Hinweis auf die Interessen der Familie lehnt die Gegenansicht[268] nicht nur das Zurückbehaltungsrecht nach § 273 BGB ab, sondern auch das nach § 1000 BGB. § 1368 BGB bezwecke den optimalen Familienschutz bei unwirksamen Gesamtvermögensgeschäften. Das Gesetz ordne deshalb nicht nur deren Unwirksamkeit an, sondern gewähre auch dem zustimmungsberechtigten Ehegatten das Recht, die Rückabwicklung bereits vollzogener Verfügungen selbst geltend zu machen. Das Zurückbehaltungsrecht nach § 1000 BGB würde diesem Normzweck widersprechen und die Wiederherstellung des „status quo" erschweren. Der von § 1368 BGB durchzusetzende Familienschutz habe daher grundsätzlich Vorrang vor dem Schutz des Dritten.[269]

Eine Privilegierung von Aufwendungsersatzansprüchen in anderen Gesetzen, etwa in § 51 Nr. 2 InsO, rechtfertige es im Übrigen nicht, eine in sich konsistente Regelung mit einer Ausnahme zu relativieren. [270]

C. Lösung

Zunächst ist zu prüfen, unter welchen Voraussetzungen ein Zurückbehaltungsrecht nach § 1000 BGB ausgeschlossen ist. Möglicherweise hat das Gesetz Verwendungsersatzansprüche derart privilegiert, dass ein Ausschluss der Einrede nach § 1000 BGB zugunsten der Normzwecke der §§ 1365, 1368 BGB von vornherein nicht in Betracht kommen kann.

Ergibt diese Untersuchung, dass im Einzelfall die Interessen des Verwenders hinter denen des jeweils zugrunde liegenden Schuldverhältnisses oder

---

266 Soergel/*Lange*, § 1368 Rdnr. 14.
267 Soergel/*Lange*, § 1368 Rdnr. 14.
268 OLG Köln, MDR 1968, 586 (586); Bamberger/Roth-*Mayer*, § 1368 Rdnr. 5; *Gernhuber/Coester-Waltjen*, Familienrecht, § 35 V Rdnr. 84; MünchKomm/*Gernhuber*, 3. Aufl., § 1368 Rdnr. 19; MünchKomm/*Koch*, § 1368 Rdnr. 20; *Kroppenberg*, WuB I E 4 Avalkredit 1.00, 735 (736); Staudinger/*Thiele*, § 1368 Rdnr. 51.
269 Bamberger/Roth-*Mayer*, § 1368 Rdnr. 5.
270 MünchKomm/*Koch*, § 1368 Rdnr. 20.

zumindest der vorrangigen Wertung eines Gesetzes zurückstehen können, ist zu untersuchen, ob die gleichen Erwägungen, die zum Ausschluss der Einrede nach § 273 BGB geführt haben, auch für das Zurückbehaltungsrecht nach § 1000 BGB zutreffen.

Anschließend gilt es im Rahmen einer Abwägung der sich widerstreitenden Interessen unter Berücksichtigung ihrer Bewertung durch den Gesetzgeber festzustellen, ob eine Ausnahme von der Regel des § 1000 BGB auch bei der Rückabwicklung von nach §§ 1365, 1366 BGB nichtigen Gesamtvermögensverfügungen geboten scheint.

I. Ausschluss des von § 1000 BGB normierten Zurückbehaltungsrechts

1. Überblick

§ 1000 BGB sieht einen Ausschluss des Zurückbehaltungsrechts aufgrund der Eigenart oder des Zwecks des zugrundeliegenden Schuldverhältnisses nicht ausdrücklich vor. Während nach § 273 BGB der Schuldner die geschuldete Leistung nur verweigern kann, *„sofern nicht aus dem Schuldverhältnis sich ein anderes ergibt"*, enthält § 1000 BGB eine derartige offene Klausel nicht.

Ein ausdrücklicher Ausschluss ist lediglich in § 1000 S. 2 BGB geregelt. Danach steht dem Besitzer das Zurückbehaltungsrecht nicht zu, wenn er die Sache durch eine vorsätzlich begangene unerlaubte Handlung erlangt hat. Das entspricht § 273 Abs. 2 BGB.

Das Zurückbehaltungsrecht nach § 1000 BGB ist ferner ausgeschlossen, wenn sich dies aus einer vertraglichen Vereinbarung oder einer gesetzlichen Sonderregelung ergibt.[271] Eine derartige Regelung findet sich etwa in § 570 BGB, der es dem Mieter untersagt, gegenüber dem Herausgabeanspruch des Vermieters ein Zurückbehaltungsrecht geltend zu machen. Streitig ist allerdings, inwieweit vertragliche Abwicklungsregelungen neben den §§ 994 ff. BGB anwendbar sind.[272]

Der Ausübung der Einrede dürfen außerdem keine öffentlichen Belange entgegenstehen.[273] Das *Reichsgericht*[274] hat dies zum Beispiel angenommen, wenn die sachgemäße Bewirtschaftung landwirtschaftlicher Grundstücke

---

271 Erman/*Ebbing*, § 1000 Rdnr. 10; MünchKomm/*Medicus*, § 1000 Rdnr. 9.

272 Vgl. Staudinger/*Gursky*, Vorbem zu §§ 994-1003 Rdnr. 42 und § 1000 Rdnr. 12.

273 Palandt/*Bassenge*, § 1000 Rdnr. 4; Erman/*Ebbing*, § 1000 Rdnr. 10; Staudinger/*Gursky*, § 1000 Rdnr. 10 a.E.; MünchKomm/*Medicus*, § 1000 Rdnr. 7; Soergel/*Stadler*, § 1000 Rdnr. 4; RGRK/*Pikart*, § 1000 Rdnr. 7.

274 RGZ 110, 356 (366).

anderenfalls gefährdet wäre. Nach Ansicht der Rechtslehre[275] könnten öffentliche Interessen hingegen nur relevant sein, wenn diese durch eine gesetzliche Regelung zum Ausdruck gebracht und geschützt worden seien. Es sei daher weder die Berufung auf ein allgemeines öffentliches Interesse ausreichend[276], noch könne generell ein Vorrang öffentlicher Belange gegenüber den Interessen des Verwendungsersatzberechtigten bejaht werden.[277] Maßgeblich sei eine Interessenabwägung im Einzelfall.[278]

Entscheidend sei, dass das jeweilige Gesetz dem Behaltendürfen entgegenstehe.[279] Dies wird allgemein bejaht für einen Verstoß gegen die nach dem Grundstückverkehrsgesetz erforderliche Genehmigungspflicht.[280] Liegt also eine grundstücksverkehrsrechtliche Aufforderung der Genehmigungsbehörde zur Rückgabe eines landwirtschaftlichen Grundstücks vor, kann ein Zurückbehaltungsrecht nicht geltend gemacht werden. Hier missbilligt § 24 Nr. 1 GrdStVG das Behaltendürfen.

Eine Einschränkung erfährt § 1000 BGB ferner durch die Grundsätze von Treu und Glauben.[281] Unter Umständen kann die Ausübung des Zurückbehaltungsrechts eine unzulässige Rechtsausübung darstellen und daher unzulässig sein. Ein Verstoß gegen § 242 BGB liegt vor, wenn die geltend gemachten Verwendungen im Verhältnis zum Gesamtwert der herauszugebenden Sache geringfügig sind. Der Sicherungszweck, dem das Zurückbehaltungsrecht diene, so bereits das Reichsgericht[282], lasse es nicht zu, dass dieses Recht übermäßig ausgedehnt werde.

Bereits aus diesem Grund dürfte es dem Vertragspartner verwehrt sein, sich auf § 1000 BGB zu berufen, wenn ein Ehegatte sein gesamtes Vermögen oder ein Objekt, das sein nahezu gesamtes Vermögen ausmacht, zurückverlangt. Allerdings kommt es im Einzelfall auf den Umfang des Vermögenswertes und den Wert der Verwendung an.

---

275 Erman/*Ebbing*, § 1000 Rdnr. 10; MünchKomm/*Medicus*, § 1000 Rdnr. 7.

276 Erman/*Ebbing*, § 1000 Rdnr. 10.

277 MünchKomm/*Medicus*, § 1000 Rdnr. 7.

278 Soergel/*Stadler*, § 1000 Rdnr. 4.

279 *Ahrens*, Zivilrechtliche Zurückbehaltungsrechte, Rdnr. 238; Palandt/*Bassenge*, § 1000 Rdnr. 4.

280 *Ahrens*, Zivilrechtliche Zurückbehaltungsrechte, Rdnr. 238; Palandt/*Bassenge*, § 1000 Rdnr. 4.
Erman/*Ebbing*, § 1000 Rdnr. 10; Staudinger/*Gursky*, § 1000 Rdnr. 10 a.E.; Soergel/*Stadler*, § 1000 Rdnr. 4.

281 *Ahrens*, Zivilrechtliche Zurückbehaltungsrechte, Rdnr. 238; Palandt/*Bassenge*, § 1000 Rdnr. 4; Erman/*Ebbing*, § 1000 Rdnr. 10; Staudinger/*Gursky*, § 1000 Rdnr. 10 a.E.; MünchKomm/*Medicus*, § 1000 Rdnr. 7; Soergel/*Stadler*, § 1000 Rdnr. 4; RGRK/*Pikart*, § 1000 Rdnr. 13.

282 RGZ 61, 128 (133) zu § 273 BGB.

2. *Ausschluss des Zurückbehaltungsrechts aufgrund der gesetzlichen Wertung eines Spezialgesetzes*

a. *Ausgangspunkt*

Fraglich ist, ob sich der Ausschluss des Zurückbehaltungsrechts auch aus „der Natur des Schuldverhältnisses“ ergeben kann. Im älteren Schrifttum[283] und vom RG[284] wurde dies kategorisch verneint. Dem Zurückbehaltungsrecht wegen Verwendungen auf einen herauszugebenden Gegenstand könne nicht damit begegnet werden, dass sich aus dem Schuldverhältnis der Ausschluss des Zurückbehaltungsrechts ergäbe. Für das Zurückbehaltungsrecht nach § 1000 BGB könne genauso wie für das Zurückbehaltungsrecht nach § 273 Abs. 2 BGB die Ausschlussregelung des § 273 Abs.1 BGB nicht herangezogen werden: *„Es beruht auf Rechtsirrtum, wenn das BG (Berufungsgericht)* [....] *davon ausgeht, dass die Einschränkung des § 273 Abs. 1 BGB, ›sofern nicht aus dem Schuldverhältnisse sich ein anderes ergibt‹, auch auf den Fall des § 273 Abs. 2 BGB auszudehnen sei“.*[285]

Die jüngere Kommentarliteratur[286] problematisiert diese Frage nicht, sondern erwähnt als anerkannte Ausnahmen lediglich den Grundsatz von Treu und Glauben, sowie öffentliche Belange. Zumindest vereinzelt[287] findet sich der Hinweis, dass die Einrede nach § 1000 BGB auch durch die vorrangige Wertung eines Spezialgesetzes ausgeschlossen sein kann.

Tatsächlich gehen einige Vertreter des Schrifttums[288] nahezu als selbstverständlich davon aus, dass der Normzweck eines anderen Gesetzes dem Zurückbehaltungsrecht nach § 1000 BGB sehr wohl entgegenstehen könne.

Im Zusammenhang mit einer Nachlasspflegschaft führte der *BGH*[289] aus, dass deren Zwecke das Zurückbehaltungsrecht nach § 2022 BGB i.V.m. § 1000 BGB ausschließen könne. Ein Nachlasspfleger müsse, um seine Aufgaben erfüllen zu können, die Nachlassgegenstände möglichst bald in Be-

---

[283] *Achilles-Greiff*, 19. Aufl., § 1000 Anm. 1; Soergel/*Butteweg*, 8. Aufl., § 1000 Anm. 2 a.E.; *Warneyer*, Anm. zu § 1000.
[284] JW 1925, 2232 mit Anm. *Endemann*.
[285] RG, JW 1925, 2232 (2232).
[286] Vgl. Palandt/*Bassenge*, § 1000 Rdnr. 4; Erman/*Ebbing*, § 1000 Rdnr. 10; Staudinger/*Gursky*, § 1000 Rdnr. 10 ff.; MünchKomm/*Medicus*, § 1000 Rdnr. 4 ff.; Soergel/*Stadler*, § 1000 Rdnr. 4.
[287] Staudinger/*Gursky*, § 1000 Rdnr. 10.
[288] Bamberger/Roth-*Mayer*, § 1368 Rdnr. 5; *Gernhuber/Coester-Waltjen*, Familienrecht, § 35 V Rdnr. 84; MünchKomm/*Gernhuber*, 3. Aufl., § 1368 Rdnr. 19; MünchKomm/*Koch*, § 1368 Rdnr. 20; *Kroppenberg*, WuB I E 4 Avalkredit 1.00, 735 (736); Staudinger/*Thiele*, § 1368 Rdnr. 51.
[289] NJW 1972, 1752 (1753).

sitz nehmen. Stünden dem Nachlasspfleger keine ausreichenden Mittel aus dem Nachlass zur Verfügung, um das Zurückbehaltungsrecht, etwa durch Sicherheitsleistung, abzuwenden, müsse der Erbschaftsbesitzer bei einer Regelung mitwirken, durch welche die Zwecke der Nachlasspflegschaft unter Berücksichtigung seines Sicherungsbedürfnisses erreicht würden. Sei er dazu nicht bereit, wäre das Zurückbehaltungsrecht nach § 242 BGB gegebenenfalls ausgeschlossen.

Der BGH begründete die Einschränkung des Zurückbehaltungsrechts also mit dem Zweck einer gesetzlichen Regelung, im konkreten Fall mit dem der Nachlasspflegschaft. Er kommt allerdings nicht direkt zum Ausschluss der Einrede, sondern prüft andere Sicherungsmöglichkeiten im Sinne des Verwenders. Wolle dieser sich hierauf nicht einlassen, dann handle er angesichts des besonderen Zwecks der Nachlasspflegschaft treuwidrig.

Der BGH macht damit deutlich, dass bestimmte Wertungen eines Gesetzes gegenüber dem von § 1000 BGB geschützten Sicherungsinteresse des Verwenders vorrangig sein können, so dass im Einzelfall eine Interessenabwägung notwendig ist. Er bevorzugt jedoch die Lösung des Interessenkonflikts unter Berufung auf die Grundsätze von Treu und Glauben und lässt offen, ob und unter welchen Voraussetzungen die Natur eines Schuldverhältnisses der Einrede nach § 1000 BGB entgegenstehen kann.

Diese Frage ist somit zu klären. Bestünde das Zurückbehaltungsrecht nach § 1000 BGB unabhängig von dem jeweils zugrunde liegenden Schuldverhältnis, käme ein Ausschluss aufgrund der Wertungen der §§ 1365, 1368 BGB von vornherein nicht in Betracht.

b. Lösung

aa. Der Wortlaut des § 1000 BGB

Der Wortlaut des § 1000 BGB sieht einen Ausschluss des Zurückbehaltungsrechts aufgrund der Eigenart oder des Zwecks des zugrundeliegenden Schuldverhältnisses nicht ausdrücklich vor. Während das Zurückbehaltungsrecht nach § 273 BGB nur zulässig ist, *„sofern nicht aus dem Schuldverhältnis sich ein anderes ergibt"*, enthält § 1000 BGB eine derartige offene Klausel nicht.

Nach § 1000 S. 2 BGB kann der Besitzer die Einrede nur dann nicht geltend machen, *„wenn er die Sache durch eine vorsätzlich begangene unerlaubte Handlung erlangt hat."* Es fragt sich aber, ob hieraus geschlossen werden kann, dass damit der Ausschluss der Einrede nach § 1000 BGB abschließend geregelt sein soll.

Die Formulierung des § 1000 S. 2 BGB spricht weder für eine abschließende Regelung der Ausschlussgründe noch für ein bloßes Regelbeispiel. Zumindest ist in der Unzulässigkeit des Zurückbehaltungsrechts bei Besitzerwerb durch eine vorsätzlich begangene unerlaubte Handlung der Ausdruck des allgemeinen Rechtsgedankens von Treu und Glauben zu sehen.[290]

Ist das aber der Fall, dann kann die Ausübung des Zurückbehaltungsrechts nach § 1000 BGB unzulässig sein, wenn sie eine unzulässige Rechtsausübung darstellt.[291] Fraglich ist, ob dies bereits der Fall ist, wenn die Natur des Schuldverhältnisses der Ausübung des Zurückbehaltungsrechts entgegensteht. Der Wortlaut des § 1000 BGB, die eng umgrenzte Ausnahmeregelung des § 1000 S. 2 BGB und das Fehlen einer dem § 273 Abs. 1 BGB vergleichbaren Regelung sprechen dagegen.

Somit ist die Frage, wann eine unzulässige Rechtsausübung vorliegt, restriktiv auszulegen. Die eng umgrenzte Ausnahmeregelung des § 1000 S. 2 BGB kann als Interessenbewertung des Gesetzgebers herangezogen werden.[292]

bb. Normzweck des § 1000 BGB und Verhältnis zu § 273 Abs. 2 BGB

Die Einrede nach § 1000 BGB dient der Durchsetzung von Verwendungsersatzansprüchen aus dem Eigentümer-Besitzer-Verhältnis. Der Besitzer muss dem Herausgabeverlangen so lange nicht entsprechen, bis dieser die Ersatzansprüche befriedigt hat. Das Sicherungsinteresse des Besitzers, der Aufwendungen für Gegenstände des Eigentümers gemacht hat, soll in besonderem Maße geschützt werden.[293]

Ein Zurückbehaltungsrecht gegenüber einem Herausgabeanspruch aufgrund von Verwendungen würde sich zwar schon aus § 273 Abs. 2 BGB ergeben. Diese Vorschrift setzt allerdings einen fälligen Anspruch voraus. Fällig ist der Verwendungsersatzanspruch gem. § 1001 S. 1 BGB jedoch erst dann, wenn der Eigentümer die Verwendung genehmigt oder die Sache wieder erlangt hat. Die sich hieraus ergebende Lücke soll § 1000 BGB

290 So Staudinger/*Gursky*, § 1000 Rdnr. 11; Soergel/*Stadler,* § 1000 Rdnr. 4.

291 Palandt/*Bassenge*, § 1000 Rdnr. 4; Erman/*Ebbing*, § 1000 Rdnr. 10; Staudinger/*Gursky*, § 1000 Rdnr. 11; MünchKomm/*Medicus*, § 1000 Rdnr. 9; Soergel/*Stadler,* § 1000 Rdnr. 4.

292 Staudinger/*Gursky*, § 1000 Rdnr. 11; Soergel/*Stadler,* § 1000 Rdnr. 4.

293 *Ahrens*, Zivilrechtliche Zurückbehaltungsrechte, Rdnr. 230 ff.

schließen. § 1000 BGB wurde deshalb neben § 273 Abs. 2 BGB für nötig gehalten.[294]

§ 273 Abs. 2 BGB enthält eine vergleichbare Formulierung. Nach § 273 Abs. 2 BGB ist das Zurückbehaltungsrecht ebenfalls ausgeschlossen, wenn der Schuldner *„den Gegenstand durch eine vorsätzlich begangene unerlaubte Handlung erlangt hat."* § 1000 BGB gilt als Sonderfall des § 273 Abs. 2 BGB.[295] Im Unterschied zu dieser Vorschrift verzichtet § 1000 BGB zwar auf die Fälligkeit, geht jedoch von einem engeren Herausgabebegriff aus und ist nur unter den Voraussetzungen des Eigentümer-Besitzer-Verhältnis anwendbar, während § 273 Abs. 2 BGB auch schuldrechtliche oder familienrechtliche Herausgabepflichten erfasst.[296]

Wenn § 1000 BGB dem § 273 Abs. 2 BGB nachempfunden worden ist und beide Vorschriften für den Ausschluss des Zurückbehaltungsrechts die gleiche Formulierung enthalten, liegt es nahe, beide Regelungen diesbezüglich gleich zu behandeln.

Bei § 273 Abs. 2 BGB geht die Rechtslehre[297] im Anschluss an die Rechtsprechung des *Reichsgerichts*[298] davon aus, dass – anders als bei dem Zurückbehaltungsrecht nach § 273 Abs.1 BGB – der Einwand, aus dem Schuldverhältnis ergebe sich etwas anderes, nicht möglich sei. Aus § 273 Abs. 2 BGB könne – so das *Reichsgericht* – nicht hergeleitet werden, dass ein Ausschluss des Zurückbehaltungsrechts auch unter den Voraussetzungen des § 273 Abs. 1 BGB bestehe: *„Schon die Wortfassung des § 273 Abs. 1 ergibt aber ohne weiteres, dass bei konnexen Ansprüchen das Zurückbehaltungsrecht nur ausgeschlossen ist, sofern sich dies aus dem Schuldverhältnis ergibt, während in Abs. 2 gegenüber dem Anspruch auf Herausgabe eines Gegenstandes das Zurückbehaltungsrecht wegen eines fälligen Anspruchs aus Verwendungen auf den Gegenstand oder wegen eines ihm durch diesen verursachten Schadens nur dann ausgeschlossen ist, wenn der zur Herausgabe Verpflichtete den Gegenstand durch eine vorsätzlich begangene unerlaubte Handlung erlangt hat."*[299]

§ 273 Abs. 2 BGB sei zwar nicht lex specialis mit Ausschlusswirkung,[300] aber eine Ergänzung des § 273 Abs. 1 BGB.[301] Gleichwohl gelte im Rahmen

---

[294] Erman/*Ebbing*, § 1000 Rdnr. 2; Jauernig/*Jauernig*, § 1000 Rdnr. 1; MünchKomm/*Medicus*, § 1000 Rdnr.1.
[295] Staudinger/*Bittner*, § 273 Rdnr. 104; Soergel/*Mühl*, § 273 Rdnr. 69.
[296] Staudinger/*Bittner*, § 273 Rdnr. 104; MünchKomm/*Krüger*, § 273 Rdnr. 82.
[297] MünchKomm/*Krüger*, § 273 Rdnr. 87 Fn. 250; Erman/*Kuckuk*, § 273 Rdnr. 29; Soergel/*Wolf*, § 273 Rdnr. 31; wohl auch Staudinger/*Bittner*, § 273 Rdnr. 109.
[298] RGZ 114, 266 (268); RG, JW 1925, 2232 (2232).
[299] RG, JW 1925, 2232 (2232).
[300] MünchKomm/*Krüger*, § 273 Rdnr. 82.
[301] Staudinger/*Bittner*, § 273 Rdnr. 104.

des § 273 Abs. 2 BGB nicht die Einschränkung des § 273 Abs. 1 BGB, wonach ein Zurückbehaltungsrecht aufgrund der Natur des Schuldverhältnisses ausscheide.[302]

Dem ist im Ergebnis zuzustimmen. § 273 Abs. 1 BGB ist neben § 273 Abs. 2 BGB anwendbar.[303] Mit § 273 Abs. 2 BGB sollte eine eigene Regelung für Ansprüche wegen Verwendungen auf einen Gegenstand oder wegen Ersatz des durch den Gegenstand verursachten Schadens geschaffen werden. Im Unterschied zu § 273 Abs. 1 BGB bedarf es nach Abs. 2 aber nicht der Prüfung der Konnexität. Das bedeutet allerdings keine besondere Erleichterung, denn fällige Ansprüche des Herausgabeschuldners wegen Verwendungen auf den Gegenstand und die Herausgabeforderung sind stets konnex, da sich die beiderseitigen Ansprüche auf dieselbe Sache beziehen.[304] Soll § 273 Abs. 2 BGB als eigenständige Regelung Bedeutung zukommen, wird man sie losgelöst von § 273 Abs. 1 BGB betrachten müssen, d.h. die Einschränkung, wonach aufgrund der Natur des Schuldverhältnisses ein Zurückbehaltungsrecht ausscheidet, nicht übertragen können, zumal § 273 Abs. 2 BGB eine eigene Regelung enthält, wann das Zurückbehaltungsrecht ausgeschlossen ist.

Die gleichen Erwägungen gelten für § 1000 BGB, der einen Sonderfall des § 273 Abs. 2 BGB darstellt und nur deswegen als eigenständige Norm benötigt wurde, weil § 273 Abs. 2 BGB fällige Ansprüche voraussetzt, während im Eigentümer-Besitzer-Verhältnis Verwendungsersatzansprüche gem. § 1001 S. 1 BGB erst dann fällig werden, wenn der Eigentümer die Verwendung genehmigt oder die Sache wieder erlangt hat.

Nach alledem können die Gesichtspunkte, die im Rahmen des § 273 Abs. 1 BGB zum Ausschluss des Zurückbehaltungsrechts geführt haben, nicht ohne weiteres, wenn überhaupt, übernommen werden.

cc. Vorrang spezialgesetzlicher Regelungen

Andererseits ist das Zurückbehaltungsrecht nach § 1000 BGB ausgeschlossen, wenn dies ausdrücklich normiert ist. § 1000 S. 2 BGB ist keineswegs abschließend. Die Einrede nach § 1000 BGB muss immer dann unterblei-

---

302 MünchKomm/*Krüger*, § 273 Rdnr. 87 Fn. 250; Erman/*Kuckuk*, § 273 Rdnr. 29; Soergel/*Wolf*, § 273 Rdnr. 31.

303 BGHZ 64, 122 (125); RGZ 72, 61 (66); Staudinger/*Bittner*, § 273 Rdnr. 104; MünchKomm/*Krüger*, § 273 Rdnr. 82.

304 Staudinger/*Bittner*, § 273 Rdnr. 104; Soergel/*Wolf*, § 273 Rdnr. 27.

ben, wenn ein Gesetz dem Behalten des jeweiligen Gegenstandes entgegensteht.[305]

Es ist nicht ersichtlich, weshalb nur öffentliche Belange in der Lage sein sollen, die Einrede des § 1000 BGB auszuschließen.[306] Eine derartige Einschränkung hat ihre Ursache in der frühen reichsgerichtlichen Anwendungspraxis des § 1000 BGB beim Verkehr mit landwirtschaftlichen Grundstücken. Ein Ausschluss des Zurückbehaltungsrechts wurde damals angenommen, wenn die Zurückhaltung eines Grundstückes dessen ordentliche Bewirtschaftung gefährdete.[307] Hieraus kann jedoch nicht hergeleitet werden, dass das Zurückbehaltungsrecht nach § 1000 BGB nur dann unzulässig ist, wenn eine öffentlich-rechtliche Vorschrift dem Behalten der jeweiligen Sache entgegensteht. Vielmehr wird ein Ausschluss dieser Einrede auch in Betracht kommen, wenn eine abweichende zivilrechtliche Spezialregelung dies erfordert, weil sie anderenfalls umgangen werden könnte.

Dies ist kein Widerspruch zur Wertung, dass die Einrede nach § 1000 BGB unter engeren Voraussetzungen ausgeschlossen ist als die Einrede des § 273 Abs. 1 BGB, wonach sich der Ausschluss des Zurückbehaltungsrechts bereits aus der Eigenart des herauszugebenden Gegenstandes oder aus seiner Bedeutung für den anderen Vertragspartner ergibt.[308] Folglich scheidet das Zurückbehaltungsrecht nach § 273 Abs. 1 BGB schon dann aus, wenn es dem Zweck der Verpflichtung, die der Schuldner zu erfüllen hat, allgemein widersprechen würde.[309] Demgegenüber kann die Einrede des § 1000 BGB über die ausdrückliche Regelung des § 1000 S. 2 BGB und den Vorbehalt von Treu und Glauben hinaus nur durch die vorrangige Wertung eines Gesetzes verdrängt werden.[310] Eine solche spezialgesetzliche Regelung kann auch den §§ 1365, 1368 BGB zugrunde liegen.

---

305 *Ahrens*, Zivilrechtliche Zurückbehaltungsrechte, Rdnr. 238; Palandt/*Bassenge*, § 1000 Rdnr.4.

306 So aber MünchKomm/*Medicus, §* 1000 Rdnr. 7.

307 Vgl. Erman/*Ebbing*, § 1000 Rdnr. 10; MünchKomm/*Medicus, §* 1000 Rdnr. 7. Nach § 7 Abs.1 Nr. 1 der BRBO vom 15.03.1918 war die Übertragung und der Erwerb des Besitzes von einem Grundstück ohne die erforderliche Genehmigung der zuständigen Verwaltungsbehörde untersagt. Hierdurch sollte die ordnungsgemäße Bewirtschaftung der bislang landwirtschaftlich genutzten Liegenschaften erhalten und der Übergang solcher Grundstücke an Nichtlandwirte verhindert werden, vgl. *Endemann*, JW 1925, 2232 (2233).

308 Bamberger/Roth-*Grüneberg*, § 273 Rdnr. 3; MünchKomm/*Krüger,* § 273 Rdnr. 47.

309 Staudinger/*Bittner*, § 273 Rdnr. 72.

310 BGH, NJW 1972, 1752 (1753); Staudinger/*Gursky*, § 1000 Rdnr. 10.

Weder der Wortlaut der §§ 1365, 1368 BGB noch die Entstehungsgeschichte und die Gesetzesmaterialien des Gleichberechtigungsgesetzes enthalten konkrete Anhaltspunkte für oder gegen die Zulässigkeit des Zurückbehaltungsrechts nach § 1000 BGB in der Revokation.

Zwar enthält § 1368 BGB dieselbe Regelung, die durch §§ 1407 Nr. 3, 1449, 1519 Abs. 2 und 1549 BGB a. F. für die Güterstände des früheren Rechts getroffen wurde,[311] aber aus der damaligen Anwendungspraxis dieser Vorschriften können allenfalls vage Rückschlüsse auf die Auslegung der Neuregelung gezogen werden, da weder die damalige Rechtsprechung noch das frühere Schrifttum die Frage nach der Zulässigkeit einer Einrede nach § 1000 BGB gegenüber einem revozierenden Ehegatten explizit erörtert hatte. Die damalige Rechtslehre[312] hatte diskutiert, ob ein Zurückbehaltungsrecht des Dritten wegen seiner Gegenleistung ausgeschlossen werden könne. Unter Hinweis auf den Schutzzweck der Revokationsvorschriften und mit Rücksicht auf das Interesse der übergangenen Ehefrau wurde der Ausschluss damals einmütig bejaht. Auch nach aktueller Rechtslage ist es im Interesse eines nachhaltigen Familienschutzes dem Dritten verwehrt, die Einrede des § 273 BGB geltend zu machen. Die gleichen Erwägungen, die eine Einrede nach § 273 BGB untersagen, führen möglicherweise auch zu einem Ausschluss des Zurückbehaltungsrechts nach § 1000 BGB.

Zur Sicherung der wirtschaftlichen Grundlage der Familie und des Zugewinnausgleiches will § 1365 BGB das Vermögen eines Ehegatten in seiner konkreten Zusammensetzung erhalten, d.h. vor einseitigen Vermögensumschichtungen eines Ehegatten und den damit regelmäßig verbundenen Risiken schützen. Das Gesetz normiert nicht nur die Unwirksamkeit des ohne Zustimmung geschlossenen Rechtsgeschäftes, es sieht auch dessen umgehende Rückabwicklung vor. § 1368 BGB soll sicherstellen, dass die Folgen der nach §§ 1365, 1366 BGB unwirksamen Verfügung umgehend rückgängig gemacht und der ursprüngliche Vermögenszustand wiederhergestellt wird.

---

311 BT-Drs. 2/ 224, S. 42.

312 *Dernburg*, Familienrecht, S. 210; Staudinger/*Engelmann*, 9. Aufl., § 1448 Anm. 3; § 1449 Anm. 4; § 1455 Anm. 2; Erman/*Gerstberger*, 1. Aufl., Anm. zu § 1455; Palandt/*Lauterbach*, 16. Aufl., § 1455 Anm. 1; *Opet*, Familienrecht, § 1449 Anm. 2; Planck/*Unzner*, § 1443 Anm. 6; RGRK/*Buchwald*, 9. Aufl., § 1455 Anm. 4; *Schmidt*, Familienrecht, § 1449 Anm. 4, § 1455 Anm. 2; *Siebert/Vogel*, Familienrecht, § 1455 Anm. 1; Soergel/*Vogel*, § 1449, 8. Aufl., § 1455 Anm. 1 (a.A. noch 7. Auflage); vgl. auch *Reinicke*, BB 1957, 564 (568).

Könnte der Geschäftspartner gegenüber dem revozierenden Ehegatten ein Zurückbehaltungsrecht nach § 273 BGB wegen der bereits erbrachten Gegenleistung geltend machen, würde dieser Normzweck erheblich gefährdet.[313] Der übergangene Ehegatte muss nach dem Willen des Gesetzgebers in der Lage sein, die Folgen der unwirksamen Verfügung eigenständig zu beseitigen. Damit lässt sich ein Zurückbehaltungsrecht des Dritten nicht vereinbaren, das die Rückabwicklung verzögern und den revozierenden Ehegatten von der Mithilfe des verfügenden Ehegatten abhängig macht. Die Verfügungsbeschränkung des § 1365 BGB kann ihren Zweck nur erfüllen, wenn weder der verfügende Ehegatte noch der Dritte rechtlich in der Lage sind, die Wiederherstellung einseitig und gegen den Willen des übergangenen Ehegatten auszuschließen.

Die gleichen Erwägungen gelten, wenn der Vertragspartner hinsichtlich seiner Verwendungen ein Zurückbehaltungsrecht nach § 1000 BGB geltend machen und die unrechtmäßig erlangte Sache erst herausgeben müsste, nachdem der revozierende Ehegatte Aufwendungsersatz geleistet hätte.

Die Ansicht[314], das Zurückbehaltungsrecht nach § 1000 BGB beeinträchtige den Familienschutz weit weniger als jenes nach § 273 BGB, erkennt zwar, dass (auch) die Einrede nach § 1000 BGB die Rückabwicklung des nichtigen Gesamtvermögensgeschäftes erschwert, hält dies aber für hinnehmbar. Diese Auffassung scheint dabei auf den Umfang des mutmaßlichen Aufwendungsersatzanspruches abzustellen und davon auszugehen, dass dieser in der Regel geringer ausfällt als die Bereicherungsforderung hinsichtlich des gezahlten Kaufpreises und deshalb vom revozierenden Ehegatten leichter beglichen werden kann.

Diese Sichtweise verkennt, dass es durchaus zu hohen Aufwendungsersatzansprüchen kommen kann, etwa wenn der Erwerber eines Hausgrundstückes eine funktionsunfähige Heizungsanlage gegen eine neue austauscht.[315] Stimmt man hier der Rechtslehre[316] zu, die einen weiten Verwendungsbegriff vertritt und auch die Errichtung von Gebäuden auf unbebauten Grundstücken als Verwendung ansieht, sind Fälle denkbar, in denen der Verwendungsersatzanspruch den gezahlten Kaufpreis übersteigen kann. Es ist aber auch denkbar, dass ein minder solventer Ehegatte selbst geringe Gegenansprüche nicht begleichen kann.

---

313 Vgl. S. 71 ff.

314 Soergel/*Lange*, § 1368 Rdnr. 14.

315 Beispiel nach BGH, NJW-RR 1996, 336 (337).

316 Staudinger/*Gursky*, Vorbem zu §§ 994-1003 Rdnr. 8; *Medicus*, Bürgerliches Recht, Rdnr. 877; MünchKomm/*Medicus*, § 994 Rdnr. 10; AK-BGB/*Joerges*, § 994 Rdnr. 14; a.A. BGHZ 10, 171 (177); 41, 157 (160); BGH, WuB IV A. § 273 BGB 1.00, 471 mit Anmerkung *Tiedtke*.

Ist der übergangene Ehegatte nicht in der Lage, die Aufwendungsersatzforderung zu befriedigen, könnte er entweder die Unwirksamkeit der Verfügung nicht geltend machen oder er müsste gegen den anderen Ehegatten gemäß § 1353 BGB vorgehen, um die Mittel zur Befriedigung des Gegenanspruchs zu erlangen. Wie bereits im Zusammenhang mit der Einrede nach § 273 BGB erörtert,[317] würde jedenfalls die vom Gesetz gewollte Rückabwicklung entweder unterbleiben oder erheblich verzögert werden.

Selbst wenn der übergangene Ehegatte finanziell in der Lage wäre, die Aufwendungsersatzansprüche des Dritten selbständig zu erfüllen, dürfte er wohl kaum bereit sein, für die Verbindlichkeiten seines Gatten einzustehen, der sich möglicherweise bereits in einer wirtschaftlichen Krise befindet. Vielmehr wird er auf die vom Gesetz bezweckte Rückabwicklung der nach §§ 1365, 1366 BGB nichtigen Verfügung verzichten.

Letztlich würde der Ehegatte als bloßer Prozessstandschafter wie der Eigentümer selbst haften. Bereits im Zusammenhang mit der Einrede nach § 273 BGB wurde festgestellt,[318] dass es weder mit dem Sinn der §§ 1365, 1368 BGB noch mit dem Güterstand der Zugewinngemeinschaft vereinbar wäre, wenn der übergangene Ehegatte mit eigenen Mitteln die Gegenansprüche des Vertragspartners befriedigen müsste.

Der Normzweck der §§ 1365, 1368 BGB erfordert, dass der übergangene Ehegatte im Interesse der Familie selbständig, zügig und ohne die Hilfe seines Ehegatten die Vermögenslage herbeiführen kann, wie sie vor der unwirksamen Verfügung bestand. Ein Zurückbehaltungsrecht nach § 1000 BGB ist damit genauso wenig vereinbar wie das Zurückbehaltungsrecht nach § 273 BGB.

Aus teleologischer Sicht ist ein Zurückbehaltungsrecht generell abzulehnen, da es die Rückabwicklung der unwirksamen Gesamtvermögensverfügung gefährden würde. Auf welche Ansprüche das Zurückbehaltungsrecht im Einzelfall gestützt wird, auf Bereicherungsansprüche oder auf Aufwendungsersatzansprüche, ist daher irrelevant. Maßgeblich ist auch nicht ihre Höhe oder ihr Rechtsgrund; entscheidend ist allein, dass sie die Durchsetzung des revokatorischen Herausgabeanspruchs dauerhaft verhindern können.

Irrelevant ist insoweit auch, wer im Sinne des Familienschutzes die Unwirksamkeit der Verfügung geltend macht, der übergangene Ehegatte oder dessen Ehepartner selbst.

---

317 Vgl. 3. S. 72 ff.
318 Vgl. S. 72.

Trotz der vereinnahmten Gegenleistung sind Fälle denkbar, in denen auch der verfügende Ehegatte nicht oder zumindest nicht in der gebotenen Eile in der Lage sein wird, die Gegenforderung seines Geschäftspartners wegen erbrachter Aufwendungen zu erfüllen. Das gilt vor allem, wenn sich der Verfügende in einer wirtschaftlichen Krise befindet. Demgegenüber sollen im Interesse der Familie die ursprünglichen Vermögensverhältnisse wiederhergestellt werden. Das Revokationsrecht ist insoweit im Sinne der ehelichen Gemeinschaft verselbständigt. Mit diesem generalisierten Vermögensschutz ist eine Differenzierung nach der finanziellen Leistungsfähigkeit des revozierenden Ehegatten nicht vereinbar.

Hinzu kommt, dass das Zulassen eines Zurückbehaltungsrechts wegen Verwendungsersatzansprüchen die Wiederherstellung der früheren Vermögenslage in der Regel länger verzögern würde als eine Einrede wegen der erbrachten Gegenleistung.

Der Bereicherungsanspruch des Dritten wegen des geleisteten Kaufpreises ist in der Regel unstreitig. Sobald die Voraussetzungen des § 1365 BGB festgestellt wurden, ist der zu Unrecht erfolgte Leistungsaustausch wieder rückgängig zu machen. Demgegenüber werden Aufwendungsersatzansprüche häufig dem Grunde und der Höhe nach bestritten. War die jeweilige Verwendung tatsächlich notwendig? War sie nützlich oder nur Liebhaberei? War der Geschäftspartner zum Zeitpunkt der Verwendung redlich oder bösgläubig? All diese Fragen müssten im Rahmen einer Herausgabeklage des revozierenden Ehegatten im Zusammenhang mit dem Zurückbehaltungsrecht nach § 1000 BGB geprüft werden. Bestreitet beispielsweise der Eigentümer des unwirksam erlangten Hausgrundstücks, dass die ausgetauschte Heizung funktionsunfähig war und muss ein Sachverständiger diese Frage in einem Gutachten klären, ist eine nicht unerhebliche Verfahrensverzögerung absehbar.

Nach alledem erfordert der Schutzzweck der §§ 1365, 1368 BGB auch den Ausschluss des Zurückbehaltungsrechts nach § 1000 BGB.

III. Interessenabwägung

Verlangt ein Ehegatte einen ohne die nach § 1365 BGB erforderliche Zustimmung veräußerten Gegenstand, der sein nahezu gesamtes Vermögen darstellt, von dem Erwerber zurück und fordert dieser Ersatz für zwischenzeitlich vorgenommene notwendige Verwendungen, bevor er die erlangte Sache herausgibt, stehen sich unterschiedliche Interessen gegenüber, die unabhängig voneinander den Schutz des BGB genießen. Diese Interessen sind gegeneinander abzuwägen, die Möglichkeiten eines gerechten Interessenausgleiches sind zu prüfen. Ist ein Ausgleich nicht möglich, muss im

Rahmen einer Abwägung der widerstreitenden Interessen untersucht werden, welcher Position der Vorrang einzuräumen ist.

1. Interessenlage

a. Die Interessen des Vertragspartners

Hat der Vertragspartner zur Erhaltung und Verbesserung des unwirksam erworbenen Vermögensgegenstandes Aufwendungen gemacht, möchte er dafür Wertersatz haben, wenn er schon die Sache selbst und gegebenenfalls auch die gezogenen Nutzungen an den Ehegatten als Eigentümer zurückgeben muss.

Da ihm kein Zurückbehaltungsrecht hinsichtlich des von ihm gezahlten Kaufpreises zusteht, hat er verständlicherweise großes Interesse daran, zumindest Ersatz für seine Aufwendungen zu erhalten, ehe er den Kaufgegenstand herausgibt.

Das Zurückbehaltungsrecht aus § 1000 BGB ist für den Dritten von erheblicher Bedeutung. Wenn er die Sache vor Erfüllung der Ansprüche an den Eigentümer herausgibt, verliert er seine Verwendungsersatzansprüche. Nach § 1002 Abs. 1 BGB erlischt der Anspruch auf Ersatz der Verwendungen mit Ablauf eines Monats nach der Herausgabe; bei Grundstücken erlischt er mit Ablauf von sechs Monaten, wenn nicht zuvor die gerichtliche Geltendmachung erfolgt oder der Eigentümer die Verwendungen genehmigt. § 1003 BGB gewährt dem Dritten zwar ein Verwertungsrecht, das er aber nur ausüben kann, so lange er im Besitz des Gegenstandes ist.

Wäre auch die Einrede nach § 1000 BGB ausgeschlossen, müsste der Vertragspartner hinsichtlich des Bereicherungsanspruchs bezüglich seines Anspruchs auf Aufwendungsersatz das Insolvenzrisiko des verfügenden Ehegatten tragen. Zwar hat er prinzipiell hinsichtlich seiner Aufwendungen ein Absonderungsrecht nach § 51 Nr. 2 InsO, dies setzt aber voraus, dass der Besitz an der jeweiligen Sache noch im Zeitpunkt einer möglichen Insolvenzeröffnung besteht.[319] Müsste der Vertragspartner die Sache herausgeben, ohne sich auf ein Zurückbehaltungsrecht berufen zu können, könnte er demzufolge auch das Absonderungsrecht nach § 51 Nr. 2 InsO nicht geltend machen. Allerdings werden Verwendungen auf unbewegliche Sachen – darum wird es in den meisten Fällen des § 1365 BGB gehen – von

[319] MünchKomm-InsO/*Ganter,* § 51 Rdnr. 217; *Gottwald,* Insolvenzrechts-Handbuch, § 42 Rdnr. 46.

§ 51 Nr. 2 InsO nicht erfasst, denn die abgesonderte Befriedigung aus unbeweglichen Sachen ist ausschließlich in § 49 InsO geregelt.[320]

b. Die Interessen der Familie

Den Interessen des Vertragspartner stehen nicht allein die Interessen des verfügenden Ehegatten, sondern auch die Belange der Familie und des übergangenen Ehegatten gegenüber.[321] Um der Familie die wirtschaftliche Grundlage zu erhalten und außerdem einen möglichen Zugewinnausgleichsanspruch des übergangenen Ehegatten zu sichern, müssen die ursprünglichen Vermögensverhältnisse umgehend wiederhergestellt werden. Solange die Vermögenswerte, die das gesamte oder fast ganze Vermögen eines Ehegatten ausmachen, im Besitz des Dritten sind, fehlt der Familie die Grundlage, auch wenn sie rechtlich noch immer zum Vermögen des verfügenden Ehegatten gehören.

2. Möglichkeiten des Interessensausgleichs

a. Der Ansatz des BGH

Der *BGH* musste in der bereits erwähnten Entscheidung[322] eine Abwägung vornehmen zwischen den Interessen eines Nachlasspflegers, der die Nachlassgegenstände möglichst bald in Besitz nehmen musste, um seine Aufgaben erfüllen zu können, und dem Sicherungsinteresse eines Erbschaftsbesitzers, der Verwendungen auf den Nachlassgegenstand vorgenommen und das Zurückbehaltungsrecht nach § 2022 BGB i.V.m. § 1000 BGB geltend gemacht hat.

Der BGH stellte klar, dass die Zwecke einer Nachlasspflegschaft das Zurückbehaltungsrecht nach § 2022 BGB i.V.m. § 1000 BGB ausschließen könne, knüpfte dies aber an Voraussetzungen. Bedingung sei, dass dem Nachlasspfleger aus dem Nachlass keine ausreichenden Mittel zur Verfügung stehen, um das Zurückbehaltungsrecht, etwa durch Sicherheitsleistung, abzuwenden. In diesem Fall müsse der auf Herausgabe in Anspruch Genommene in geeigneter und ihm zumutbarer Weise mitwirken, *„um eine*

---

320 MünchKomm-InsO/*Ganter*, § 51 Rdnr. 221; *Gottwald*, Insolvenzrechts-Handbuch, § 42 Rdnr. 46.
321 Vgl. auch S. 81.
322 NJW 1972, 1752, (1752 f.).

Regelung zu erreichen, durch die die Zwecke der Nachlasspflegschaft unter Berücksichtigung seines Sicherungsbedürfnisses erreicht werden."[323]

Werde eine unteilbare bewegliche Sache herausverlangt, dann könne der Erbschaftsbesitzer verpflichtet sein, darin einzuwilligen, dass diese von einem Dritten verwahrt und ihm ein Pfandrecht an dem Herausgabeanspruch des Nachlasspflegers bestellt werde. Handle es sich um Verwendungen auf ein Grundstück, sei der Erbschaftsbesitzer verpflichtet, daran mitzuwirken, dass auf dem Grundstück eine Sicherungshypothek für seine Ansprüche eingetragen werde. Durch derartige Maßnahmen könnten den gegenläufigen Interessen Rechnung getragen werden. Sei der Erbschaftsbesitzer damit nicht einverstanden, müsse das Zurückbehaltungsrecht nach § 242 BGB ausgeschlossen werden.

b. Stellungnahme

Man kann bezweifeln, ob der vom BGH vorgeschlagene Interessenausgleich sinnvoll und praktikabel ist. Fest steht aber, dass die im Zusammenhang mit den Interessen eines Nachlasspflegers getroffenen Erwägungen sich nicht auf den Fall der Revokation nach einer gemäß §§ 1365, 1366 BGB nichtigen Gesamtvermögensverfügung übertragen lassen.

Erstens verbietet es sich, den Ausschluss des Zurückbehaltungsrechts von der finanziellen Leistungsfähigkeit des revozierenden Ehegatten abhängig zu machen. Selbst wenn der übergangene Ehegatte imstande wäre, den Aufwendungsersatzanspruch mit eigenen Mitteln zu erfüllen, wäre ihm dies nicht zuzumuten. Anderenfalls käme man zu einer Haftung des zustimmungsberechtigten Ehegatten für Schulden seines Ehepartners. Der übergangene Ehegatte hat zwar einen internen Ausgleichsanspruch in Höhe der erbrachten Gegenleistung gegen den anderen Ehegatten, darauf wird er sich aber kaum einlassen, denn sonst würde er am Insolvenzrisiko seines Ehepartners teilnehmen. Eine solche Haftung widerspricht der Zugewinngemeinschaft und kann erst recht nicht aus einer Norm hergeleitet werden, die gerade dem Schutz des anderen Ehegatten dienen soll, wie dies bei § 1368 BGB der Fall ist.

Zweitens kommt es nicht auf die Zahlungsfähigkeit des verfügenden Ehegatten an, dessen Rechte geltend gemacht werden. Während der Nachlasspfleger in der Lage ist, über die Mittel des Nachlasses zu verfügen, kann der übergangene Ehegatte über das Vermögen seines Ehegatten nicht verfügen, wenn er die Unwirksamkeit der zustimmungslosen Verfügung geltend

[323] BGH, NJW 1972, 1752, (1753).

macht, und er kann auch keine Sicherungshypothek für die möglichen Verwendungsansprüche des Vertragspartners bestellen. Der Vorschlag, den herauszugebenden Gegenstand einem Dritten zur Verwahrung anzuvertrauen, ist wenig sinnvoll, denn dann wäre der Familie die wirtschaftliche Grundlage weiterhin entzogen.

3. Interessenbewertung

Das Gesetz trug den berechtigten Interessen des Verwendungsgläubigers dadurch Rechnung, dass es den Ausschluss des ihm prinzipiell zustehenden Zurückbehaltungsrechts nach § 1000 BGB an enge Voraussetzungen knüpfte. Vorliegend sind diese Voraussetzungen erfüllt, da ein Zurückbehaltungsrecht den spezialgesetzlichen Wertungen der §§ 1365, 1368 BGB zuwiderliefe. Nachdem ein Interessenausgleich für den Vertragspartner durch weniger einschneidende Maßnahmen nicht möglich ist, muss das Zurückbehaltungsrecht im Interesse der Familie und des übergangenen Ehegatten ausgeschlossen werden.

Anderenfalls bestünde die Gefahr, dass die nach §§ 1365, 1366 BGB unwirksame Verfügung endgültig nicht rückgängig gemacht werden könnte. Die aufschiebende Einrede des § 1000 BGB würde zwangsläufig zu einer dauerhaften Verweigerung führen und über die Interessen des Vertragspartners hinausgehen.

Dieser hat die Möglichkeit, nach Herausgabe der Sache seinen Verwendungsersatzanspruch gemäß § 1001 BGB einzuklagen. Ein Absonderungsrecht nach § 51 Nr. 2 InsO stünde ihm ohnehin nur bei beweglichen Sachen zu.[324]

Soweit das Gesetz im Rahmen des § 1365 BGB widerstreitende Interessen auszugleichen hatte, räumte es bislang den Interessen der Familie stets Vorrang vor denen des Geschäftspartners ein. Das Risiko, das sich aus den Verfügungsbeschränkungen ergibt, muss grundsätzlich der Dritte tragen, wie sich insbesondere an der Versagung des Gutglaubensschutzes zeigte.

Es ist kein Anhaltspunkt ersichtlich, weshalb sich diese Grundtendenz umkehren soll, wenn dem Dritten infolge des verbotswidrig vorgenommenen Rechtsgeschäftes Verwendungsersatzansprüche entstanden sind, auf deren Entstehung der andere Ehegatte keinen Einfluss hatte. Es ist deshalb davon auszugehen, dass das Gesetz auch weiterhin bei der Frage des Zu-

---

324 MünchKomm-InsO/*Ganter,* § 51 Rdnr. 221; *Gottwald,* Insolvenzrechts-Handbuch, § 42 Rdnr. 46.

rückbehaltungsrechts nach § 1000 BGB den Interessen der Familie Vorrang einräumt.

IV. Ergebnis

Auch die gesetzliche Wertung der §§ 1365, 1368 BGB spricht gegen ein Zurückbehaltungsrecht des Dritten nach § 1000 BGB, wenn ein Ehegatte im Rahmen der Revokation nach § 1368 BGB die Unwirksamkeit einer zustimmungslosen Verfügung geltend macht. Soweit hierdurch in die Interessen des Dritten an der Sicherung seiner Aufwendungsersatzansprüche eingegriffen wird, ist dies keineswegs unbillig, sondern entspricht der Interessenabwägung des Gesetzes, das dem Familienschutz Vorrang vor dem Gläubigerschutz einräumt.

Vierter Teil
Aufrechnung gegen revokatorische Zahlungsansprüche

Bei der Rückabwicklung von nach §§ 1365, 1366 BGB nichtigen Verfügungen kann sich eine Aufrechnungsmöglichkeit ergeben. Die Ehegatten können Zahlungsansprüche gegen den Dritten geltend machen, etwa auf Schadensersatz nach §§ 989 ff. BGB, wenn der Dritte die herauszugebende Sache zerstört hat, oder nach § 816 BGB, wenn er sie an einen gutgläubigen Vierten wirksam weiterveräußert hat. Steht dem Dritten seinerseits ein Zahlungsanspruch zu, was hinsichtlich des von ihm geleisteten Kaufpreises regelmäßig der Fall sein dürfte, wird er möglicherweise eine Aufrechnung in Betracht ziehen.

Die erste Voraussetzung des § 387 BGB, eine Aufrechnungslage, liegt vor. Es bestehen gegenseitige Zahlungsansprüche, also gleichartige Leistungspflichten. Die notwendige „Gegenseitigkeit der Forderungen" ist auch dann gegeben, wenn der übergangene Ehegatte den Zahlungsanspruch des verfügenden geltend macht.

Zu einem anderen Ergebnis kommt, wer dem zustimmungsberechtigten Ehegatten eine eigene materielle Berechtigung am Anspruch zuerkennen will.[325] Dies ist jedoch unzutreffend.[326] Der übergangene Ehegatte ist lediglich berechtigt, die Ansprüche seines Partners als Prozessstandschafter geltend zu machen. Die aus der Unwirksamkeit nach §§ 1365, 1366 BGB resultierenden Ansprüche und ihre Surrogate bleiben Ansprüche des verfügenden Ehegatten. Der verfügende Ehegatte ist also alleiniger Gläubiger und alleiniger Schuldner seines Geschäftspartners. Zwei Personen schulden einander gleichartige Leistungen. Die sich gegenüberstehenden Forderungen sind grundsätzlich wirksam, fällig und erfüllbar. Somit besteht eine Aufrechnungslage.

Will der verfügende Ehegatte die Aufrechnung erklären, benötigt er in der Regel erneut die Zustimmung seines Partners. Schließlich wird auch die revokatorische Geldforderung sein nahezu ganzes Vermögen darstellen. Eine Aufrechnung durch den übergangenen Ehegatten, der den Anspruch nur

---

325 *Baur*, FamRZ 1958, 252 (257); *ders.*, FamRZ 1962, 508 (510); *Fenge*, Festschrift für Wahl, 475 (490); *Friedrich/Merdsche*, S. 12; *Lüderitz*, Familienrecht, Rdnr. 363; *Mikat*, Festschrift für Felgenträger, 323 (344); *Oberheim*, Zivilprozessrecht, § 2 Rdnr. 24; *Papenheim*, S. 81 ff, 123 ff.

326 Vgl. S. 9 ff., 24.

als Prozessstandschafter geltend macht, scheidet allerdings generell aus. Dieser kann gegen eine Geldforderung des Dritten weder mit der Forderung seines Ehegatten (wegen fehlender Verfügungsmacht) noch mit einer eigenen Forderung (wegen fehlender Gegenseitigkeit) aufrechnen. Eine Aufrechnung wird daher meistens durch den Dritten erfolgen.

Voraussetzung dafür ist, dass die Aufrechnung nicht ausgeschlossen ist. Ein ausdrückliches gesetzliches Aufrechnungsverbot ist weder in den §§ 1363 ff. BGB noch in den §§ 390 ff. BGB geregelt. Eine ausdrückliche vertragliche Bestimmung, wonach die Aufrechnung im Falle der Rückabwicklung unzulässig sein soll, haben die Parteien in der Regel nicht getroffen.

Erstes Kapitel: Gesetzlich nicht normierte Aufrechnungsverbote

Über die gesetzlich oder vertraglich ausdrücklich geregelten Fälle hinaus ist – nach einer vom BGH entwickelten und nunmehr in ständiger Rechtsprechung[327] verwendeten Formel – die Aufrechnung dann ausgeschlossen, *„wenn nach dem besonderen Inhalt des zwischen den Parteien begründeten Schuldverhältnisses der Ausschluss als stillschweigend vereinbart angesehen werden muss (§ 157 BGB) oder wenn die Natur der Rechtsbeziehung oder der Zweck der geschuldeten Leistung eine Erfüllung im Wege der Aufrechnung als mit Treu und Glauben unvereinbar erscheinen lassen.“*[328]

Der BGH nennt also drei Gründe, die der Aufrechnung entgegenstehen können: erstens eine stillschweigende vertragliche Vereinbarung, zweitens die Natur der Rechtsbeziehung oder den Zweck der geschuldeten Leistung, also die Eigenart eines der Aufrechnung zugrundeliegenden Schuldverhältnisses, und schließlich den Grundsatz von Treu und Glauben (§ 242 BGB).

Die Rechtslehre[329] hat sich dem BGH hinsichtlich dieser Aspekte, die zum Ausschluss der Aufrechnung führen können, angeschlossen. Allerdings hat nur ein Teil der Rechtslehre[330] die oben zitierte Formel übernommen.

---

327 BGHZ 14, 342 (346 f.); 25, 211 (215); 54, 244 (247); 71, 380 (383); 95, 109 (113); 113, 90 (93 f.).

328 BGHZ 95, 109 (113); vgl. auch OLG Köln, DNotZ 1989, 257 (260); OLG Karlsruhe, VersR 1991, 334.

329 Erman/*Westermann*, § 387 Rdnr. 14; *Esser/Schmidt*, § 18 III 2, S. 302; *Gernhuber*, Erfüllung, § 12 VI 2, 8c, 9, 11; *Larenz*, Schuldrecht I, § 18 VI b; MünchKomm/*Schlüter*, § 387 Rdnr. 60., 37, 39; Palandt/*Heinrichs*, § 387 Rdnr. 15; RGRK/*Weber*, § 387 Rdnr. 58 ff.; Soergel/*Zeiss*, § 387 Rdnr. 13; Staudinger/*Gursky*, § 387 Rdnr. 129 f., 136, 145 ff., 157 ff., 197 ff.

330 Palandt/*Heinrichs*, § 387 Rdnr. 15; RGRK/*Weber*, § 387 Rdnr. 58 ff.; vgl, auch *Esser/Schmidt*, § 18 III 2, S. 302.

Der andere Teil[331] behandelt die genannten Elemente als getrennte Aufrechnungsverbote. Unterschiedlich ist auch die dogmatische Einordnung der nicht geregelten Aufrechnungsausschlüsse. Nach einer Meinung[332] sind Aufrechnungsausschlüsse aus der Natur des Rechtsverhältnisses generell vertragliche Aufrechnungsverbote, während die Gegenansicht[333] diese grundsätzlich als gesetzliche Aufrechnungsverbote behandelt. Unstreitig ist jedoch, dass jeder der genannten Aspekte im Einzelfall zur Begründung eines Aufrechnungsausschlusses führen kann.

A. Stillschweigende Vereinbarung

Von den Aufrechnungshindernissen aufgrund der Eigenart des zugrundeliegenden Schuldverhältnisses oder des Grundsatzes von Treu und Glauben sind die stillschweigend vertraglich vereinbarten Aufrechnungsverbote abzugrenzen. Diese Differenzierung ist nicht nur im Hinblick auf die unterschiedlichen Geltungsgründe notwendig – der Gesetzeskraft auf der einen, dem Parteiwillen im Rahmen der Privatautonomie auf der anderen Seite – sondern auch aufgrund der damit einhergehenden unterschiedlichen Auslegungskriterien.[334]

Die Abgrenzung richtet sich in der Regel danach, ob die betreffende, ihrem Leistungszweck nach nicht aufrechenbare Forderung aus einem vertraglichen oder aus einem gesetzlichen Schuldverhältnis resultiert. In einem Fall folgt das Aufrechnungsverbot aus einer ergänzenden Auslegung der zugrundeliegenden Willenserklärungen, im anderen Fall aus der Teleologie des Gesetzes.[335]

Für die Annahme eines stillschweigenden vertraglichen Aufrechnungsausschlusses wird zwar grundsätzlich gefordert, dass sich die Parteien der Möglichkeit der Aufrechnung überhaupt bewusst gewesen sind,[336] ein derartiges Bewusstsein ist aber nicht zu verlangen, wenn bereits der Vertragszweck der Aufrechnung zwingend entgegensteht. Schließlich liegt es im Wesen der ergänzenden Auslegung eines Rechtsgeschäftes, den hypothetischen Parteiwillen zu ermitteln, also zu erforschen, was die Parteien redlicherweise gewollt hätten, wenn von ihnen ein nicht bedachter Umstand be-

---

331 *Gernhuber*, Erfüllung, § 12 VI 2, 8c, 9, 11; MünchKomm/*Schlüter*, § 387 Rdnr. 60, 37, 39; Staudinger/*Gursky*, § 387 Rdnr. 129 f., 136, 145 ff., 157 ff., 197 ff.

332 MünchKomm/*Schlüter*, § 387 Rdnr. 58 ff.; Soergel/*Zeiss*, § 387 Rdnr. 13.

333 Erman/*Westermann*, § 387 Rdnr. 14; *Larenz*, Schuldrecht I, § 18 VI b.

334 Vgl. auch *Werner*, Umgehung von Aufrechnungshindernissen, S. 185.

335 Vgl. *Gernhuber*, Erfüllung, § 12 VI 9a; Staudinger/*Gursky*, § 387 Rdnr. 145.

336 Soergel/*Zeiss*, § 387 Rddnr. 11; MünchKomm/*Schlüter*, § 387 Rdnr. 59; Staudinger/*Gursky*, § 387 Rdnr. 159.

rücksichtigt worden wäre.[337] Ein Aufrechnungsverbot ist daher grundsätzlich anzunehmen, wenn die Aufrechnung die Erreichung des gemeinsamen Vertragszwecks gefährden oder gar ausschließen würde, etwa dann, wenn der Gläubiger erkennbar auf eine sofortige Leistung in Natur angewiesen ist.[338]

Zu den stillschweigend vereinbarten, vertraglichen Aufrechnungsverboten zählen zum Beispiel das Verbot für den Beauftragten, Kommissionär oder Treuhänder, seine Verbindlichkeiten aus dem Geschäftsbesorgungsverhältnis durch Aufrechnung mit eigenen Ansprüchen gegen den Geschäftsherrn zu tilgen, es sei denn, seine Ansprüche stammen gleichfalls aus der Geschäftsbesorgung.[339] Das gleiche gilt für den Handelsvertreter, §§ 84 ff. HGB, bezüglich des gegen ihn gerichteten Anspruchs auf Abführung eingenommener Kundengelder.[340]

Ein Aufrechnungsverbot kraft stillschweigender Parteivereinbarung kommt nicht in Betracht, wenn ein Ehegatte zustimmungslos über sein nahezu gesamtes Vermögen verfügt hat. Ursache der jeweiligen Ansprüche ist nicht das von den Parteien vereinbarte Rechtsgeschäft, sondern dessen Nichtigkeit nach §§ 1365, 1366 BGB. Die jeweiligen zur Aufrechnung gegenüberstehenden Zahlungsansprüche ergeben sich also nicht aus einem vertraglichen, sondern aus einem gesetzlichen Schuldverhältnis.

B. Abgrenzung zwischen Aufrechnungsverboten aus der Eigenart des Schuldverhältnisses und solchen aus dem Grundsatz von Treu und Glauben

Aus der Eigenart eines Schuldverhältnisses ergibt sich ein Aufrechnungsverbot, wenn das zugrundeliegende Schuldverhältnis eine effektive Erfüllung des vom Gesetz gewährten Anspruchs erfordert, wenn also eine Aufrechnung den Zweck dieses Anspruchs vereiteln würde oder wenn die Regelung eines Gesetzes mittels Aufrechnung umgangen werden könnte. Eine Unterscheidung zwischen Aufrechnungsverboten aus der Eigenart des zugrundeliegenden Schuldverhältnisses und solchen aus dem Grundsatz von Treu und Glauben nach § 242 BGB ist in diesen Fällen kaum möglich. Wenn der Zweck einer geschuldeten Leistung deren tatsächliche Erbrin-

---

337 Vgl. *Brox*, Allgemeiner Teil, Rdnr. 138; *Flume*, Allgemeiner Teil, § 16, 4a; *Medicus*, Allgemeiner Teil, Rdnr. 343.

338 *Gernhuber*, Erfüllung, § 12 III 9; Staudinger/*Gursky*, § 387 Rdnr. 163; MünchKomm/*Schlüter*, § 387 Rdnr. 60; Soergel/*Zeiss*, § 387 Rdnr. 13.

339 *Gernhuber*, Erfüllung, § 12 VI 9c; RGRK/*Weber*, § 387 Rdnr. 60; Staudinger/*Gursky*, § 387 Rdnr. 164.

340 OLG Hamm, NJW-RR 1994, 158 (158 f.); Soergel/*Zeiss*, § 387 Rdnr. 14; Staudinger/*Gursky*, § 387 Rdnr. 165.

gung verlangt, kann zur Begründung dieses Ergebnisses regelmäßig auch angeführt werden, der Schuldner habe die Leistung so zu bewirken, wie Treu und Glauben mit Rücksicht auf die Verkehrssitte es erfordern, § 242 BGB.[341] Der Ausschluss der Aufrechnungsmöglichkeit ergibt sich hier im Grunde aus der Zweckbindung des jeweiligen Anspruchs.

Deshalb kann ein Ehegatte gegen den Anspruch des anderen auf Zahlung eines Prozesskostenvorschusses nach § 1360a Abs. 4 BGB nicht aufrechnen, da mit diesem dem anspruchsberechtigten Ehegatten ja gerade die notwendigen Geldmittel für den Rechtsstreit verschafft werden sollen.[342] Ein Aufrechnungsverbot kann sich auch aus § 1629 Abs. 3 BGB ergeben. Vollstreckt etwa ein Elternteil einen nach dieser Vorschrift erwirkten Titel und ist der Erlös an den Verfahrensbevollmächtigten des betreffenden Elternteils geleistet worden, so darf dieser nicht mit Gebührenansprüchen aufrechnen, die nicht im Zusammenhang mit der Durchsetzung des Kindesunterhaltes stehen.[343] Die beigetriebenen Unterhaltsleistungen unterliegen einer automatischen Zweckbindung. Die Aufrechnung ist also ausgeschlossen, weil mit dem Erlöschen der Forderung der besondere Zweck, den ihr der Gesetzgeber beigemessen hat, vereitelt würde.

Ein Aufrechnungsverbot aufgrund des Schutzzweckes eines Gesetzes kann sich jedoch auch deshalb ergeben, weil sonst eine vom Gesetzgeber gewollte Regelung unterlaufen würde. Hat etwa der Mieter entgegen § 551 Abs. 1 und 4 BGB eine Mietkaution gezahlt, die drei Monatsmieten übersteigt, so kann der Vermieter gegenüber dem bereicherungsrechtlichen Rückzahlungsanspruch des Mieters nicht aufrechnen.[344] Andernfalls würde der Zweck des § 551 Abs. 1 BGB, den Mieter vor einem überzogenen Sicherungsbedürfnis zu schützen, unterlaufen, denn der Vermieter könnte im Wege der Aufrechnung auf eine größere Sicherheit zugreifen, als ihm nach dem Willen des Gesetzes zustehen soll.

Hiervon sind jedoch die Fälle zu unterscheiden, in denen die Aufrechnung deshalb ausgeschlossen ist, weil eine der Parteien die Aufrechnungslage in sittenwidriger Weise geschaffen hat, um sich durch Aufrechnung befriedigen zu können.[345] In diesen Fällen ist – anders als bei den Aufrechnungsverboten aufgrund des Schutzzweckes – nicht die Aufrechnung als

---

341 *Werner*, Umgehung von Aufrechnungshindernissen, S. 187.

342 MünchKomm/*Schlüter*, § 387 Rdnr. 60; Staudinger/*Gursky*, § 387 Rdnr. 155.

343 BGHZ 113, 90 (94); EwiR § 387 1/91, 241 (*Heinrichs*).

344 LG Bremen, NJW-RR 1993, 1; LG Gießen, ZMR 2001, 459 (460); *Blank/Börstinghaus*, Miete, § 551 Rdnr. 18; Staudinger/*Emmerich*, § 551 Rdnr. 11; Staudinger/*Gursky*, § 387 Rdnr. 176.

345 MünchKomm/*Schlüter*, § 387 Rdnr. 57; Staudinger/*Gursky*, § 387 Rdnr. 251.

gegenwärtiges Handeln zu missbilligen, sondern ein früheres Verhalten, das in tatsächlichem rechtlichen Zusammenhang damit steht.[346]

Angesichts eines solchen missbilligten Verhaltens ist die spätere Rechtsausübung rechtsmissbräuchlich. Es handelt sich um einen Fall der exceptio doli praeteriti. Wenn jemand die tatbestandlichen Voraussetzungen für bestimmte Rechte in missbilligenswerter Weise geschaffen hat, dann handelt er treuwidrig, wenn er später diese Rechte geltend macht.

Aus diesem Grund versagte der *BGH*[347] einer Bank die Aufrechnung gegen eine Guthabensforderung ihres Kunden, nachdem sich diese in nicht banküblicher Weise den Anspruch ihrer Schwesterbank allein zu dem Zweck hatte abtreten lassen, um dieser den Zugriff auf das Vermögen ihres Kunden zu ermöglichen. Dasselbe gilt, wenn ein kreditgewährendes Versicherungsunternehmen eine gegen seinen Kunden gerichtete Forderung erwirbt, um auf eine von ihm nicht voll benötigte Sicherheit des Kunden im Wege der Aufrechnung zugreifen zu können.[348] Schließlich ist rechtsmissbräuchlich, wenn ein Kreditinstitut Sicherheiten, die es selbst nicht benötigt, zur Befriedigung fremder Forderungen allein deshalb ausnutzt, weil es Zugang zu diesen Sicherheiten hat.

Zweites Kapitel: Aufrechnungsverbot aufgrund der Eigenart des zugrundeliegenden Schuldverhältnisses

Bei der Frage, ob der Schutzzweck, den der Gesetzgeber mit den §§ 1365, 1368 BGB verfolgt, durch die Zulassung der Aufrechnung vereitelt würde, ist danach zu differenzieren, mit welcher Forderung gegen den revokatorischen Zahlungsanspruch der Ehegatten aufgerechnet werden soll.

Handelt es sich etwa um Ansprüche, die mit dem unwirksamen Rechtsgeschäft nicht in Zusammenhang stehen, z.B. Forderungen aus anderen Verträgen? Oder geht es vielmehr um Gegenansprüche, die dem Dritten erst aufgrund des nach §§ 1365, 1366 BGB nichtigen Rechtsgeschäftes entstanden sind, etwa den Bereicherungsanspruch hinsichtlich des Kaufpreises oder Schadensersatzansprüche aufgrund vorsätzlich falscher Angaben bei Vertragsschluss?

---

346 MünchKomm/*Roth*, § 242 Rdnr. 386.

347 NJW 1987, S. 2997 (2998); zustimmend Staudinger/*Gursky*, § 387 Rdnr. 251; MünchKomm/*Schlüter*, § 387 Rdnr. 57.

348 BGH, NJW 1991, S. 1946 (1947).

Stehen die Ansprüche des Dritten im Zusammenhang mit der nach §§ 1365, 1366 BGB nichtigen Verfügung, sind diese – wie der Ausschluss des Zurückbehaltungsrechts zeigt – grundsätzlich weniger schutzwürdig als die Ansprüche des verfügenden Ehegatten.

A. Aufrechnung des Dritten mit sonstigen Zahlungsansprüchen

I. Meinungsstand

Rechnet der Dritte mit Forderungen auf, die mit dem revokatorischen Anspruch des Ehegatten in keinem Zusammenhang stehen, ist die Aufrechnung nach übereinstimmender Ansicht der Rechtslehre[349] zulässig. Zwar werden vereinzelt[350] die Ausführungen von *Massfeller und Reinicke*[351] in der Weise ausgelegt, als wollten sie die Aufrechnung gegen revokatorische Zahlungsansprüche der Ehegatten generell ausschließen, aber das ist unzutreffend. *Massfeller und Reinicke* setzen sich lediglich mit der Frage auseinander, ob der Dritte gegen den Zahlungsanspruch des Ehegatten *„mit seiner Gegenforderung (aus Bereicherung oder unerlaubter Handlung) aufrechnen kann"*.[352] Sie erörtern also nur die Frage, ob die Forderungen, die aufgrund des Schutzgedankens der §§ 1365, 1368 BGB grundsätzlich kein Zurückbehaltungsrecht begründen können, dann aufrechnungsfähig sind, wenn die Herausgabeansprüche der Ehegatten zu Zahlungsansprüchen werden. Eine Aufrechnung des Dritten mit einem anderen ihm gegen den Ehegatten zustehenden Zahlungsanspruch wird weder abgelehnt noch bezweifelt.

II. Stellungnahme

Stehen dem Dritten neben seinen Ansprüchen aus dem nichtigen Rechtsgeschäft weitere Zahlungsansprüche gegen den verfügenden Ehegatten zu, so kann er mit diesen gegen die revokatorisch geltend gemachte Forderung

---

349 *Duderstadt*, in: Klein, Das gesamte Familienrecht, § 1368 Rdnr. 2; *Firsching/Graba*, Familienrecht, Rdnr. 189; *Hohloch*, Familienrecht, Rdnr. 470; *ders.*, JuS 2000, 820; *ders.*, in: LM H. 8/2000 Nr. 19 zu § 1365 BGB, Bl. 1467; *Hoppe*, S. 67; Jauernig/*Berger*, vor. 1365-1369 Rdnr. 16; *Kemper*, S. 123; *Kroppenberg*, WuB I E 4 Avalkredit 1.00, 735 (736); *Leible*, JA 2000, 742 (745); RGRK/*Finke*, § 1368 Rdnr. 15; *Schellhammer*, Familienrecht, Rdnr. 102; Soergel/*Lange*, § 1368 Rdnr. 15; Staudinger/*Thiele*, § 1368 Rdnr. 52. Der Teil der Rechtslehre, der die Aufrechnung generell für zulässig hält, differenziert nicht nach der aufzurechnenden Gegenforderung.

350 *Hoppe*, S. 68.

351 *Massfeller/Reinicke*, § 1368 Anm. 5.

352 *Massfeller/Reinicke*, § 1368 Anm. 5.

aufrechnen. Nichts anderes ergibt sich aus dem Schutzgedanken der §§ 1365 und 1368 BGB, die der Aufrechterhaltung und Wiederherstellung eines gegebenen Gesamtvermögensstatus im Interesse der ehelichen Gemeinschaft dienen. Sie können ihren Zweck nur erfüllen, wenn weder der verfügende Ehegatte noch der Dritte rechtlich in der Lage ist, die Wiederherstellung einseitig und gegen den Willen des übergangenen Ehegatten auszuschließen.

§ 1365 BGB schützt die wirtschaftliche Grundlage der Ehe jedoch nur vor den Folgen einer einseitigen und zustimmungslosen Verfügung, nicht hingegen vor wirksam entstandenen Ansprüchen Dritter und deren Durchsetzung gegenüber dem jeweiligen Ehegatten. Eine dingliche Berechtigung des übergangenen Ehegatten an den unwirksam veräußerten Vermögenswerten besteht – wie bereits erörtert – nicht. Die §§ 1365, 1368 BGB führen also nicht dazu, dass revokatorisch geltend gemachte Ansprüche dem Zugriff Dritter schlechthin entzogen werden. Die Aufrechnung mit Ansprüchen, die nicht im Zusammenhang mit dem nichtigen Rechtsgeschäft stehen, ist zulässig, ein generelles Aufrechnungsverbot allein aufgrund des Normzweckes der §§ 1365, 1368 BGB besteht nicht.

Im Einzelfall bleibt allerdings zu prüfen, ob der aufrechnende Dritte eine Aufrechnungslage auf rechtsmissbräuchliche Weise herbeigeführt hat und ein Aufrechnungsausschluss gem. § 242 BGB nach Treu und Glauben geboten ist.[353] Grundsätzlich ist aber die Aufrechnung mit Ansprüchen zulässig, wenn diese unabhängig von dem gem. §§ 1365, 1366 BGB nichtigen Rechtsgeschäfts entstanden sind.

B. Aufrechnung des Dritten mit Gegenansprüchen aus dem nichtigen Rechtsgeschäft

Anders liegt es jedoch, wenn der Dritte gegen den Zahlungsanspruch des verfügenden Ehegatten mit einer Forderung aufrechnen möchte, die ihm infolge der nach §§ 1365, 1366 BGB unwirksamen Verfügung zusteht, etwa mit einem Bereicherungs- oder einem Schadensersatzanspruch. In diesem Fall könnte der Vertragspartner eine Forderung, auf die er kein Zurückbehaltungsrecht stützen kann[354], im Wege der Aufrechnung durchsetzen und damit den revokatorischen Gegenanspruch zum Erlöschen bringen.

---

[353] Vgl . S. 203 ff.
[354] Vgl. 43 ff., 83, 95.

In der Rechtslehre ist daher umstritten, ob der Dritte mit Zahlungsansprüchen aufrechnen kann, die ihm aufgrund des unwirksamen Rechtsgeschäftes entstanden sind und die zu den revokatorischen Ansprüchen der Ehegatten im Synallagma stehen.

Nach einer Ansicht[355] dürfe man die Frage, ob der Dritte mit seiner Gegenforderung aufrechnen kann, nicht anders entscheiden als die Frage, ob ihm ein Zurückbehaltungsrecht zustehe. Berechtigen die Ansprüche des Dritten nicht zur Geltendmachung eines Zurückbehaltungsrechts, so müsste auch die Aufrechnung ausgeschlossen sein.

Die meisten Vertreter der Rechtslehre[356] stimmen aber überein, dass auch in diesem Fall die Aufrechnung zulässig sei. Aufrechnung und Zurückbehaltungsrecht seien nicht gleich zu behandeln. Die Sachlage sei in beiden Fällen verschieden. Habe der Erwerber die erlangte Sache an einen gutgläubigen Dritten weitergegeben, so könne die ursprüngliche Besitzsituation nicht mehr hergestellt werden. § 1365 BGB sichere das Vermögen der Ehegatten vor einseitigen Maßnahmen nur in seiner konkreten gegenwärtigen Zusammensetzung, nicht aber in seinem Wertgehalt. Die Negierung einer Aufrechnungsmöglichkeit, verbunden mit einer Verweisung des Dritten auf eine Vollstreckung in den Anspruch aus § 816 Abs. 2 BGB, sei formalistisch und vor allem durch den Zweckgehalt des § 1365 BGB nicht geboten.

In einer jüngeren Entscheidung hatte sich der BGH[357] erstmals mit der Frage der Aufrechnung im Rahmen der Revokation zu befassen. Er hat die Aufrechnung des in Anspruch genommenen Dritten in dem von ihm zu entscheidenden Fall zugelassen. Der BGH argumentierte, der Dritte könne mit seiner Gegenforderung in den gegen ihn gerichteten Herausgabeanspruch vollstrecken. Diese Möglichkeit bestehe auch dann, wenn sich der Herausgabeanspruch in einen Zahlungsanspruch umwandle. Wenn der Dritte im Rahmen der Zwangsvollstreckung den Zahlungsanspruch des verfügenden Ehegatten pfänden kann, könne er auch damit aufrechnen.

---

[355] *Massfeller/Reinicke,* § 1368 Anm. 5; *Mülke,* S. 152.

[356] *Duderstadt,* in: Klein, Das gesamte Familienrecht, § 1368 Rdnr. 2; *Firsching/Graba,* Familienrecht, Rdnr. 189; *Hohloch,* Familienrecht, Rdnr. 470; *ders.,* JuS 2000, 820; *ders.,* in: LM H. 8/2000 Nr. 19 zu § 1365 BGB, Bl. 1467; Jauernig/*Berger,* vor. 1365-1369, Rdnr. 16; *Kemper,* S. 123; *Kroppenberg,* WuB I E 4 Avalkredit 1.00, 735 (736); *Leible,* JA 2000, 742 (745); Bamberger/Roth-*Mayer,* § 1368 Rdnr. 5; RGRK/*Finke,* § 1368 Rdnr. 15; *Schellhammer,* Familienrecht, Rdnr. 102; Soergel/*Lange,* § 1368 Rdnr. 15; Staudinger/*Thiele,* § 1368 Rdnr. 52.

[357] BGHZ 143, 356.

Das Schrifttum[358], das dem BGH ausschließlich zugestimmt hat, folgert allerdings aus dieser Entscheidung, der BGH wolle die Aufrechnung generell zulassen. Ob diese Schlussfolgerung gerechtfertigt ist, bleibt zu untersuchen. Ferner sind die verschiedenen Ansichten und Argumente der jeweiligen Auffassungen im Lichte des Schutzzweckes der §§ 1365, 1368 BGB gegeneinander abzuwägen.

II. Folgerung von der zulässigen Pfändung zur zulässigen Aufrechnung

1. Die Entscheidung des BGH vom 2. Februar 2000 (BGHZ 143, 356)

a. Der Sachverhalt

Der oben genannten Entscheidung des BGH lag folgender Sachverhalt zugrunde: Die Klägerin verlangt von der Beklagten gem. § 1368 BGB die Zahlung eines Betrages, den die Beklagte aus der Rückzahlung von Wertpapieren erlangt hat. Die Klägerin war verheiratet und lebte im gesetzlichen Güterstand. Ihr Ehemann hatte ohne ihre Zustimmung Wertpapiere an die Beklagte, eine Bank, verpfändet, und zwar zur Sicherung aller gegenwärtigen und künftigen Ansprüche der Beklagten gegen den Ehemann. Die Beklagte übernahm eine Bürgschaft über 300.000,- DM für eine gegen den Ehegatten gerichtete Darlehensforderung; außerdem schloss sie mit diesem einen Avalkredit-Rahmenvertrag über 440.000,- DM und räumte ihm einen Kontokorrentkredit über 100.000,- DM ein. Zum 20.01.1990 kündigte die Beklagte die dem Ehemann gewährten Darlehen. Die in den Wertpapieren verbrieften Forderungen wurden in der Folgezeit zur Rückzahlung fällig. Die Beklagte verbuchte die Beträge auf dem Konto des Ehegatten, dessen Darlehensschuld sich dadurch verminderte.

Die Klägerin behauptet nun, mit der Verpfändung der Wertpapiere habe ihr schon damals überschuldeter Ehemann über sein gesamtes ihm noch verbliebenes Vermögen verfügt, was die Beklagte auch gewusst habe. Die Klägerin hält daher die Verpfändung der Wertpapiere nach §§ 1365, 1366 BGB für unwirksam. Die Klägerin verlangte zunächst die Herausgabe der Wertpapiere, später die Zahlung des Betrages, den die Beklagte aus der

358 *Duderstadt*, in: Klein, Das gesamte Familienrecht, § 1368 Rdnr. 2; Jauernig/*Berger*, vor. 1365-1369 Rdnr. 16; *Hohloch*, Familienrecht, Rn. 470; *ders.*, JuS 2000, 820; *ders.*, in: LM H. 8/2000 Nr. 19 zu § 1365 BGB, Bl. 1467; *Kroppenberg*, WuB I E 4 Avalkredit 1.00, 735 (736); *Leible*, JA 2000, 742 (745); Bamberger/Roth-*Mayer*, § 1368 Rdnr. 5.

Rückzahlung der Wertpapiere erlangt hat, an sie, hilfsweise an sie und ihren Ehemann.

b. Die Begründung des BGH

Der BGH lehnt einen Anspruch auf Herausgabe des aus der Rückzahlung (der in den Wertpapieren verbrieften Forderungen) Erlangten mit folgenden Erwägungen ab: Selbst wenn die Verpfändung der Wertpapiere gem. §§ 1365, 1366 BGB unwirksam gewesen wäre, habe die Beklagte mit ihrer Kreditforderung wirksam aufgerechnet und damit einen etwaigen Rückzahlungsanspruch zum Erlöschen gebracht.

Zweifellos liege eine schlüssige Aufrechnungserklärung i.S.d. § 388 BGB vor, denn die Beklagte habe die Rückzahlungsbeträge auf das bei ihr bestehende Konto des Ehegatten gutgeschrieben und sofort mit dessen Debet verrechnet. Nach Ansicht des BGH ist die Aufrechnung auch wirksam. Da es sich bei der Klage des § 1368 BGB lediglich um einen Fall der gesetzlichen Prozessstandschaft handle, fehle es nicht an der erforderlichen Gegenseitigkeit der Forderungen.

Auch der von den §§ 1365, 1368 BGB verfolgte Schutzzweck stehe der Aufrechnung nicht entgegen. Dies versucht der BGH[359] mit folgenden Schlussfolgerungen zu begründen. Das Zustimmungserfordernis des § 1365 BGB sichere einen Ehegatten nicht umfassend vor Minderungen des Familienvermögens durch den anderen Ehegatten; insbesondere hindere es den anderen Ehegatten nicht an der Eingehung von Verbindlichkeiten, die den Bestand seines Vermögens nachhaltig gefährden, auch wenn sie ihn nicht zu einer Verfügung über sein ganzes oder nahezu ganzes Vermögen verpflichten. Entstünden aus solchen Verbindlichkeiten Zahlungsansprüche, dann könnten die Gläubiger des verpflichteten Ehegatten auf dessen Vermögen Zugriff nehmen. § 1365 BGB hindere die Zwangsvollstreckung in das Vermögen des Ehegatten nicht; er gebe dem anderen Ehegatten auch dann kein Recht, sich der Zwangsvollstreckung zu widersetzen, wenn es sich bei den gepfändeten Vermögensgegenständen um das ganze oder nahezu ganze Vermögen des anderen Ehegatten handele. Mit diesem Ausgangspunkt kommt der BGH zum Kernstück seiner Argumentation:

> „Ebenso wenig wie vor einer Zwangsvollstreckung ist ein Ehegatte vor einer Aufrechnung geschützt, wenn der andere Ehegatte entgegen § 1365 BGB über sein ganzes oder nahezu sein ganzes Vermögen zu Gunsten eines Dritten verfügt und

---

[359] BGHZ 143, 356 (361).

dem Dritten seinerseits ein Zahlungsanspruch gegen den anderen Ehegatten zusteht."[360]

Der sich aus der Unwirksamkeit der Verfügung ergebende Herausgabeanspruch sei – nicht anders als der vom Dritten herauszugebende Verfügungsgegenstand selbst – Vermögensbestandteil des anderen Ehegatten; als solcher unterliege er dem Vollstreckungszugriff der Gläubiger dieses Ehegatten, also auch des Dritten als Gläubiger des gegen den Herausgabeberechtigten gerichteten Zahlungsanspruchs. Daran ändere sich grundsätzlich nichts, wenn sich der aus der Unwirksamkeit der Verfügung folgende Herausgabeanspruch des Ehegatten in einen Zahlungsanspruch umwandle. Auch dieser Anspruch, so der BGH[361], könne von den Gläubigern des Ehegatten gepfändet werden. Der Dritte könne sich aber, da der gegen ihn gerichtete Anspruch des Ehegatten und seine eigene Forderung gegen den Ehegatten nunmehr auf gleichartige Leistungen gerichtet seien, einfacher, – auch ohne Titel – im Wege der Aufrechnung befriedigen.

2. Stellungnahme

Im Schrifttum[362] ist der Entscheidung des BGH zugestimmt worden. Ihr wurde entnommen, dass der BGH die Aufrechnung mit revokatorischen Zahlungsansprüchen generell erlaube, also auch dann, wenn der Zahlungsanspruch des Dritten in unmittelbarem Zusammenhang mit dem nach §§ 1365, 1366 BGB nichtigen Rechtsgeschäft entstanden ist[363].

Aufgrund des Sachverhaltes, der dem Urteil des BGH zugrunde lag, ist eine solche Schlussfolgerung aber nicht gerechtfertigt, denn in dem vom BGH zu entscheidenden Fall rechnete die Bank nicht mit einem Bereicherungsanspruch auf, der etwa aufgrund des nach §§ 1365, 1366 BGB nichtigen Rechtsgeschäftes entstanden wäre, sondern mit einer Darlehensforderung, die ihr unabhängig davon gegen den verfügenden Ehegatten zustand. Es ging also um einen Fall, in dem der Dritte mit einer Gegenforderung aufrechnet, die unabhängig von der unwirksamen Gesamtvermögensverfügung entstanden ist. Dass der BGH nur von derartigen Gegenforderungen ausgegangen ist, wird auch in seiner Begründung deutlich. Dort heißt es:

---

360 BGHZ 143, 356 (362).

361 BGHZ 143, 356 (362).

362 *Duderstadt*, in: Klein, Das gesamte Familienrecht, § 1368 Rdnr. 2; *Hohloch*, Familienrecht, Rn. 470; *ders.*, JuS 2000, 820; *ders.*, in: LM H. 8/2000 Nr. 19 zu § 1365 BGB, Bl. 1467; *Kroppenberg*, WuB I E 4 Avalkredit 1.00, 735 (736); *Leible*, JA 2000, 742 (745); Bamberger/Roth-*Mayer*, § 1368 Rdnr. 5.

363 Bamberger/Roth- *Mayer*, § 1368 Rdnr. 5.

> „Das Zustimmungserfordernis des § 1365 BGB [...] hindert den anderen Ehegatten nicht an der Eingehung von Verbindlichkeiten, die ihn zwar nicht zu einer Verfügung über sein ganzes oder nahezu ganzes Vermögen verpflichten, die den Bestand aber gleichwohl gefährden. Erwachsen aus solchen Verbindlichkeiten eines Ehegatten Zahlungsansprüche, können die Gläubiger im Wege der Zwangsvollstreckung auf dessen Vermögen Zugriff nehmen.“[364]

Der BGH meint hier also nicht Zahlungsansprüche, die dem Dritten aufgrund des nach §§ 1365, 1366 BGB nichtigen Rechtsgeschäftes, sondern unabhängig davon entstanden sind. Dass mit diesen aber gegen revokatorisch geltend gemachte Zahlungsansprüche aufgerechnet werden darf, ist unstreitig und wurde bereits dargelegt.[365]

Andererseits kann der Entscheidung[366] nicht entnommen werden, ob der BGH – wie ein Teil der Rechtslehre[367] und die vorliegende Arbeit – bei den Zahlungsansprüchen des Dritten überhaupt differenziert und sie danach unterscheidet, ob diese aufgrund des nach §§ 1365, 1366 BGB nichtigen Rechtsgeschäftes oder zuvor unabhängig davon entstanden sind. Vor allem die Behauptung, für die Aufrechnung könne nichts anderes gelten als für die Zwangsvollstreckung, zeigt, dass der BGH eine pauschale Feststellung trifft, ohne zu differenzieren. Allerdings ließe sich mit dieser Argumentation generell die Zulässigkeit der Aufrechnung im Rahmen der Revokation begründen. Insoweit kommt der Begründung des BGH durchaus Bedeutung zu. Sie ist deshalb im Folgenden grundlegend zu untersuchen.

Die Argumentation des BGH[368] besteht in einer Aneinanderreihung von Thesen und Schlussfolgerungen. Er trifft eine Feststellung und folgert im Grunde von dieser zur nächsten. Auf diesem Weg begründet er die Zulässigkeit der Aufrechnung mit revokatorischen Ansprüchen. Seine Auffassung enthält fünf Thesen und vier Schlussfolgerungen:

Ausgangspunkt ist die Annahme, § 1365 BGB verhindere die Zwangsvollstreckung in das Vermögen eines Ehegatten auch dann nicht, wenn hierdurch dessen ganzes oder nahezu ganzes Vermögen betroffen ist.

Zweite These: Der sich aus der Unwirksamkeit der Verfügung ergebende Herausgabeanspruch sei Vermögensbestandteil des Ehegatten und könne daher von dessen Schuldnern gepfändet werden.

---

364 BGHZ 143, 356 (361).
365 Vgl. S. 127 f.
366 BGHZ 143, 356 (356).
367 *Massfeller/Reinicke,* § 1368 Anm. 5; *Mülke,* S. 152; vgl. auch *Papenheim,* S. 187.
368 BGHZ 143, 356 (361).

Dritte These: Der Zwangsvollstreckung unterliegen auch solche Ansprüche, die der Ehegatte gegen den Dritten habe. Der Dritte könne also in eigene Schulden vollstrecken.

Vierte These: Der Dritte könne auch auf den aus dem unwirksamen Rechtsgeschäft resultierenden, gegen ihn gerichteten Herausgabeanspruch im Wege der Zwangsvollstreckung Zugriff nehmen.

Fünfte These: Ebenso wenig wie vor einer Zwangsvollstreckung sei ein Ehegatte vor einer Aufrechnung geschützt. Wandele sich der aus der unwirksamen Verfügung ergebende Herausgabeanspruch des Ehegatten in einen Zahlungsanspruch um, könne sich der Dritte - auch ohne Titel - im Wege der Aufrechnung befriedigen.

Anhand dieser Thesen ist die Argumentation des BGH zu untersuchen. Dabei soll jede Annahme zunächst im Einzelnen und anschließend im Gesamtzusammenhang betrachtet werden.

a. Zwangsvollstreckung trotz § 1365 BGB

Der BGH[369] beginnt mit der Feststellung, dass das Zustimmungserfordernis des § 1365 BGB die Zwangsvollstreckung in das Vermögen eines Ehegatten nicht verhindern könne. § 1365 BGB gebe dem nicht verpflichteten Ehegatten auch dann kein Recht, sich der Zwangsvollstreckung zu widersetzen, wenn es sich um das ganze oder nahezu das ganze Vermögen des anderen Ehegatten handele.

Hierin ist dem BGH zuzustimmen. § 1365 BGB schützt das Vermögen in seinem aktuellen Bestand nicht schlechthin, sondern nur vor zustimmungslosen Verfügungen eines Ehegatten. Die Vollstreckung eines Gläubigers in die von § 1365 BGB erfassten Gegenstände berührt die Mitbestimmungsbefugnis des anderen Ehegatten nicht.[370] Da keine Verfügung vorliegt, bedürfen Zwangsvollstreckungsakte, mit denen das gesamte Vermögen erfasst wird, keiner Zustimmung des anderen Ehegatten. § 1365 BGB schützt nur vor einseitigen Verfügungen eines Ehegatten. Bei der Zwangsvollstreckung handelt es sich nicht um eine Verfügung des Ehegatten, sondern um eine Maßnahme des Gläubigers. Aufgrund seines Pfändungspfand-

---

[369] BGHZ 143, 356 (361).

[370] OLG Hamburg, NJW 1970, 952 (952 f.); OLG Düsseldorf, NJW 1991, S. 851 (851); *Baur,* FamRZ 1958, 252 (256); MünchKomm/*Koch* § 1365 Rdnr. 49; Soergel/*Lange,* § 1365 Rdnr. 32; vgl. auch *Tiedtke,* JZ 1984, 1018 (1018).

rechts erlangt der Gläubiger ein eigenes Verwertungsrecht, das keiner Beschränkung nach § 1365 BGB unterliegt. [371]

Zwar wird vereinzelt[372] eingewandt, der Vollstreckungsgläubiger könne nicht mehr Rechte haben als der verfügende Ehegatte selbst. Wenn dieser schon nicht verfügen könne, dann gelte diese Einschränkung erst recht für einen Vollstreckungsgläubiger im Rahmen der Zwangsvollstreckung. Dieses Argument vermag nicht zu überzeugen. Einen allgemeinen Grundsatz, wonach die Rechtsmacht des Gläubigers nicht weiter gehen könne als die Verfügungsmacht des Rechtsinhabers, gibt es nicht. Im bürgerlichen Recht ist es nicht selten, dass Schuldner über bestimmte Vermögensgegenstände nicht verfügen, ihre Gläubiger jedoch in diese vollstrecken können. So kann der Gesellschafter einer BGB-Gesellschaft gem. § 719 Abs. 1 BGB nicht über seinen Anteil am Gesellschaftsvermögen verfügen. Gem. § 859 Abs. 1 S. 1 ZPO unterliegt der Gesellschaftsanteil jedoch der Pfändung. Das gleiche gilt für den Anteil eines Miterben an den einzelnen Nachlassgegenständen, über die er gem. § 2033 Abs. 2 BGB ebenfalls nicht verfügen darf. Nichts anderes gilt für die von § 1365 BGB erfassten Vermögensgegenstände. Eine Verfügung im Wege der Zwangsvollstreckung steht im Übrigen nicht, wie in anderen Fällen (z.B. §§ 184 Abs. 2, 883 Abs. 2 BGB) einer rechtsgeschäftlichen Verfügung eines Ehegatten gleich. Ein Ehegatte kann sich daher der Zwangsvollstreckung auch dann nicht widersetzen, wenn es sich bei den gepfändeten Gegenständen um sein ganzes oder nahezu ganzes Vermögen handelt.

b. Zwangsvollstreckung in den nach § 1368 BGB geltend gemachten Herausgabeanspruch

Zweite Prämisse in der Argumentation des BGH ist die Annahme, dass auch der aus der Unwirksamkeit der Verfügung resultierende Herausgabeanspruch des Ehegatten gepfändet werden könne. Dieser sei, so folgert der BGH[373], nicht anders als der von dem Dritten herauszugebende Verfügungsgegenstand selbst, Vermögensbestandteil und unterliege dem Vollstreckungszugriff der Gläubiger dieses Ehegatten. Das gelte selbst dann, wenn der übergangene Ehegatte gem. § 1368 BGB revoziere.

Auch hierin ist dem BGH zu folgen. Der Fall läge anders, wenn der übergangene Ehegatte im Rahmen der Revokation ein eigenes materielles

---

371 OLG Hamburg, NJW 1970, 952 (952).
372 Vgl. Papenheim, S. 187, m.w.N.
373 BGHZ 143, 356 (361).

Recht geltend machen würde. Dieser Ansicht[374] ist allerdings nicht zuzustimmen.[375]

Auch der Zweck der §§ 1365 und 1368 BGB steht einer Pfändung der revokatorischen Rückforderung nicht entgegen. Unabhängig von der Frage, ob sich aus der Teleologie einer zivilrechtlichen Vorschrift überhaupt ein Vollstreckungshindernis ergeben könnte, besteht für eine derartige Annahme kein Anlass. § 1365 BGB verhindert die Zwangsvollstreckung auch dann nicht, wenn es sich bei den gepfändeten Vermögensgegenständen um das ganze oder das nahezu gesamte Vermögen handelt.

Zwar führt die Pfändung des Herausgabeanspruchs dazu, dass der ursprüngliche Vermögenszustand nicht mehr hergestellt werden kann, § 1368 BGB will aber die Herbeiführung des vermögensrechtlichen status quo jedoch nicht mit der Konsequenz sicherstellen, dass jegliche zuwiderlaufende Maßnahmen untersagt sein müssten. § 1368 BGB will lediglich gewährleisten, dass der verfügende Ehegatte oder sein Geschäftspartner die Rückabwicklung des nichtigen Rechtsgeschäftes nicht einseitig vereiteln können, während der übergangene Ehegatte rechtlos zusehen muss.

Der mit dieser Vorschrift bezweckte Schutz geht aber nicht so weit, dass die geschützten Interessen außenstehender Vierter in unverhältnismäßiger Weise beschränkt werden. Der Herausgabeanspruch ist daher im Rahmen der Revokation weder dem Vermögen des verfügenden Ehegatten noch dem Vollstreckungszugriff seiner Gläubiger entzogen.

Es macht in der Sache auch keinen Unterschied, ob ein Gläubiger des verfügenden Ehegatten den Gegenstand vor oder nach der unwirksamen Verfügung pfändet. Kann er aber auf den Gegenstand im Wege der Zwangsvollstreckung Zugriff nehmen, ist kein Grund ersichtlich, weshalb er nicht auch den Herausgabeanspruch pfänden können soll, der den Gegenstand betrifft.

c. Die Pfändung eigener Schulden: Zulässigkeit und Verfahrensbesonderheiten

Dritte Prämisse in der Argumentation des BGH ist die Annahme, ein Gläubiger könne die Zwangsvollstreckung auch in solche Forderungen betreiben, die sich gegen ihn selbst richten, er könne also auch eigene Schulden

---

374 *Baur*, FamRZ 1958, 252 (257); *ders.*, FamRZ 1962, 508 (510); *Fenge*, Festschrift für Wahl, 475 (490); *Friedrich/Merdsche*, S. 12; *Lüderitz*, Familienrecht, Rdnr. 363; *Mikat*, Festschrift für Felgenträger, 323 (344); *Oberheim*, Zivilprozessrecht, § 2 Rdnr. 24; *Papenheim*, S. 81 ff., 123 ff.

375 Vgl. S. 9 ff., 24.

pfänden. In diesem Fall wäre der Vollstreckungsgläubiger zugleich Schuldner der Forderung, in die vollstreckt wird.

Im älteren Schrifttum[376] war diese Frage äußerst umstritten. Heute wird jedoch in der Rechtsprechung[377] wie auch in der Rechtslehre[378] die Pfändung und Überweisung eigener Schulden für zulässig gehalten.

aa. Statthaftigkeit

Die zwangsvollstreckungsrechtlichen Vorschriften der ZPO setzen grundsätzlich drei Vollstreckungsbeteiligte voraus: Gläubiger, Schuldner und Drittschuldner. Hinsichtlich seiner Forderung soll der Gläubiger gegen den Schuldner durch die Gewährung eines Pfändungspfandrechts dadurch befriedigt werden, dass der Drittschuldner an ihn leistet. Das Regelungssystem der §§ 829 ff. ZPO geht also nicht von einer Identität von Gläubiger und Drittschuldner aus. Die Pfändung einer gegen den Vollstreckungsgläubiger gerichteten Forderung ist in der ZPO an keiner Stelle erwähnt. Hieraus kann allerdings nicht geschlossen werden, dass diese nicht statthaft sei.

Tatsächlich handelt es sich bei der Pfändung eigener Schulden nicht um den Normalfall, sondern um eine seltene Ausnahme. Die Bezeichnung „Drittschuldner" wurde gewählt, um verständlich und übersichtlich den Schuldner der zu pfändenden Forderung zu beschreiben: einen Schuldner des Vollstreckungsschuldners, bei dem es sich in der Regel um einen Dritten handeln wird.[379] Ein derartiger „Schuldner des Schuldners" ist Voraussetzung einer Forderungspfändung. Die ZPO verlangt aber nirgendwo, dass der Schuldner des Vollstreckungsschuldners nicht auch der Gläubiger selbst sein darf. Die Systematik der Forderungspfändung steht also der Pfändung einer gegen den Vollstreckungsgläubiger gerichteten Forderung nicht entgegen.

Auch die Natur des Pfändungspfandrechts verbietet nicht, dass Vollstreckungsgläubiger und Drittschuldner identisch sind. Schließlich kann eine Forderung auch an deren Schuldner verpfändet werden, um eine Gegenforderung zu sichern, vgl. §§ 1373, 1204 BGB. Dies zeigt, dass das Pfandrecht

---

376 vgl. *Korn*, ZZP 11 (1887), 294 ff.; *Oertmann*, AcP 81 (1893), 61 (104 ff.); *Weiglin*, Pfändungspfandrecht, S. 29 ff.

377 RGZ 20, 371 (371 ff.); RG, JW 1928, 2859; RG, JW 1938, 2400; OLG Stuttgart, Rechtspfleger 1983, 409 (409); OLG Köln NJW-RR 1989, 190 (191); LG Berlin, Rechtspfleger 1975, 374 (374).

378 *Stöber*, Forderungspfändung, Rdnr. 33; Stein/Jonas-*Brehm*, § 829 Rdnr. 124; *v. Gerkan*, Rechtspfleger 1963, 369 (369?); Baumbach/Lauterbach-*Hartmann*, § 829 Rdnr. 7 a.E.; *Rimmelspacher/Spellenberg*, JZ 1973, 271 (271).

379 *Werner*, Umgehung von Aufrechnungshindernissen, S. 47.

selbst nicht zwingend eine Personenverschiedenheit von Pfandgläubiger und Schuldner der als Pfandobjekt dienenden Forderung voraussetzt.[380]

Für die Zulässigkeit der Pfändung eigener Schulden spricht schließlich das Prinzip des freien Vollstreckungszugriffs. Danach steht es dem vollstreckenden Gläubiger frei, im Rahmen der gesetzlichen Bestimmungen grundsätzlich auf alle Vermögensgegenstände des Schuldners zuzugreifen.[381] Auch die Forderung des Schuldners gegen den Vollstreckungsgläubiger ist Bestandteil des Schuldnervermögens. Es ist kein sachlicher Grund zu erkennen, weshalb er auf diesen Vermögensbestandteil des Schuldners nicht zugreifen können sollte. Andernfalls stünde er schlechter als andere Gläubiger des Schuldners, die ihrerseits unzweifelhaft diese Forderung pfänden und sich überweisen lassen könnten.

bb. Verfahrensbesonderheiten

Fraglich ist, inwieweit einzelne Bestimmungen über die Forderungspfändung auch bei der Zwangsvollstreckung in eigene Schulden anzuwenden sind.

Die Erklärungspflicht des Drittschuldners gegenüber dem Gläubiger nach § 840 ZPO macht zum Beispiel keinen Sinn, wenn Drittschuldner und Gläubiger identisch sind. Dennoch kann daraus nicht geschlossen werden, dass die Pfändung eigener Schulden nicht zulässig sein soll.[382] Es ist vielmehr zu erörtern, wie in diesem Fall bestimmte Verfahrensvorschriften anzuwenden sind. Das betrifft die bereits angesprochene Erklärungspflicht nach § 840 ZPO. Angesichts der Identität von Gläubiger und Drittschuldner ist eine derartige Erklärung zur Gewährleistung des Vollstreckungserfolges nicht erforderlich.[383]

Entsprechende Überlegungen könnten außerdem hinsichtlich des Arrestatoriums nach § 829 Abs. 1 S. 2 ZPO angestellt werden. Muss dem Gläubiger als Drittschuldner tatsächlich durch das Vollstreckungsgericht verboten werden, an den Schuldner zu leisten? Der Gläubiger wird kaum eine Forderung, die er selbst pfänden möchte, durch Erfüllung zum Erlöschen bringen. Das Zahlungsverbot ist auch in diesem Fall sinnvoll, denn es ist zugleich die amtliche Ermächtigung des Gläubigers, nicht an den

---

380 RGZ 57, 358 (363); 116, 198 (207 f.); BGHZ 93, 71 (76); BGH WM 1962, 183 (185); BGH NJW 1983, 2701 (2702); OLG Düsseldorf WM 1992, 1937 (1939).

381 Vgl. *Jauernig*, Zwangsvollstreckungsrecht, § 1 X; *Lippross*, Vollstreckungsrecht, Rdnr. 5; *Rosenberg/Gaul/Schilken*, § 5 II 3.

382 So noch *Hergenhahn*, Gruchot 31 (1887), 610 (625).

383 Vgl. *Werner*, Umgehung von Aufrechnungshindernissen, S. 57.

Schuldner zahlen zu müssen. Insoweit kann der Gläubiger durch die Vorlage des Pfändungsbeschlusses die Einstellung einer unter Umständen gegen ihn wegen seiner Schuld betriebenen Zwangsvollstreckung erreichen.[384]

Nach den §§ 829 Abs. 2 S. 1, 835 Abs. 3 S. 1 ZPO hat der Gläubiger den Pfändungs- und Überweisungsbeschluss dem Drittschuldner zustellen zu lassen. Bei der Zwangsvollstreckung in eigene Schulden bedeutet dies, dass der Gläubiger den Pfändungs- und Überweisungsbeschluss, den er selbst beantragt hat und der ihm bereits vom Gericht übermittelt worden ist, nun nochmals durch den Gerichtsvollzieher oder die Post an sich selbst zustellen muss.[385] Was auf den ersten Blick als „kurios“ [386] erscheint, ist durchaus sinnvoll, denn die Mitteilung der Forderungspfändung an den Drittschuldner ist nicht der einzige Zweck der Zustellung. Die Zustellung ist nach § 829 Abs. 3 ZPO formelle Voraussetzung der Pfändung. Die Zustellungsurkunde ist also auch ein Beweismittel für die erfolgte Pfändung, vor allem für deren Zeitpunkt, der für den Rang des Pfändungspfandrechts im Vergleich zu konkurrierenden Gläubigern maßgeblich ist. Nach dem Regelungsgehalt der §§ 829 Abs. 2 und 3 ZPO soll der Gläubiger selbst bestimmen können, ob und wann die Forderungspfändung, also der tatsächliche Zugriff auf das Schuldnervermögen im Wege der Zwangsvollstreckung erfolgt.

Durch das Erfordernis der von ihm zu veranlassenden Zustellung soll es der Gläubiger auch nach Erlass des Pfändungs- und Überweisungsbeschlusses in der Hand haben, die Pfändung zu bewirken oder abzubrechen. Die Zustellung dokumentiert insoweit auch den fortbestehenden Pfändungswillen des Gläubigers.[387] Diese Funktion hat die Zustellung des Pfändungs- und Überweisungsbeschlusses an den Drittschuldner auch dann, wenn dieser zugleich Vollstreckungsgläubiger ist. Sie ist daher auch in diesem Fall sinnvoll und notwendig.

Folglich ist festzuhalten, dass sich aufgrund der Identität von Vollstreckungsgläubiger und Drittschuldner eine Reihe von besonderen Verfahrensfragen ergeben. Dabei besteht aber kein Zweifel an der generellen Zulässigkeit der Pfändung eigener Schulden.

---

[384] *Werner*, Umgehung von Aufrechnungshindernissen, S. 57.

[385] *Lackmann*, Zwangsvollstreckungsrecht, Rdnr. 273; *Brox/Walker*, Rdnr. 513; *Stöber*, Forderungspfändung, Rdnr. 33, 526; Zöller-*Stöber*, § 829 Rdnr. 14; Stein/Jonas-*Brehm*, § 829 Rdnr. 124.

[386] *Werner*, Umgehung von Aufrechnungshindernissen, S. 57.

[387] Stein/Jonas-*Brehm*, § 829 Rdnr. 124; *Werner*, Umgehung von Aufrechnungshindernissen, S. 59.

cc. Rechtsschutzbedürfnis

Fraglich ist allerdings, ob für die Zwangsvollstreckung in eigene Schulden ein Rechtsschutzbedürfnis besteht, wenn sowohl die Forderung des Gläubigers als auch die gegen ihn gerichtete Forderung des Schuldners gleichartig ist und es dem Gläubiger prinzipiell möglich wäre, sich im Wege der Aufrechnung zu befriedigen. Man könnte deshalb in diesen Fällen das Rechtsschutzbedürfnis ablehnen.[388] Schließlich ist die Aufrechnung im Vergleich zur Zwangsvollstreckung in die eigene Schuld schneller, billiger und einfacher. Trotzdem bejahen die jüngere Rechtsprechung[389] und die wohl herrschende Rechtslehre[390] das Rechtsschutzbedürfnis für die Pfändung auch dann, wenn die Aufrechnung möglich wäre.

Dem ist zuzustimmen. Bereits die unterschiedlichen Tilgungszeitpunkte bei der Aufrechnung einerseits und der Pfändung und Überweisung der eigenen Schuld andererseits können ein besonderes Interesse an der Zwangsvollstreckung begründen. Bei der Aufrechnung bezieht § 389 BGB die Tilgung auf den Eintritt der Aufrechnungslage zurück, während bei der Pfändung grundsätzlich die Vollstreckungsforderung erst mit der Verwertung der gepfändeten Forderung ex nunc erlischt.[391] Der Vollstreckungsgläubiger wird daran interessiert sein, die bei der Aufrechnung eintretende rückwirkende Tilgung zu vermeiden, wenn etwa seine Forderung höher verzinst ist als die Gegenforderung.[392] In dieser Situation bietet sich die Zwangsvollstreckung in die eigene Schuld an, zumal das Verfügungsverbot nach § 829 Abs. 1 S. 2 ZPO dem Schuldner die Möglichkeit zur Aufrechnung nimmt.

Schließlich bietet die Pfändung der eigenen Schuld dem Gläubiger die Möglichkeit, sich einer gegen ihn betriebenen Zwangsvollstreckung effektiver zu widersetzen.[393] Will er im Vollstreckungsverfahren eine von ihm erklärte Aufrechnung einwenden, kann er grundsätzlich nur eine Vollstreckungsabwehrklage nach § 767 ZPO erheben. Häufig dürfte der Aufrechnungseinwand nach § 767 Abs. 2 ZPO bereits präkludiert sein. Jedenfalls

---

388 So LG Düsseldorf MDR 1964, 332 (333); LAG Berlin, BB 1969, 1353; OLG Stuttgart, Rechtspfleger 1983, 409; *Lackmann*, Zwangsvollstreckungsrecht, Rdnr. 273.

389 OLG Köln NJW-RR 1989, 190.

390 Stein/Jonas-*Brehm*, § 829 Rdnr. 124; *v.Gerkan*, Rechtspfleger 1963, 369 (369 f.); *Rimmelspacher/ Spellenberg*, JZ 1973, 271 (271 ff.); Schuschke/Walker-*Schuschke*, § 829 Rdnr. 11; *Stöber*, Forderungspfändung, Rdnr. 33.

391 Das gilt jedenfalls für den Fall der Überweisung an Zahlungs statt (§ 835 Abs. 1 2. Alt., Abs. 2 ZPO). Vgl. *Rimmelspacher/Spellenberg*, JZ 1973, 271 (272 ff.), *Werner*, Umgehung von Aufrechnungshindernissen, S. 54.

392 Stein/Jonas-*Brehm*, § 829 Rdnr. 124; *Rimmelspacher/Spellenberg*, JZ 1973, 271 (272 ff.), *Werner*, Umgehung von Aufrechnungshindernissen, S. 54.

393 *Werner*, Umgehung von Aufrechnungshindernissen, S. 52.

darf die Zwangsvollstreckung aber auch nach Klageerhebung fortgesetzt werden, es sei denn, dass erfolgreich einstweiliger Rechtsschutz nach § 769 ZPO beantragt worden ist. Vollstreckt der Gläubiger hingegen in die gegen ihn gerichtete Forderung des Schuldners, so wird diesem nach § 829 Abs. 1 S. 2 ZPO in dem Pfändungsbeschluss deren Einziehung verboten.

Nach alledem kann das Rechtsschutzbedürfnis im Hinblick auf eine Pfändung eigener Schulden auch dann bejaht werden, wenn sich der Vollstreckungsgläubiger im Wege einer Aufrechnung hätte befriedigen können.

dd. Ergebnis

Die Erwägung des BGH[394], ein Gläubiger könne die Zwangsvollstreckung auch in solche Forderungen betreiben, die sich gegen ihn selbst richten, ist zutreffend. Weder die Regelungssystematik der ZPO noch Verfahrensbesonderheiten oder Fragen der Verwertung rechtfertigen Zweifel an der grundsätzlichen Zulässigkeit der Pfändung eigener Schulden.

d. Zwangsvollstreckung in den revokatorisch geltend gemachten Herausgabeanspruch durch den Dritten

Der vierte Aspekt in der Argumentation des BGH[395] ist die Annahme, auch der Geschäftspartner des gem. §§ 1365, 1366 BGB unwirksam verfügenden Ehegatten könne den gegen ihn gerichteten Herausgabeanspruch pfänden. Hierbei handelt es sich im Grunde um eine Schlussfolgerung aus den beiden vorherigen Thesen: Wenn § 1365 BGB die Zwangsvollstreckung in den aufgrund der unwirksamen Verfügung entstandenen Herausgabeanspruch nicht verhindere und wenn der Geschäftspartner auch auf gegen ihn gerichtete Forderungen im Wege der Zwangsvollstreckung Zugriff nehmen könne, dann sei es nur folgerichtig, dass der Geschäftspartner den gegen ihn gerichteten Herausgabeanspruch pfänden und sich zur Verwertung überweisen lassen könne.

Bei der Überprüfung dieser Schlussfolgerung ist – wie bereits im Zusammenhang mit der Aufrechnung – danach zu differenzieren, mit welcher Forderung der Geschäftspartner den gegen ihn gerichteten Herausgabeanspruch tilgen möchte. Es ist zu unterscheiden, ob es um einen Gegenanspruch geht, der dem Dritten aufgrund des gem. §§ 1365, 1366 BGB nichtigen Rechtsgeschäftes entstanden ist, z.B. den Bereicherungsanspruch hin-

---

394 BGHZ 143, 356 (361).
395 BGHZ 143, 356 (361).

sichtlich des Kaufpreises, oder ob es sich bei der Vollstreckungsforderung um einen Anspruch handelt, der mit dem unwirksamen Rechtsgeschäft nicht in Zusammenhang steht, etwa einer Forderung aus einem früheren Rechtsgeschäft.

aa. Vollstreckungsforderung, unabhängig vom nichtigen Rechtsgeschäft entstanden

Ist die Vollstreckungsforderung unabhängig von der gem. §§ 1365, 1366 BGB nichtigen Verfügung entstanden und hat sie der Dritte ohne rechtsmissbräuchlich zu handeln erlangt, gilt grundsätzlich nichts anderes, als wenn sonstige Gläubiger des verfügenden Ehegatten im Wege der Zwangsvollstreckung auf dessen Vermögen Zugriff nehmen. Steht die Vollstreckungsforderung mit dem nach §§ 1365, 1366 BGB nichtigen Rechtsgeschäft nicht in Zusammenhang, macht es keinen Unterschied, ob andere Gläubiger oder eben der Dritte die Zwangsvollstreckung in den Herausgabeanspruch betreiben. Durch die Pfändung des gegen ihn gerichteten Herausgabeanspruchs kann der Dritte zwar die Rückabwicklung der unwirksamen Verfügung verhindern. Diese Möglichkeit hat er aber ohnehin und zwar unabhängig von dem nach §§ 1365, 1366 BGB unwirksamen Rechtsgeschäft. Der Dritte kann aufgrund seiner Vollstreckungsforderung den Verfügungsgegenstand vor dem unwirksamen Erwerb unstreitig pfänden lassen. § 1365 BGB gibt dem anderen Ehegatten kein Recht, sich dem zu widersetzen. Pfändet der Dritte also den Herausgabeanspruch des verfügenden Ehegatten, so vereitelt er zwar die Wiederherstellung des tatsächlichen vermögensrechtlichen status quo, er stellt jedoch Vermögensverhältnisse her, die auch dann bestanden hätten, wenn er bereits vor der unwirksamen Veräußerung seinen Anspruch im Wege der Zwangsvollstreckung realisiert hätte.

Da – wie bereits dargelegt[396] – auch der revokatorisch geltend gemachte Herausgabeanspruch der Zwangsvollstreckung unterliegt, ist kein sachlicher Grund erkennbar, den Dritten hier schlechter zu stellen als jeden anderen Vollstreckungsgläubiger. Ist die Vollstreckungsforderung unabhängig von der gem. §§ 1365, 1366 BGB nichtigen Verfügung entstanden, kann der Dritte also den gegen ihn gerichteten Herausgabeanspruch pfänden und sich zur Verwertung überweisen lassen.

---

[396] Vgl. S. 127.

bb. *Vollstreckungsforderung, aufgrund des gem. §§ 1365, 1366 BGB nichtigen Rechtsgeschäftes entstanden*

Da in diesem Abschnitt die Frage untersucht wird, ob auch mit Ansprüchen aufgerechnet werden kann, die im Zusammenhang mit dem nach §§ 1365, 1366 BGB nichtigen Rechtsgeschäft stehen, muss schließlich überprüft werden, ob die Argumentation des BGH auch für diese Ansprüche zutrifft. Es muss also geklärt werden, ob der Geschäftspartner etwa mit seinem sich aus der Unwirksamkeit der Verfügung ergebenden Bereicherungsanspruch in den gegen ihn gerichteten Herausgabeanspruch vollstrecken kann.

Fraglich ist zunächst, ob es überhaupt möglich ist, dass der Dritte mit seinem Bereicherungsanspruch den gegen ihn bestehenden Herausgabeanspruch des verfügenden Ehegatten pfändet, obgleich beide Forderungen im Grunde wegen der nach §§ 1365, 1366 BGB nichtigen Verfügung entstanden sind.

Die Pfändung setzt voraus, dass der Dritte aufgrund seines Bereicherungsanspruchs einen Vollstreckungstitel erwirbt. Erhebt der Dritte wegen seines Bereicherungsanspruchs zuerst Klage, darf nicht übersehen werden, dass sowohl der Herausgabeanspruch des verfügenden Ehegatten als auch der Bereicherungs- und Schadensersatzanspruch seines Geschäftspartners auf demselben rechtlichen Schuldverhältnis beruhen, also Konnexität i.S.d. § 273 BGB besteht.

Zwar ist es aufgrund des Schutzzwecks der §§ 1365, 1368 BGB dem Dritten verwehrt, sich hinsichtlich der Gegenleistung auf ein Zurückbehaltungsrecht nach § 273 BGB zu berufen, aber der verfügende Ehegatte kann sehr wohl die erhaltene Gegenleistung solange zurückbehalten, bis er die von ihm zu Unrecht veräußerte Sache wieder erhalten hat. Dem Ehegatten steht also ein Zurückbehaltungsrecht i.S.d. § 273 BGB zu. Hierauf wird er sich berufen, wenn er von seinem Geschäftspartner verklagt wird. Das bedeutet aber, dass der Ehegatte zur Rückzahlung des Kaufpreises gem. § 274 Abs. 1 BGB grundsätzlich nur gegen Empfang des veräußerten Gegenstandes verurteilt werden kann. Der Dritte kann also nur einen sogenannten Zug-um-Zug-Titel gegen den Ehegatten erlangen.

Ist dies aber der Fall, dann ist fraglich, ob der Dritte mit einem derartigen Zug-um-Zug-Titel in den gegen ihn gerichteten Herausgabeanspruch vollstrecken kann. Bei solchen Titeln müssen die Vollstreckungsorgane prüfen, ob der Gläubiger die von ihm zu bewirkende Leistung erbracht oder verzugsbegründend angeboten hat. Gem. § 756 ZPO darf der Gerichtsvollzieher die Zwangsvollstreckung nicht beginnen, bevor er dem Schuldner die diesem gebührende Leistung in einer den Annahmeverzug begründenden Weise angeboten hat, sofern nicht durch öffentliche oder öffentlich beglaubigte Urkunden bewiesen wird, dass der Schuldner befriedigt oder im Verzug der Annahme ist und eine Abschrift dieser Urkunden bereits zugestellt ist oder gleichzeitig zugestellt wird. Das Angebot der Gegenleistung kann nur durch den Gerichtsvollzieher erfolgen. Bei der Vollstreckung durch andere Organe – Vollstreckungsgericht, Prozessgericht oder Grundbuchamt – muss der Gläubiger gem. § 765 ZPO die Befriedigung oder den Annahmeverzug des Schuldners durch öffentliche Urkunden nachweisen. Dies gilt auch vorliegend, da für die Forderungspfändung gem. § 828 Abs. 1 ZPO das Vollstreckungsgericht zuständig wäre, also das Amtsgericht, bei dem der verfügende Ehegatte (der Schuldner) seinen allgemeinen Gerichtsstand hat.

Der Geschäftspartner könnte also aufgrund seines Bereicherungsanspruchs nur dann die gegen ihn gerichtete Herausgabeforderung des Ehegatten pfänden, wenn er den Gegenstand, auf den sich der Herausgabeanspruch bezieht, zuvor herausgegeben oder ihn zumindest in einer den Annahmeverzug begründenden Weise angeboten hat. Muss der Dritte die unwirksam erworbene Sache zuvor anbieten, werden der verfügende oder der übergangene Ehegatte diese regelmäßig wieder zurücknehmen. Ist dies aber der Fall, dann erlischt gem. § 362 Abs. 1 BGB der Herausgabeanspruch, auf den der Dritte im Wege der Zwangsvollstreckung zugreifen wollte. Der verfügende Ehegatte wird also noch vor seinem Geschäftspartner befriedigt, und das vermeintliche Vollstreckungsobjekt ist zu dem Zeitpunkt, zu dem die Zwangsvollstreckung beginnen könnte, nicht mehr existent.

Es besteht im Grunde auch keine Gefahr, dass der veräußernde Ehegatte bewusst den Annahmeverzug herbeiführen könnte, um die Pfändung seines Herausgabeanspruchs zu ermöglichen und so die Rückabwicklung des nach § 1365 BGB nichtigen Rechtsgeschäftes zu vereiteln. Macht der übergangene Ehegatte die Unwirksamkeit des Rechtsgeschäftes nach § 1368 BGB geltend, so ist nach wohl herrschender Ansicht der Rechtslehre[397] die zu Unrecht veräußerte Sache an diesen Ehegatten herauszugeben. Das den Annahmeverzug begründende Angebot muss also dem übergangenen Ehegatten gegenüber erfolgen. Nach anderer Ansicht[398] müsse der betroffene Ge-

---

[397] *Achilles/Greiff*, § 1368 Anm. 7; *Brox*, FamRZ 1961, 281 (286); Erman/*Heckelmann*, § 1368 Rdnr. 12; *Hoppe*, S.90 ff., *Knur*, DNotZ 1957, 451 (459); *Massfeller/Reinicke*, § 1368 Ziff. 2; *Lüderitz*, Familienrecht, Rdnr. 363; Palandt/*Brudermüller*, § 1368 Rdnr.4; *Petermann*, Rechtspfleger 1960, 223 (226); *Reinicke*, BB 1957, 564 (568); *Reinicke/Schwarzhaupt*, S. 18 f.; Stein/Jonas-*Bork*, vor § 50 Rdnr. 51; *Schlüter*, Familienrecht, Rdnr. 117; *Zunft*, NJW 1958, 130 (131).

[398] *Dölle*, Familienrecht, S. 762; AK/*Fieseler*, § 1368 Rdnr. 2; RGRK/*Finke*, § 1368 Rdnr. 13; *Gernhuber/Coester-Waltjen*, Familienrecht, § 35 VI Rdnr. 95-97; *Hartung*, S. 94;

genstand an den verfügenden Ehegatten herausgegeben werden. Verweigere dieser jedoch die Annahme, habe die Herausgabe an den übergangenen Ehegatten zu erfolgen.

Unabhängig davon, welcher der vorgenannten Ansichten zu folgen ist, kann Annahmeverzug nur begründet werden, wenn die veräußerte Sache (auch) dem übergangenen Ehegatten angeboten worden ist. Nimmt dieser die veräußerte Sache, die er im Interesse der Familie zurückfordert, zurück, ist der Herausgabeanspruch erloschen und dem Vollstreckungszugriff entzogen.

cc. Ergebnis

Die Zwangsvollstreckung in den Herausgabeanspruch aufgrund eines wechselseitigen Bereicherungsanspruchs existiert nur in der Theorie. In der Praxis kommt sie nicht vor, denn noch bevor der Herausgabeanspruch gepfändet werden könnte, würde dieser getilgt. Das zeigt, dass die Argumentation des BGH zur Zulässigkeit der Aufrechnung in den Fällen nicht greift, in denen die Aktiv- oder die Vollstreckungsforderung des Dritten aufgrund des nach §§ 1365, 1366 BGB nichtigen Rechtsgeschäftes entstanden sind. Die Annahme, der Dritte könne mit seiner Forderung in den gegen ihn gerichteten Herausgabeanspruch vollstrecken, trifft hier aber nicht zu.

Anders zu beurteilen ist der Fall, wenn die Vollstreckungsforderung des Dritten ein sonstiger Zahlungsanspruch gegen den verfügenden Ehegatten ist. Wegen eines derartigen Zahlungsanspruchs kann der Dritte tatsächlich im Wege der Zwangsvollstreckung in den gegen ihn gerichteten Herausgabeanspruch vollstrecken. Für diesen Fall ist dem BGH zuzustimmen.

e. Gleichsetzung von Zwangsvollstreckung und Aufrechnung

Die Argumentation des BGH geht von der Zulässigkeit der Zwangsvollstreckung aus und folgert hiervon auf die Zulässigkeit der Aufrechnung. Dementsprechend heißt es: *„Ebenso wenig wie vor einer Zwangsvollstreckung ist ein Ehegatte vor einer Aufrechnung geschützt.“* [399] Diese Begründung ist aus Sicht des BGH in doppelter Hinsicht ein Novum. Zunächst setzt er Aufrechnung und Zwangsvollstreckung im Grunde gleich, dann stützt er sich allein auf diese Gleichsetzung, um die Frage eines gesetzlich nicht normierten Auf-

---

MünchKomm/*Koch*, § 1368 Rdnr. 14; Soergel/*Lange*, § 1368 Rdnr. 11; Jauernig/*Berger*, § 1368 Rdnr. 4; *Koeniger*, DRiZ 1959, 372 (375); *Schulin*, DRiZ 1959, 76 (79).

[399] BGHZ 143, 356 (361).

rechnungshindernisses zu beantworten. Bislang hat der BGH hier die Aufrechenbarkeit stets isoliert betrachtet und darauf abgestellt, ob entsprechend seiner in ständiger Rechtsprechung[400] verwendeten Formel *„nach dem besonderen Inhalt des zwischen den Parteien begründeten Schuldverhältnisses der Ausschluss als stillschweigend vereinbart angesehen werden muss (§ 157 BGB) oder [...] die Natur der Rechtsbeziehung oder der Zweck der geschuldeten Leistung eine Erfüllung im Wege der Aufrechnung als mit Treu und Glauben unvereinbar erscheinen lassen."*[401]

Das Schrifttum[402], das sich seitdem mit der Entscheidung auseinandergesetzt hat, stellt die Begründung des BGH[403] bislang nicht in Frage. Dennoch ist seine Argumentation bedenklich. Ist es vertretbar, von der Zulässigkeit der Zwangsvollstreckung in eine Forderung auf die Zulässigkeit der Aufrechnung mit dieser Forderung zu schließen?

Gem. § 394 BGB führt ein Pfändungsverbot zu einem Aufrechnungsverbot. Nach dieser Vorschrift findet die Aufrechnung gegen eine Forderung nicht statt, soweit diese nicht der Pfändung unterworfen ist. Darf aber umgekehrt angenommen werden, dass die Aufrechnung immer zulässig ist, wenn die Pfändung zulässig ist? Es fragt sich, ob Aufrechnung und Zwangsvollstreckung insoweit gleichgesetzt werden können. Um diese Frage zu beantworten, sind die beiden Befriedigungsmodalitäten in ihren Voraussetzungen, Wirkungen und in ihren Funktionen zu vergleichen.

aa. Vergleich von Zwangsvollstreckung und Aufrechnung

(1) Vergleich der Voraussetzungen

Während die Aufrechnung lediglich eine Aufrechnungslage und eine Aufrechnungserklärung erfordert, müssen für einen Zugriff des Gläubigers auf Forderungen des Schuldners im Wege der Zwangsvollstreckung eine ganze Reihe von Voraussetzungen vorliegen.[404] Neben einem ordnungsgemäßen

---

400 BGHZ 14, 342 (346 f.); 25, 211 (215); 54, 244 (247); 71, 380 (383); 95, 109 (113); 113, 90 (93 f.).

401 BGHZ 95, 109 (113); vgl. auch OLG Köln, DNotZ 1989, 257 (260); OLG Karlsruhe, VersR 1991, 334.

402 *Duderstadt*, in: Klein, Das gesamte Familienrecht, § 1368 Rdnr. 2; *Hohloch*, Familienrecht, Rn. 470; *ders.*, JuS 2000, 820; *ders.*, in: LM H. 8/2000 Nr. 19 zu § 1365 BGB, Bl. 1467; *Kroppenberg*, WuB I E 4 Avalkredit 1.00, 735 (736); *Leible*, JA 2000, 742 (745); Bamberger/Roth-*Mayer*, § 1368 Rdnr. 5.

403 BGHZ 143, 356 (361).

404 Vgl. *Lippross*, Vollstreckungsrecht, Rdnr. 13; *Brox/Walker*, Rdnr. 17; *Zimmermann*, Vor § 704 Rdnr. 6 ff.

Antrag an das zuständige Vollstreckungsorgan müssen die allgemeinen zivilprozessualen Verfahrensvoraussetzungen erfüllt sein, insbesondere die Parteifähigkeit, § 50 ZPO, und die Prozessfähigkeit, §§ 51 ff. ZPO, ferner die Prozessführungsbefugnis der Beteiligten sowie das Rechtsschutzbedürfnis für die beantragte Zwangsvollstreckungsmaßnahme. Außerdem haben die allgemeinen Vollstreckungsvoraussetzungen vorzuliegen: eine vollstreckbare, d.h. eine mit der Vollstreckungsklausel versehene Ausfertigung eines zur Zwangsvollstreckung geeigneten Titels, der dem Schuldner vorab zuzustellen ist oder spätestens bei Vollstreckungsbeginn zugestellt werden muss. Unter Umständen sind besondere Vollstreckungsvoraussetzungen zu beachten, etwa bei der Zug-um-Zug-Verurteilung nach §§ 756, 765 ZPO oder bei einem aufschiebend befristeten Anspruch nach § 751 ZPO. Welche Verfahrensbesonderheiten zu beachten sind, wenn ein Gläubiger die Zwangsvollstreckung in eine gegen ihn gerichtete Forderung betreiben will, wurde bereits dargestellt.[405]

Zweifellos hat die Zwangsvollstreckung also weitergehende Voraussetzungen als die Aufrechnung. Hieraus kann jedoch nicht zwingend abgeleitet werden, dass die Schlussfolgerung von der Pfändbarkeit auf die Aufrechnungsfähigkeit per se ausgeschlossen sei. Eine Gleichsetzung liegt aber im Hinblick auf die unterschiedlichen Voraussetzungen keinesfalls nahe. Man könnte im Gegenteil die Auffassung[406] vertreten, die Zwangsvollstreckung sei auch dann zulässig, wenn die Aufrechnung aufgrund eines Aufrechnungsverbotes ausgeschlossen ist. Dies hätte zur Folge, dass Aufrechnungsverbote den Gläubiger nicht daran hinderten, gegen ihn gerichtete Ansprüche seines Schuldners zu pfänden und sie sich überweisen zu lassen. Wäre demzufolge die Zwangsvollstreckung trotz bestehender Aufrechnungshindernisse möglich, dann kann andererseits aus der Zulässigkeit der Zwangsvollstreckung gerade nicht auf die Zulässigkeit der Aufrechnung geschlossen werden.

---

405 Vgl. S. 136 ff.

406 *Baur/Stürner*, Zwangsvollstreckungsrecht I, Rdnr. 30.5; *Blomeyer*, Zivilprozessrecht, § 55 IV 3; *Brox/Walker*, Rdnr. 513; MünchKomm/*v.Schlüter*, § 393 Rdnr. 3; *Gernhuber*, Erfüllung, § 12 VI 3 b; *Gerhardt*, Vollstreckungsrecht, § 9 I 1 a.E.; *v.Gerkan*, Rpfleger 1963, 369 (370); *Glötzner*, MDR 1975, 718, (718 f.); Staudinger/*Gursky*, § 393 Rdnr. 2; Baumbach/Lauterbach-*Hartmann*, § 829 Rdnr. 7; *Lüke*, Zivilprozessrecht, Rdnr. 635; *Heintzmann*, S. 144; *Jauernig*, Zwangsvollstreckungsrecht, § 19 III; *Lippross*, Rdnr. 250; *Mager*, JZ 1969, 548 (549); *Rimmelspacher/Spellenberg*, JZ 1973, 271 (273); *Rosenberg/Gaul/Schilken*, § 54 I 1a; MünchKomm/*Schlüter*, § 393 Rdnr. 1; Schuschke/Walker-*Schuschke*, § 829 Rdnr. 11; MünchKomm-ZPO-*Smid*, § 829 Rdnr. 67; *Stöber*, Forderungspfändung, Rdnr. 33; Erman/*Westermann*, § 393 Rdnr. 1; Wieczorek/Schütze-*Lüke*, § 829 Rdnr. 70; Soergel/*Zeiss*, § 393 Rdnr. 6.

Diese Frage lässt sich durch den bloßen Vergleich der unterschiedlichen Voraussetzungen von Aufrechnung und Zwangsvollstreckung nicht beantworten. Der Vergleich der verschiedenen Voraussetzungen hat allerdings ergeben, dass die vom BGH[407] getroffene Schlussfolgerung weder zwingend noch nahe liegend ist.

(2) Vergleich der Wirkungen

(a) Aufrechnung

Zu untersuchen ist deshalb, ob die Wirkungen beider Befriedigungsmodalitäten übereinstimmen und die Schlussfolgerung des BGH deshalb berechtigt ist. Gem. § 389 BGB bewirkt die Aufrechnung, dass die sich gegenüberstehenden Forderungen, soweit sie sich decken, zu dem Zeitpunkt als erloschen gelten, zu dem sie sich zur Aufrechnung geeignet gegenüberstanden. Maßgeblich ist also nicht der Zeitpunkt der Aufrechnungserklärung, sondern der Eintritt der Aufrechnungslage. Obwohl die Forderungen bis zur Erklärung der Aufrechnung tatsächlich existent waren, fingiert das Gesetz, dass sie rückwirkend erlöschen: Für die Zeit nach Beginn der Aufrechnungslage können keine Verzugszinsen verlangt werden.[408]

(b) Zwangsvollstreckung

Die Wirkung der Zwangsvollstreckung hängt dagegen davon ab, wie die gegen den Vollstreckungsgläubiger gerichteten Forderungen verwertet werden können.

Bei einer gepfändeten Geldforderung kann der Gläubiger gem. § 835 Abs. 1 ZPO wählen, ob er sie sich zur Einziehung oder an Zahlungs statt zum Nennwert überweisen lassen möchte. Die Überweisung erfolgt durch einen Überweisungsbeschluss, der gem. § 835 Abs. 3 S. 1 ZPO nach den gleichen Vorschriften wie der Pfändungsbeschluss erlassen wird. In der Regel ergehen Pfändung und Überweisung gleichzeitig und werden im sogenannten Pfändungs- und Überweisungsbeschluss verbunden.

---

407 BGHZ 143, 356 (361 f.).

408 BGHZ 80, 269 (278 f.); BGH NJW-RR 1991, 568 (569).

(aa) Überweisung an Zahlungs statt

Durch die Überweisung einer gepfändeten Geldforderung an Zahlungs statt geht gem. § 835 Abs. 2 ZPO die Forderung auf den Gläubiger über und hat damit dieselbe Wirkung wie eine Abtretung der Forderung.[409] Der Vollstreckungsgläubiger wird damit zum direkten Gläubiger des Drittschuldners. Dieser kann ihm nach §§ 404, 414 BGB alle Einreden entgegenhalten, die ihm bislang gegenüber seinem bisherigen Gläubiger, dem Vollstreckungsschuldner zustanden. Mit dem Übergang der gepfändeten Forderung ist nach § 835 Abs. 2 ZPO der Vollstreckungsgläubiger als befriedigt anzusehen. Die Vollstreckungsforderung erlischt also in Höhe des überwiesenen Nennwertes allein durch den Forderungsübergang und unabhängig davon, ob der Vollstreckungsgläubiger vom Drittschuldner tatsächlich die geschuldete Leistung erhält. Dieses Risiko der Zahlungsunfähigkeit bzw. -unwilligkeit besteht allerdings nicht, wenn wie hier Gläubiger und Drittschuldner identisch sind. Geht durch Überweisung an Zahlungs statt die gepfändete eigene Schuld auf den Vollstreckungsgläubiger über, so hat dies zur Folge, dass dieser sowohl Gläubiger als auch Schuldner der überwiesenen Forderung ist, was zu deren Erlöschen im Wege der Konfusion führt.[410] Bei der Vollstreckung in Ansprüche auf Herausgabe oder Leistung körperlicher Sachen scheidet nach §§ 849, 846 ZPO eine Überweisung an Zahlungs statt aus.

(bb) Überweisung zur Einziehung

In der Regel erfolgt die Forderungsverwertung durch die Überweisung zur Einziehung. Der Gläubiger wird dadurch zwar nicht Inhaber der Forderung, erhält aber ein Einziehungsrecht und darf sie gegen den Drittschuldner im eigenen Namen geltend machen. Umstritten ist, ob diese Einziehungsbefugnis ein eigenes materielles Recht[411] des Gläubigers zur Geltendmachung der Forderung ist, oder ob dieser nur gegenüber dem Drittschuldner ein fremdes Recht des Vollstreckungsschuldners im eigenen Namen geltend

---

[409] *Brox/Walker*, Rdnr. 665; *Jauernig*, Zwangsvollstreckungsrecht, § 19 VI 1; *Rosenberg/Gaul/Schilken*, S. 863.

[410] Stein/Jonas-*Brehm*, § 835 Rdnr. 15; *Werner*, Umgehung von Aufrechnungshindernissen S. 61; vgl. auch: BGHZ 48, 219; *Gernhuber*, Erfüllung, § 19, S. 416; Palandt-*Heinrichs*, Überbl. Vor § 362 Rdnr. 4.

[411] BGHZ 82, 28 (31); 102, 293 (296); *Lippross*, Rdnr. 310; *Baur/Stürner*, Zwangsvollstreckungsrecht I, Rdnr. 30.28; Stein/Jonas-*Brehm*, § 835 Rdnr. 14.

machen darf, also der Fall einer gesetzlichen Prozessstandschaft[412] vorliegt. Der Überweisungsbeschluss berechtigt den Gläubiger jedenfalls nicht, gegen den Drittschuldner wegen der überwiesenen Forderung die Zwangsvollstreckung zu betreiben. Andernfalls würde im Rahmen der Zwangsvollstreckung gegen den Schuldner ein Vollstreckungstitel gegen den Drittschuldner geschaffen, ohne dass das Bestehen der gepfändeten Forderung geprüft und der Drittschuldner angehört worden ist.

Sind Gläubiger und Drittschuldner identisch, kann der Gläubiger gegen den Drittschuldner keine Klage erheben. Dies ist auch nicht notwendig. Fraglich ist jedoch, wie der Gläubiger in diesem Fall Befriedigung erlangt. Die Annahme, dass mit der Überweisung zur Einziehung die Tilgungswirkung – vergleichbar einer erfolgten Aufrechnung – ohne weiteres eintritt[413], widerspricht der Regelungssystematik des Gesetzes. Das Gesetz sieht vor, dass die bloße Überweisung zur Einziehung noch nicht unmittelbar zur Befriedigung des Gläubigers führt, sondern diesen nur berechtigt, die gepfändete Forderung einzuziehen.[414] Zwischen der Überweisung zur Einziehung und der Befriedigung des Gläubigers muss daher – anders als bei der Überweisung an Zahlungs statt – noch mindestens ein weiterer Akt des Gläubigers (im Normalfall die Einziehung selbst) liegen, den dieser vornehmen, aufschieben oder sogar nach Verzicht gemäß § 843 ZPO ganz unterlassen kann.[415]

Fraglich ist allerdings, wie dieser vom Gläubiger nach der Überweisung vorzunehmende Einziehungsakt in der Praxis auszusehen hat. Das *Reichsgericht* [416] sah einen solchen Akt in der Rechtskraft eines vom Schuldner gegen den Drittschuldner erstrittenen Urteils, das – wegen der nach Rechtshängigkeit vom Beklagten erwirkten Pfändung und Überweisung – auf Leistung an ihn selbst lautete. Eine derartige Verurteilung zur Leistung an sich selbst, die ohnehin rein deklaratorischen Charakter hätte, kommt höchstens in Ausnahmefällen vor; sie ist überdies unpraktikabel und kann keinesfalls zur grundsätzlichen Tilgungsvoraussetzung gemacht werden. Ähnlich abwegig ist es, eine Leistung des Gläubigers, der zugleich Drittschuldner ist, an sich selbst zu fordern. Ein derartiges Vorgehen wäre nicht nur sinnlos, ihm fehlte auch jegliche Publizität.

---

412 *Gerhardt*, Vollstreckungsrecht, § 9 II 1, S. 126; *Rosenberg/Gaul/Schilken*, § 55 II 1 b, S. 859; MünchKomm-ZPO/*Smid*, § 835 Rdnr. 13.

413 So RGZ 33, 290 (292).

414 Stein/Jonas-*Brehm*, § 835 Rdnr. 15; *Werner*, Umgehung von Aufrechnungshindernissen S. 64.

415 *Werner*, Umgehung von Aufrechnungshindernissen S. 64.

416 RG JW 1938, 2399 (2400).

Inzwischen bejahen Rechtsprechung[417] und Rechtslehre[418] den zur Tilgung der Forderung erforderlichen Einziehungsakt, wenn der Vollstreckungsgläubiger gegenüber dem Vollstreckungsschuldner erklärt, dass er sich hinsichtlich seiner Vollstreckungsforderung durch Pfändung der gegen ihn gerichteten Schuldnerforderung als befriedigt betrachte. Dies erscheint sachgerecht und praktikabel. Demnach kann der Gläubiger nach der Überweisung zur Einziehung durch einseitige Befriedigungserklärung gegenüber dem Schuldner die wechselseitigen Forderungen mit Wirkung ex nunc zum Erlöschen bringen. Ist die gepfändete Forderung auf Herausgabe oder Leistung körperlicher Sachen gerichtet, so ist dies grundsätzlich die einzige Möglichkeit der Forderungsverwertung. Eine Überweisung an Zahlungs statt scheidet nach §§ 849, 846 ZPO aus.

Zu klären ist allerdings, ob die Verwertung auch im Wege der Aufrechnung erfolgen könnte, wenn sowohl die gepfändete und zur Einziehung überwiesene Forderung als auch die Vollstreckungsforderung Zahlungsansprüche sind. In diesen Fällen könnte man auch in der Aufrechnungserklärung einen Einziehungsakt sehen. Diese Frage ist nicht nur von theoretischer Natur, sondern im Hinblick auf die unterschiedlichen Tilgungszeitpunkte bei der Aufrechnungserklärung einerseits und der Befriedigungserklärung andererseits von Bedeutung. Während bei der Aufrechnung gem. § 389 BGB die Forderungen rückwirkend erlöschen, führt die Erklärung des Vollstreckungsgläubigers, befriedigt zu sein, nur zu einer Tilgung ex nunc, da der endgültige Vollstreckungszugriff auf die eigene Schuld eben erst mit dieser Erklärung erfolgt.

Grundsätzlich berechtigt das Einziehungsrecht den Vollstreckungsgläubiger zu allen Rechtshandlungen, die dem Zweck dienen, die Leistung herbeizuführen. Sind Gläubiger und Drittschuldner nicht identisch, so ist es unstreitig, dass der Gläubiger gegen eine dem Drittschuldner ihm gegenüber zustehende Forderung (Passivforderung) mit der überwiesenen Forderung (als Aktivforderung) aufrechnen kann.[419] Es ist kein Grund ersichtlich, weshalb etwas anderes gelten soll, wenn Gläubiger und Drittschuldner identisch sind, der Gläubiger also eine eigene Schuld verwertet. Fraglich ist hier lediglich, wem gegenüber die Aufrechnungserklärung erfolgt. Streng genommen müsste der Gläubiger als Aufrechnungsgegner sie sich selbst erklären. Das wäre aber nicht sinnvoll und widerspräche auch der Regelung des § 388 BGB, die bezweckt, Klarheit über den Vollzug der Aufrechnung zu

---

417 KG KGJ 52 (1921) 204 (206f.); OLG Düsseldorf, WM 1992, 1937 (1939) m.w.N.

418 *Weigelin*, Pfändungspfandrecht, S. 73; Stein/Jonas-*Brehm*, § 835 Rdnr. 15.

419 BGHZ 82, 28 (31); BGH NJW 1978, 1914; *Rosenberg/Gaul/Schilken*, § 55 II 1b (S. 858); *Stöber*, Forderungspfändung, Rdnr. 602; Stein/Jonas-*Brehm*, § 835 Rdnr. 14.

verschaffen.[420] In diesem Fall ist daher eine Erklärung des Vollstreckungsgläubigers gegenüber dem Vollstreckungsschuldner nicht erforderlich.[421]

Der Gläubiger hat bei der Zwangsvollstreckung in eigene Schulden also die Wahl zwischen der Überweisung an Zahlungs statt und der Überweisung zur Einziehung. Entscheidet er sich für die Überweisung zur Einziehung, kann er grundsätzlich durch eine Befriedigungserklärung gegenüber dem Vollstreckungsschuldner die Vollstreckungsforderung und die gegen ihn gerichtete Forderung – soweit sie sich decken – ex nunc zum Erlöschen bringen. Ist die überwiesene Forderung eine Zahlungsforderung, so kann sie der Vollstreckungsgläubiger auch mittels einer Aufrechnung verwerten. Die Forderungen erlöschen dann mit der Rückwirkung des § 389 BGB.

(cc) Fazit

Zwischen Aufrechnung und Pfändung einer eigenen Schuld besteht insofern Wirkungsgleichheit, als in beiden Fällen eine gegenseitige Schuldtilgung erfolgt. Unterschiedlich ist aber der Zeitpunkt, in dem diese Wirkung eintritt. Bei der Aufrechnung liegt dieser im Eintritt der Aufrechnungslage, bei der Pfändung und Überweisung tritt im Normalfall keine Rückwirkung, sondern eine Tilgung ex nunc ein. Zu einer rückwirkenden Tilgung kommt es lediglich, wenn der Gläubiger die Überweisung zur Einziehung wählt, dann aber die überwiesene Forderung mittels Aufrechnung verwertet.

Es fragt sich, welche Schlussfolgerungen hieraus zu ziehen sind. Sind Aufrechnung und Zwangsvollstreckung in die eigene Schuld also derart vergleichbar, dass die Zulässigkeit der Pfändung auch die Zulässigkeit der Aufrechnung bedingt? Im Hinblick auf die regelmäßig unterschiedlichen Tilgungszeitpunkte liegt dieser Schluss weder nahe, noch ist er zwingend.

Andererseits widerlegt der Umstand, dass generell unterschiedliche Tilgungszeitpunkte vorliegen, die Argumentation des BGH nicht. Die unterschiedlichen Zeitpunkte würden der Folgerung von der Zulässigkeit der Zwangsvollstreckung auf die Zulässigkeit der Aufrechnung lediglich dann widersprechen, wenn es das Ziel eines Aufrechnungsverbotes wäre, nicht die Schuldtilgung schlechthin, sondern – zumindest auch – deren Rückwirkung auszuschließen. Darum geht es bei Aufrechnungsverboten aber nicht. Ein Aufrechnungshindernis besteht grundsätzlich, weil der Zweck einer geschuldeten Leistung deren tatsächliche Erbringung verlangt. Geht es dem

[420] Gernhuber, *Erfüllung*, § 12 VIII 3.

[421] Stein/Jonas-*Brehm*, § 835 Rdnr. 15; *Werner*, Umgehung von Aufrechnungshindernissen S. 68.

Aufrechnungsverbot um die tatsächliche Erbringung einer Leistung, dann ist der Zeitpunkt der Tilgung nicht maßgeblich.

Nach alledem spricht der Vergleich der unterschiedlichen Wirkungen von Aufrechnung einerseits und Pfändung und Überweisung andererseits weder für noch gegen die Argumentation des BGH[422]. Deshalb müssen die verschiedenen Funktionen der beiden Befriedigungsalternativen untersucht werden.

(3) Vergleich der Funktionen

Während die Zwangsvollstreckung ausschließlich der Befriedigung von Gläubigeransprüchen dient, kommen der Aufrechnung zwei Funktionen zu.[423] Die Aufrechnung bewirkt die Tilgung der gegeneinander aufgerechneten Forderungen, ohne dass die tatsächlich geschuldeten Leistungen erbracht werden müssen. Sie ist also ein Erfüllungssurrogat (Tilgungsfunktion). Außerdem setzt der Aufrechnende dabei seine Forderung durch (Vollstreckungsfunktion). Insoweit sind Aufrechung und Zwangsvollstreckung vergleichbar, doch der Unterschied der beiden Befriedigungsmöglichkeiten liegt in der Doppelfunktionalität der Aufrechnung. Die Aufrechnung ist nicht nur Gläubigerakt mit Befriedigungszweck, sondern auch Schuldnerakt mit Tilgungszweck.

Die beiden Fragen, wann die Zwangsvollstreckung in eine Forderung zulässig ist und wann ein Aufrechnungshindernis besteht, verlangen unterschiedliche Antworten: Pfändungsverbote sind ausschließlich Zugriffsverbote, Aufrechnungsverbote sind Zugriffverbote und zugleich Garantie der Effektiverfüllung.[424]

Aufrechnungsverbote haben demnach – wie die Aufrechung selbst – eine weitergehende Funktion. Der Zweck der Aufrechnung ist, dass ein Schuldner eine gegen ihn gerichtete Forderung zum Erlöschen bringen kann, ohne die tatsächliche Leistung erbringen zu müssen. Das Ziel eines Aufrechungsverbotes ist es daher, diese Schuldtilgung zu verhindern, um die tatsächliche Erbringung der geschuldeten Leistung zu gewährleisten.

Im Rahmen der Zwangsvollstreckung hat die Garantie der Effektiverfüllung keine Bedeutung, denn dort geht es ausschließlich um Gläubigerbefriedigung. Ist die Pfändung ausgeschlossen, dann deshalb, weil der Zugriff

---

422 BGHZ 143, 356 (361 f.).

423 Vgl. *Larenz*, Schuldrecht I, § 18 VI; *Gernhuber*, Erfüllung, § 12 VI 4; Erman/*Westermann*, Vor 387 Rdnr. 1; Münch/Komm/*Schlüter*, § 387 Rdnr. 1; RGRK/*Weber*, Vor 387 Rdnr. 1; Staudinger/*Gursky*, Vorbem zu §§ 387 ff. Rdnr. 1.

424 *Gernhuber*, Erfüllung, § 12 VI, 4.

auf eine bestimmte Forderung unterbleiben, nicht aber weil diese Forderung tatsächlich erfüllt werden soll. Insoweit besteht ein erheblicher Unterschied zwischen Zulässigkeit der Aufrechnung und Zulässigkeit der Zwangsvollstreckung. Angesichts der unterschiedlichen Funktionen von Pfändungs- und Aufrechnungsverboten liegt es fern, von der Pfändbarkeit zur Aufrechenbarkeit zu folgern, wie dies der BGH[425] getan hat.

Fraglich ist, ob nicht dann ein Aufrechnungsverbot der Pfändung entgegensteht, wenn der Gläubiger der zu pfändenden Forderung deren Schuldner ist. Wäre dies zu bejahen, müsste umgekehrt von der Unzulässigkeit der Aufrechnung auf die Unzulässigkeit der Zwangsvollstreckung in eigene Schulden geschlossen werden. Die Frage, wie sich Aufrechnungsverbote auf die Zwangsvollstreckung auswirken, ist daher von entscheidender Bedeutung.

bb. Zwangsvollstreckung in eigene Schulden trotz bestehender Aufrechnungsverbote

Aus § 394 BGB ergibt sich, dass eine Forderung pfändbar sein muss, damit gegen sie aufgerechnet werden kann. Die Pfändbarkeit ist also *eine* Voraussetzung dafür, dass die Aufrechnung zulässig ist. Sie ist aber – wie eine Reihe von Aufrechnungsverboten in den §§ 390 ff. BGB zeigt – nicht die *einzige*. Insoweit ist zu klären, ob es umgekehrt Fälle gibt, in denen ein Aufrechnungsverbot der Zwangsvollstreckung entgegensteht.

(1) Meinungsstand

Können Aufrechnungshindernisse mittels Pfändung und Überweisung eigener Schulden überwunden werden? Hierbei ist vor allem zu klären, ob die Zwangsvollstreckung in eigene Schulden eine unzulässige Umgehung von Aufrechnungshindernissen darstellt. Diese Frage wird in Rechtsprechung und Rechtslehre unterschiedlich beantwortet.

(a) Rechtsprechung

(aa) Die Auffassung des Reichsgerichts

Mit dieser Problematik hatte sich das Reichsgericht erstmalig in seiner Entscheidung vom 11. November 1887[426] auseinander zu setzen. Es ging dar-

[425] BGHZ 143, 356 (361 f.).
[426] RGZ 20, 365.

um, ob eine Geldforderung, die dem Schuldner gegen den die Zwangsvollstreckung betreibenden Gläubiger zusteht, gepfändet werden darf. Hierbei prüfte es auch den Einwand, *„dass im Falle der Zulassung einer Pfändung [...] das Resultat einer Kompensation in Fällen herbeigeführt werden könne, in welchen eine solche nach den Gesetzen nicht zulässig sei"*.[427] Das RG kam jedoch zum Ergebnis, dass aus dem Ausschluss der Aufrechnung nicht gefolgert werden könne, *„dass auch auf einem anderen Weg innerhalb der gesetzlichen Grenzen nicht dasselbe Resultat erzielt werden könnte."*[428]

Grundsätzlich sah das RG in der Pfändung eigener Schulden also keine unzulässige Umgehung von Aufrechnungsverboten. Im Einzelfall sollte dies aber nicht uneingeschränkt gelten, könnten doch *„nach der prozessualen Lage"* Bedenken entgegenstehen, die dann berücksichtigt werden müssten. Welche Bedenken das RG damit anspricht und ob damit möglicherweise prozessrechtliche Aufrechnungshindernisse gemeint sind, kann der Entscheidung nicht entnommen werden.

In späteren Entscheidungen[429] hat das RG diese Bedenken nicht mehr geäußert, sondern unter Bezugnahme auf das oben zitierte Urteil festgestellt, dass die Pfändung und Überweisung eigener Schulden grundsätzlich zulässig sei. Sie diene gerade dazu, prozessuale oder materiell-rechtliche Aufrechnungshindernisse zu überwinden.[430] Hierdurch ergebe sich erst das Rechtsschutzbedürfnis für die Pfändung der eigenen Schuld. Als Beispiele nannte das RG ausdrücklich die Aufrechnungsverbote der §§ 767 Abs. 2 ZPO, 393 und 395 BGB. Auffallend dabei ist, dass die Umgehung von Aufrechnungshindernissen bei der Zwangsvollstreckung in eigene Schulden vom RG nicht (mehr) als bedenklich, sondern als zweckmäßig angesehen wurde.

Das Reichsgericht hielt also nach anfänglichen nicht näher konkretisierten Bedenken die Pfändung und Überweisung eigener Schulden trotz bestehender Aufrechnungsverbote für zulässig und für legitim.

(bb) Urteil des Kammergerichts, JW 1930, 3779

Das Kammergericht ist von der Rechtsprechung des Reichsgerichts abgewichen. Es entschied, dass das Aufrechnungsverbot des § 19 Abs. 2 S. 2 GmbHG, wonach gegen den Anspruch einer GmbH auf Leistung der Stammeinlage nicht aufgerechnet werden kann, dem Gesellschafter eben-

---

427 RGZ 20, 365 (374).
428 RGZ 20, 365 (374).
429 RGZ 57, 358; RG JW 1938, 2399.
430 RG JW 1938, 2399 (2400).

falls verbiete, wegen einer ihm gegen die GmbH zustehenden Forderung den gegen ihn gerichteten Einzahlungsanspruch der GmbH zu pfänden und sich überweisen zu lassen. Die Zwangsvollstreckung in die eigene Einlageschuld komme im Ergebnis einer Aufrechnung gleich, weil der Gesellschafter hierdurch den Einzahlungsanspruch der GmbH einseitig und willkürlich zum Erlöschen bringen könne. Der Schutzzweck des § 19 Abs. 2 S. 2 GmbHG mache es notwendig, das Aufrechnungsverbot auch auf die Zwangsvollstreckung in die eigene Schuld auszudehnen:

> „Die Erwirkung und Zustellung eines Pf.- u. ÜberwBeschl. durch einen Gesellschafter hinsichtlich der Forderung der GmbH auf Einzahlung der Stammeinlage gegen ihn selbst ist also gleichbedeutend mit der dem Gesellschafter durch § 19 Abs. 2 GmbHG verbotenen Aufrechnung. Die Pfändung und Überweisung setzt allerdings die Erfüllung gewisser prozessualer Erfordernisse voraus: Erwirken eines vollstreckbaren Titels und des Pf.- u. ÜberwBeschl. Dadurch wird aber in Wahrheit nichts daran geändert, dass der Gesellschafter wegen einer Forderung gegen die Gesellschaft deren Anspruch auf Einzahlung der Stammeinlage willkürlich und einseitig zum Erlöschen bringen würde. Die von der Bekl. bewirkte Pfändung und Überweisung ist daher als verschleierte Aufrechnung unzulässig."[431]

Das Kammergericht hat jedenfalls mit seiner Entscheidung zum Ausdruck gebracht, dass im Einzelfall ein Aufrechnungshindernis auch zu einem Vollstreckungshindernis führen kann und die Pfändung eigener Schulden keinesfalls per se zulässig ist[432].

(cc) Die Auffassung des BGH

Der BGH musste diese Frage bislang nicht entscheiden, sondern nahm lediglich in einem obiter dictum[433] hierzu Stellung. In dem von ihm zu beurteilenden Fall hatte sich der BGH ebenfalls mit einem gesetzlich nicht normierten Aufrechnungsverbot auseinander zu setzen. Es ging darum, ob ein Land mit einer Steuerforderung gegen den Rückzahlungsanspruch aus der Hinterlegung einer Sicherheit nach §§ 116 Abs. 1 S. 2 Nr. 4, 116a StPO aufrechnen durfte.

Gegen den Beklagten war ein steuerstrafrechtliches Ermittlungsverfahren geführt worden, in dessen Verlauf ein Haftbefehl erging, dessen Vollzug gegen Leistung einer Kaution ausgesetzt wurde. Das Land, das in seiner Ei-

---

[431] KG, JW 1930, 3779.

[432] Die Entscheidung des KG ist im gesellschaftsrechtlichen Schrifttum bis heute unbestritten: Baumbach/Hueck-*Hueck*, § 19 Rdnr. 21; *Meyer-Landrut/Miller/Niehus*, § 19 Rdnr. 45; Roth/Altmeppen-*Roth*, § 19 Rdnr. 28; Scholz-*Schneider*, § 19 Rdnr. 55; Hachenburg-*Ulmer*, § 19 Rdnr. 124.

[433] BGHZ 95, 109.

genschaft als Steuerfiskus erhebliche Steuernachforderungen gegen den Beklagten hatte, rechnete damit gegen den Anspruch auf Rückzahlung der Kaution auf.

Der BGH erklärte die Aufrechnung unter Berufung auf Sinn und Zweck der Hinterlegung sowie den Grundsatz von Treu und Glauben für unzulässig. Das Rechtsinstitut der Hinterlegung diene ausschließlich den Interessen der Hinterleger und dürfe von dem Staat, der das hinterlegte Geld nur erhalte, weil diese Art der Aufbewahrung dem Gläubiger für seine Forderung die größtmögliche Sicherheit biete, nicht dazu benutzt werden, sich wegen eigener Ansprüche, die mit dem Hinterlegungsverhältnis weder rechtlich noch wirtschaftlich zusammenhängen, an dem Anspruch auf Herausgabe des Hinterlegten schadlos zu halten.[434]

In diesem Zusammenhang verweist der BGH auf die Möglichkeit des Landes, die Rückzahlungsforderung zu pfänden: *„Dagegen kann der Staat wie jeder andere Gläubiger auch schon die künftige Rückzahlungsforderung pfänden, solange sie dem Schuldner zusteht.“*[435]

Trotz eines bestehenden Aufrechnungshindernisses hält der BGH die Zwangsvollstreckung in die eigene Zahlungsverpflichtung für zulässig. Die Möglichkeit, dass durch die Forderungspfändung ein Aufrechnungsverbot in unzulässiger Weise umgangen werden könnte, zieht er nicht einmal in Betracht. Im Gegensatz zur untersagten Aufrechnung sieht der BGH in der Forderungspfändung ein legitimes Mittel der Befriedigung.

Ohne Bezugnahme auf die Rechtsprechung des Reichsgerichts hat er im Grunde dessen Auffassung übernommen. Soweit die übrige oberlandesgerichtliche Rechtsprechung[436] diese Frage zu entscheiden hatte, wurde die Pfändung eigener Schulden trotz bestehender Aufrechnungsverbote ebenfalls für zulässig gehalten. An der Zulässigkeit wurden nicht einmal Bedenken geäußert.

---

434 BGHZ 95, 109 (114).

435 BGHZ 95, 109 (115).

436 OLG Hamburg BB 1978, 63; OLG Stuttgart, Rechtspfleger 1983, 409; OLG Köln NJW-RR 1989, 190 (191); OLG Köln, DNotZ 1989, 257 (262).

(b) Rechtslehre

(aa) Generelle Zulässigkeit der Zwangsvollstreckung trotz bestehender Aufrechnungsverbote

Wie die Rechtsprechung geht auch das überwiegende Schrifttum[437] davon aus, dass ein Gläubiger trotz bestehender Aufrechnungsverbote eigene Zahlungsverbindlichkeiten pfänden und sich überweisen lassen könne. Ein Vollstreckungsgläubiger habe bezüglich einer gegen ihn gerichteten Zahlungsforderung grundsätzlich die gleichen Rechte wie jeder andere Vollstreckungsgläubiger. Es sei nicht einzusehen, weshalb er in Bezug auf eine Forderung, deren Schuldner er ist, schlechter gestellt sein solle als andere Gläubiger, die diese ohne Schwierigkeiten pfänden könnten. Aufrechnungsverbote führten schließlich nicht dazu, dass Forderungen dem Vollstreckungszugriff entzogen würden.[438]

Außerdem seien Aufrechnung und Zwangsvollstreckung weder inhaltsgleich noch auf das gleiche Ziel gerichtet. So habe die Pfändung einer Zahlungsforderung andere Voraussetzungen und auch Wirkungen. Die Zwangsvollstreckung sei zum einen wegen des Erfordernisses eines Vollstreckungstitels wesentlich schwieriger als die Aufrechnung. Zum anderen bleibe sie aufgrund fehlender rückwirkender Forderungstilgung stets in ihren Wirkungen hinter der Aufrechnung zurück. Im Übrigen bestehe ohnehin die Gefahr, dass die gegen den Vollstreckungsgläubiger bestehende Gegenforderung noch vor dem Vollstreckungszugriff abgetreten oder anderweitig gepfändet werde.[439]

---

437 *Baur/Stürner*, Zwangsvollstreckungsrecht I, Rdnr. 30.5; *Blomeyer*, Zivilprozessrecht, § 55 IV 3; *Brox/Walker*, Rdnr. 513; MünchKomm/*Schlüter*, § 393 Rdnr. 3; *Gernhuber*, Erfüllung, § 12 VI 3 b; *Gerhardt*, Vollstreckungsrecht, § 9 I 1 a.E.; *v.Gerkan*, Rechtspfleger 1963, 369 (370); *Glötzner*, MDR 1975, 718, (718 f.); Staudinger/*Gursky*, § 393 Rdnr. 2; Baumbach/Lauterbach-*Hartmann*, § 829 Rdnr. 7; *Lüke*, Zivilprozessrecht, Rdnr. 635; *Heintzmann*, S. 144; *Jauernig*, Zwangsvollstreckungsrecht, § 19 III; *Lippross*, Vollstreckung, Rdnr. 250; *Mager*, JZ 1969, 548 (549); *Rimmelspacher/Spellenberg*, JZ 1973, 271 (273); *Rosenberg/Gaul/Schilken*, § 54 I 1a; MünchKomm/*Schlüter*, § 393 Rdnr. 1; Schuschke/Walker-*Schuschke*, § 829 Rdnr. 11; MünchKomm-ZPO/*Smid*, § 829 Rdnr. 67; *Stöber*, Forderungspfändung, Rdnr. 33; Erman/*Westermann*, § 393 Rdnr. 1; Wieczorek/Schütze-*Lüke*, § 829 Rdnr. 70; Soergel/*Zeiss*, § 393 Rdnr. 6;
Aus dem älteren Schrifttum: *Hellwig/Oertmann*, S. 354; *Korn*, ZZP 11 (1887), 294 (299 f.); *Oertmann*, AcP 113 (1915), 376 (410, 417); *Petersen*, § 829 Anm. II 6; *v.Seuffert*, Zivilprozessordnung, § 829 Anm. 1d; *Struckmann/Koch*, § 829 Anm. 9; *Weigelin*, Aufrechnung, S. 118.

438 *Rimmelspacher/Spellenberg*, JZ 1973, 271 (273).

439 Staudinger/*Gursky*, § 387 Rdnr. 149; 393 Rdnr. 2.

Teilweise[440] wird der Vorschrift des § 394 BGB, welche die Aufrechnung gegen unpfändbare Forderungen verbietet, eine Art Stufenverhältnis zwischen der Pfändbarkeit und der Aufrechenbarkeit einer Forderung entnommen. Unpfändbarkeit und Aufrechnungsverbot stünden in einem Über- und Unterordnungsverhältnis zueinander. Wenn aus der Unpfändbarkeit immer ein Aufrechnungsverbot folgt, könne ein Aufrechnungsverbot nicht umgekehrt zur Unpfändbarkeit der Forderung führen, auch nicht für den Adressaten des Aufrechnungsverbotes. Die Regelung des § 394 BGB sei nicht umkehrbar. Es sei ausgeschlossen, von dem weniger einschneidenden Aufrechnungsverbot auf die weitergehende Unpfändbarkeit zu schließen.[441]

Durch die Pfändung eigener Zahlungsschulden werde der Schutzzweck von Aufrechnungsverboten nicht umgangen.[442] Wer eine gegen ihn gerichtete Forderung nicht befriedige und seinerseits nicht aufrechne, der zwinge seinen Gläubiger zur Zwangsvollstreckung. In diesem Fall sei er nicht schutzbedürftig.

(bb) Keine Umgehung von Aufrechnungsverboten durch Zwangsvollstreckung

Vor allem im älteren Schrifttum[443] ist die Pfändung eigener Schulden im Hinblick auf bestehende Aufrechnungsverbote als unzulässig erachtet worden. Im Ergebnis komme die Zwangsvollstreckung in die eigene Schuld für den Vollstreckungsgläubiger einer Aufrechnung gleich. Sie müsse daher ausgeschlossen sein, wenn die Aufrechnung untersagt sei. Schließe das Gesetz die Aufrechnung in bestimmten Fällen aus, so dürfe diese auch nicht auf dem Umweg der Pfändung und Überweisung vollzogen werden. Andernfalls könnten Aufrechnungsverbote in unzulässiger Weise umgangen werden.[444]

Auch im neueren Schrifttum[445] werden Bedenken gegen die Pfändung eigener Schulden trotz bestehender Aufrechnungshindernisse geäußert. Zwar könne der Vollstreckungsgläubiger grundsätzlich eine gegen ihn ge-

---

440 *Werner*, Die Aufrechnungsverbote, S. 123.

441 *Werner*, Die Aufrechnungsverbote, S. 124 f.

442 *Gerhardt*, Vollstreckungsrecht, § 9 I 1 a; *Geißler*, JuS 1986, 614 (616).

443 *Hergenhahn*, Gruchot 31 (1887), 610 (616 f.); *Jastrow*, ZZP 8 (1885), 461 (462 f.) KölnKomm/*Lutter*, § 66 Rdnr. 51; *Patzelt*, S. 17 f.

444 *Patzelt*, S. 18.

445 *Baumann/Brehm*, § 20 I 2a; Stein/Jonas-*Brehm*, § 829 Rdnr. 124; Wieczorek/Schütze-*Lüke*, § 829 Rdnr. 70; Stein/Jonas-*Münzberg*, § 829 Rdnr. 122; vgl. auch diejenigen, die das gesellschaftsrechtliche Aufrechnungsverbot des § 19 II 2 GmbHG auch auf die Pfändung der eigenen Schuld erstrecken wollen: Baumbach/Hueck-*Hueck*, § 19 Rdnr. 21; *Meyer-Landrut/Miller/Niehus*, § 19 Rdnr. 45; Roth/Altmeppen-*Roth*, § 19 Rdnr. 28; Scholz-*Schneider*, § 19 Rdnr. 55; Hachenburg-*Ulmer*, § 19 Rdnr. 124.

richtete Zahlungsforderung pfänden und verwerten, wenn aber ein gesetzliches Aufrechnungsverbot bestehe, so dürfe dieses nicht im Wege der Zwangsvollstreckung unterlaufen werden. Die Pfändung und nachfolgende Überweisung nach § 835 Abs. 2 ZPO führe wegen der Konfusion schließlich zu sehr ähnlichen Folgen wie die Aufrechnung.[446]

(cc) Differenzierung nach dem Schutzzweck des jeweiligen Aufrechnungsverbotes

Eine andere Ansicht[447] differenziert zwischen den verschiedenen Aufrechnungshindernissen. Im Einzelfall müsse nach dem Zweck des jeweiligen Aufrechnungsverbotes entschieden, also gefragt werden, ob dieser die Zwangsvollstreckung in die eigene Schuld zulässt oder verbietet.

Es gebe einerseits Aufrechnungsverbote, bei denen die Zwangsvollstreckung in die eigene Schuld unbedenklich sei. Das sei etwa der Fall, wenn der Sinn und Zweck des Aufrechnungshindernisses angesichts der unterschiedlichen Voraussetzungen und Verfahrensweisen von Aufrechnung und Zwangsvollstreckung trotz der weitgehenden Wirkungsgleichheit gewahrt bleibe.[448]

Zu bejahen sei dies bei dem Verbot der Aufrechnung gegen den Rückzahlungsanspruch aus einem Hinterlegungsverhältnis[449]. Hier sei der Staat in den Besitz des Hinterlegungsguts nur durch die ihm kraft gesetzlicher Bestimmung zugewiesene formale Rechtsposition als Hinterlegungsstelle gelangt. Damit wäre nicht vereinbar, wenn der Staat diese zur effektiven Durchsetzung eigener Ansprüche ausnutzte. Hingegen werde der Zweck des Aufrechnungsverbotes, den Staat im Rahmen eines Hinterlegungsverhältnisses auf seine Rolle als neutraler Treuhänder zu begrenzen, von der Zwangsvollstreckung nicht berührt. Im Falle der Pfändung des gegen ihn selbst gerichteten Anspruchs mache der Staat lediglich von einem ihm als Gläubiger zukommenden Zugriffsrecht Gebrauch, das nichts mit seiner Funktion als Hinterlegungsstelle zu tun habe und damit keine treuwidrige Ausnutzung seiner Rechtsposition darstelle.[450] Nichts anderes gelte für das Verbot eines Notars, gegenüber einem Anspruch auf Auszahlung eines auf

---

[446] Wieczorek/Schütze-*Lüke*, § 829 Rdnr. 70.
[447] Vgl. *Werner*, Umgehung von Aufrechnungshindernissen, S. 276 ff.
[448] *Werner*, Umgehung von Aufrechnungshindernissen, S. 249.
[449] Vgl. BGHZ 95, 109.
[450] *Werner*, Umgehung von Aufrechnungshindernissen, S. 190.

einem Anderkonto hinterlegten Betrages mit Kostenforderungen aufzurechnen, die in anderen Angelegenheiten entstanden seien.[451]

Ein Aufrechnungsverbot hindere die Zwangsvollstreckung in die eigene Schuld nach dieser Ansicht auch dann nicht, wenn sein Zweck durch die Pfändung zwar beeinträchtigt werde, dieser jedoch bei der Zwangsvollstreckung wegen der von der Aufrechnung abweichenden Interessenlage keine Geltung beanspruche. Die durch das Aufrechnungsverbot geschützten Belange des Schuldners blieben dann hinter den Befriedigungsinteressen des aufrechnungswilligen Vollstreckungsgläubigers zurück.[452]

Ein Beispiel hierfür sei etwa § 395 BGB, wonach die Aufrechnung gegen eine Forderung des Bundes, eines Landes, einer Gemeinde oder eines anderen Kommunalverbandes nicht zulässig ist, wenn die Leistung nicht an dieselbe Kasse zu erfolgen hat, aus der die Forderung des Aufrechnenden zu erfüllen ist.[453] § 395 BGB solle die Führung verschiedener Kassen sichern, die zur Bewältigung öffentlicher Verwaltungsaufgaben notwendig sei. Wäre bei Aufrechnungen die jeweilige Aktivforderung nicht aus derselben Kasse zu erfüllen, in die auch die Passivforderung zu leisten sei, entstünden angesichts der Selbständigkeit der einzelnen Kassen unübersichtliche Verhältnisse, und es würde ein interner Ausgleich oder eine Verrechnung zwischen den jeweiligen Kassen notwendig, was einen zusätzlichen Verwaltungsaufwand und damit höhere Verwaltungskosten zur Folge hätte. Das wolle das dem § 395 BGB zugrundeliegende Aufrechnungsverbot verhindern. Dieses Ziel sei zwar auch gefährdet, wenn eigene Zahlungsverpflichtungen gegenüber einer bestimmten Kasse gepfändet würden, denn es komme dann ebenfalls zum Erlöschen von Forderungen, für die unterschiedliche Kassenzuständigkeiten bestehen, aber im Falle der Zwangsvollstreckung gebe es eine andere Interessenlage, jedenfalls eine andere Bewertung der Interessen.

Hier habe es der Schuldner in der Regel in der Hand, durch rechtzeitige anderweitige Befriedigung des Gläubigers die Vollstreckung abzuwenden. Für eine öffentlich-rechtliche Körperschaft gelte dies umso mehr, als die gegen sie gerichtete Zwangsvollstreckung gemäß § 882a Abs.1 ZPO erst vier Wochen nach entsprechender Ankündigung erfolgen dürfe. Zwar werde der Zweck des § 395 BGB durch die Forderungspfändung beeinträchtigt, müsse aber angesichts der bei der Zwangsvollstreckung bestehenden Interessenlage zurücktreten.

---

451 *Werner*, Umgehung von Aufrechnungshindernissen, S. 191; vgl. auch OLG Köln DNotZ 1989, 257 (262).

452 *Werner*, Umgehung von Aufrechnungshindernissen, S. 169 ff.

453 *Werner*, Umgehung von Aufrechnungshindernissen, S. 171.

Andererseits gebe es Aufrechnungsverbote, deren Schutzzweck der Pfändung der eigenen Schuld entgegenstehe. In solchen Fällen sei die Zwangsvollstreckung in eigene Zahlungsverpflichtungen als unzulässige Normumgehung in analoger Anwendung des jeweiligen Aufrechnungshindernisses untersagt. Dies treffe bei § 393 BGB zu[454], der die Aufrechnung gegen eine Forderung aus vorsätzlicher unerlaubter Handlung untersagt. Sinn und Zweck dieses Aufrechnungsverbotes sei die umgehende Wiederherstellung des Rechtsfriedens durch tatsächliche Wiedergutmachung sowie die Verhinderung von Privatrache und unzulässiger Rechtshilfe. Diese Regelungszwecke würden vereitelt, wenn der Verursacher der unerlaubten Handlung die gegen ihn gerichtete deliktische Forderung pfänden und sich überweisen lassen könnte. Die Ausdehnung des Aufrechnungsverbotes auf die Zwangsvollstreckung könne zwar nicht durch teleologische Auslegung des § 393 BGB, wohl aber im Wege seiner analogen Anwendung erreicht und so eine Gesetzesumgehung verhindert werden.

Das gleiche gelte auch für die kapitalgesellschaftsrechtlichen Vorschriften, die einem Gesellschafter verbieten, gegen die Einlageforderung der Gesellschaft aufzurechnen[455]. Gemäß § 19 Abs. 2 S. 2 GmbHG ist die Aufrechnung gegen den Anspruch einer GmbH auf Einzahlung der Stammeinlage unzulässig. § 66 AktG untersagt die Aufrechnung gegen Forderungen, die der Aktiengesellschaft gegenüber ihren Aktionären auf Leistung der Einlagen zustehen. Vergleichbare Aufrechnungsverbote sind in § 22 Abs. 5 GenG für die eingetragene Genossenschaft und in § 26 VAG für den Versicherungsverein auf Gegenseitigkeit normiert.

Solche Vorschriften sollen zum Schutz der Gesellschaftsgläubiger und der übrigen Gesellschafter garantieren, dass eine Kapitalgesellschaft tatsächlich einen verfügbaren Kapitalstock besitzt, wenn sie am Rechtsverkehr teilnimmt. Könnte ein Gesellschafter seine Einlageschuld durch Aufrechnung befreien, wäre der verfügbare Kapitalstock beeinträchtigt. Diese Gefahr bestehe jedoch auch, wenn der Gesellschafter die gegen ihn gerichtete Einlageforderung wegen einer ihm gegen die Gesellschaft zustehenden Forderung pfände und sich überweisen lasse. Auf diese Weise könnte er seine Einlageschuld tilgen, ohne der Gesellschaft die erforderlichen Vermögenswerte zuzuführen.[456]

---

[454] *Werner*, Umgehung von Aufrechnungshindernissen, S. 247.

[455] Vgl. auch Baumbach/Hueck-*Hueck*, § 19 Rdnr. 21; *Meyer-Landrut/Miller/Niehus*, § 19 Rdnr. 45; Roth/Altmeppen-*Roth*, § 19 Rdnr. 28; Scholz-*Schneider*, § 19 Rdnr. 55 m.w.N; Hachenburg-*Ulmer*, § 19 Rdnr. 124. GroßKomm-AktG-*Barz*, § 66 Anm. 9; Geßler-Hefermehl/Bungeroth. § 66 Rdnr. 81; KölnKomm-*Lutter*, § 66 Rdnr. 51.

[456] *Werner*, Umgehung von Aufrechnungshindernissen, S. 120 f.

Bei der Frage, ob Aufrechnungsverbote der Zwangsvollstreckung entgegenstehen, sei grundsätzlich nach deren unterschiedlichen Schutzzwecken zu differenzieren. *Werner*[457] stellt hierzu folgende Formel auf: Diene ein Aufrechnungshindernis ausschließlich den Interessen des Aufrechnungsgegners, stehe es der Zwangsvollstreckung in eigene Zahlungsverbindlichkeiten nicht entgegen, da in einem solchen Fall das Befriedigungsinteresse des aufrechnungswilligen Vollstreckungsgläubigers im Verhältnis zum Aufrechnungsgegner einen höheren Stellenwert genieße als bei der Aufrechnung und daher dessen rechtlichen Belangen vorgehe. In diesem Fall könne aufgrund vollstreckungsrechtlicher Wertungen in der Regel nicht davon ausgegangen werden, dass das Aufrechnungshindernis auch gegenüber der Zwangsvollstreckung Geltung beanspruche.

Würden hingegen durch das Aufrechnungsverbot (zumindest auch) sonstige Belange geschützt, so sei die Zwangsvollstreckung in eigene Verbindlichkeiten nur dann zulässig, wenn diese Belange – ungeachtete der Herbeiführung der Aufrechnungswirkung – gewahrt blieben. Ansonsten sei von einer unzulässigen Umgehung des jeweiligen Aufrechnungsverbotes auszugehen.

Diese Grundsätze seien auch bei Aufrechnungsverboten heranzuziehen, die nicht ausdrücklich gesetzlich normiert seien, sondern sich aus der Eigenart des zugrundeliegenden Schuldverhältnisses und dem Grundsatz von Treu und Glauben (§ 242 BGB) ergeben.[458] Angesichts der Vielzahl der unterschiedlichen Fallgruppen von gesetzlich nicht ausdrücklich bestimmten Aufrechnungsverboten könne keine einheitliche Beurteilung dieser Fälle vorgenommen werden. Vielmehr müsse im jeweiligen Fall überprüft werden, ob der Zweck des konkreten Aufrechnungsverbotes auch die Pfändung und Überweisung der eigenen Schuld untersage.

(2) Stellungnahme

Die dargestellte Streitfrage, inwieweit Aufrechnungsverbote der Zwangsvollstreckung in eigene Zahlungsverpflichtungen des Vollstreckungsgläubigers entgegenstehen können, ist eine Vorfrage, um die Argumentation des BGH[459] zu überprüfen, der von der Pfändbarkeit zur Aufrechenbarkeit einer Forderung folgert. Fraglich ist, welcher der oben skizzierten Auffassungen zu folgen ist. Die Entscheidung des Streitstandes kann jedoch offen

---

457 *Werner*, Umgehung von Aufrechnungshindernissen, S. 250, 281.
458 *Werner*, Umgehung von Aufrechnungshindernissen, 184 f., 192 f.
459 BGHZ 143, 356 (361).

bleiben, wenn (nach allen Ansichten) die Argumentationsweise des BGH einheitlich bestätigt oder widerlegt würde.

(a) Variante 1: Generelle Zulässigkeit der Zwangsvollstreckung trotz bestehender Aufrechnungsverbote

Zunächst soll mit der Rechtsprechung[460] und der überwiegenden Auffassung in der Rechtslehre[461] angenommen werden, dass ein Gläubiger trotz bestehender Aufrechnungsverbote eigene Zahlungsverbindlichkeiten pfänden und sich überweisen lassen kann. Damit lässt sich aber die Annahme des BGH, man könne von der Zulässigkeit der Zwangsvollstreckung in eine Forderung auf die Zulässigkeit der Aufrechnung schließen, nicht vereinbaren.

Wenn ein Vollstreckungsgläubiger trotz bestehender Aufrechnungshindernisse jederzeit auch eine gegen ihn gerichtete Forderung pfänden und sich überweisen lassen kann, ist es ausgeschlossen, von der Zulässigkeit der Zwangsvollstreckung auf die Zulässigkeit der Aufrechnung zu schließen.

Ist die Pfändung eigener Schulden selbst dann zulässig, wenn ein Aufrechnungsverbot besteht, dann ergeben sich aus der Zulässigkeit der Zwangsvollstreckung keine Anhaltspunkte für die Zulässigkeit der Aufrechnung. Der Umstand, dass ein Vollstreckungsgläubiger in eine bestimmte gegen sich gerichtete Forderung vollstrecken kann, beantwortet also nicht die Frage, ob Aufrechnungsverbote bestehen.

Nach dieser Ansicht sind die Zulässigkeit der Zwangsvollstreckung und die Zulässigkeit der Forderungspfändung getrennt und unabhängig voneinander zu untersuchen. Eine Schlussfolgerung von der zulässigen Pfändbar-

---

460 BGHZ 95, 109; OLG Hamburg BB 1978, 63; OLG Stuttgart, Rpfleger 1983, 409; OLG Köln NJW-RR 1989, 190 (191); OLG Köln, DNotZ 1989, 257 (262).

461 *Baur/Stürner*, Zwangsvollstreckungsrecht I, Rdnr. 30.5; *Blomeyer*, Zivilprozessrecht, § 55 IV 3; *Brox/Walker*, Rdnr. 513; MünchKomm/*v.Schlüter*, § 393 Rdnr. 3; *Gernhuber*, Erfüllung, § 12 VI 3 b; *Gerhardt*, Vollstreckungsrecht, § 9 I 1 a.E.; *v.Gerkan*, Rechtspfleger 1963, 369 (370); *Glötzner*, MDR 1975, 718, (718 f.); Staudinger/*Gursky*, § 393 Rdnr. 2; Baumbach/Lauterbach-*Hartmann*, § 829 Rdnr. 7; *Lüke*, Zivilprozessrecht Rdnr. 635; *Heintzmann*, Zivilprozessrecht II, S. 144; *Jauernig*, Zwangsvollstreckungsrecht, § 19 III; *Lippross*, Vollstreckung, Rdnr. 250; *Mager*, JZ 1969, 548 (549); *Rimmelspacher/Spellenberg*, JZ 1973, 271 (273); *Rosenberg/Gaul/Schilken*, § 54 I 1a; Schuschke/Walker-*Schuschke*, § 829 Rdnr. 11; MünchKomm-ZPO-*Smid*, § 829 Rdnr. 67; *Stöber*, Forderungspfändung, Rdnr. 33; Erman/*Westermann*, § 393 Rdnr. 1; Soergel/*Zeiss*, § 393 Rdnr. 6.
Aus dem älteren Schrifttum: *Hellwig/Oertmann*, S. 354; *Korn*, ZZP 11 (1887), 294 (299 f.); *Oertmann*, AcP 113 (1915), 376 (410, 417); *Petersen*, § 829 Anm. II 6; *v.Seuffert*, § 829 Anm. 1d; *Struckmann/Koch*, § 829 Anm. 9; *Weigelin*, Aufrechnung, S. 118.

keit zur zulässigen Aufrechnung ist daher nicht möglich. Mit diesem Ansatz setzt sich der BGH in Widerspruch zu seiner bisherigen Rechtsprechung[462], wonach die Pfändung eigener Schulden trotz bestehender Aufrechnungshindernisse möglich sein soll.

(b) Variante 2: Keine Umgehung von Aufrechnungsverboten durch Zwangsvollstreckung

Nunmehr soll davon ausgegangen werden, dass Aufrechnungsverbote grundsätzlich auch die Zwangsvollstreckung in eigene Schulden durch den aufrechnungswilligen Vollstreckungsgläubiger untersagen. Fraglich ist, ob in diesem Fall die Annahme des BGH zutrifft, man könne von der Pfändbarkeit zur Aufrechenbarkeit einer Forderung schließen.

Soll nach der nun zugrundegelegten Auffassung die Zwangsvollstreckung in eigene Zahlungsverbindlichkeiten des Vollstreckungsgläubigers davon abhängen, dass kein Aufrechnungshindernis vorliegt, ist grundsätzlich das Vorhandensein von Aufrechnungsverboten zu prüfen, bevor die Zulässigkeit der Pfändung festgestellt werden kann. Erst wenn ausgeschlossen ist, dass durch die Pfändung einer eigenen Zahlungspflicht ein Aufrechnungsverbot umgangen würde, wäre die Zwangsvollstreckung zulässig. Nach dieser Ansicht kann die Zulässigkeit der Forderungspfändung nicht isoliert betrachtet werden. Vielmehr ist zuvor die Frage nach Aufrechnungshindernissen zu beantworten.

Der Ansatz des BGH[463], der zunächst die Frage, ob die Pfändung der eigenen Schuld zulässig ist, isoliert prüft und sein Ergebnis auf die Aufrechnung überträgt, ist damit nicht vereinbar. Geht man jedoch davon aus, dass Aufrechnungsverbote auch der Zwangsvollstreckung in eigene Schulden entgegenstehen, so ist grundsätzlich zuerst die Möglichkeit der Aufrechnung zu prüfen. Eine Schlussfolgerung von der Pfändbarkeit auf die Aufrechenbarkeit ist also nicht möglich. Allenfalls könnte von der zulässigen Möglichkeit der Aufrechnung auf die zulässige Zwangsvollstreckung in die eigene Schuld geschlossen werden.

---

462 Vgl. BGHZ 95, 109.
463 BGHZ 143, 356 (361).

(c) *Variante 3: Differenzierung nach dem Schutzzweck des jeweiligen Aufrechnungsverbotes*

Fraglich ist, ob etwas anderes gilt, wenn man nach dem Schutzzweck des jeweiligen Aufrechnungsverbotes differenziert und es von dessen Schutzrichtung abhängig macht, ob die Zwangsvollstreckung trotz des bestehenden Aufrechnungsverbotes zulässig ist. Auch bei dieser Vorgehensweise kann die Zulässigkeit der Pfändung nicht beurteilt werden, ohne dass zuvor das Vorliegen von Aufrechnungsverboten geprüft worden wäre. Kann ein Aufrechnungsverbot aufgrund seiner Ratio der Zwangsvollstreckung entgegenstehen, muss im Rahmen der Forderungspfändung das Vorliegen des Aufrechnungsverbotes und seine Schutzrichtung untersucht werden. Dann ist es aber ausgeschlossen, die Pfändbarkeit einer Forderung unabhängig von ihrer Aufrechenbarkeit festzustellen. Insoweit wäre es nicht möglich – wie der BGH[464] – zunächst isoliert die Zulässigkeit der Pfändung zu prüfen und anschließend einfach zur Zulässigkeit der Aufrechnung zu folgern. Zwar kann vom Schutzzweck des Aufrechnungsverbotes auf die Zulässigkeit der Pfändung der Gläubigerforderung geschlossen werden, aber keinesfalls umgekehrt von der Zulässigkeit der Pfändung auf das Nichtvorhandensein von Aufrechnungsverboten. Auch nach dieser Ansicht ist es unmöglich, das Bestehen von Aufrechnungsverboten anhand der Frage zu beantworten, ob die Pfändung der jeweiligen Passivforderung zulässig wäre.

(d) *Fazit:*

Nach alledem kann die Frage, wie sich Aufrechnungsverbote auf die Zwangsvollstreckung in eigene Zahlungsverpflichtungen des Vollstreckungsgläubigers auswirken, offen bleiben. Denn unabhängig davon, welcher Ansicht zu folgen ist, bleibt es nach allen möglichen Auffassungen ausgeschlossen, von der Zulässigkeit der Pfändung der Gläubigerschuld auf das Nichtvorhandensein von Aufrechnungsverboten zu schließen. Die Prüfung der Pfändbarkeit einer Forderung ist folglich nicht geeignet, um das Nichtvorliegen eines gesetzlich nicht normierten Aufrechnungsverbotes nachzuweisen.

---

[464] BGHZ 143, 356 (361).

3. Ergebnis:

Der BGH[465] hat anhand von fünf Thesen bzw. Schlussfolgerungen die Frage beantwortet, ob der Geschäftspartner des ohne Zustimmung verfügenden Ehegattens gegen dessen revokatorischen Zahlungsanspruch aufrechnen kann. Zutreffend ist der Ausgangspunkt seiner Argumentation: Es ist richtig, dass der Schutzgedanke des § 1365 BGB die Zwangsvollstreckung in das Vermögen eines Ehegatten auch dann nicht verhindert, wenn hiervon dessen ganzes oder nahezu gesamtes Vermögen erfasst wird. Zutreffend ist ebenfalls die Annahme, dass auch der aus der nach §§ 1365, 1366 BGB unwirksamen Verfügung resultierende Herausgabeanspruch grundsätzlich von den Schuldnern des verfügenden Ehegatten gepfändet werden kann. Zuzustimmen ist dem BGH ebenso, wenn er feststellt, dass ein Vollstreckungsgläubiger auch gegen ihn gerichtete Forderungen pfänden und verwerten kann.

Bedenken begegnen jedoch der vierten These des BGH, der Geschäftspartner könne auch auf den sich aus dem unwirksamen Rechtsgeschäft ergebenden Herausgabeanspruch im Wege der Zwangsvollstreckung Zugriff nehmen. Diese Annahme ist jedenfalls dann abzulehnen, wenn die Vollstreckungsforderung ebenfalls aus der nach §§ 1365, 1366 BGB nichtigen Verfügung herrührt, etwa der Anspruch auf Rückzahlung der erbrachten Gegenleistung, und mit dem revokatorischen Herausgabeanspruch im Synallagma steht. Da dem verfügenden Ehegatten – anders als dem Dritten – hinsichtlich des veräußerten Gegenstandes ein Zurückbehaltungsrecht i.S.d. § 273 BGB an der erhaltenen Gegenleistung zusteht, kann der Dritte bezüglich der Gegenleistung nur einen Zug-um-Zug-Titel erlangen. Der Geschäftspartner könnte also aufgrund seines Bereicherungsanspruchs nur dann die gegen ihn gerichtete Herausgabeforderung des Ehegatten pfänden, wenn er den Gegenstand, auf den sich der Herausgabeanspruch bezieht, zuvor herausgegeben oder ihn zumindest in einer Annahmeverzug begründenden Weise angeboten hat. Muss der Dritte die unwirksam erworbene Sache aber zuvor anbieten und nimmt der revozierende Ehegatte diese wieder zurück, erlischt gem. § 362 Abs. 1 BGB der Herausgabeanspruch, auf den der Dritte im Wege der Zwangsvollstreckung zugreifen wollte.

Unzutreffend ist schließlich die fünfte These des BGH, der verfügende Ehegatte sei vor der Aufrechnung ebenso wenig wie vor einer Zwangsvollstreckung geschützt. Der BGH folgert von der zulässigen Zwangsvollstreckung in eine Gegenforderung des Vollstreckungsgläubigers auf die Zulässigkeit der Aufrechnung mit dieser. Unabhängig von der noch zu klärenden

[465] BGHZ 143, 356 (361).

Frage, ob gegen revokatorische Rückzahlungsansprüche aufgerechnet werden kann, ist seine Vorgehensweise dogmatisch bedenklich und ungeeignet, das Nichtvorhandensein eines gesetzlich nicht normierten Aufrechnungsverbotes zu belegen, das aufgrund der Eigenart des zugrundeliegenden Schuldverhältnisses und den Grundsätzen von Treu und Glauben (§ 242 BGB) entstanden sein könnte. Bereits aus dem Vergleich der unterschiedlichen Voraussetzungen von Aufrechnung und Forderungspfändung wird deutlich, dass eine Gleichbehandlung keinesfalls nahe liegt und ein Rückschluss von der Pfändbarkeit einer Forderung auf das Bestehen von Aufrechnungshindernissen grundsätzlich ausscheidet.

Bestätigt wird dieses Ergebnis, wenn man untersucht, wie sich Aufrechnungsverbote auf die Pfändung eigener Zahlungsverbindlichkeiten des Vollstreckungsgläubigers auswirken. Geht man davon aus, dass die Pfändung von Verbindlichkeiten des Gläubigers trotz bestehender Aufrechnungsverbote grundsätzlich zulässig ist, kann aus der zulässigen Zwangsvollstreckung gerade kein Rückschluss auf die Zulässigkeit der Aufrechnung gezogen werden. Ist man demgegenüber der Auffassung, Aufrechnungsverbote untersagten auch die Zwangsvollstreckung in Schulden des aufrechnungswilligen Vollstreckungsgläubigers, dann lässt sich die Zulässigkeit der Pfändung schon gar nicht feststellen, ohne dass zuvor das Vorhandensein von Aufrechnungsverboten geprüft worden ist. Eine Schlussfolgerung von der Pfändbarkeit zur Aufrechenbarkeit verbietet sich somit. Das Gleiche gilt, wenn man nach dem Schutzzweck der Aufrechnungsverbote differenziert. Eine isolierte Feststellung bezüglich der Zwangsvollstreckung in eigene Schulden lässt sich nach diesem Ansatz nur treffen, wenn zuvor der Schutzzweck des Aufrechnungsverbotes geprüft worden ist. Ist das aber der Fall, dann steht bereits das Vorhandensein eines Aufrechnungsverbotes vor der Zulässigkeit der Pfändbarkeit fest. Insoweit ist es auch nach dieser Meinung nicht sinnvoll, anhand der Zulässigkeit der Zwangsvollstreckung das Nichtvorhandensein von Aufrechnungsverboten nachzuweisen. Vielmehr muss zuerst das Vorliegen von Aufrechnungsverboten und ihre jeweilige Schutzrichtung feststehen.

Der Ansatz des BGH, zuerst zu prüfen, ob eine Forderung vom aufrechnungswilligen Vollstreckungsgläubiger gepfändet werden kann, ist demnach nicht geeignet, das Vorhandensein von gesetzlich nicht geregelten Aufrechnungsverboten zu belegen.

III. *Folgerung vom Ausschluss des Zurückbehaltungsrechts auf den Ausschluss der Aufrechnung*

Nachdem also von der Zulässigkeit der Zwangsvollstreckung nicht auf die Zulässigkeit der Aufrechnung geschlossen werden kann, stellt sich die Frage, ob vom Ausschluss des Zurückbehaltungsrechts auf den Ausschluss der Aufrechnung zu folgern ist. Kann der Dritte gegen einen Zahlungsanspruch aufrechnen, der an die Stelle eines Herausgabeanspruchs getreten ist, gegen den ihm kein Zurückbehaltungsrecht zugestanden hätte?

Ein Teil der Rechtslehre[466] will dies bei der Rückabwicklung einer nach §§ 1365, 1366 BGB unwirksamen Gesamtvermögensverfügung verneinen. Die Frage, ob der Dritte mit seiner Gegenforderung aufrechnen könne, sei nicht anders zu entscheiden als die Frage, ob ein Zurückbehaltungsrecht bestehe.[467] Weshalb allerdings eine derartige Gleichbehandlung von Zurückbehaltungsrecht und Aufrechnungsverbot vorzunehmen sei, lassen die Vertreter dieser Ansicht offen.

Man könnte annehmen, dass die Aufrechnung generell ausgeschlossen sein müsste, wenn der Zahlungsanspruch das Surrogat eines Herausgabeanspruchs ist, demgegenüber der Schuldner kein Zurückbehaltungsrecht hatte. Vor diesem Hintergrund soll im Folgenden das Verhältnis von Aufrechnung und Zurückbehaltungsrecht untersucht werden.

1. *Vergleich von Aufrechnung und Zurückbehaltungsrecht*

Eine ganze Reihe von Vorschriften außerhalb des BGB behandelt die Aufrechnung und die Ausübung des Zurückbehaltungsrechts ausdrücklich gleich, etwa die §§ 84 Abs. 2 S. 1 BBG, 51 Abs. 2 S. 1 BRRG, 11 Abs. 2 S.1 BBesG und 51 Abs.2 S.1 BeamtVG. Diese Bestimmungen legen fest, unter welchen Voraussetzungen gegenüber bestimmten Ansprüchen *sowohl* die Aufrechnung *als auch* ein Zurückbehaltungsrecht zulässig ist. Allerdings lässt sich hieraus allein kein allgemeiner Gedanke ableiten, dass Aufrechnung und Zurückbehaltungsrecht grundsätzlich einheitlich zu behandeln sein sollen. Vielmehr spricht die im Einzelfall bestimmte Gleichsetzung dafür, dass eine einheitliche Behandlung von Aufrechnung und Zurückbehaltungsrecht keinesfalls zwingend ist. Somit müssen die beiden Rechtsinstitute verglichen werden.

---

466 *Massfeller/Reinicke*, § 1368 Anm. 5; *Mülke*, S. 152.
467 *Massfeller/Reinicke*, § 1368 Anm. 5.

Aufrechnung und Zurückbehaltungsrecht ist gemeinsam, dass sich zwei Forderungen gegenüberstehen. Für die Aufrechnung ist erforderlich, dass die gegenseitigen Forderungen gleichartig sind. Die Einrede des § 273 BGB hingegen setzt Konnexität der beiden Ansprüche voraus, d.h. sie müssen aus einem innerlich zusammenhängenden einheitlichen Lebensverhältnis resultieren. Der wesentliche Unterschied der beiden Rechtsinstitute liegt jedoch in ihrem jeweiligen Zweck und in ihrer verschiedenen Wirkung.

Je nachdem, ob der Schuldner aufrechnet oder zurückbehält, benutzt er seine Gegenforderung, um verschiedene Zwecke zu erreichen: Durch die Aufrechnung mit seiner Gegenforderung will der Schuldner die gleichartige Forderung seines Gläubigers erfüllen und sich hierdurch gleichzeitig befriedigen. Durch die Einrede des § 273 BGB will er zwar auch die Forderung seines Gläubigers erfüllen, aber nur Zug um Zug gegen die ihm zustehende Gegenleistung.[468]

Im Gegensatz zur bloßen Ausübung des Zurückbehaltungsrechts führt die Aufrechnung zur Schuldtilgung. Wer aufrechnet, leistet ein Erfüllungssurrogat an den Gläubiger. Wer ein Zurückbehaltungsrecht ausübt, verweigert dagegen die Leistung. Die Aufrechnung führt zu einer endgültigen Lösung, die Einrede gem. § 273 BGB lediglich zu einer Blockade, die nur gegen tatsächliche Leistung Zug um Zug aufgehoben werden kann.[469] Das Zurückbehaltungsrecht ist daher gegenüber der Aufrechnung nicht etwa ein wesensgleiches Minus, sondern ein vollkommen andersartiger Rechtsbehelf. Diese Wesensverschiedenheit in Bezug auf Voraussetzungen, Zielrichtungen und Wirkungen spricht grundsätzlich gegen eine grundsätzliche Gleichbehandlung von Zurückbehaltungsrecht und Aufrechnung.

2. Zurückbehaltungsrecht bei Konnexität der gleichartigen Gegenansprüche

Es fragt sich, ob etwas anderes gilt, wenn die gegenseitigen Ansprüche sowohl gleichartig sind als auch im Sinne des § 273 BGB in Zusammenhang stehen. Dann könnte der Aufrechnungsberechtigte, anstatt aufzurechnen, nur das Zurückbehaltungsrecht geltend machen. Dies ist jedoch grundsätzlich abzulehnen. [470] Kann ein Gläubiger aufrechnen, hat er kein schützenswertes Interesse, lediglich eine Einrede nach § 273 BGB zu erheben.

---

468 RGZ 85, 108 (110); Erman/*Kuckuk*, § 273 Rdnr. 6.

469 Staudinger/*Gursky*, Vorbem zu §§ 387 ff., Rdnr. 11; MünchKomm/*Krüger*, § 273 Rdnr. 75.

470 BGH JR 1952, 472; *Gernhuber*, Erfüllung, § 30 IV 2; Staudinger/*Gursky*, Vorbem zu §§ 387 ff Rdnr. 12; *Keller*, JuS 1982, 665 (667); MünchKomm/*Krüger*, § 273 Rdnr. 76; vgl auch Erman/*Kuckuk*, § 273 Rdnr. 6.

Aufgrund der Aufrechnungsmöglichkeit sind beide Vertragspartner genügend gesichert. Die weitergehende Regelung der Aufrechnung hat daher Vorrang. Wird dennoch das Zurückbehaltungsrecht geltend gemacht, so ist in der Regel – bei interessengerechter Auslegung gemäß § 133 BGB – darin eine Aufrechnungserklärung zu sehen.[471]

3. Ausschluss des Zurückbehaltungsrechts bei Aufrechnungsverboten

Anders ist die Situation, wenn die Aufrechnung ausgeschlossen ist. Hier stellt sich die Frage, wie sich das Vorliegen von Aufrechnungsverboten auf die Zulässigkeit der Einrede nach § 273 BGB auswirkt.

Ist die Aufrechnung unzulässig, bedeutet das – auch wenn es sich um gleichartige Leistungen handelt – nicht notwendigerweise auch den Ausschluss des Zurückbehaltungsrechts.[472] Angesichts der verschiedenen Rechtsfolgen kann trotz des Aufrechnungsverbots ein nur Sicherungszwecken dienendes Zurückbehaltungsrecht zulässig bleiben.

Würde jedoch die Geltendmachung des Zurückbehaltungsrechts im Ergebnis auf eine nach dem Gesetz nicht erlaubte Aufrechnung hinauslaufen und eine Umgehung des Schutzzwecks eines Aufrechnungsverbots darstellen, würde das Aufrechnungsverbot auch das Zurückbehaltungsrecht erfassen.[473] Im Kern kommt es darauf an, ob das jeweilige Aufrechnungsverbot nach seinem Sinn und Zweck auch das bloße Zurückbehaltungsrecht ausschließen will, und das hängt maßgeblich davon ab, ob die Ausübung des Zurückbehaltungsrechts einer unzulässigen Aufrechnung gleichkäme.[474] So schließt das Aufrechnungsverbot des § 26 VAG mit dem Zweck, dem Verein liquide Mittel zur Geschäftsführung zu sichern, auch die Einrede nach § 273 BGB aus.[475]

Maßgeblich ist also, ob der mit einem Aufrechnungsverbot verbundene Zweck durch die Geltendmachung eines Zurückbehaltungsrechts vereitelt würde. Dieser Fall liegt vor, wenn einem Aufrechnungsausschluss das Gebot der Effektiverfüllung zugrunde liegt, wenn also bestimmte Leistungsge-

---

471 RG 83, 138 (140), Staudinger/*Gursky*, Vorbem zu §§ 387 ff Rdnr.12; Erman/*Kuckuk*, § 273 Rdnr. 6.

472 BGH NJW 1974, 367 (368); BGH ZIP 1983, 1087 (1088); MünchKomm/*Krüger*, § 273 Rdnr. 76; Erman/*Kuckuk*, § 273 Rdnr. 6.

473 BGHZ 16, 37 (49); 38, 122 (129); BGH NJW 1987, 3254 (3255); *Gernhuber*, Erfüllung, § 30 V 2 e; Staudinger/*Gursky*, Vorbem zu §§ 387 ff Rdnr.12 a.E.; Palandt/*Heinrichs*, § 273 Rdnr. 14; MünchKomm/*Krüger*, § 273 Rdnr. 76; Staudinger/*Bittner*, § 273 Rdnr. 100.

474 BGHZ 38, 129; BGH NJW 84, 129; Palandt/*Heinrichs*, § 273 Rdnr. 14.

475 BGHZ 16, 37 (49); Staudinger/*Bittner*, § 273 Rdnr. 103.

genstände dem Gläubiger tatsächlich zur Verfügung stehen sollen, und sei es auch nur im Interesse Dritter.[476]

Das Zurückbehaltungsrecht hat auch dann einen der Aufrechnung gleichkommenden Erfolg, wenn der Schuldner weiß, dass seine Gegenforderung wegen der schlechten Vermögenslage des Gegners nicht beigebracht werden kann.[477] Das ist anzunehmen, wenn der Wille des Schuldners nicht nur auf eine zeitweilige Zurückbehaltung, sondern auf endgültige Verweigerung der Leistung geht.[478]

4. Verbot der Aufrechnung bei Ausschluss des Zurückbehaltungsrechts

Können im Einzelfall Aufrechnungsverbote aufgrund ihrer Ratio zum Ausschluss des Zurückbehaltungsrechts führen, so muss umgekehrt geklärt werden, ob und unter welchen Voraussetzungen ein bestehender Ausschluss des Zurückbehaltungsrechts auch ein Aufrechnungsverbot zur Folge haben kann.

a. Gesetzlicher Ausschluss des Zurückbehaltungsrechts

Da ein ausdrücklicher Ausschluss des Zurückbehaltungsrechts im Gesetz kaum vorkommt[479], hatten sich Rechtsprechung und Rechtslehre bislang mit dieser Frage nicht zu befassen. Im BGB befinden sich derartige Verbote lediglich in § 175 BGB und in § 570 BGB.

§ 175 BGB verweigert dem Bevollmächtigten ein Zurückbehaltungsrecht hinsichtlich der Vollmachtsurkunde. § 570 BGB stellt fest, dass dem Mieter von Wohn- und Geschäftsräumen oder Grundstücken gegen den Rückgabeanspruch des Vermieters bezüglich des Mietobjektes keine Einrede nach § 273 BGB zusteht. In beiden Fällen stellt sich nicht die Frage nach der Zulässigkeit der Aufrechnung, denn grundsätzlich kommt es zu keiner Aufrechnungslage. Zahlungsansprüche treten hier in der Regel nicht als Surrogat an die Stelle dieser privilegierten Rückgabeansprüche, sondern allenfalls daneben.

Dort, wo neben dem ausdrücklichen Ausschluss des Zurückbehaltungsrechts ein Aufrechnungsverbot in Betracht kommen könnte, hat dies der Gesetzgeber grundsätzlich normiert. In § 19 Abs. 2 GmbHG wird den Ge-

---

[476] Vgl. *Gernhuber*, Erfüllung, § 12 VI, 1.
[477] BGH LM § 395 Nr. 2.
[478] RGZ 85, 110; 123, 8; BGHZ 16, 37 (49); Erman/*Kuckuk*, § 273 Rdnr. 6.
[479] Vgl. MünchKomm/*Krüger*, § 273 Rdnr. 44.

sellschaftern gegenüber dem Anspruch der Gesellschaft auf Leistung der Stammeinlage sowohl Zurückbehaltungsrecht als auch Aufrechnung versagt. § 84 Abs. 2 BBG verbietet dem Dienstherrn eines Beamten, unpfändbare Bezüge zurückzubehalten oder gegen sie aufzurechnen.

b. Vertraglicher Ausschluss des Zurückbehaltungsrechts

Anders als in den gesetzlich ausdrücklich geregelten Fällen kann eine Schlussfolgerung vom Ausschluss des Zurückbehaltungsrechts auf das Verbot der Aufrechnung dann geboten sein, wenn die Parteien für bestimmte vertragliche Ansprüche zwar Einreden nach § 273 BGB ausgeschlossen, aber bezüglich der Aufrechnung keine ausdrückliche Regelung getroffen haben.

Ein vertraglicher Ausschluss des Zurückbehaltungsrechts ist im Hinblick auf § 309 Nr. 2 BGB ohnehin nur durch individuelle Vereinbarung möglich. In § 309 Nr. 2b und Nr. 3 BGB hat der Gesetzgeber Zurückbehaltungsrecht und Aufrechnung im Hinblick auf deren Ausschlussmöglichkeit durch Allgemeine Geschäftsbedingungen unterschiedlich behandelt. Während das Zurückbehaltungsrecht in AGBs grundsätzlich nicht ausgeschlossen und beschränkt werden darf, ist ein Aufrechnungsverbot stets zulässig, soweit es sich nicht um unbestrittene oder rechtskräftig festgestellte Forderungen handelt. Der Gesetzgeber sieht also im Ausschluss des Zurückbehaltungsrechts einen stärkeren Eingriff in die Rechte des Schuldners als beim Ausschluss der Aufrechnungsmöglichkeit.

Es fragt sich, welche Schlussfolgerungen aus dieser gesetzgeberischen Wertung zu ziehen sind. Der Gesetzgeber lässt in Allgemeinen Geschäftsbedingungen Aufrechnungsverbote grundsätzlich zu, während er den Ausschluss des Zurückbehaltungsrechts verbietet, d.h. er betrachtet das Interesse eines Schuldners, sich gegen einen Anspruch mit einer Einrede nach § 273 BGB verteidigen zu können, vorrangig gegenüber dessen Interesse, mit anderen Forderungen seines Gläubigers aufrechnen zu können.

Haben die Parteien nun wirksam individualvertraglich gegenüber einer bestimmten Forderung das Zurückbehaltungsrecht ausgeschlossen, stellt sich die Frage, ob dies dann nicht auch für die Aufrechnungsbefugnis gelten müsse.

Ein derartiger Erst-Recht-Schluss mag zwar nahe liegen, ist aber jedoch keinesfalls zwingend. Die Regelung des § 309 Nr. 2b BGB und des § 309 Nr. 3 BGB beurteilt Zurückbehaltungsrecht und Aufrechnung aus der Perspektive des Schuldners. Der Ausschluss des Zurückbehaltungsrechts gegenüber einer bestimmten Forderung erfolgt dagegen im Interesse des

Gläubigers dieser Forderung. Hintergrund der unterschiedlichen Regelungen in § 309 Nr. 2 und 3 BGB ist, dass Aufrechnung und Zurückbehaltungsrecht angesichts ihrer unterschiedlichen Voraussetzungen und Wirkungen vollkommen andersartige Rechtsinstitute sind, und dass der Aufrechnung nicht nur wie dem Zurückbehaltungsrecht eine Sicherungsfunktion, sondern auch eine Vollstreckungsfunktion zukommt. Der Gesetzgeber wollte ausdrücklich Geld- und Sachleistungsforderungen unterschiedlich behandeln.[480]

Im Übrigen betrifft § 309 BGB nur die Allgemeinen Geschäftsbedingungen. Individualvertraglich können Parteien ein Zurückbehaltungsrecht ausschließen und dabei die Aufrechnung ausdrücklich zulassen. Ist dies der Fall, dann berührt der Ausschluss des Zurückbehaltungsrechts die Zulässigkeit der Aufrechnung nur dann, wenn eine ausdrückliche Regelung hinsichtlich der Aufrechnung fehlt. Maßgeblich ist dann der zu ermittelnde Wille der Vertragsparteien. Geht es den Parteien mit dem Ausschluss des Zurückbehaltungsrechts um die Effektiverfüllung einer Forderung, verbietet sich eine Aufrechnung. Sie würde zu dem Ergebnis führen, das die Parteien mit dem Ausschluss des Zurückbehaltungsrechts verhindern wollten. Entscheidend ist also, welchen Zweck die Parteien mit dem vertraglichen Ausschluss der Einrede gem. § 273 BGB verfolgen.

c. *Ausschluss des Zurückbehaltungsrechts aufgrund der Natur des Schuldverhältnisses*

Praktisch bedeutsam ist die Frage, ob vom Ausschluss des Zurückbehaltungsrechts auf ein Aufrechnungsverbot geschlossen werden kann, wenn sich der Ausschluss des Retentionsrechts schon aus der Natur des Schuldverhältnisses ergibt. Hier fehlt es an einer ausdrücklichen gesetzlichen Regelung oder an einem maßgeblichen Parteiwillen. Möglicherweise führt der Schutzgedanke einer Vorschrift in diesen Fällen zur Gleichbehandlung von Aufrechnung und Zurückbehaltungsrecht.

Hierbei ist allerdings zu unterscheiden, ob gegen eine Zahlungsforderung aufgerechnet werden soll, bei der aufgrund ihres Schutzzweckes ein Zurückbehaltungsrecht ausgeschlossen ist, oder ob die Aufrechnung gegen eine Zahlungsforderung erklärt werden soll, die lediglich das Surrogat eines zweckgerichteten Herausgabeanspruchs ist und daher eine Einrede nach § 273 BGB nicht zulässt. Die letztgenannte Konstellation ist gegeben, wenn der revokatorische Herausgabeanspruch des zustimmungslos verfügenden

---

480 Vgl. Palandt/*Heinrichs*, § 309 Rdnr. 20.

Ehegatten infolge wirksamer Weiterveräußerung des Gegenstandes an gutgläubige Dritte zu einem Zahlungsanspruch nach § 816 Abs. 1 BGB wird, und wenn der Vertragspartner des verfügenden Ehegatten mit seinem Anspruch auf Rückzahlung der Gegenleistung die Aufrechnung erklärt.

aa. Zweckgebundener Zahlungsanspruch als Passivforderung

Kann der Schuldner eines zweckgebundenen Zahlungsanspruchs seinem Gläubiger kein Zurückbehaltungsrecht entgegenhalten, so ist zu untersuchen, ob er gegen diese Forderung wenigstens mit Zahlungsansprüchen, die er gegen den Gläubiger hat, aufrechnen kann.

Diese Frage stellte sich dem *LG Hamburg*[481] im Zusammenhang mit dem Anspruch des Vermieters auf Zahlung der vertraglich geschuldeten Kaution. Gegenüber dem Mietkautionsanspruch könne der Mieter kein Zurückbehaltungsrecht aus Ansprüchen auf Mängelbeseitigung oder ähnlichem geltend machen.[482] Dies ergebe sich aus dem Sinn und Zweck der Kaution, nämlich der Befriedigung des Sicherungsbedürfnisses des Vermieters. Wolle der Mieter mit Schadensersatzansprüchen wegen der Mängel des Mietobjektes aufrechnen, so dürfe nichts anderes gelten.[483] Gegenüber dem vertraglichen Mietkautionsanspruch sind also sowohl Zurückbehaltungsrecht als auch Aufrechnung ausgeschlossen.[484]

Auch das *OLG Hamm*[485] folgerte im Zusammenhang mit einem treuhänderischen Auftragsverhältnis vom Ausschluss des Zurückbehaltungsrechts auf ein Aufrechnungsverbot. Gegen den Anspruch des Unternehmers auf Auszahlung von Kundengeldern, die der Handelsvertreter entgegengenommen und nicht an den Unternehmer weitergeleitet hat, könne der Handelsvertreter nach Beendigung des Handelsvertretervertrags nicht mit Provisionsansprüchen aufrechnen. *„Da der Beklagte sich mithin hinsichtlich der in Rede stehenden Klageforderung nicht auf ein Zurückbehaltungsrecht berufen kann, ist auch die Aufrechnung mit den von ihm geltend gemachten Provisionsansprüchen ausgeschlossen; denn was für das Zurückbehaltungsrecht gilt, muß erst recht für die in ihrer Wirkung weitergehende Aufrechnung gelten."*[486]

---

481 WuM 1991, S. 586.
482 LG Köln WuM 1987, S. 257.
483 LG Hamburg, WuM 1991, S. 586.
484 *Blank/Börstinghaus*, § 551 Rdnr. 23; Bub/Treier-*v.Martius*, Rdnr. III 763; Schmidt/Futterer-*Blank*, § 551 Rdnr. 67.
485 NJW-RR 1994, 158.
486 OLG Hamm, NJW-RR 1994, 158 (159).

Damit stellt sich die Frage, ob aus dieser Argumentation die verbindliche Regel abgeleitet werden kann, dass bei zweckgerichteten Zahlungsansprüchen vom Ausschluss des Zurückbehaltungsrechts generell auf ein entsprechendes Aufrechnungsverbot geschlossen werden kann.

Eine derartige Schlussfolgerung kommt aber nur in Betracht, wenn sich die Frage nach der Zulässigkeit eines Zurückbehaltungsrechts überhaupt stellt. Das setzt voraus, dass dem zweckgerichteten Zahlungsanspruch seinerseits (zunächst) kein Zahlungsanspruch entgegensteht. Anderenfalls würde es von vorneherein nur um die Zulässigkeit der Aufrechnung gehen, entweder weil der Schuldner mit seiner Gegenforderung ohnehin die Aufrechnung erklärt oder weil das Geltendmachen eines Zurückbehaltungsrechts angesichts der Gleichartigkeit der geschuldeten Leistungen in eine Aufrechnungserklärung umzudeuten wäre.[487]

Eine Schlussfolgerung vom Ausschluss des Zurückbehaltungsrechts auf die Unzulässigkeit der Aufrechnung kommt daher bei zweckgerichteten Zahlungsansprüchen nur in Betracht, wenn die gem. § 273 BGB konnexe Gegenforderung, etwa ein dinglicher Herausgabeanspruch, später zu einer Zahlungsforderung wird.

Kann angesichts der Zweckbindung eines Zahlungsanspruchs die Gegenforderung ein Zurückbehaltungsrecht nicht begründen, so ist in der Tat zu fragen, weshalb die Aufrechnung mit dem Surrogat dieser Gegenforderung zulässig sein soll.

Wenn ein Zahlungsanspruch unabhängig von Gegenforderungen nach dem Willen des Gesetzgebers unbedingt erfüllt werden soll, so sind sowohl Zurückbehaltungsrecht als auch Aufrechnung damit nicht vereinbar. In diesem Fall würden Aufrechnung und Zurückbehaltungsrecht – trotz unterschiedlicher Voraussetzungen und Rechtsfolgen – die vom Gesetzgeber gewollte Effektiverfüllung verhindern. Die Aufrechnung würde dann – genauso wie die Einrede des § 273 BGB – den Zweck des vom Gesetz gewährten Anspruchs vereiteln. Daran ändert nichts, dass die Aufrechnung über die bloße Sicherungsfunktion hinaus der beiderseitigen Befriedigung und damit einem endgültigen Ausgleich dient. Sie würde schließlich eine Forderung zum Erlöschen bringen, deren tatsächliche Realisierung der Gesetzgeber zum Erreichen eines bestimmten Zieles ausdrücklich gewollt hat. Dieses Ziel bleibt auch dann erreichbar, wenn nachträglich eine Aufrechnungslage entsteht, die ursprüngliche Gegenforderung also zu einem Zahlungsanspruch wird. In diesen Fällen sind Zulässigkeit von Zurückbehaltungsrecht und Aufrechnung grundsätzlich gleich zu behandeln. Erfordert der Sinn

---

[487] Vgl. Staudinger/*Gursky*, Vorbem zu §§ 387 ff. Rdnr. 12; Erman/*Kuckuk*, § 273 Rdnr. 6.

eines Zahlungsanspruches dessen Durchsetzung und ist daher die Einrede nach § 273 BGB ausgeschlossen, so gilt dies regelmäßig auch für eine mögliche Aufrechnung.

bb. Surrogat eines zweckgebundenen Herausgabeanspruchs als Passivforderung

Ist bei einer zweckgebundenen Zahlungsforderung sowohl die Geltendmachung eines Zurückbehaltungsrechts als auch die Aufrechnung unzulässig, so stellt sich die Frage, ob das Gleiche gilt, wenn der Zahlungsanspruch des Gläubigers das Surrogat eines zweckgebundenen Herausgabeanspruchs ist.

(1) Der Beschluss des OLG Köln vom 14.1.1993

Eine derartige Konstellation lag dem Sachverhalt zugrunde, den das *OLG Köln*[488] zu entscheiden hatte: Einem Ehegatten wurde im Rahmen des Hausratsteilungsverfahrens ein Zahlungsanspruch gegen den anderen Ehegatten zuerkannt, nachdem der gemeinsame Hausrat durch Brand zerstört worden war und der andere Ehegatte eine entsprechende Versicherungsleistung erhalten hatte. Der Geldbetrag war sozusagen Ersatz für die (dem einen Ehegatten an sich zustehenden, aber nicht mehr vorhandenen) durch Brand zerstörten Haushaltsgegenstände, also deren Surrogat. Gegen diesen Zahlungsanspruch wollte der andere Ehegatte aufrechnen. Das OLG Köln hat die Aufrechnung für unzulässig erklärt.

Ganz ähnlich, wie ein Prozesskostenvorschuss dazu bestimmt sei, dem in § 1360 a Abs. 4 BGB gesetzlich umschriebenen Zweck zu dienen, habe auch der Hausrat eine bestimmte Aufgabe, nämlich die Lebensführung der Ehegatten im Bereich der häuslichen Wirtschaft sicherzustellen und den sich insoweit ergebenden alltäglichen Bedarf zu decken. Ein Zurückbehaltungsrecht gegenüber einem Anspruch aus einer Hausratsteilung sei daher ausgeschlossen.

Sei aber der Hausrat durch Brand untergegangen und an seine Stelle die entsprechende Entschädigung des Versicherers getreten, gelte nichts anderes. Jetzt sei es das Surrogat, das dem anderen Ehegatten die Möglichkeit geben solle, sich Ersatz für den nicht mehr vorhandenen Hausrat zu beschaffen. Gegen den entsprechenden Zahlungsanspruch könne daher nicht aufgerechnet werden. Dieselben Erwägungen, die dazu führten, ein Zurückbehaltungsrecht gegenüber einem Anspruch auf Hausratsteilung auszu-

488 OLGZ 1994, 199 (201).

schließen, untersagten nun auch die Aufrechnung gegen den Zahlungsanspruch, der den Ersatz für die Haushaltsgegenstände betrifft.[489]

Diese Entscheidung macht deutlich, dass Gründe, die zum Ausschluss des Zurückbehaltungsrechts führen, auch den Ausschluss der Aufrechnung zur Folge haben können, wenn eine Zahlungsforderung an die Stelle eines zweckgerichteten Herausgabeanspruchs getreten ist, dem gegenüber das Zurückbehaltungsrecht nach § 273 BGB ausgeschlossen war.

Die entscheidende Frage ist, ob diese Bewertung generell zutrifft und sich eine entsprechende Regel herleiten lässt. Der Entscheidung des OLG Köln lässt sich eine derartige generelle Schlussfolgerung nicht zwingend entnehmen. Vielmehr hat das OLG nur untersucht, ob der Gesetzeszweck, der dem Ausschluss des Zurückbehaltungsrechts zugrunde lag, auch dann noch erreicht werden kann, wenn an die Stelle des geschuldeten Gegenstandes ein Zahlungsanspruch getreten ist. Für den an die Stelle der durch Brand zerstörten Haushaltsgegenstände getretenen Geldbetrag hat es das Gericht bejaht. Dieses Geld ermögliche Ersatzanschaffungen und sichere genauso wie der Hausrat selbst die Lebensführung der Ehegatten im Bereich der häuslichen Wirtschaft und decke den sich insoweit ergebenden alltäglichen Bedarf.

Gibt es hingegen Fälle, in denen durch Zahlung eines Geldbetrages der Zweck des ursprünglichen Herausgabeanspruchs nicht (mehr) erreicht werden kann, kommt eine grundsätzliche Schlussfolgerung vom Ausschluss des Zurückbehaltungsrechts nicht in Betracht. Dann muss die Frage eigenständig erörtert werden, ob gegen einen Zahlungsanspruch aufgerechnet werden kann, der an die Stelle eines zweckgebundenen Herausgabeanspruchs getreten ist.

(2) Vergleich einzelner Fallgruppen

Es stellt sich also die Frage, ob der Zweck, der bei einem Herausgabeanspruch zum Ausschluss eines Zurückbehaltungsrechts nach § 273 BGB führt, grundsätzlich auch durch einen entsprechenden Zahlungsanspruch erreicht werden kann. Wäre dies zu verneinen, müsste eine generelle Schlussfolgerung vom Ausschluss des Zurückbehaltungsrechts auf das Verbot der Aufrechnung ausscheiden.

Anhand einzelner Fallgruppen ist daher zu prüfen, ob der Grund für den Ausschluss der Einrede nach § 273 BGB nachträglich wegfallen kann, wenn

---

489 OLGZ 1994, 199 (201).

der Herausgabeanspruch zu einem Zahlungsanspruch wird, der herauszugebende Gegenstand also nicht mehr herausgegeben werden kann.

Es gibt verschiedene Gründe, weshalb es bei Herausgabeansprüchen nicht mit der Natur des Schuldverhältnisses vereinbar ist, ein Zurückbehaltungsrecht geltend zu machen. Ursächlich kann entweder die *Eigenart* des herauszugebenden Gegenstandes oder seine *besondere Zweckbestimmung* sein.[490]

(a) Eigenart des herauszugebenden Gegenstandes als Grund des Ausschlusses

Die Eigenart des herauszugebenden Gegenstandes verbietet die Geltendmachung eines Zurückbehaltungsrechts, wenn etwa durch weiteren Zeitablauf seine Entwertung oder die Verderbnis zu befürchten wäre[491]. Das *LG München*[492] hatte aus diesem Grund ein Zurückbehaltungsrecht gegenüber einem individuellen Computerprogramm abgelehnt. PC und Software seien nach einer vergleichsweise geringfügigen Zeit von der Entwicklung überholt und damit weitgehend wertlos.

Auch an einem dem Gläubiger gehörenden Hund[493] oder einem anderen Tier, zu dem der Gläubiger eine besondere persönliche Beziehung hat[494], stehe dem Schuldner kein Zurückbehaltungsrecht zu. Da die Tiere auf ihre Halter fixiert seien, bestünde sonst die Gefahr, dass sie psychisch Schaden nehmen.

Die genannten Beispiele machen deutlich, dass die Gründe für den Ausschluss des Zurückbehaltungsrechts allein in der Eigenart der jeweils herauszugebenden Sache zu sehen sind. Ist aber die Herausgabe dem Gläubiger nicht mehr möglich, vielleicht weil leicht verderbliche Waren bereits verdorben sind, weil das Computerprogramm inzwischen wirksam an einen Dritten weiterveräußert wurde oder weil das Tier des Gläubigers eingegangen ist, so ist mit dem jeweiligen Objekt auch der Grund für den Ausschluss des Zurückbehaltungsrechts weggefallen. In diesen Fällen können die Erwägungen, die gegen die Zulässigkeit der Einrede nach § 273 BGB gesprochen haben, auf die Frage der Zulässigkeit der Aufrechnung nicht mehr übertragen werden.

---

490 Vgl. MünchKomm/*Krüger*, § 273 Rdnr. 47.
491 MünchKomm/*Krüger*, § 273 Rdnr. 47.
492 NJW 1989, 2625 (2626).
493 LG Stuttgart, NJW-RR 1991, 446.
494 MünchKomm/*Krüger*, § 273 Rdnr. 47; Staudinger/*Bittner*, § 273 Rdnr. 92.

(b) Besondere Zweckbestimmung des herauszugebenden Gegenstandes als Grund des Ausschlusses

Ein Grund für den Ausschluss des Zurückbehaltungsrechts kann allerdings auch die besondere Zweckbestimmung der jeweils herauszugebenden Sache sein. Bei Reisepass[495] und Führerschein[496] ist dies offensichtlich. Es gilt aber auch für wichtige Unterlagen, zum Beispiel Krankenunterlagen[497], für die Lebenslaufdaten eines Flugzeugs[498] oder für bestimmte Gegenstände, die für eine ungestörte Aufrechterhaltung des Warenumschlags unentbehrlich sind[499].

Geht der Gegenstand unter und tritt an dessen Stelle ein Zahlungsanspruch, stellt sich die Frage, ob der mit dem Gegenstand verfolgte Zweck nicht auch mittels eines Geldbetrages erreicht werden kann. Im Zusammenhang mit Haushaltsgegenständen hat dies das *OLG Köln*[500] bejaht. Für die oben genannten Beispiele ist dies jedoch zu verneinen.

Beispielsweise ist die Lebenslaufakte eines Flugzeuges unverzichtbar für die Flugsicherheit. Kann der Verkäufer eines Flugzeuges dem Erwerber diese Akte nicht geben, etwa weil sie ihm abhanden gekommen ist, dann erfüllt auch ein auf Geldzahlung gerichteter Schadensersatzanspruch des Erwerbers die Funktion der Akte nicht. Der Grund für den Ausschluss des Zurückbehaltungsrechts ist mithin entfallen.

Das Gleiche gilt für Krankenunterlagen. An ihnen hat ein früher behandelnder Arzt hinsichtlich seines Behandlungshonorars kein Zurückbehaltungsrecht. Bricht ein Patient die Behandlung ab, um sich bei einem anderen Arzt weiterbehandeln zu lassen, muss der andere Arzt sofort in der Lage sein, sich genaue Kenntnis über Art und Umfang der vorausgegangenen Behandlung zu verschaffen.[501] Kann der frühere Arzt die Krankenunterlagen aber nicht mehr herausgeben und tritt an die Stelle des Herausgabeanspruchs des Patienten ein Schadensersatzanspruch, so kann dieser den mit der Krankenakte verfolgten Zweck nicht mehr erreichen. Folglich ist die Frage nach der Zulässigkeit einer möglichen Aufrechnung nicht zwingend genauso zu beantworten wie zuvor die Frage nach der Zulässigkeit eines Zurückbehaltungsrechts.

---

495 LG Baden-Baden, NJW 1978, 1750.
496 LG Limburg, NJW-RR 1990, 1080.
497 AG Freiburg, NJW 1990, 770.
498 OLG Köln NJW-RR 1997, 57 (59).
499 OLG Frankfurt, MDR 1985, 502, genormte Paletten und Gitterboxen; Staudinger/*Bittner*, § 273 Rdnr. 78.
500 OLGZ 1994, 199 (201).
501 AG Freiburg, NJW 1990, 770.

Geht es bei dem Ausschluss eines Zurückbehaltungsrechts um die Zweckbestimmung eines herauszugebenden Gegenstandes, hängt die Frage, ob der Zweck auch noch mit einem Zahlungsanspruch erreicht werden kann, davon ab, ob es auf die Funktion eines Gegenstandes ankommt oder aber auf den jeweiligen Gegenstand selbst.

Es ist also im konkreten Einzelfall zu untersuchen, ob der vom Gesetzgeber mit einem Herausgabeanspruch verbundene Zweck auch dann noch erreicht werden kann, wenn der Anspruch nicht mehr auf Übergabe, sondern auf Ersatzzahlung gerichtet ist. Man wird nicht pauschal davon ausgehen können, dass er auch bei einer Surrogatleistung noch in gleicher Weise realisiert werden kann. Es verbietet sich daher in diesen Fällen, generell vom Ausschluss des Zurückbehaltungsrechts auf ein Aufrechnungsverbot zu folgern.

(3) Der Wille des Gesetzgebers

Mit der Frage, unter welchen Umständen die Zulässigkeit der Aufrechnung eingeschränkt sein soll, hat sich bereits der Gesetzgeber bei der Schaffung des BGB auseinandergesetzt.

In diesem Zusammenhang war im damaligen Schrifttum[502] vertreten worden, dass immer dann ein Aufrechnungsverbot gegeben sein müsse, wenn eine zweckgebundene Sache rechtswidrig zurückgehalten oder verwendet worden und auf diese Weise eine Aufrechnungslage entstanden sei. Schließlich sei in diesen Fällen der Zahlungsanspruch an die Stelle des Herausgabeanspruchs getreten.

Der Gesetzgeber hat es hingegen abgelehnt, eine derartige Bestimmung in das Gesetz aufzunehmen. Die Frage, ob sich aus der Natur eines Schuldverhältnisses oder dem Zweck einer Forderung ein Aufrechnungsverbot ergebe, sei im Einzelfall zu prüfen und könne daher nicht pauschal festgelegt werden. Wörtlich heißt es in der Begründung des Teilentwurfes zum Obligationenrecht[503]: *„Dernburg[504] will in der That die gemeinrechtliche Bestimmung in der weitesten Ausdehnung angewendet wissen auf alle Fälle, in welchen es sich um rechtswidrige Zurückhaltung oder Verwendung einer zu einem bestimmten Zwecke gegebenen Sache handelt. ... Allein eine solch' allgemeine Bestimmung möchte doch gefährlich sein; es wird vielmehr bei den einzelnen Vertrags- und Schuldverhältnissen*

502 *Dernburg*, Geschichte und Theorie der Kompensation, S. 511.

503 Vgl. *von Kübel*, Entwurf eines Bürgerlichen Gesetzbuches für das Deutsche Reich, Vorlage des Redaktors; *Schubert*, Vorentwürfe der Redaktoren zum BGB; *Jakobs/ Schubert*, Die Beratung des Bürgerlichen Gesetzbuchs.

504 *Dernburg*, Geschichte und Theorie der Kompensation, S. 511.

zu prüfen sein, ob in Bezug auf die hieraus entspringenden Ansprüche Kompensation zulässig oder auszuschließen ist.“[505]

Auch während des Gesetzgebungsverfahrens erörterte der Gesetzgeber die Frage, wann eine „*über die aus der Natur des Schuldverhältnisses möglicherweise sich ergebende Unzulässigkeit der Kompensation*“[506] vorliegt und ob hierzu eine besondere Regelung erforderlich sei. In den Motiven zum BGB heißt es: „*Die nach dem bestehenden Rechte geltenden Beschränkungen der Zulässigkeit der Aufrechnung, welche auf einer Rücksichtnahme auf den Rechtsgrund gewisser Forderungen, auf den spezifischen Zweck und Charakter des betr. Schuldverhältnisses beruhen, hat der Entw. nicht aufgenommen; [....] Hierdurch ist in concreto die Prüfung nicht ausgeschlossen, ob nach dem Charakter eines bestimmten Rechtsinstitutes oder Rechtsverhältnisses und im Sinne der kritischen Begründung des Schuldverhältnisses die Baarzahlung wesentlich, die Aufrechnung also ausgeschlossen sein soll.*“[507]

Aus diesen Ausführungen lässt sich entnehmen, dass der Gesetzgeber keine generelle Regelung treffen wollte, wann die Aufrechnung aufgrund der Besonderheit eines Schuldverhältnisses ausgeschlossen sein sollte. Ihm kam es vielmehr auf die Besonderheiten des Einzelfalls an.

Es soll jeweils im konkreten Fall untersucht werden, ob nicht die Natur eines Schuldverhältnisses der Aufrechnung entgegensteht. Hierbei müsse der Zweck der jeweiligen Regelung untersucht und abgewogen werden. Eine pauschale Gleichbehandlung von Aufrechnung und Einrede nach § 273 BGB ist vor diesem Hintergrund ausgeschlossen.

Schon deshalb verbietet es sich, den Grundsatz aufzustellen, wonach die Aufrechnung immer dann ausgeschlossen ist, wenn ein Zahlungsanspruch das Surrogat eines zweckbestimmten einredefreien Herausgabeanspruchs ist.

Das bedeutet nicht, dass die gleichen Erwägungen, welche die Geltendmachung des Zurückbehaltungsrechts untersagen, nicht auch zu einem Aufrechnungsverbot führen können, wenn sich der Herausgabeanspruch infolge Weiterveräußerung des Verfügungsgegenstandes an einen gutgläubigen Dritten in einen Bereicherungsanspruch nach § 816 Abs. 1 BGB gewandelt hat. Dies erfordert stets eine Untersuchung des konkreten Falls.

---

505 *von Kübel*, Entwurf eines Bürgerlichen Gesetzbuches für das Deutsche Reich, Vorlage des Redaktors, Abschnitt I, Titel 5, II, S. 20; vgl. *Schubert*, Vorentwürfe der Redaktoren zum BGB, S.1094; *Jakobs/Schubert*, Die Beratung des Bürgerlichen Gesetzbuchs, S. 694, Fn. 9.

506 *Jakobs/Schubert*, Die Beratung des Bürgerlichen Gesetzbuchs, S. 694.

507 *Mugdan*, Die gesamten Materialien zum Bürgerlichen Gesetzbuch für das Deutsche Reich, S. 58.

Zu prüfen ist, ob der Zweck einer Vorschrift auch dann noch erreicht werden kann, wenn statt einer bestimmten Sache ein Geldbetrag geleistet werden soll.

Kommt es dem Gesetz nicht auf einen konkreten Gegenstand, sondern auf dessen Funktion an, die mittels einer durch Geldzahlung ermöglichten Ersatzbeschaffung in gleicher Weise zu realisieren ist, kann der Schutzzweck eines Gesetzes auch dann noch erreicht werden, wenn sich ein zweckgerichteter Herausgabeanspruch in einen Zahlungsanspruch gewandelt hat. Eine Aufrechnung würde in diesem Fall den Willen des Gesetzes in gleicher Weise unterlaufen wie die Geltendmachung eines Zurückbehaltungsrechts.

Der Sekundäranspruch genießt insoweit im gleichen Umfang wie der Primäranspruch den umfassenden Schutz des Gesetzes. Die Schuldtilgung im Rahmen der Aufrechnung würde dann – genauso wie die Geltendmachung eines Zurückbehaltungsrechts – dazu führen, dass es nicht zum aktiven Leistungsaustausch kommt. In beiden Fällen würde dem Gläubiger eine bestimmte Leistung vorenthalten – entweder endgültig (Aufrechnung) oder nur vorübergehend (Zurückbehaltungsrecht).

5. *Ergebnis:*

Im Ergebnis kann festgehalten werden, dass der Ausschluss des Zurückbehaltungsrechts nicht zwangsläufig zum Ausschluss der Aufrechnung führt. Eine pauschale Gleichbehandlung von Aufrechnung und Zurückbehaltungsrecht verbietet sich bereits aufgrund der unterschiedlichen Voraussetzungen, Zielrichtungen und Wirkungen der beiden Rechtsinstitute.

Insoweit lässt sich auch nicht die generelle Regel aufstellen, wonach die Aufrechnung untersagt ist, wenn eine Zahlungsforderung an die Stelle eines Herausgabeanspruchs tritt, demgegenüber das Zurückbehaltungsrecht nach § 273 BGB ausgeschlossen war.

Gleichwohl können die Erwägungen, welche die Geltendmachung des Zurückbehaltungsrechts untersagen, auch dann zutreffen, wenn sich der Herausgabeanspruch infolge Weiterveräußerung des Verfügungsgegenstandes an einen gutgläubigen Dritten in einen Bereicherungsanspruch nach § 816 Abs.1 S.1 BGB gewandelt hat. Dies muss allerdings im konkreten Fall untersucht werden.

IV. Aufrechnung als Umgehung des § 1365 BGB

Kann weder von der Pfändbarkeit einer Forderung noch vom Bestehen eines Zurückbehaltungsrechts auf die Zulässigkeit der Aufrechnung geschlossen werden, ist zu prüfen, ob der Dritte durch die Aufrechnung das Zustimmungserfordernis des § 1365 BGB umgehen würde. Dann könnte aus diesem Grund ein Aufrechnungsverbot in Betracht kommen.

1. Aufrechnungsverbot infolge Gesetzesumgehung

Wegen Umgehung eines vormundschaftsgerichtlichen Zustimmungserfordernisses hatte das *OLG Stuttgart*[508] ein hieraus resultierendes Aufrechnungsverbot angenommen. In dem zu entscheidenden Fall hatte ein Geschäftsunfähiger eine Hypothekenforderung. Seine Schuldner überwiesen den entsprechenden Geldbetrag ohne Zustimmung[509] seines Pflegers und des Vormundschaftsgerichts auf das Sparbuch des Gläubigers zur Tilgung der Forderung. Anschließend rechneten sie mit dem Bereicherungsanspruch aus der ohne Rechtsgrund erfolgten Zahlung auf und verlangten Löschungsbewilligung. Das OLG erklärte die Aufrechnung für unzulässig. Durch die Zulassung der Aufrechnung würde das in §§ 1812, 1813 BGB gesetzlich vorgeschriebene Erfordernis der vormundschaftsgerichtlichen Genehmigung umgangen. Der Schutz des Geschäftsunfähigen sei in der Rechtsordnung des BGB ein derart wesentlicher Grundsatz, dass er nicht auf dem Umweg über eine Aufrechnung mit einem Anspruch aus ungerechtfertigter Bereicherung umgangen werden dürfe.

In der Rechtslehre[510] hat diese Entscheidung des OLG Stuttgart zwar überwiegend Zustimmung gefunden, teilweise[511] wurden aber auch Bedenken geäußert, dass durch Parteien, an die sich die gesetzliche Bestimmung nicht wende, eine Gesetzesumgehung nicht begangen werden könne. Ein Aufrechnungsverbot sei nur dann anzunehmen, wenn Vormund und Schuldner bewusst zum Nachteil des Geschäftsunfähigen handelten.

Ob dieser Einwand berechtigt ist, sei dahingestellt, denn für die Regelung des § 1365 BGB ist er irrelevant. Während § 1812 BGB lediglich die

---

508 MDR 1954, 229 (229).

509 Ob der Pfleger des geschäftsunfähigen Gläubigers und das Vormundschaftsgericht die Zahlung angenommen hat, war im zu entscheidenden Fall jedenfalls äußerst zweifelhaft.

510 Zustimmend: *Damrau*, FamRZ 1984, 842 (847); Erman/*Holzhauer*, § *1812 Rdnr. 2;* Soergel/*Zeiss*, § 387 Rdnr. 16; Soergel/*Zimmermann*, § 1812 Rdnr. 5.

511 MünchKomm/*Schwab*, § 1812 Rdnr. 29; Staudinger/*Engler*, § 1812 Rdnr. 19; vgl. auch RGRK/*Dickescheid*, § 1812 Rdnr. 10.

gesetzliche Vertretungsmacht einer bestimmten Person einschränkt, ist § 1365 BGB ein absolutes Veräußerungsverbot[512]. Normadressat ist nicht nur der verfügende Ehegatte, sondern auch dessen Vertragspartner.[513] Es gibt daher auch nicht den in § 135 BGB für relative Veräußerungsverbote vorgesehenen Schutz unwissender redlicher Geschäftspartner.[514]

Kann eine Vertragspartei mittels Aufrechnung die gleichen Rechtsfolgen herbeiführen wie wenn eine erforderliche Genehmigung erteilt worden wäre, kann sie also die gleichen rechtlichen und wirtschaftlichen Ziele erreichen, obwohl möglicherweise ausdrücklich die Zustimmung verweigert wurde, dann muss die Aufrechnung ausgeschlossen sein. Das ergibt sich aus dem Zweck des jeweiligen Genehmigungserfordernisses. *Damrau*[515] sieht in der Aufrechnung in diesen Fällen eine unzulässige Gesetzesumgehung, die ein striktes Aufrechnungsverbot erfordere.

Dem ist im Ergebnis zuzustimmen. Allerdings sollte der Terminologie *Gesetzesumgehung* keine eigenständige Bedeutung zukommen. Als Gesetzesumgehung gelten allgemein Rechtsgeschäfte oder Rechtshandlungen, die zwar nicht gegen den Wortlaut, aber gegen den Sinn und Zweck einer gesetzlichen Regelung verstoßen. Hat man hingegen durch Auslegung den Zweck einer Vorschrift ermittelt, dann ist die Zuwiderhandlung gegen diesen in der Regel ein Verstoß gegen das zutreffend ausgelegte Gesetz und keine Umgehung. Die Problematik der Gesetzesumgehung[516] ist daher eine solche der Gesetzesauslegung.[517]

Könnte der von der jeweiligen Norm missbilligte oder an eine bestimmte Genehmigung geknüpfte Erfolg auch mittels einseitiger Aufrechnungserklärung herbeigeführt werden, kann sich aus der Auslegung der jeweiligen Vorschrift ein Aufrechnungsverbot ergeben.

---

512 BGHZ 40, 218; RGRK/*Finke*, § 1365 Rdnr. 1; *Künzl*, FamRZ 1988, 452 (455); Soergel/*Lange*, § 1365 Rdnr. 59; Staudinger/*Thiele*, § 1365 Rdnr. 99.

513 Soergel/*Lange*, § 1365 Rdnr. 59.

514 MünchKomm/*Koch*, § 1365 Rdnr. 4; Staudinger/*Thiele*, § 1365 Rdnr. 99.

515 FamRZ 1984, 842 (847).

516 Grundlegend *Teichmann*, Die Gesetzesumgehung, S. 78 ff. (105); BGHZ 110, 47 (64). Eine selbständige Lehre der Gesetzesumgehung gibt es nicht. Die Frage der Gesetzesumgehung ist in der Regel ein Problem der Analogie, da die jeweils umgangene Norm auf das Umgehungsgeschäft analog anzuwenden ist. Vgl. auch *Flume*, Allgemeiner Teil, § 17, 5 S. 350; Soergel/*Hefermehl*, § 134 Rdnr. 37; *Larenz/Wolf*, Allgemeiner Teil, § 40 Rdnr. 30; *Medicus*, Allgemeiner Teil, § 44 Rdnr. 660; Erman/*Palm*, § 134 Rdnr. 19; Staudinger/*Sack*, § 134 Rdnr. 153.

517 *Flume*, Allgemeiner Teil, § 17, 5, S. 350; *Medicus*, Allgemeiner Teil, § 44 Rdnr. 660.

2. *Aufrechnung als Umgehung des von § 1365 BGB normierten Zustimmungserfordernisses*

Es stellt sich zunächst die Frage, ob der Vertragspartner des verfügenden Ehegatten mittels Aufrechnung das von § 1365 BGB normierte Zustimmungserfordernis des anderen umgehen kann.

Auf den ersten Blick scheint dies nicht der Fall zu sein. Die Aufrechnung durch den Geschäftpartner erfolgt stets zu einem Zeitpunkt, in dem die fehlende Zustimmung bereits zur Nichtigkeit des Verfügungsgeschäftes geführt hat. Der in der Aufrechnungslage zugrunde liegende Rückforderungs- bzw. Rückzahlungsanspruch des verfügenden Ehegatten ist Folge der von §§ 1365, 1366 BGB angeordneten Unwirksamkeit seines Verfügungsgeschäftes. Die Aufrechnung knüpft also an die Nichtigkeitsfolge der §§ 1365, 1366 BGB an, sie „umgeht" sie nicht.

Dies trifft aber auch in dem oben genannten Fall zu, den das *OLG Stuttgart*[518] zu entscheiden hatte. Erst durch die infolge fehlender Zustimmung unwirksame Leistung hatte der Schuldner des Geschäftsunfähigen den Bereicherungsanspruch erlangt, mit dem er gegen dessen Hypothekenforderung aufrechnen konnte.

Für die Frage, ob das Zustimmungserfordernis mittels Aufrechnung umgangen wird, ist nicht nur maßgeblich, ob § 1365 BGB zur Anwendung kommt, also die von dieser Norm angeordnete Unwirksamkeit des ungenehmigten Rechtsgeschäftes eintritt oder nicht. Vielmehr kommt es auch darauf an, ob die Vertragsparteien, also der verfügende Ehegatte und sein Vertragspartner nach der Aufrechnung genauso stehen, als ob der übergangene Ehegatte zugestimmt hätte. Dann hätten sie mittels Aufrechnung – auch ohne die nach § 1365 BGB erforderliche Zustimmung – ihr Ziel erreicht. Verfügt ein Ehegatte über sein nahezu ganzes Vermögen ohne Zustimmung i.S.d. § 1365 BGB und veräußert der Erwerber die erlangten Gegenstände an einen gutgläubigen Dritten weiter, stehen sich zwei Zahlungsansprüche gegenüber, ein Rückzahlungsanspruch hinsichtlich des gezahlten Kaufpreises und der Bereicherungsanspruch bezüglich des durch den Weiterverkauf erzielten Erlöses. Es stellt sich die Frage, ob die Aufrechnung dazu führt, dass die Parteien genauso stehen wie bei Wirksamkeit ihres Rechtsgeschäftes.

Aus Sicht des verfügenden Ehegatten scheint dies zuzutreffen. Er erlangt den veräußerten Gegenstand nicht mehr zurück. Ursache hierfür ist aller-

---

518 MDR 1954, 229 (229).

dings nicht die Aufrechnung, sondern die Weiterveräußerung durch seinen Vertragpartner. Folglich kommt es in erster Linie auf diesen an.

Hinsichtlich des Vertragspartners ist zu differenzieren. Wenn er den erworbenen Vermögensgegenstand zunächst behalten wollte und ihn nur deshalb weiterveräußert hat, weil er angesichts des fehlenden Zurückbehaltungsrechts bezüglich seines Kaufpreisrückzahlungsanspruchs dem Insolvenzrisiko des verfügenden Ehegatten entgehen wollte, dann steht er jedenfalls nicht wie bei Wirksamkeit des Erwerbsgeschäftes. Der von ihm begehrte Gegenstand, etwa ein Grundstück, befindet sich schließlich nicht mehr in seinem Vermögen.

Anders beurteilt sich die Situation, wenn der Erwerber bereits bei Vertragsschluss vorhatte, den vom verfügenden Ehegatten möglicherweise aufgrund finanzieller Probleme günstig erworbenen Gegenstand gewinnbringend weiter zu veräußern. Kommt es zur Übereignung an einen gutgläubigen Vierten, dann scheinen beide, Vertragspartner und veräußernder Ehegatte, auch ohne Zustimmung des Übergangenen ihr wirtschaftliches Ziel erreicht zu haben. Was den Verbleib des veräußerten Vermögensgegenstandes anbelangt, mag dies zutreffen. Diese Sichtweise lässt jedoch Inhalt und Umfang der aus der nichtigen Verfügung resultierenden Ansprüche außer Betracht.

Ist das Kausalgeschäft nach §§ 1365, 1366 BGB nichtig, hat der Erwerber regelmäßig einen Rückzahlungsanspruch nach § 812 Abs. 1 S.1 BGB in Höhe des von ihm geleisteten Kaufpreises. Der verfügende Ehegatte hat nach § 816 Abs. 1 S. 1 BGB einen Anspruch auf die Herausgabe des durch die Weiterveräußerung erlangten Erlöses. Dieser ist nach zutreffender Auffassung[519] nicht auf den objektiven Verkehrswert des Verfügungsobjektes beschränkt, sondern umfasst auch einen etwaigen Gewinn. Verbleibt dem Geschäftspartner lediglich der von ihm geleistete Kaufpreis, dann steht er wirtschaftlich so, wie wenn das nach §§ 1365, 1366 BGB unwirksame Geschäft nie zustande gekommen oder vollzogen worden wäre. Er kann daher auch mittels Weiterveräußerung und Aufrechnung nicht die vermögensrechtlichen und wirtschaftlichen Verhältnisse schaffen wie sie bei erteilter Zustimmung nach § 1365 BGB bestünden. Von einer Umgehung des § 1365 BGB durch Aufrechnung kann nicht die Rede sein. Einerseits ist der Erwerber nicht (mehr) im Besitz der unwirksam veräußerten Sache, ande-

---

519 BGHZ 29, 157 (159); BGH NJW 1997, 190 191; *Brox/Walker*, Rdnr. 419; *Emmerich*, Schuldrecht BT, § 17 Rdnr. 43; *Esser/Weyers*, § 50 II 2c; *Loewenheim*, Bereicherungsrecht, S. 107 f.; *Reuter/Martinek*, § 8 I 4 d; Palandt/*Thomas*, § 816 Rdnr. 24; a.A. Soergel/*Mühl*, § 816 Rdnr. 29.

rerseits verbleiben ihm auch nicht die mit dem Erwerb beabsichtigten Vermögensvorteile.

Insoweit unterscheidet sich die Sachlage von dem Fall, den das *OLG Stuttgart*[520] zu entscheiden hatte. Durch die Aufrechnung wäre trotz nicht erteilter vormundschaftsgerichtlicher Zustimmung für den Aufrechnenden wirtschaftlich das gleiche Ergebnis erzielt worden wie mit erfolgter Zustimmung. Letztlich wäre mit der Aufrechnung das Zustimmungserfordernis umgangen worden. Im Rahmen der Revokation nach § 1368 BGB ist dies nicht der Fall.

3. Ergebnis

Nach alledem ist es dem Geschäftspartner nicht möglich, durch Weiterveräußerung des gem. § 1365 BGB unrechtmäßig erlangten Vermögensgegenstandes und durch anschließende Aufrechnung die gleichen rechtlichen und wirtschaftlichen Folgen herbeizuführen, wie wenn die verweigerte Zustimmung erteilt worden wäre. Einerseits ist der Vertragspartner nicht (mehr) im Besitz der unwirksam veräußerten Sache, andererseits verbleiben ihm auch nicht die mit dem Erwerb beabsichtigten Vermögensvorteile. Von einer Umgehung des von § 1365 BGB festgelegten Zustimmungserfordernisses durch Aufrechnung kann demnach nicht gesprochen werden. Unter diesem Gesichtspunkt ergibt sich daher kein Aufrechnungsverbot.

Nicht beantwortet wurde hiermit die Frage, ob nicht der Zweck der §§ 1365, 1368 BGB, die ursprüngliche Vermögenslage des verfügenden Ehegatten wieder herzustellen, einer Aufrechnung entgegensteht.

V. Aufrechnung als unzulässige Verhinderung der vom Gesetzgeber bezweckten Rückabwicklung der nach §§ 1365, 1366 BGB nichtigen Verfügung

Aus dem Sinn und Zweck einer gesetzlichen Regelung ergibt sich ein Aufrechnungsverbot grundsätzlich dann, wenn das zugrunde liegende Schuldverhältnis eine effektive Erfüllung des vom Gesetz gewährten Anspruchs erfordert. Eine effektive Erfüllung ist geboten, wenn ein Ehegatte den gem. §§ 1365, 1366 BGB unwirksam veräußerten Gegenstand zurückverlangt. Der Vertragspartner des verfügenden Ehegatten kann sich daher gegenüber diesem Rückgabeanspruch nicht auf ein Zurückbehaltungsrecht berufen.

Hat sich dieser Herausgabeanspruch in einen Zahlungsanspruch umgewandelt, so hängt die Frage, ob das Gebot der Effektiverfüllung fortbesteht,

---

520 MDR 1954, 229 (229).

davon ab, ob der Zweck der §§ 1365, 1368 BGB auch dann noch erreicht werden kann, wenn statt der veräußerten Sache, die das ganze oder nahezu gesamte Vermögen eines Ehegatten ausmacht, ein Geldbetrag geleistet werden soll, wenn also ein Zahlungsanspruch an die Stelle eines zweckgebundenen Herausgabeanspruchs getreten ist. In der Rechtslehre[521] wird dies überwiegend verneint.

1. Die Argumentation der Rechtslehre

Zwar sei auch der auf Zahlung gerichtete Ersatzanspruch des Ehegatten aus der nach §§ 1365, 1366 BGB nichtigen Verfügung entstanden, er sei aber, so die Rechtslehre, seiner Natur nach nicht zur vollen Wiederherstellung des früheren Vermögenszustandes geeignet.[522]

Wenn der Erwerber die erlangte Sache an einen gutgläubigen Dritten weitergegeben habe, dann könne die ursprüngliche Besitzsituation nicht mehr hergestellt werden. Der Ersatzanspruch sowie der Anspruch auf das Erlangte seien lediglich Geldansprüche, die dem verlorenen Gegenstand nicht gleichgestellt werden könnten.[523]

Daran ändere auch der Umstand nichts, dass die Ansprüche des Ehegatten auf die „Surrogate" der weggegebenen Sachen gerichtet seien. § 1365 BGB sichere das Vermögen der Ehegatten vor einseitigen Maßnahmen nur in seiner konkreten gegenwärtigen Zusammensetzung, nicht aber unmittelbar in seinem Wertgehalt. [524]

Der besondere Schutz diene dem Vermögen in seiner vor der Verfügung bestehenden Zusammensetzung; die Präklusion von Einwendungen und Einreden könne nicht weiterreichen als der Gesetzeszweck.[525] Die Versagung einer Aufrechnungsmöglichkeit würde zu einer Verselbständigung der gegenseitigen gleichartigen Ansprüche führen mit der Folge, dass der Dritte in den gegen ihn gerichteten Anspruch aus § 816 II BGB vollstrecken müss-

[521] *Duderstadt*, in: Klein, Das gesamte Familienrecht, § 1368 Rdnr. 2; *Firsching/Graba*, Familienrecht, Rdnr. 189; *Hohloch*, Familienrecht, Rdnr. 470; *ders.*, JuS 2000, 820; *ders.*, in: LM H. 8/2000 Nr. 19 zu § 1365 BGB, Bl. 1467; *Jauernig/Berger*, vor. 1365-1369 Rdnr. 16; *Kemper*, S. 123; *Kroppenberg*, WuB I E 4 Avalkredit 1.00, 735 (736); *Leible*, JA 2000, 742 (745); RGRK/*Finke*, § 1368 Rdnr. 15; *Schellhammer*, Familienrecht, Rdnr. 102; Soergel/*Lange*, § 1368 Rdnr. 15; Staudinger/*Thiele*, § 1368 Rdnr. 52.

[522] *Leible*, JA 2000, 742 (745); Staudinger/*Thiele*, § 1368 Rdnr. 52.

[523] *Kemper*, S. 123.

[524] Staudinger/*Thiele*, § 1368 Rdnr. 52.

[525] Soergel/*Lange*, § 1368 Rdnr. 15.

te.[526] Dieser Umweg wäre formalistisch, würde dem Dritten zu Unrecht ein Insolvenz- und Vollstreckungsrisiko aufbürden und lasse sich durch den Zweckgehalt des § 1365 BGB nicht rechtfertigen. Dem Dritten sei die Aufrechnung gestattet, weil die Revokationsforderung ihren gegenständlichen Bezug verloren habe.[527]

2. Stellungnahme

Hauptargument der Rechtslehre für die Zulässigkeit der Aufrechnung ist die Überlegung, dass der ursprüngliche Vermögenszustand nicht wieder hergestellt werden kann, wenn der Dritte den erhaltenen Gegenstand an einen Vierten weiterveräußert und dieser daran gutgläubig Eigentum erlangt hat. Der mit den §§ 1365, 1368 BGB verfolgte Zweck könne dann nicht mehr erreicht werden, auch nicht mit Hilfe eines Aufrechnungsverbotes.

a. Erreichbarkeit des Schutzzweckes der §§ 1365, 1368 BGB trotz Aufrechnungslage

Wird ein zweckgebundener Herausgabeanspruch zu einem Zahlungsanspruch, dann beurteilt sich die Frage, ob gegen ihn die Aufrechnung zulässig oder ausgeschlossen ist, danach, ob es dem Gesetz auf den konkret geschuldeten Gegenstand oder lediglich auf dessen Funktion ankommt, die mittels einer durch Geldzahlung ermöglichten Ersatzbeschaffung in gleicher Weise realisiert werden kann.[528]

Es stellt sich daher die Frage, ob nicht der von § 1365 BGB bezweckte Schutz der wirtschaftlichen Grundlage der Familie und des Zugewinnausgleichs vor einseitigen Umschichtungen des Vermögens auch dadurch erreicht werden kann, dass ein Ehegatte, nachdem er zustimmungslos über sein nahezu gesamtes Vermögen verfügt hat und den veräußerten Vermögensgegenstand nicht mehr zurückerlangen kann, einen anderen, gleichwertigen erwirbt. Lässt sich der Zweck des § 1365 BGB also auch dann realisieren, wenn der Ehegatte, der ohne Zustimmung des anderen ein Grundstück veräußert hat, ein neues, gleichwertiges erwirbt?

§ 1365 BGB will das Vermögen nicht in seinem jeweiligen Wert, sondern in seiner konkreten Zusammensetzung schützen. Daher ist es für die Anwendbarkeit des § 1365 BGB ohne Belang, ob das Gesamtvermögensge-

---

[526] *Leible*, JA 2000, 742 (745).
[527] Staudinger/*Thiele*, § 1368 Rdnr. 52.
[528] Vgl. OLG Köln, OLGZ 1994, 199 (201).

schäft entgeltlich oder unentgeltlich abgeschlossen wird. Die vereinbarte Gegenleistung bleibt grundsätzlich außer Betracht.[529] § 1365 BGB ist deshalb auch dann anwendbar, wenn die Gegenleistung nicht nur wertmäßig, sondern auch in ihrer Art und Gestalt dem Veräußerungsobjekt entspricht, etwa wenn zwei gleichartige Grundstücke getauscht werden sollen. § 1365 BGB erfasst deshalb auch bloße Vermögensumschichtungen.[530]

Will § 1365 BGB aber bereits den bloßen Tausch gleichartiger Vermögensobjekte verhindern und ist er daher auch unabhängig von Umfang und Art der Gegenleistung anwendbar, dann kann diese Vorschrift ihr Ziel, den ursprünglichen Vermögenszustand zu erhalten, nicht mehr erreichen, wenn die veräußerten Vermögensgegenstände, die den ursprünglichen Vermögenszustand ausmachten, nicht mehr zurückgeführt werden können.

Mit § 1368 BGB soll der übergangene Ehegatte in die Lage versetzt werden, den vermögensrechtlichen Zustand wieder herbeizuführen, der vor der unwirksamen Verfügung bestanden hat. Die ursprüngliche Vermögenslage kann nicht wieder hergestellt werden, wenn sich der revokatorische Herausgabeanspruch infolge Weiterveräußerung des Verfügungsgegenstandes an einen Vierten in einen revokatorischen Bereicherungsanspruch nach § 816 Abs.1 BGB gewandelt hat. Der Anspruch auf das Erlangte ist lediglich ein Geldanspruch.

Insoweit besteht auch ein erheblicher Unterschied, ob der Dritte die veräußerte Sache noch hat und hinsichtlich des von ihm geleisteten Kaufpreises lediglich ein Zurückbehaltungsrecht geltend machen will oder ob er die erlangte Sache an einen gutgläubigen Vierten weitergegeben hat und sich nur noch zwei Zahlungsansprüche gegenüberstehen. Die Sachlage bei der Aufrechnung einerseits und der Geltendmachung eines Zurückbehaltungsrechts andererseits sind insoweit unterschiedlich.

Hat ein Vierter gutgläubig Eigentum am veräußerten Gegenstand erworben und kann die ursprüngliche Besitzsituation nicht mehr hergestellt werden, dann ist das eingetreten, was die §§ 1365, 1368 BGB verhindern wollten. Ist eine Aufrechnungslage entstanden, können diese Vorschriften ihr gesetzgeberisches Ziel nicht mehr erreichen. Vor diesem Hintergrund wäre ein Aufrechnungsverbot nicht mehr notwendig.

---

529 BGHZ 35, 135 (145); 43, 174 (176); 132, 218 (226); *Bosch*, FamRZ, 1958, 294 (294); Palandt/*Diederichsen* § 1365 Rdnr. 5; RGRK/*Finke* § 1365 Rdnr. 11; *Gernhuber/Coester-Waltjen*, Familienrecht, § 35 II Rdnr. 36; MünchKomm/*Koch* § 1365 Rdnr. 22; Krüger-Bretzke/*Nowak*, Gleichberechtigungsgesetz, § 1365 Rdnr. 1; Soergel/*Lange*, § 1365 Rdnr. 21; *Massfeller/Reinicke* § 1365 Rdnr. 2; *Mülke*, AcP 161, 129 (141 ff.); *Olzen*, Jura 1988, 13 (15); Staudinger/*Thiele*, § 1368 Rdnr 35.

530 BGHZ 35, 135 (145); Staudinger/*Thiele*, § 1368 Rdnr 35; a.A. *Wörbelauer* NJW 1960, 793 (795).

Aus diesem Grund hat wohl die frühere Rechtslehre die Zulässigkeit der Aufrechnung im Rahmen der Revokation nach den Regeln der bisherigen Güterstände nicht problematisiert. *Lauterbach*[531] hat vielmehr klargestellt, dass der Vertragspartner gegenüber Bereicherungsanspüchen der Ehegatten zwar kein Zurückbehaltungsrecht, aber die Möglichkeit der Aufrechnung habe.

b. Aufrechnungsverbot zur Verhinderung einer Aufrechnungslage

Allerdings würde ein Aufrechnungsverbot durchaus dem Schutzgedanken der §§ 1365, 1368 BGB entsprechen, wenn es die Entstehung der Aufrechnungslage durch Weiterveräußerung der unwirksam erworbenen Sache an gutgläubige Vierte verhindern könnte.

Das wäre anzunehmen, wenn der Geschäftspartner des unwirksam verfügenden Ehegatten den erlangten Gegenstand nur deshalb an einen Vierten weitergeben würde, um eine Aufrechnungslage zu schaffen. Dann müsste es ihm ausschließlich darum gehen, den gegen ihn gerichteten Anspruch abzuwehren und sich hinsichtlich seines Kaufpreisrückzahlungsanspruchs mittels Aufrechnung befriedigen zu können.

Derartige Überlegungen liegen bei Betrachtung der sozialen Wirklichkeit nahe. Verfügungen über das gesamte Vermögen erfolgen in der Regel, wenn sich ein Ehegatte in einer wirtschaftlichen Krise befindet. Muss der Geschäftspartner den unwirksam erworbenen Gegenstand an den revozierenden Ehegatten herausgeben, ohne seinerseits vorher seinen Kaufpreis zurück zu erhalten, läuft er Gefahr, angesichts bestehender Insolvenz- und Vollstreckungsrisiken seinen Kaufpreisrückzahlungsanspruch nicht oder jedenfalls nicht vollständig realisieren zu können.

Dieses Insolvenz- und Vollstreckungsrisiko, mit dem der Dritte bei einem zustimmungslos verfügenden Ehegatten regelmäßig rechnen muss, könnte er seinerseits umgehen, indem er den erworbenen Gegenstand an einen gutgläubigen und zahlungsfähigen Vierten weiterveräußert und anschließend mit seinem Anspruch auf Kaufpreisrückzahlung aufrechnet.

Wird der Vertragspartner auf Herausgabe der nach § 1365 BGB zu Unrecht erlangten Sache in Anspruch genommen und wird ihm die Rückzahlung der von ihm erbrachten Gegenleistung verweigert, hat er folglich einen erheblichen Anreiz, sich eine Aufrechnungslage zu verschaffen. Ist das aber der Fall, dann stellt sich die Frage, ob nicht der Schutzzweck der §§ 1365,

---

531 Palandt/*Lauterbach,* 16. Aufl., § 1455 Anm. 1 a.E..

1368 BGB ein Aufrechnungsverbot schon deshalb erfordert, um eine „Flucht in die Aufrechnung“ zu verhindern.

Insoweit muss untersucht werden, ob ein gesetzlich nicht ausdrücklich geregeltes Aufrechnungsverbot allein schon deshalb angenommen werden kann, weil es notwendig ist, den Schuldner davon abzuhalten, eigenmächtig eine Aufrechnungslage herbeizuführen. Ein solches Aufrechnungsverbot hätte rein präventiven Charakter. Gibt es aber „präventive Aufrechnungsverbote“? Als präventiv wäre jedes Aufrechnungsverbot einzustufen, dem es in erster Linie darum ginge, die Herbeiführung einer Aufrechnungslage zu verhindern, also ein Verhalten von Schuldnern oder Gläubigern vermeiden will, das nicht in der Aufrechnung als solcher, sondern davor liegt.

Es soll daher im Folgenden geprüft werden, ob präventive Gesichtspunkte überhaupt einem Aufrechnungsverbot zugrunde liegen können. Anschließend ist zu untersuchen, ob präventive Aufrechnungsverbote nicht auch aus dem Schutzgedanken einer Vorschrift hergeleitetet werden können, wenn also eine ausdrückliche gesetzliche Regelung fehlt.

aa. Aufrechnungsverbote aus präventiven Gründen

(1) Überblick

Die Frage, ob ein Aufrechnungsverbot aus präventiven Gesichtspunkten angenommen werden kann, ist bislang weder von der Rechtsprechung noch der Rechtslehre explizit erörtert worden. Lediglich im Zusammenhang mit der Frage, welchen Schutzzweck das Aufrechnungsverbot des § 393 BGB verfolge, ist im Schrifttum[532] teilweise von präventiven Erwägungen die Rede.

Nach § 393 BGB ist die Aufrechnung gegen eine Forderung aus einer vorsätzlich begangenen unerlaubten Handlung nicht zulässig. Nach einem Teil der Rechtslehre sei Normzweck, u.a. eine „sanktionslose Privatrache“ zu verhindern[533]. Andere[534] gehen davon aus, dass § 393 BGB eine „unzulässige Selbsthilfe“ unterbinden wolle.

Nach beiden Ansichten geht es also darum, den Gläubiger einer Forderung davon abzubringen, eigenmächtig eine Aufrechnungslage herbeizu-

---

532 *Deutsch*, NJW 1981, 735 (735); *Gernhuber*, Erfüllung, § 12 VI 3; *Medicus*, Schuldrecht I, § 26 II 5c; *Pielemeier*, S. 92 ff.; Soergel/*Zeiss*, § 393 Rdnr. 1.

533 *Deutsch*, NJW 1981, 735 (735 f.); *Medicus*, Schuldrecht I, § 26 II 5c; Soergel/*Zeiss*, § 393 Rdnr. 1.

534 *Pielemeier*, S. 92 ff.; *Gernhuber*, Erfüllung, § 12 VI 3, der § 393 BGB daneben auch noch eine Straffunktion beimisst.

führen, d.h. entweder eine Privatrache oder auch nur eine Selbsthilfe des Gläubigers zu verhindern. In der Rechtslehre[535] gilt es anscheinend als selbstverständlich, dass der Zweck eines Aufrechnungsverbotes auch das Verhindern einer Aufrechnungslage darstellen und damit präventiv sein kann.

Dabei darf nicht übersehen werden, dass in diesen Fällen die Aufrechnung nicht um der Aufrechnung willen untersagt wäre, sondern um ein davor liegendes, bestimmtes Verhalten des Schuldners zu bewirken. Unmittelbare Folge eines Aufrechnungsverbotes ist jedoch das Verhindern der Aufrechnung mit einer bestimmten Forderung. Die Anerkennung präventiver Gesichtspunkte zur Zweckbestimmung eines Aufrechnungsverbotes hätte zur Folge, dass es bei der Frage, ob die Aufrechnung zulässig ist, weder um die Wirkungen der Aufrechnung als solcher – Erfüllung einer Verbindlichkeit und Durchsetzung einer Forderung – noch um das Gebot der Effektiverfüllung einer privilegierten Forderung geht, sondern allein um Aspekte, die außerhalb der Aufrechnung liegen.

(2) Normzweck eines Aufrechnungsverbotes

Die Frage, ob einem Aufrechnungsverbot ein präventiver Zweck zugrunde liegen kann, ist genauso zu beantworten wie die Frage nach dem Zweck selbst. Denn in beiden Fällen geht es um den Grund, warum das Gesetz die Aufrechnung im Einzelfall verbietet. Die *ratio legis* des Aufrechnungsverbots ist zu ermitteln. Diese kann *subjektiv* bestimmt werden nach den Ansichten des historischen Gesetzgebers oder *objektiv* aus allgemeinen Zweck- und Gerechtigkeitserwägungen.[536]

Aufrechnungsverbote aus präventiven Gründen sind folglich denkbar, wenn sich nach beiden Auslegungsmethoden Aufrechnungshindernisse aus rein präventiven Gründen ergeben könnten.

(a) Historisch-teleologische Auslegung

Zur Bestimmung des Schutzzweckes ist im Rahmen einer historisch-teleologischen Auslegung[537] zunächst anhand der Gesetzesmaterialien der Wille des historischen Gesetzgebers festzustellen. Als solcher gilt die Grundab-

535 *Deutsch*, NJW 1981, 735 (735); *Gernhuber*, Erfüllung, § 12 VI 3; *Medicus*, Schuldrecht I, § 26 II 5c; *Pielemeier*, S. 92 ff.; Soergel/*Zeiss*, § 393 Rdnr. 1.

536 Staudinger/*Coing/Honsell*, Einleitung zum BGB, Rdnr. 149.

537 Vgl. Staudinger/*Coing/Honsell*, Einleitung zum BGB, Rdnr. 133, 149; *Larenz*, Methodenlehre, S. 316.

sicht, die in den Beratungen des jeweiligen Gesetzgebungsorgans zum Ausdruck gekommen und bislang ohne Widerspruch geblieben ist.[538] Vor allem die Entstehungsgeschichte eines Gesetzes gibt häufig Auskunft über die Normvorstellung und den Regelungswillen der Gesetzesverfasser.[539]

Die Normsetzungsprärogative liegt nach Art. 20 Abs. 3 GG beim Parlament als Volksvertretung. Steht es in dessen legislativem Ermessen, ein Aufrechnungsverbot zu schaffen, dann steht es ihm ebenfalls frei, damit präventive Ziele zu verfolgen. Im Rahmen einer subjektiven Auslegung, die sich streng am Willen des Gesetzgebers orientiert, ist also ein Aufrechnungsverbot aus präventiven Gründen grundsätzlich möglich.

(b) Objektiv-teleologische Auslegung

Nachdem in einem ersten Schritt der historische Normzweck ermittelt worden ist, gilt es in einem zweiten Schritt zu prüfen, ob dieser noch im Anwendungszeitraum verbindlich ist.[540] Der Rechtsanwender steht dann vor der Frage, ob sich seit dem Erlass die geregelte Materie oder die Wertvorstellungen der Rechtsgemeinschaft derart geändert haben, dass der ursprüngliche Normzweck modifiziert oder ein anderer zugrunde gelegt werden muss. Ist dies zu bejahen, oder konnte der historische Normzweck nicht festgestellt werden, muss der konkrete Gesetzeszweck aus der Regelung, also dem jeweiligen Aufrechnungsverbot selbst, erschlossen werden.[541]

Nach der sogenannten objektiv-teleologischen Auslegungsmethode[542] ist der im Gesetzeswortlaut niedergelegte *objektivierte Wille des Gesetzes* zu ermitteln. Sie geht davon aus, dass das Gesetz eine vernünftige, sachgerechte und zweckmäßige Regelung treffen wollte.[543] Dem Gesetz liegen demnach „rechtsethische Prinzipien" zugrunde, wie der Grundsatz der Gleichbehandlung, die Sicherung des Rechtsfriedens, die Vermeidung von Wertungswidersprüchen und das Prinzip der gerechten Streitentscheidung.[544] Ein Aufrechnungsverbot ist insoweit nichts anderes als ein sachgerechtes Mittel zur Lösung von Interessenkonflikten, wenn sich zwei Parteien gegenseitig gleichartige und fällige Forderungen schulden. Soll der Normzweck des

538 Larenz, Methodenlehre, S. 329.
539 BGHZ 46, 74 (80).
540 *Röhl*, Allgemeine Rechtslehre, § 12 II; *Rüthers*, Rechtstheorie, Rdnr. 788 a.E.
541 *Wank*, Die Auslegung von Gesetzen, § 8 II, S. 97.
542 Vgl. Staudinger/*Coing/Honsell*, Einleitung zum BGB, Rdnr. 134, 149; *Larenz*, Methodenlehre, S. 316.
543 Staudinger/*Coing/Honsell*, Einleitung zum BGB, Rdnr. 134.
544 *Larenz/Canaris*, Methodenlehre, S. 153 ff.; *Larenz*, Methodenlehre, S. 333 ff.

Aufrechnungsverbotes ermittelt werden, müssen zunächst sämtliche in Betracht kommenden widerstreitenden Interessen erfasst werden. Anschließend ist zu ermitteln, wie die Rechtsordnung diese Interessen in sachlich zusammenhängenden Normen desselben Gesetzes oder Regelungsabschnittes bisher bewertet und gegebenenfalls privilegiert hat.

Bedeutung erlangte die objektiv-teleologische Auslegungsmethode im Zusammenhang mit der Normzweckermittlung des § 393 BGB, der die Aufrechnung gegen eine Forderung aus einer vorsätzlich begangenen unerlaubten Handlung nicht zulässt. Aus den Motiven lässt sich kein konkreter historischer Normzweck ableiten. Dort heißt es lediglich, Grund des Aufrechnungsverbotes sei *„der, daß dem Diebe und dem einem Diebe gleichzustellenden Uebelthäter ausnahmsweise das Recht der Aufrechnung allgemein und schlechthin hat entzogen werden sollen."*[545]

Der Gesetzgeber hat damit einen Grundsatz aus dem römischen Recht in das BGB übernommen, wonach demjenigen, der widerrechtlich fremden Besitz einnimmt, die Aufrechnung untersagt ist.[546] Ausgehend von der Formulierung der Gesetzesbegründung wird dem Aufrechnungsverbot vereinzelt[547] ein Strafzweck beigemessen. Dies wird jedoch zu Recht abgelehnt.[548] Eine Straffunktion ist dem Zivilrecht fremd, auch wenn der betroffene Schuldner den Aufrechnungsausschluss als Strafe empfinden mag. Dies mag allenfalls eine Reflexwirkung sein, ist jedoch keineswegs Normzweck.[549]

Die Rechtsprechung[550] und ein Teil der Rechtslehre[551] sieht das Hauptziel oder zumindest eines der Ziele des § 393 BGB in der umgehenden Wiederherstellung des gestörten Rechtsfriedens durch tatsächliche Wiedergutmachung. Der vorsätzlich handelnde deliktische Schuldner soll durch eine reale Leistung den Schaden wieder gutmachen, dem Geschädigten soll

---

545 Motive zu dem Entwurf eines Bürgerlichen Gesetzbuch für das Deutsche Reich, S. 112.

546 Motive zu dem Entwurf eines Bürgerlichen Gesetzbuch für das Deutsche Reich, S. 112.

547 Staudinger/*Gursky*, § 393 Rdnr. 1; *Gernhuber*, Erfüllung, § 12 VI 3.

548 *Pielemeier*, S. 87 ff.; *Werner*, Umgehung von Aufrechnungshindernissen, S. 110 ff.

549 *Werner*, Umgehung von Aufrechnungshindernissen, S. 111.

550 RGZ 154, 334 (339); BGH, NJW 1987, 2997 (2998), vgl. auch RGZ 154, 334 (339), BayObLG, MDR 1985, 231; OLG Karlsruhe, MDR 1969, 483; OLG Köln, NJW-RR 1990, 829.

551 Staudinger/*Gursky*, § 393 Rdnr. 1; Palandt/*Heinrichs*, § 393 Rdnr. 1; MünchKomm/*Schlüter*, § 393 Rdnr. 1; Erman/*H.P. Westermann*, § 393 Rdnr. 1; RGRK/*Weber*, § 393 Rdnr. 1.

nicht zugemutet werden, „*sich vor Erfüllung des Wiedergutmachungsanspruchs wegen einer Forderung anderer Art mit dem Schuldner auseinander zu setzen.*"[552]

Zum Teil ist diese Zweckbestimmung auf Kritik[553] gestoßen. Sie wiederhole lediglich den Tatbestand des § 393 BGB, definiere jedoch nicht dessen Sinn. Jedes Aufrechnungsverbot habe zur Folge, dass der Gläubiger einer privilegierten Forderung durch reale Leistung befriedigt werde, ohne sich auf Gegenansprüche seines Schuldners einlassen zu müssen. Zu fragen sei vielmehr, welche Überlegungen dafür sprächen, demjenigen, der vorsätzlich seinen Schuldner schädige, die Aufrechnungsmöglichkeit zu nehmen.

Vor diesem Hintergrund wird in der Rechtslehre die Ansicht[554] vertreten, § 393 BGB solle eine zivilrechtlich sanktionslose Privatrache verhindern. Gäbe es das Aufrechnungsverbot nicht, könnte der Gläubiger einer nicht realisierbaren Forderung seinem Schuldner bis zur Höhe der Schuld vorsätzlich Schaden zufügen, ohne zivilrechtliche Nachteile befürchten zu müssen. Hierdurch werde sein Anspruch zwar nicht befriedigt, er erlange jedoch die (immaterielle) Genugtuung, seinen nachlässigen Schuldner geschädigt zu haben. Dies sei mit der vom BGB beabsichtigten Sicherung des Rechtsfriedens und mit dem staatlichen Gewaltmonopol nicht vereinbar.[555]

Daneben soll § 393 BGB eine „unzulässige Selbsthilfe" verhindern.[556] Der Gläubiger eines zahlungsunwilligen Schuldners könne sich andernfalls widerrechtlich Vermögensgegenstände verschaffen, diese verwerten und später mit den Schadensersatzansprüchen gegen sich aufrechnen. Zweck des Aufrechnungsverbotes sei es daher auch, dem Gläubiger einer sonst uneinbringlichen Forderung die Möglichkeit zu nehmen, sich durch Aufrechnung mit einer planmäßig geschaffenen Schuld zu befriedigen. Selbsthilfe erlaube das BGB nur unter bestimmten Voraussetzungen[557], und stets zur Sicherung, nie aber zur endgültigen Befriedigung eines Gläubigers.

Welcher der Normzwecke des § 393 BGB tatsächlich vorrangig ist, braucht an dieser Stelle nicht erörtert werden. Ohnehin sind im Rahmen der objektiv-teleologischen Auslegung oft mehrere Lösungen möglich, da

---

552 RGZ 154, 334 (339).

553 *Gernhuber*, Erfüllung, § 12 VI 3; *Pielemeier*, S. 84 ff.

554 *Deutsch*, NJW 1981, 735 (735); Staudinger/*Gursky*, § 393 Rdnr. 1; Palandt/*Heinrichs*, § 393 Rdnr. 1; *Medicus*, Schuldrecht I, § 26 II 5c; Soergel/*Zeiss*, § 393 Rdnr. 1.

555 *Haase*, JR 1972, 137 (138 f.); *Werner*, Umgehung von Aufrechnungshindernissen, S. 107.

556 *Pielemeier*, S. 92 ff.; *Gernhuber*, Erfüllung, § 12 VI 3.; *Werner*, Umgehung von Aufrechnungshindernissen, S. 108 f.

557 vgl. §§ 229 f., 561, 859 f. BGB.

dem zu ermittelnden Normzweck häufig verschiedene Zweckmäßigkeits- und Gerechtigkeitserwägungen zugrunde gelegt werden können.[558]

Die exemplarische Analyse des § 393 BGB hat allerdings gezeigt, dass auch bei objektiv-teleologischer Auslegung präventive Normzwecke in Betracht kommen können. Dies gilt sowohl für das Ziel, unzulässige Selbsthilfe zu verhindern, als auch für den Zweck, eine sanktionslose Privatrache zu unterbinden, denn nach beiden Normvorstellungen des § 393 BGB soll der Gläubiger einer Forderung davon abgehalten werden, eigenmächtig eine Aufrechnungslage herbeizuführen. Das Aufrechnungsverbot verfolgt damit – über die bloße Privilegierung einer zweckbestimmten Forderung hinaus und unabhängig von den Wirkungen einer Aufrechnung – das Ziel, im Vorfeld einer bestehenden Aufrechnungslage das Verhalten einer Person dahingehend zu beeinflussen, dass es gerade nicht zu einer Aufrechnungslage kommt.

Nach alledem haben die Untersuchung der historisch-teleologischen Auslegung einerseits und die der objektiv-teleologischen Auslegung andererseits ergeben, dass präventive Aufrechnungshindernisse dem Zivilrecht nicht fremd sind.

bb. Gesetzlich nicht normierte Aufrechnungsverbote aus präventiven Gründen

Können präventive Überlegungen den Normzweck eines gesetzlich geregelten Aufrechnungsverbotes darstellen, ist zu fragen, ob auch *nicht* normierte Aufrechnungsverbote aus rein präventiven Gründen angenommen werden können. Es geht dabei nicht nur um einen präventiven Reflex. Schließlich führt jedes Aufrechnungshindernis zwangsläufig dazu, dass der Schuldner einer nicht aufrechenbaren Forderung keinen Anreiz hat, eine Gegenforderung zu erwerben, um eine Aufrechnungslage herbeizuführen.

Vielmehr geht es darum, ob ein nicht kodifiziertes Aufrechnungsverbot ausschließlich deshalb anzunehmen ist, weil es dem jeweiligen Gesetzeszweck zuwiderliefe, wenn eine Aufrechnungslage herbeigeführt würde, etwa weil das Gesetz einen bestimmten Vermögensstatus erhalten will. Schließlich liegt bei einem präventiven Aufrechnungsverbot das zu verhindernde Verhalten nicht in der Aufrechnung selbst, sondern davor.

Es ist anerkannt, dass ein Aufrechnungsverbot aufgrund des Schutzgedankens eines Gesetzes auch dann anzunehmen ist, wenn es nicht ausdrücklich normiert wurde. Außerdem steht fest, dass ein Aufrechnungsverbot ausschließlich oder überwiegend präventive Zwecke verfolgen kann.

558 Vgl. *Larenz*, Methodenlehre, S. 331.

Darf man hieraus folgern, dass ein Aufrechnungsverbot auch ohne ausdrückliche Regelung allein mit präventiven Gesichtspunkten begründet werden kann?

Bislang haben weder Rechtsprechung noch Rechtslehre einen gesetzlich nicht normierten Aufrechnungsausschluss ausschließlich mit präventiven Gesichtspunkten begründet. Die von der Rechtsprechung entwickelte Formel, wonach ein Aufrechnungsverbot auch ohne ausdrückliche gesetzliche Regelung anzunehmen ist, scheint trotz ihrer sehr allgemein gehaltenen Fassung präventive Aufrechnungsverbote nicht zu erfassen. Ihr zufolge kommt es darauf an, ob *„die Natur der Rechtsbeziehung oder der Zweck der geschuldeten Leistung eine Erfüllung im Wege der Aufrechnung als mit Treu und Glauben unvereinbar erscheinen lassen."*[559]

Die Formulierung stellt also darauf ab, ob *die Erfüllung* eines Anspruchs mittels Aufrechnung mit dessen Zweck oder der Natur der jeweiligen Rechtsbeziehung vereinbar ist. Maßgeblich ist danach, ob ein bestimmter Zahlungsanspruch sein Ziel nur dann erreichen kann, wenn er tatsächlich, also durch reale Leistung, erfüllt wird.

Nach dieser Definition steht die Realerfüllung eines Anspruchs im Vordergrund. Bei einem präventiven Aufrechnungsverbot geht es hingegen weniger um die tatsächliche Erfüllung eines Anspruchs, sondern – wie § 393 BGB zeigt – um die Verhinderung seines Entstehens um der bloßen Aufrechnung willen. Aufrechnungsverbote zur Verhinderung einer Aufrechnungslage sieht die Formel des BGH nicht vor.

Der historische Gesetzgeber hat die Frage, ob auch präventive Gesichtspunkte ein gesetzlich nicht ausdrücklich geregeltes Aufrechnungsverbot rechtfertigen können, in den Gesetzesmaterialien nicht erörtert. Aus seinen allgemeinen Ausführungen zu gesetzlich nicht normierten Aufrechnungshindernissen können möglicherweise Rückschlüsse gezogen werden.

Die Verfasser des BGB haben ausdrücklich betont, dass die Frage, ob sich aus der Natur eines Schuldverhältnisses oder dem Zweck einer Forderung ein Aufrechnungsverbot ergebe, nicht pauschal festgelegt werden könne und im Einzelfall zu prüfen sei. Wörtlich heißt es im Redaktorenentwurf zum BGB: *„Allein eine [...] allgemeine Bestimmung möchte doch gefährlich sein; es wird vielmehr bei den einzelnen Vertrags- und Schuldverhältnissen zu prüfen sein, ob in Bezug auf die hieraus entspringenden Ansprüche Kompensation zulässig oder auszuschließen ist."*[560]

---

559 BGHZ 95, 109 (113); vgl. auch OLG Köln, DNotZ 1989, 257 (260); OLG Karlsruhe, VersR 1991, 334.

560 *von Kübel*, Entwurf eines Bürgerlichen Gesetzbuches für das Deutsche Reich, Vorlage des Redaktors, Abschnitt I, Titel 5, II, S. 20; vgl. *Schubert*, Vorentwürfe der Redak-

In den Motiven zum BGB wird darauf hingewiesen, dass im Einzelfall zu prüfen ist, *„ob nach dem Charakter eines bestimmten Rechtsinstitutes oder Rechtsverhältnisses und im Sinne der kritischen Begründung des Schuldverhältnisses die Baarzahlung wesentlich, die Aufrechnung also ausgeschlossen sein soll.“*[561]

Der historische Gesetzgeber wollte somit keine generelle Regelung treffen, wann die Aufrechnung aufgrund der Besonderheit eines Schuldverhältnisses ausgeschlossen sein sollte. Er betrachtet den teleologischen Aufrechnungsausschluss als Ausnahme, die im Einzelfall zu prüfen sei. Nur im konkreten Fall soll untersucht werden, ob die Natur eines Schuldverhältnisses der Aufrechnung entgegensteht. Die Frage nach der Zulässigkeit der Aufrechnung stellt sich für die Verfasser des BGB demnach erst, wenn sich gleichartige, fällige Forderungen gegenüberstehen, d.h. wenn eine Aufrechnungslage besteht.

Dieses Verständnis schließt präventive Aufrechnungsverbote grundsätzlich aus. Soll ein Aufrechnungsverbot bestimmte Personen davon abhalten, eine Aufrechnungslage zu schaffen, dann muss das Aufrechnungsverbot vorher bereits feststehen. Anderenfalls könnte es seinen Zweck nicht erreichen.

Präventive Wirkung kann ein Aufrechnungsverbot letztlich nur dann entfalten, wenn es ausdrücklich normiert ist. *Gernhuber*[562] hat der Präventivfunktion eines Aufrechnungsverbotes selbst in diesem Fall wenig Bedeutung beigemessen. Die wenigsten Nichtjuristen hätten Kenntnis von Aufrechnungshindernissen. Präventiv wirkten jedoch nur Normen, deren Existenz wenigstens weithin bekannt sei.

Bei eindeutigen Regelungen vermag dieses Argument den erklärten Willen des Gesetzgebers nicht zu relativieren. Wenn es an einer ausdrücklichen gesetzlichen Bestimmung fehlt, überzeugt es hingegen. Ein Aufrechnungsverbot, dessen Ziel allein darin bestünde, das Verhalten eines Forderungsschuldners zu beeinflussen, um diesen vom Herbeiführen einer Aufrechnungslage abzuhalten, erreicht seinen Zweck nur dann, wenn es bekannt ist. Das ist nicht der Fall, wenn es nicht einmal normiert ist.

Der Umstand, dass sich einem bestehenden Aufrechnungsverbot ein präventiver Zweck zuordnen lässt, berechtigt also nicht zur Annahme, dass man trotz fehlender Regelung aus einem bestimmten Normzweck ein präventives Aufrechnungsverbot herleiten kann, wenn die Verhinderung einer

---

toren zum BGB, S. 1094; *Jakobs/Schubert*, Die Beratung des Bürgerlichen Gesetzbuchs, S. 694, Fn. 9.

561 *Mugdan*, Die gesamten Materialien zum Bürgerlichen Gesetzbuch für das Deutsche Reich, S. 58.

562 *Gernhuber*, Erfüllung, § 12 VI 3a.

Aufrechnungslage im Interesse eines bestimmten Vermögensstatus notwendig erscheint.

Der Zweck eines Aufrechnungsverbots aus *rein* präventiven Gründen liegt darin, das Verhalten einer Person im Vorfeld der Aufrechnung zu beeinflussen. Dabei geht es weder um die Realerfüllung eines zweckgebundenen Zahlungsanspruchs noch um die Wirkungen der Aufrechnung als solcher, also um die Erfüllung einer Verbindlichkeit und die Durchsetzung einer Forderung.

Ein rein präventives Aufrechnungsverbot kann daher seinen Zweck, die Herbeiführung einer Aufrechnungslage zu verhindern, nicht mehr erreichen, wenn sich der jeweilige Normadressat davon nicht beeinflussen ließ und es doch zu einer Aufrechnungslage gekommen ist. Doch erst dann stellt sich für den Rechtsanwender die Frage nach der Zulässigkeit der Aufrechnung, und zu diesem Zeitpunkt können präventive Gesichtspunkte keine Rolle mehr spielen.

Anders als der Gesetzgeber, der mit der ausdrücklichen Regelung von Aufrechnungsverboten a priori auch präventive Ziele verfolgen kann, muss der Rechtsanwender bei der Frage, ob sich aus dem Schutzzweck einer Vorschrift ein Aufrechnungsverbot ergibt oder nicht, ausschließlich danach fragen, ob im konkreten Fall eine Erfüllung durch Aufrechnung zulässig oder ein realer Leistungsaustausch erforderlich ist. Es kommt dabei allein darauf an, ob der Zweck eines Anspruchs seine tatsächliche Erfüllung erfordert, oder ob eine Zweckbindung, etwa aufgrund eines Treuhandverhältnisses, die Befriedigung von Gegenansprüchen mittels Aufrechnung ausschließt.

Zwar kann aufgrund eines treuwidrigen Vorverhaltens des Aufrechnenden gemäß § 242 BGB die Aufrechnung untersagt sein,[563] aber ein generelles präventives Aufrechnungsverbot kann dagegen mit dem Schutzzweck einer Norm nicht begründet werden. Andernfalls würde die Grenze zwischen Auslegung und gesetzesübersteigender Rechtsbildung überschritten. Präventive Regelungen sind letztlich rein legislative Anliegen. Nur der Gesetzgeber kann ein Aufrechnungsverbot allein zur Verhinderung einer Aufrechnungslage normieren. Ohne ausdrückliche Regelung kann ein Aufrechnungsverbot selbst dann nicht begründet werden, wenn nach dem ermittelten Gesetzeszweck die Schaffung einer Aufrechnungslage einen geschützten Vermögensstatus gefährden würde.

---

563 Vgl. S. 203 ff.

c. Ergebnis

Nur der Gesetzgeber kann mit Aufrechnungsverboten präventive Ziele verfolgen. Normierte Aufrechnungsverbote können Schuldner und Gläubiger zwar davon abhalten, eine Aufrechnungslage herbeizuführen, aber wenn es an einer eindeutigen Regelung fehlt, spielen präventive Erwägungen keine Rolle. Die Frage der Zulässigkeit der Aufrechnung stellt sich erst dann, wenn eine Aufrechnungslage entstanden ist. Hier ist im Einzelfall zu prüfen, ob der Normzweck einer Regelung oder die Natur eines Schuldverhältnisses der Aufrechnung entgegensteht. Das setzt allerdings voraus, dass durch Versagung der Aufrechnung der jeweilige Normzweck noch erreicht werden kann.

Das ist nicht der Fall, wenn ein Ehegatte ohne Zustimmung und daher gemäß §§ 1365, 1366 BGB unwirksam über sein gesamtes Vermögen verfügt hat und sich der Herausgabeanspruch nach § 985 BGB oder der Grundbuchberichtigungsanspruch nach § 894 BGB später in einen bloßen Zahlungsanspruch nach § 816 Abs. 1 S.1 BGB verwandelt haben, etwa weil der Erwerber den erlangten Vermögensgegenstand seinerseits weiterveräußert hat.

In diesem Fall kann die ursprüngliche Besitzsituation nicht mehr hergestellt werden. Der Ersatzanspruch sowie der Anspruch auf das Erlangte sind lediglich Geldansprüche, die dem verlorenen Gegenstand nicht gleichgestellt werden können. Die §§ 1365, 1368 BGB können ihr Ziel, das (nahezu) gesamte Vermögen eines Ehegatten in seiner konkreten Zusammensetzung vor einseitigen Verfügungen zu schützen, nicht mehr erreichen. Insoweit unterscheidet sich diese Situation auch von derjenigen eines Vertragspartners, der noch im Besitz des erworbenen Vermögensgegenstandes ist und sich hinsichtlich seines Kaufpreisanspruchs auf ein Zurückbehaltungsrecht beruft. Hier kann der ursprüngliche Vermögenszustand durch Versagung eines Zurückbehaltungsrechts wieder hergestellt werden.

Kann dagegen der Zweck der §§ 1365, 1368 BGB nicht mehr realisiert werden, ist ein generelles Aufrechnungsverbot nicht erforderlich. Der Geschäftspartner darf daher mit seinem Rückzahlungsanspruch hinsichtlich des Kaufpreises grundsätzlich gegen revokatorische Zahlungsansprüche des Ehegatten aufrechnen.

Drittes Kapitel
Aufrechnungsverbot als Sanktion einer treuwidrig herbeigeführten Aufrechnungslage

Ein generelles Aufrechnungsverbot aufgrund des Schutzzweckes der §§ 1365, 1368 BGB besteht nicht. Der Sinn eines solchen Aufrechnungsverbotes hätte im Grunde darin gelegen, den Vertragspartner des zustimmungslos verfügenden Ehegatten davon abzuhalten, den erlangten Gegenstand zur Umgehung des Insolvenzrisikos hinsichtlich seiner Gegenleistung weiterzuveräußern, um aufrechnen zu können. Dies setzt allerdings voraus, dass der Vertragspartner – unabhängig von der Kenntnis des Aufrechnungsverbotes – überhaupt weiß, dass die Veräußerung gemäß §§ 1365, 1366 BGB unwirksam ist. Anderenfalls gäbe es für ihn weder einen Grund, von einer geplanten Weiterveräußerung des erworbenen Vermögensgegenstandes abzusehen, noch ein Motiv für eine Weiterveräußerung um der Aufrechnungsmöglichkeit willen.

In diesen Fällen stellt sich allerdings die Frage, ob die Aufrechnung aus anderen Gründen ausgeschlossen ist. Weiß der Vertragspartner, dass das Erwerbsgeschäft gem. §§ 1365, 1366 BGB nichtig ist und veräußert er den erlangten Gegenstand an einen Vierten weiter oder veranlasst er auf andere Weise, dass der gegen ihn gerichtete revokatorische Herausgabeanspruch zu einem bloßen Zahlungsanspruch wird, könnten sich Aufrechnungsverbote entweder gemäß § 393 BGB oder nach den Grundsätzen von Treu und Glauben gemäß § 242 BGB ergeben.

A. Zulässigkeit der Aufrechnung bei Weiterveräußerung durch den Dritten trotz Kenntnis der Unwirksamkeit nach § 1365, 1366 BGB

Veräußert ein Ehegatte ohne Zustimmung einen Vermögensgegenstand, der sein gesamtes oder nahezu gesamtes Vermögen darstellt, kann sein Vertragspartner grundsätzlich kein Eigentum erlangen. § 1365 BGB enthält ein absolutes Veräußerungsverbot.[564] Es gibt daher auch nicht den in § 135 Abs. 2 BGB für relative Veräußerungsverbote vorgesehenen Schutz unwissender redlicher Geschäftspartner. Auch auf § 892 Abs. 1 S. 2 BGB kann sich der Vertragspartner nicht berufen. Er wird nur in seinem Vertrauen auf die Richtigkeit und Vollständigkeit der Grundbucheintragung geschützt.

[564] BGHZ 40, 218; Palandt/*Brudermüller*, § 1365 Rdnr. 14; RGRK/*Finke*, § 1365 Rdnr. 1; *Künzl*, FamRZ 1988, 452 (455); Soergel/*Lange*, § 1365 Rdnr. 59; *Reinicke*, BB 1957, 564 (566); *ders.*, DB 1965, 1351 (1352); Staudinger/*Thiele*, § 1365 Rdnr. 99.

Die Verfügungsbeschränkung des § 1365 BGB und ihr Fehlen sind nicht eintragungsfähig.[565] Der Vertragspartner kann daher nicht gutgläubig Eigentum erlangen.

Ein gutgläubiger Eigentumserwerb ist hingegen möglich, wenn der Erwerber den erlangten Vermögensgegenstand an einen gutgläubigen Vierten veräußert. Auf den Erwerb vom Vertragspartner des Ehegatten sind die Vorschriften über den Schutz des guten Glaubens anwendbar. Er unterliegt nicht der Verfügungsbeschränkung des § 1365 BGB. Der Vierte kann daher gutgläubig gem. §§ 932, 892 BGB, 366 HGB Eigentum erwerben.[566]

In diesem Fall verfügt der Vertragspartner wirksam über einen nicht ihm, sondern dem Ehegatten gehörenden Vermögensgegenstand. Die wirksame Verfügung eines Nichtberechtigten ist jedoch ein Eingriff in das Eigentumsrecht und damit eine Eigentumsverletzung i.S.d. § 823 Abs. 1 BGB.[567] Der Ehegatte hat daher auch einen Schadensersatzanspruch gem. § 823 Abs. 1 BGB gegen seinen Vertragspartner, wenn dieser zumindest fahrlässig seine fehlende Verfügungsbefugnis nicht gekannt und damit fahrlässig den Eigentumsverlust verursacht hat.

Hat der Vertragspartner vorsätzlich gehandelt, kann er gegen den sich hieraus ergebenden deliktischen Schadensersatzanspruch nicht mit seinem Anspruch auf Rückzahlung des Kaufpreises aufrechnen. Dann besteht ein Aufrechnungsverbot gem. § 393 BGB.

Ob Vorsatz gegeben ist, beurteilt sich nach allgemeinem zivilrechtlichen Verständnis. Im Falle des § 823 Abs.1 BGB setzt Vorsatz Wissen und Wollen der Verletzung des geschützten Rechts oder Rechtsgutes voraus.[568] Maßgeblich ist dabei, ob der Vertragspartner seine fehlende Verfügungsbefugnis kennt und zumindest billigend in Kauf nimmt, dass der Ehegatte durch die Weiterveräußerung das Eigentum an seinem Vermögensgegenstand verliert.

Seine Kenntnis kann unterschiedlich konkret sein. Ausreichend ist dabei, dass es der Vertragspartner zumindest für möglich hält, aufgrund der nach §§ 1365, 1366 BGB unwirksamen Verfügung nicht Eigentümer geworden

---

565 Soergel/*Lange*, § 1365 Rdnr. 59; Staudinger/*Thiele*, § 1365 Rdnr. 108.

566 OLG Köln, OLGZ 1969, 171 (173 f.); OLG Zweibrücken, FamRZ 1986, 997 (998); RGRK/*Finke*, § 1365 Rdnr. 13; Soergel/*Lange*, § 1365 Rdnr. 59; Staudinger/*Thiele*, § 1365 Rdnr. 99 a.E.

567 BGHZ 56, 73 (77f.); BGH, JZ 1984, 230 f. mit Anm. *Reinicke/Tiedtke;* BGH, NJW 1986, 1174 (1175); BGH, NJW 1996, 1535 (1537); Staudinger/*Hager*, § 823 Rdnr. B 65; Erman/*Schiemann*, § 823 Rdnr. 26; Palandt/*Thomas*, § 823 Rdnr. 8; Münch-Komm/*Wagner*, § 823 Rdnr. 98.

568 Staudinger/*Gursky*, § 393 Rdnr. 7; Palandt/*Heinrichs*, § 276 Rdnr. 10, Staudinger/*Löwisch*, § 276 Rdnr. 17.

zu sein.[569] Höhere Anforderungen an die Kenntnis des Dritten, also das Vorliegen von sicherem Wissen, wären nur dann zu stellen, wenn sich dies aus dem Gesetzeswortlaut oder dem Normzweck ergäbe.[570] Dies ist vorliegend jedoch nicht der Fall. Insbesondere hätte der Geschäftspartner keine erheblichen Nachteile zu befürchten, wenn er bis zur abschließenden Prüfung der Eigentumslage von einer Weiterveräußerung vorübergehend absehen würde.[571]

Der BGH[572] hatte im Zusammengang mit den Voraussetzungen des § 990 BGB klargestellt, dass die Kenntnis der Nichtberechtigung als erlangt gelten muss, wenn der Nichtberechtigte über den Mangel seines Besitzes in einer Weise aufgeklärt worden ist, dass ein redlich und vom eigenen Vorteil nicht beeinflusst Denkender sich der Überzeugung seiner Nichtberechtigung nicht verschließen würde.

Von einem vorsätzlichen Verhalten des Vertragspartners ist jedenfalls dann auszugehen, wenn er den erlangten Gegenstand weiterveräußert, obwohl er von dem Verfügenden oder dessen Ehegatten zur Rückabwicklung des gem. §§ 1365, 1366 BGB nichtigen Rechtsgeschäftes aufgefordert worden ist und ihm sämtliche Umstände mitgeteilt worden sind, aus denen sich die Nichtigkeit des Erwerbsgeschäftes ergibt.

Dabei ist zu berücksichtigten, dass § 1365 BGB bei der Veräußerung von Einzelobjekten ohnehin nur zur Anwendung kommt, wenn der Geschäftspartner des verfügenden Ehegatten weiß, dass es sich bei dem Geschäftsgegenstand um das ganze Vermögen des Ehegatten handelt oder er zumindest die Umstände kennt, aus denen sich dies ergibt.[573] Ist der Vertragspartner aber über die manchmal undurchsichtigen wirtschaftlichen Verhältnisse des verfügenden Ehegatten bereits bei Vertragsschluss informiert, dann muss er nur noch dessen Güterstand und die fehlende Zustimmung des anderen

---

569 Vgl. MünchKomm/*Grundmann*, § 276 Rdnr. 156.

570 MünchKomm/*Grundmann*, § 276 Rdnr. 157 unter Hinweis auf §§ 407, 814, 819, 892 und 990 BGB, wo sichere Kenntnis zu fordern sei.

571 Anders läge es im Rahmen des § 814 BGB, bei dem für den Wegfall des Kondiktionsanspruchs nach § 814 BGB zu verlangen ist, dass der Kondiktionsgläubiger sicher wusste und es nicht bloß für möglich hielt, dass der Rechtsgrund seiner Leistung fehlte. Ansonsten müsste er einen unsicheren Rechtsstreit führen, um sich einen möglichen Bereicherungsanspruch zu erhalten, vgl. MünchKomm/*Grundmann*, § 276 Rdnr. 157.

572 BGHZ 26, 256 (260).

573 BGHZ 35, 135 (143); 64, 246 (247); 77, 293 (295); 132, 218 (221); RGRK/*Finke*, § 1365 Rdnr. 12; *Gernhuber/Coester-Waltjen*, Familienrecht, § 35 II Rdnr. 37; Erman/*Heckelmann*, § 1365 Rdnr. 8; MünchKomm/*Koch*, § 1365 Rdnr. 27; Soergel/*Lange*, § 1365 Rdnr. 12; *Reinicke*, NJW 1957, S. 889 (890); *ders*, BB 1960, S.1002 (1003); *Tiedtke*, FamRZ 1976, 320 (320); Staudinger/*Thiele*, § 1365 Rdnr. 20.

Ehegatten prüfen, um die Rechtsfolgen des § 1365 BGB und dessen fehlende Verfügungsbefugnis feststellen zu können.

Veräußert der Geschäftspartner also den erlangten Vermögensgegenstand an einen gutgläubigen Vierten und verliert der Ehegatte hierdurch sein Eigentum daran, dann haftet der Geschäftspartner nach § 823 Abs. 1 BGB, wenn er mit seiner fehlenden Verfügungsbefugnis gerechnet hat und trotzdem den mit seiner Verfügung verbunden Eingriff in fremdes Eigentum billigend in Kauf genommen hat.

Darüber hinaus kann der Ehegatte einen Anspruch gem. § 826 BGB geltend machen. Dieser setzt neben der vorsätzlichen Schadenszufügung einen Verstoß gegen die guten Sitten voraus. Dies ist zu bejahen, wenn der Vertragspartner den erlangten Vermögensgegenstand allein deshalb an einen Dritten weiterveräußert, um sich hinsichtlich seines Kaufpreisrückzahlungsanspruchs im Wege der Aufrechnung befriedigen zu können.[574]

Handelt es sich bei dem veräußerten Gegenstand außerdem um eine bewegliche Sache, hat sich der Vertragspartner in der Regel einer Unterschlagung gem. § 246 StGB schuldig gemacht. Dem Ehegatten steht dann außerdem ein Schadensersatzanspruch gem. § 823 Abs. 2 BGB i.V.m. § 246 StGB zu. Gegen solche deliktischen Schadensersatzansprüche kann der Vertragspartner gemäß § 393 BGB nicht aufrechnen.

Hat der Vertragspartner den unrechtmäßig erlangten Vermögensgegenstand wirksam weiterveräußert und hat der Ehegatte neben den deliktischen Ansprüchen auch einen Bereicherungsanspruch nach § 816 Abs. 1 BGB, dann stellt sich die Frage, ob gegen diesen aufgerechnet werden kann. Dies wird vom BGH[575] zu Recht abgelehnt. Der Zweck des § 393 BGB erfordert es, das Aufrechnungsverbot auf alle Forderungen auszudehnen, die mit der unerlaubten Handlung eng zusammenhängen.[576] Die Aufrechnung gegenüber dem Bereicherungsanspruch des Ehegatten muss schon deshalb ausgeschlossen sein, weil andernfalls die konkurrierende deliktische Schadensersatzforderung ganz oder teilweise mitgetilgt würde [577], was keinesfalls im Sinne des § 393 BGB wäre.

---

574 Vgl. BGH, NJW 1957, 587 (588). Hier hatte der BGH einen Verstoß gegen die guten Sitten angenommen, als ein Gläubiger bei seinem Schuldner allein zu dem Zweck Waren ankaufte, um durch Aufrechnung mit der Kaufpreisforderung seine anderen Forderungen befriedigen zu können.

575 BGH, NJW 1977, 529 (530).

576 MünchKomm/*Schlüter*, § 393 Rdnr. 3.

577 BGH, NJW 1977, 529 (530); Staudinger/*Gursky*, § 393 Rdnr. 10.

B. Sonstige Fälle einer treuwidrig herbeigeführten Aufrechnungslage

Auch wenn die Voraussetzungen des § 393 BGB nicht vorliegen, kann sich dennoch ein Aufrechnungsverbot ergeben, und zwar aus den Grundsätzen von Treu und Glauben nach § 242 BGB. Das ist grundsätzlich dann der Fall, wenn der an sich zur Aufrechnung Berechtigte seinem Vertragspartner gegenüber erklärt hat, dass er nicht aufrechnen werde.[578] Die Aufrechnung stellt dann ein „*venire contra factum proprium*" dar. Ein Verstoß gegen den Grundsatz von Treu und Glauben liegt ebenfalls vor, wenn der Aufrechnende eine Aufrechnungslage in sittenwidriger Weise geschaffen hat.[579] Werden Rechte auf gesetzlicher Grundlage geltend gemacht, so ist es treuwidrig, wenn die tatbestandlichen Voraussetzungen für die Rechtsgrundlage in missbilligenswerter Weise geschaffen werden. Es handelt sich dann um einen Fall der exceptio doli praeteriti.

Während bei den Aufrechnungsverboten aufgrund eines gesetzlichen Schutzzweckes die Aufrechnung als gegenwärtiges Handeln dem Sinn eines Gesetzes zuwiderläuft, wird bei den Aufrechnungsverboten aufgrund der Grundsätze von Treu und Glauben ein früheres Verhalten des Aufrechnenden missbilligt, das in tatsächlichem rechtlichem Zusammenhang mit der Aufrechnung steht.[580] Angesichts eines solchen missbilligten Verhaltens ist die spätere Rechtsausübung rechtsmissbräuchlich.

I. Missbräuchlicher Erwerb einer Gegenforderung allein zum Zweck der Aufrechnung

Aus diesem Grund ist allgemein anerkannt, dass eine Aufrechnung jedenfalls dann treuwidrig ist im Sinne des § 242 BGB, wenn ein Schuldner eine Gegenforderung in missbräuchlicher Weise allein zum Zweck der Aufrechnung erworben hat.[581]

Der BGH[582] erklärte die Aufrechnung einer Bank gegen eine Guthabensforderung ihres Kunden für unzulässig. Die Bank hatte sich in nicht banküblicher Weise den Anspruch ihrer Schwesterbank allein zu dem Zweck abtreten lassen, um dieser den Zugriff auf das Vermögen ihres Kunden zu ermöglichen. Es ist, wie der BGH zu Recht ausführt, treuwidrig und rechts-

---

578 RGZ 121, 177; Staudinger/*Gursky*, § 387 Rdnr. 251.

579 Staudinger/*Gursky*, § 387 Rdnr. 251; MünchKomm/*Schlüter*, § 387 Rdnr. 57; vgl. auch BGH, NJW 1957, 587 (588).

580 MünchKomm/*Roth*, § 242 Rdnr. 386.

581 Staudinger/*Gursky*, § 387 Rdnr. 251; MünchKomm/*Schlüter*, § 387 Rdnr. 57.

582 NJW 1987, 2997 (2998); zustimmend Staudinger/*Gursky*, § 387 Rdnr. 251; MünchKomm/*Schlüter*, § 387 Rdnr. 57.

missbräuchlich, wenn eine Bank gegen eine Guthabenforderung ihres Kunden mit einer nicht im banküblichen Geschäftsverkehr erworbenen Forderung eines Dritten aufrechnet, die mit dem Verhältnis zu ihrem Kunden nichts zu tun hat und mit deren Erwerb durch die Bank der Kunde deshalb auch nicht zu rechnen braucht. Das Gleiche gilt, wenn ein kreditgewährendes Versicherungsunternehmen eine gegen seinen Kunden gerichtete Forderung erwirbt, um auf eine von ihm nicht voll benötigte Sicherheit des Kunden im Wege der Aufrechnung Zugriff nehmen zu können.[583]

Bei der Rückabwicklung von nach §§ 1365, 1366 BGB nichtigen Verträgen dürfte der hier geschilderte Problemkreis des missbräuchlichen Forderungserwerbs zu Aufrechnungszwecken in der Regel keine Rolle spielen. Ist der Herausgabeanspruch des verfügenden Ehegatten indes zu einem Zahlungsanspruch geworden, hat der Geschäftspartner ein Interesse, mit seinem Anspruch auf Rückzahlung des Kaufpreises aufzurechnen. Ist dies zulässig, wovon in der Regel auszugehen ist, benötigt er keinen weiteren Anspruch. Ist die Aufrechnung hingegen nach § 393 BGB ausgeschlossen, so gilt dies grundsätzlich für jede Gegenforderung. Dann spielt es keine Rolle, auf welche Weise der Vertragspartner sie erlangt hat. Der Vertragspartner wird außerdem kein Interesse haben, eine weitere Forderung zu erwerben, wenn er damit ohnehin nicht aufrechnen kann.

II. Pflichtwidrige Verzögerung der Herausgabe

Die Frage, ob die Aufrechnung nach den Grundsätzen von Treu und Glauben gem. § 242 BGB ausgeschlossen ist, stellt sich allerdings bei dem bereits angesprochenen Fall, den der BGH[584] im Zusammenhang mit der Aufrechnung in der Revokation nach § 1368 BGB zu entscheiden hatte.

Die Klägerin verlangte von der Beklagten gem. § 1368 BGB Zahlung eines Betrages, den die Beklagte aus der Rückzahlung von Wertpapieren erlangt hat. Sie war verheiratet und lebte im gesetzlichen Güterstand. Ohne ihre Zustimmung hatte ihr Ehemann Wertpapiere an die Beklagte, eine Bank, verpfändet. Die Verpfändung erfolgte zur Sicherung aller gegenwärtigen und künftigen Ansprüche der Beklagten gegen den Ehemann.

Die Klägerin hielt die Verpfändung der Wertpapiere nach §§ 1365, 1366 BGB für unwirksam und verlangte zunächst die Herausgabe der Wertpapiere. Die Beklagte verweigerte die Herausgabe und behielt die Wertpapiere solange, bis die darin verbrieften Forderungen zur Rückzahlung fällig wurden.

---

583 BGH, NJW 1991, 1946 (1947).
584 BGHZ 143, 356.

Anschließend brachte sie die Beträge dem Konto des Ehegatten gut, dessen Darlehensschuld sich dadurch verminderte.

Angenommen, die objektiven und subjektiven Voraussetzungen des § 1365 BGB hätten vorgelegen - der BGH[585] hatte dies ausdrücklich offen gelassen - , dann wäre die Verpfändung der Wertpapiere unwirksam und die Bank wäre verpflichtet gewesen, diese herauszugeben. Auf ein Zurückbehaltungsrecht hätte sie sich nicht berufen können.[586]

Hat die Bank bereits bei Verpfändung Kenntnis davon, dass es sich bei den Wertpapieren um nahezu das gesamte Vermögen des Ehegatten handelte und erfährt sie im Zusammenhang mit dem Herausgabebegehren, dass die Ehefrau die erforderliche Zustimmung verweigert, so kennt sie sämtliche Tatumstände, die zur Nichtigkeit der Verpfändung geführt haben.

Weiß die Bank also, dass sie zur Rückgabe der Wertpapiere verpflichtet ist, und behält sie diese gleichwohl, weil die darin verbrieften Forderungen demnächst zur Rückzahlung fällig sind und sie mit den hierdurch erlangten Beträgen gegen die Darlehensschulden des verfügenden Ehegatten aufrechnen möchte, dann stellt sich die Frage, ob die beabsichtigte Aufrechnung treuwidrig i.S.d. § 242 BGB und damit unzulässig ist. Schließlich liegt ein Verstoß gegen den Grundsatz von Treu und Glauben vor, wenn der Aufrechnende die Aufrechnungslage in sittenwidriger Weise geschaffen hat.[587]

Im Zusammenhang mit Sozialleistungen ist anerkannt, dass die Aufrechnung treuwidrig ist, wenn die Bank pflichtwidrig die Auszahlung verzögert hat, um aufrechnen zu können.[588] Gemäß § 55 SGB I ist, wenn eine Geldleistung auf das Konto des Berechtigten eingezahlt wird, die Forderung, die durch die Gutschrift entsteht, für den Zeitraum von sieben Tagen unpfändbar. Damit diese Regelung nicht leer läuft, darf die Bank das entsprechende Guthaben innerhalb der Siebentagesfrist auch nicht mit dem bisherigen Debetsaldo verrechnen.[589] Verweigert das Kreditinstitut die Auszahlung der Sozialhilfeleistung, bleibt die Aufrechnung gleichwohl ausgeschlossen.[590] Anderenfalls könnte ein Kreditinstitut ein bestehendes tempo-

---

585 BGHZ 143, 356 (360).

586 Im vom BGH (a.a.O.) zu entscheidenden Fall fehlte es bereits an der gem. § 273 BGB erforderlichen Konnexität von Forderung und Gegenforderung.

587 Staudinger/*Gursky*, § 387 Rdnr. 251; MünchKomm/*Schlüter*, § 387 Rdnr. 57.

588 OVG Lüneburg, NJW 1987, 91 (92); Staudinger/*Gursky*, § 394 Rdnr. 41; Palandt/*Heinrichs*, § 394 Rdnr. 3.

589 BGHZ 104, 309 (311); Staudinger/*Gursky*, § 394 Rdnr. 41.

590 OVG Lüneburg, NJW 1987, 91 (92); Staudinger/*Gursky*, § 394 Rdnr. 41; Palandt/*Heinrichs*, § 394 Rdnr. 3.

räres Aufrechnungsverbot durch eine pflichtwidrige Verzögerung der Auszahlung unterlaufen.

Die gleichen Erwägungen müssen gelten, wenn eine Bank, die verpflichtet ist, unwirksam verpfändete Wertpapiere an den Ehegatten zurückzugeben, pflichtwidrig die Herausgabe verweigert, um diese, sobald die verbrieften Forderungen zur Rückzahlung fällig geworden sind, mittels Aufrechnung verwerten zu können. Der Schutzgedanke der §§ 1365, 1368 BGB lässt ein Zurückbehaltungsrecht nicht zu. Gleichwohl käme die Bank in den Genuss von Vorteilen, die ihr allenfalls dann zugestanden hätten, wenn sie das Einbehalten der Wertpapiere mit einer Einrede hätte rechtfertigen können.

Nach dem Sinn der §§ 1365, 1368 BGB soll die Vermögenslage umgehend wiederhergestellt werden, wie sie vor der unwirksamen Verfügung bestand. Durch die pflichtwidrige Weigerung, die Wertpapiere zurückzugeben, würde dieser Normzweck vereitelt. Werden Rechte auf gesetzlicher Grundlage geltend gemacht, so ist es treuwidrig, wenn die tatbestandlichen Voraussetzungen für die Rechtsgrundlage in missbilligenswerter Weise geschaffen werden. Dies ist jedenfalls dann zu bejahen, wenn der Geschäftspartner des unwirksam verfügenden Ehegatten die Herausgabe des Vermögensobjektes bewusst verzögert, um sich eine Aufrechnungslage zu schaffen. In einem solchen Fall muss die missbräuchlich vorbereitete Aufrechnung als Verstoß gegen die Grundsätze von Treu und Glauben ausgeschlossen sein.[591]

Maßgeblich ist im jeweiligen Fall, ob der Geschäftspartner weiß, dass es sich um eine Verfügung über das nahezu gesamte Vermögen handelt. Weiß er es nicht, dann liegen bereits die Voraussetzungen des § 1365 BGB nicht vor. Ist er sich dessen aber bewusst und wird er später auf Herausgabe des unwirksam erlangten Verfügungsobjektes in Anspruch genommen, dann handelt er treuwidrig, wenn er dieses gleichwohl nicht zurückgibt.

Nach alledem hätte der BGH die Frage, ob die Voraussetzungen des § 1365 BGB vorlagen, in seiner Entscheidung[592] nicht offen lassen dürfen. Hätte man ihr Vorliegen – wie die vorinstanzlichen Gerichte[593] – verneint,

---

[591] Meistens liegen in derartigen Fallkonstellationen auch die Voraussetzungen deliktischer Ansprüche nach § 823 Abs. 1 BGB oder § 826 BGB vor. Dann ist die Aufrechnung bereits nach § 393 BGB ausgeschlossen. Das ist allerdings nicht der Fall, wenn es zu keinem Vermögensschaden durch das bloße Zurückbehalten der Wertpapiere gekommen ist.

[592] BGHZ 143, 356.

[593] Das AG Schwetzingen, Urteil vom 05.01.1994 – Az. 1 F 414/91, verneinte die Voraussetzungen des § 1365 BGB, da zum einen nicht festgestellt werden konnte, dass es sich bei den verpfändeten Wertpapieren um das nahezu gesamte Vermögen des

dann hätte sich die Frage der Rückabwicklung mangels nichtiger Verfügung nicht gestellt. Ist dagegen die Verfügung nach §§ 1365, 1366 BGB unwirksam und verzögert der Geschäftspartner absichtlich die Herausgabe, weil er weiß, dass sich nach Zeitablauf eine Aufrechnungsmöglichkeit ergibt, dann muss die Zulässigkeit der Aufrechnung nach dem Grundsatz von Treu und Glauben gem. § 242 BGB ausgeschlossen sein.

C. Ergebnis:

Zwar ergibt sich aus dem Schutzzweck der §§ 1365, 1368 BGB kein generelles Aufrechnungsverbot gegen revokatorische Zahlungsansprüche, das bedeutet aber nicht, dass der Geschäftspartner des nach §§ 1365, 1366 BGB unwirksam Verfügenden regelmäßig mit seinem Anspruch auf Rückzahlung des Kaufpreises aufrechnen kann. Falls der Bereicherungsanspruch des Ehegatten dadurch entstanden ist, dass der Geschäftspartner den erlangten Gegenstand an einen gutgläubigen Vierten weiterveräußerte und dieser Eigentum erlangte, kommt es darauf an, ob der Geschäftspartner damit gerechnet hat, dass er nicht verfügungsberechtigt war. Davon muss jedenfalls dann ausgegangen werden, wenn er zuvor unter Hinweis auf die fehlende Zustimmung aufgefordert worden ist, den zu Unrecht erlangten Vermögensgegenstand zurückzugeben.

In diesem Fall stellt die Weiterveräußerung eine unzulässige Eigentumsverletzung nach § 823 Abs. 1 BGB dar, und die Aufrechnung gegen sämtliche Ansprüche des Ehegatten, die sich aus dem nach §§ 1365, 1366 BGB unwirksamen Rechtsgeschäft ergeben, ist nach § 393 BGB ausgeschlossen.

Das Gleiche gilt, wenn der Geschäftspartner die Herausgabe der unwirksam veräußerten Vermögensgegenstände, etwa Wertpapiere, missbräuchlich herauszögert, um hierdurch eine Aufrechnungsmöglichkeit zu erlangen. Werden die in den Wertpapieren verbrieften Forderungen zur Auszahlung fällig, verbietet sich eine Aufrechnung nach den Grundsätzen von Treu und Glauben, § 242 BGB.

Die von §§ 1365, 1368 BGB beabsichtigte Rückabwicklung zustimmungsloser Gesamtvermögensverfügungen und die Herstellung der ur-

---

Ehegatten handelte und zum anderen die Klägerin nicht nachweisen konnte, dass die Beklagte Kenntnis der Umstände hatte, aus denen sich hätte ergeben können, dass es sich um das gesamte Vermögen des Ehegatten gehandelt hätte.
Das OLG Karlsruhe, Urteil vom 30.12.1997, Az.: 16 UF 69/94, FamRZ 1999, 298 (nur Leitsatz), bejahte zwar die objektiven Voraussetzungen des § 1365 BGB, lehnte jedoch mit dem Argument seine Anwendung ab, dass dieser seinen Zweck nicht mehr erreichen könne, wenn ein hochverschuldeter Ehegatte einem Gläubiger eine Sicherheit gebe.

sprünglichen Vermögenszusammensetzung des verfügenden Ehegatten werden zwar unmöglich, wenn der Vertragspartner den erlangten Gegenstand wirksam weiterveräußert hat, einen Anreiz zur Weiterveräußerung, um durch die geschaffene Aufrechnungsmöglichkeit das Insolvenzrisiko des Ehegatten umgehen zu können, hat er aber nicht.

Zusammenfassung:

I.

Fordert ein Ehegatte gem. § 1368 BGB die Rückabwicklung einer nach §§ 1365, 1366 BGB unwirksamen Verfügung, handelt er nicht aus eigenem materiellen Recht, sondern im Rahmen einer gesetzlichen Prozessstandschaft. § 1368 BGB verleiht dem übergangenen Ehegatten eine bloße Prozessführungsbefugnis, jedoch keine dingliche Berechtigung. Dies ergibt sich aus dem Wortlaut des § 1368 BGB, aus der Entstehungsgeschichte und den Gesetzesmaterialien, sowie aus der Entscheidung des Gesetzgebers für das Prinzip der Gütertrennung. Auch der von den §§ 1365 und 1368 BGB verfolgte Zweck führt zu keinem anderen Ergebnis. Der übergangene Ehegatte hat also kein eigenes materielles Recht an der streitbefangenen Sache, sondern tritt lediglich als Prozessstandschafter auf, wenn er nach § 1368 BGB die Unwirksamkeit der Verfügung seines Ehegatten geltend macht.

II.

1. Kennt ein Ehegatte die Zustimmungsbedürftigkeit des Rechtsgeschäfts und verschweigt er sie oder behauptet er wahrheitswidrig, er sei nicht verheiratet, dann ist sein Verhalten widersprüchlich und treuwidrig, wenn er danach die Rückabwicklung des von ihm vollzogenen Rechtsgeschäfts fordert. Ein solches Verhalten stellt den klassischen Fall des *„venire contra factum proprium“* dar.

   Gleichwohl kann der verfügende Ehegatte selbst die Unwirksamkeit seiner Verfügung auch dann geltend machen, wenn die Voraussetzungen eines Verstoßes gegen den Grundsatz von Treu und Glauben vorliegen. Der Geschäftspartner kann sich nicht auf eine Einwendung nach § 242 BGB berufen.

   Wenn ein Ehegatte das Geschehene im Interesse seiner Familie wieder gutmachen will und selbst gegen seinen Geschäftspartner vorgeht, erfordert es der Schutzzweck der §§ 1365, 1368 BGB, dass er dies im gleichen Umfang kann wie sein Ehegatte. Trotz eines missbräuchlichen Vorverhaltens ist die Revokation nicht als unzulässige Rechtsausübung zu untersagen, denn die Wiederherstellung der verbotswidrig gestörten tatsächlichen Vermögensverhältnisse erfolgt im Interesse der wirtschaftlichen Grundlage der Ehegemeinschaft und des Zugewinnausgleichs und ist keine persönliche Angelegenheit dieses Ehegatten.

Insoweit kann es auch keine Rolle spielen, ob der verfügende Ehegatte gegenüber seinem Geschäftspartner besonders arglistig aufgetreten ist.[594] Die Rechtsethik, die Einwendungen gegenüber dem treuwidrig handelnden Ehegatten vorsieht, ist sekundär, wenn es um einen umfassenden Schutz für die Familie geht.

2. Etwas anderes muss jedoch gelten, wenn beiden Ehegatten ein Verstoß gegen § 242 BGB vorgeworfen werden kann. Das ist zum Beispiel anzunehmen, wenn die Ehegatten mit Missbrauchsabsicht die familienrechtlichen Schutzvorschriften ausnutzen, um den Dritten zu schädigen oder den wirtschaftlichen Erfolg eines Rechtsgeschäfts abzuwarten. Also immer dann, wenn die Ehegatten in treuwidriger Weise zusammenwirken, um auf Kosten des Geschäftspartners die Vorschriften der §§ 1365, 1368 BGB auszunutzen, ist die Revokationsbefugnis der Ehegatten nach § 242 BGB zu begrenzen.
3. Im Zusammenhang mit der Rückabwicklung von nach §§ 1365, 1366 BGB nichtigen Rechtsgeschäften kann sich der Vertragspartner nicht auf § 817 S. 2 BGB berufen. Nach dieser Vorschrift ist die Rückabwicklung ausgeschlossen, wenn der Leistende seinerseits gegen ein gesetzliches Verbot oder die guten Sitten verstoßen hat. Anderenfalls würde der Zweck des § 1365 BGB, im Interesse der Familie und zur Sicherung des Zugewinnausgleichsanspruchs das Vermögen in seiner konkreten Zusammensetzung zu erhalten und gegenüber einseitigen Entscheidungen eines Ehegatten zu schützen, durch die Anwendung des § 817 S. 2 BGB unterlaufen.

III.

1. Im Zusammenhang mit einer nach §§ 1365, 1366 BGB unwirksamen Verfügung können dem Geschäftspartner verschiedene Ansprüche gegen den verfügenden Ehegatten zustehen, auf die er grundsätzlich ein Zurückbehaltungsrecht stützen kann.

   Wenn der Dritte seinerseits bereits geleistet, also etwa nach Aushändigung des veräußerten Gegenstandes den Kaufpreis an den verfügenden Ehegatten gezahlt hat, so hat er hinsichtlich des Kaufpreises einen Rückforderungsanspruch gem. § 812 Abs. 1 S.1 1. Alt. BGB.

   Macht der verfügende Ehegatte bei Vertragsschluss absichtlich falsche Angaben über Familienstand, Güterstand oder die nicht erteilte Zustimmung, damit sein Geschäftspartner irrtümlich von der Wirksamkeit des nach §§ 1365, 1366 BGB nichtigen Rechtsgeschäftes ausgeht und

[594] So aber Erman/*Heckelmann*, § 1368 Rdnr. 2.

ihm deshalb die nicht geschuldete Gegenleistung erbringt, kann der Vertragspartner Schadensersatzansprüche geltend machen. Anspruchsgrundlagen sind einerseits §§ 280 Abs. 1, 311 Abs. 2, 241 Abs. 2 BGB und andererseits § 823 Abs. 2 BGB i.V.m. § 263 StGB. In der Regel liegen zusätzlich die Voraussetzungen eines Anspruchs nach § 826 BGB wegen vorsätzlicher sittenwidriger Schädigung vor.

Die Schadensersatzansprüche sind jeweils auf den Ersatz des negativen Interesses gerichtet. Der Vertragspartner kann verlangen, so gestellt zu werden, wie er stünde, wenn der Ehegatte die wahrheitswidrigen Angaben nicht gemacht oder die aufklärungsbedürftigen Umstände nicht verschwiegen hätte.

Hat der Vertragspartner zur Erhaltung und Verbesserung des unwirksam erworbenen Vermögensgegenstandes Aufwendungen gemacht, kann er außerdem unter den Voraussetzungen der §§ 994 ff. BGB Ersatz verlangen.

2. Dagegen kann der Vertragspartner weder vertragliche Ansprüche noch Forderungen aufgrund einer Garantieübernahme des verfügenden Ehegatten geltend machen. Ist der zwischen dem Ehegatten und seinem Vertragspartner abgeschlossene Vertrag nach §§ 1365, 1366 BGB unwirksam, bestehen keine vertraglichen Erfüllungsansprüche. Unwirksam ist im Hinblick auf den Schutzzweck des § 1365 BGB auch ein Garantieversprechen des verfügenden Ehegatten. Wenn der Verfügende bei Vertragsschluss erklärt hat, dass sein Ehegatte dem geschlossenen Vertrag zustimmen werde und er hierfür die Garantie übernehme, dann kann der Geschäftspartner hieraus keine Ansprüche herleiten.
3. Macht der übergangene Ehegatte die Unwirksamkeit der Verfügung geltend, fordert er also gemäß § 985 BGB Herausgabe des zu Unrecht weggegebenen Gegenstandes oder gemäß § 894 BGB Berichtigung des Grundbuchs, dann kann sich der Vertragspartner des verfügenden Ehegatten hinsichtlich seines Anspruchs auf Rückgabe der Gegenleistung nicht nach § 273 Abs. 1 BGB auf ein Zurückbehaltungsrecht berufen. Die Untersuchungen haben gezeigt, dass der durch historische Auslegung ermittelte Wille des Gesetzgebers und der Normzweck der §§ 1365, 1368 BGB in diesem Fall Einreden des Dritten ausschließen.

Mit § 1368 BGB übernahm der Gesetzgeber eine Regelung aus dem früheren Güterstand der Gütergemeinschaft (§ 1449 BGB a.F.). Durch den Wortlaut der Vorschrift, vor allem aber durch die Gesetzesbegründung, wurde zum Ausdruck gebracht, dass die bisherige Anwendungspraxis beibehalten werden soll. Das gilt insbesondere für die Auffassung, dass dem Dritten gegenüber dem revozierenden Ehegatten ein Zurückbehaltungsrecht nicht zusteht.

Der übergangene Ehegatte soll in der Lage sein, die Folgen der unwirksamen Verfügung eigenständig zu beseitigen. Damit lässt sich ein Zurückbehaltungsrecht des Dritten nicht vereinbaren, das den revozierenden von der Mithilfe des verfügenden Ehegatten abhängig macht und die Rückabwicklung verzögert, wenn nicht sogar vereitelt. Die Verfügungsbeschränkung des § 1365 BGB kann ihren Zweck aber nur dann erfüllen, wenn weder der verfügende Ehegatte noch der Dritte in der Lage ist, die Wiederherstellung einseitig und gegen den Willen des anderen Ehegatten auszuschließen. Der Schutzzweck der §§ 1365, 1368 BGB erfordert deshalb den Ausschluss der Einrede aus § 273 Abs. 1 BGB, wenn der übergangene Ehegatte die Unwirksamkeit der Verfügung geltend macht. Soweit hierdurch in die Interessen des Dritten eingegriffen wird, führt dies keinesfalls zu unbilligen Ergebnissen, sondern entspricht der Interessenabwägung des Gesetzes, das dem Familienschutz Vorrang vor dem Gläubigerschutz eingeräumt hat.

4. Der durch historische Auslegung ermittelte Wille des Gesetzgebers und der Normzweck der §§ 1365, 1368 BGB sprechen auch dann gegen ein Zurückbehaltungsrecht des Dritten, wenn der verfügende Ehegatte die Unwirksamkeit der zustimmungslosen Verfügung geltend macht. Auch im Rahmen des § 1449 BGB a.F. war ein Zurückbehaltungsrecht des Vertragspartners ausgeschlossen, wenn der verfügende Ehemann selbst revozierte. Die Zulassung eines Zurückbehaltungsrechts würde die Rückabwicklung der nach §§ 1365, 1366 BGB nichtigen Verfügung auch dann gefährden, wenn der verfügende Ehegatte selbst die Unwirksamkeit seiner Verfügung geltend macht. Das ist auch dann der Fall, wenn der verfügende Ehegatte die erhaltende Gegenleistung nicht oder nicht mehr vollständig besitzt.

   Es wäre im Übrigen wenig sinnvoll, dem Dritten ein Zurückbehaltungsrecht gegenüber dem nicht verfügenden Ehegatten zu versagen, es dem verfügenden Ehegatten gegenüber aber zuzubilligen. Eine derartige Einrede würde grundsätzlich durch die Klage des anderen Ehegatten aus § 1368 BGB unterlaufen und bliebe letztlich ohne Wirkung. Selbst wenn der verfügende Ehegatte bereits seinen Geschäftspartner auf Herausgabe verklagt hätte, würde das ergangene Urteil gegenüber dem anderen Ehegatten aber keine Rechtskraft entfalten. Der übergangene Ehegatte könnte schließlich erneut Klage erheben und einen uneingeschränkten Herausgabetitel erwirken.

5. Gegenüber revokatorischen Herausgabeansprüchen aufgrund von nach §§ 1365, 1366 BGB nichtigen Rechtsgeschäften kann sich der Vertragspartner auch dann nicht auf ein Zurückbehaltungsrecht nach § 273 Abs. 1 BGB berufen, wenn ihm infolge des nichtigen Rechtsgeschäfts

gegen den verfügenden Ehegatten Schadensersatzansprüche zustehen. Die gleichen teleologischen Erwägungen, die dem Vertragspartner untersagen, die Einrede des § 273 Abs. 1 BGB hinsichtlich der erbrachten Gegenleistung zu erheben, gelten auch dann, wenn dem Vertragspartner Schadensersatzansprüche zustehen.

Anderenfalls würde dies dazu führen, dass ein Ehegatte, der nicht nur seinen Ehepartner übergeht, sondern auch seine Vertragspartner täuscht, faktisch das Zustimmungserfordernis des § 1365 BGB unterlaufen könnte, wenn der übergangene Ehegatte nicht in der Lage ist, die Gegenansprüche des Vertragspartners zu erfüllen. Dies hätte zur Folge, dass der übergangene Ehegatte, dessen Ehepartner arglistig und treuwidrig handelt, schlechter stünde als der Partner eines redlichen Gatten. Die §§ 1365, 1368 BGB sollen jedoch die übergangenen Ehegatten in gleicher Weise schützen.

6. Die gesetzliche Wertung der §§ 1365, 1368 BGB spricht auch gegen ein Zurückbehaltungsrecht des Dritten nach § 1000 BGB.

Zwar ist die Einrede nach § 1000 BGB unter engeren Voraussetzungen ausgeschlossen als die Einrede nach § 273 Abs. 1 BGB. Das Zurückbehaltungsrecht nach § 1000 BGB kann über die ausdrückliche Regelung des § 1000 S. 2 BGB und den Vorbehalt von Treu und Glauben hinaus nur durch die vorrangige Wertung eines Gesetzes verdrängt werden. Eine solche spezialgesetzliche Regelung liegt aber den §§ 1365, 1368 BGB zugrunde.

Der Gesetzgeber trug den berechtigten Interessen des Verwendungsgläubigers dadurch Rechnung, dass er den Ausschluss des ihm prinzipiell zustehenden Zurückbehaltungsrechts nach § 1000 BGB an enge Voraussetzungen knüpfte. Vorliegend sind diese Voraussetzungen erfüllt, da ein Zurückbehaltungsrecht den spezialgesetzlichen Wertungen der §§ 1365, 1368 BGB zuwiderliefe. Es bestünde die Gefahr, dass die nach §§ 1365, 1366 BGB unwirksame Verfügung endgültig nicht rückgängig gemacht werden könnte. Die aufschiebende Einrede des § 1000 BGB könnte zwangsläufig zu einer dauerhaften Verweigerung führen.

Nachdem ein Interessenausgleich durch (für den Vertragspartner) weniger einschneidende Maßnahmen nicht möglich ist, muss das Zurückbehaltungsrecht im Interesse der Familie und des übergangenen Ehegatten ausgeschlossen werden.

IV.

1. Der BGH[595] hat anhand von fünf Thesen bzw. Schlussfolgerungen die Frage beantwortet, ob der Geschäftspartner des ohne Zustimmung verfügenden Ehegatten gegen dessen revokatorischen Zahlungsanspruch aufrechnen kann. Zutreffend ist der Ausgangspunkt seiner Argumentation: Es ist richtig, dass der Schutzgedanke des § 1365 BGB die Zwangsvollstreckung in das Vermögen eines Ehegatten auch dann nicht verhindert, wenn hiervon dessen ganzes oder nahezu gesamtes Vermögen erfasst wird. Zutreffend ist ebenfalls die Annahme, dass der aus der nach §§ 1365, 1366 BGB unwirksamen Verfügung resultierende Herausgabeanspruch grundsätzlich von den Schuldnern des verfügenden Ehegatten gepfändet werden kann. Ebenso ist dem BGH zuzustimmen, wenn er feststellt, dass ein Vollstreckungsgläubiger auch gegen ihn gerichtete Forderungen pfänden und verwerten kann.
2. Bedenken begegnen jedoch der vierten These des BGH, der Geschäftspartner könne im Wege der Zwangsvollstreckung Zugriff auf den sich aus dem unwirksamen Rechtsgeschäft ergebenden Herausgabeanspruch nehmen. Diese Annahme ist jedenfalls dann abzulehnen, wenn die Vollstreckungsforderung ebenfalls aus der nach §§ 1365, 1366 BGB nichtigen Verfügung herrührt, etwa der Anspruch auf Rückzahlung der erbrachten Gegenleistung, und mit dem revokatorischen Herausgabeanspruch im Synallagma steht. Da dem verfügenden Ehegatten – anders als dem Dritten – hinsichtlich des veräußerten Gegenstandes ein Zurückbehaltungsrecht i.S.d. § 273 BGB an der erhaltenen Gegenleistung zusteht, kann der Dritte bezüglich der Gegenleistung nur einen Zug-um-Zug-Titel erlangen. Der Geschäftspartner könnte also aufgrund seines Bereicherungsanspruchs nur dann die gegen ihn gerichtete Herausgabeforderung des Ehegatten pfänden, wenn er den Gegenstand, auf den sich der Herausgabeanspruch bezieht, zuvor herausgegeben oder ihn zumindest in einer den Annahmeverzug begründenden Weise angeboten hat. Muss der Dritte die unwirksam erworbene Sache aber zuvor anbieten und nimmt der revozierende Ehegatte diese wieder zurück, erlischt gem. § 362 Abs. 1 BGB der Herausgabeanspruch, auf den der Dritte im Wege der Zwangsvollstreckung zugreifen wollte.
3. Unzutreffend ist schließlich die fünfte These des BGH, der verfügende Ehegatte sei vor der Aufrechnung – ebenso wenig wie vor einer Zwangsvollstreckung – geschützt. Der BGH folgert von der zulässigen Zwangsvollstreckung in eine Gegenforderung des Vollstreckungsgläubigers auf

[595] BGHZ 143, 356 (361).

die Zulässigkeit der Aufrechnung mit dieser. Diese Vorgehensweise ist dogmatisch bedenklich und ungeeignet, das Nichtvorhandensein eines gesetzlich nicht normierten Aufrechnungsverbotes, das aufgrund der Eigenart des zugrundeliegenden Schuldverhältnisses und den Grundsätzen von Treu und Glauben (§ 242 BGB) entstanden sein könnte, zu belegen. Bereits aus dem Vergleich der unterschiedlichen Voraussetzungen von Aufrechnung und Forderungspfändung wird deutlich, dass eine Gleichbehandlung keinesfalls nahe liegt und ein Rückschluss von der Pfändbarkeit einer Forderung auf das Bestehen von Aufrechnungshindernissen grundsätzlich ausscheidet.

Bestätigt wird dieses Ergebnis, wenn man untersucht, wie sich Aufrechnungsverbote auf die Pfändung eigener Zahlungsverbindlichkeiten des Vollstreckungsgläubigers auswirken. Geht man davon aus, dass die Pfändung von Verbindlichkeiten des Gläubigers trotz bestehender Aufrechnungsverbote grundsätzlich zulässig ist, kann aus der zulässigen Zwangsvollstreckung gerade kein Rückschluss auf die Zulässigkeit der Aufrechnung gezogen werden. Ist man demgegenüber der Auffassung, Aufrechnungsverbote untersagten auch die Zwangsvollstreckung in Schulden des aufrechnungswilligen Vollstreckungsgläubigers, dann lässt sich die Zulässigkeit der Pfändung nicht feststellen, ohne dass zuvor das Vorhandensein von Aufrechnungsverboten geprüft worden ist. Eine Schlussfolgerung von der Pfändbarkeit zur Aufrechenbarkeit verbietet sich somit. Das Gleiche gilt, wenn man nach dem Schutzzweck der Aufrechnungsverbote differenziert. Eine isolierte Feststellung bezüglich der Zwangsvollstreckung in eigene Schulden lässt sich nach diesem Ansatz nur treffen, wenn zuvor der Schutzzweck des Aufrechnungsverbotes geprüft worden ist. Ist das aber der Fall, dann steht bereits das Vorhandensein eines Aufrechnungsverbotes vor der Zulässigkeit der Pfändbarkeit fest. Insoweit ist es auch nach dieser Meinung nicht sinnvoll, anhand der Zulässigkeit der Zwangsvollstreckung das Nichtvorhandensein von Aufrechnungsverboten nachzuweisen. Vielmehr muss zuerst das Vorliegen von Aufrechnungsverboten und ihre jeweilige Schutzrichtung feststehen.

Der Ansatz des BGH, vorrangig zu prüfen, ob eine Forderung vom aufrechnungswilligen Vollstreckungsgläubiger gepfändet werden kann, ist nach alledem nicht geeignet, das Nichtvorhandensein von gesetzlich nicht geregelten Aufrechnungsverboten zu belegen.

4. Des Weiteren lässt sich nicht die generelle Regel aufstellen, wonach die Aufrechnung untersagt ist, wenn eine Zahlungsforderung an die Stelle eines Herausgabeanspruchs tritt, demgegenüber das Zurückbehaltungsrecht nach § 273 BGB ausgeschlossen war. Eine pauschale Gleichbe-

handlung von Aufrechnung und Zurückbehaltungsrecht verbietet sich bereits aufgrund der unterschiedlichen Voraussetzungen, Zielrichtungen und Wirkungen der beiden Rechtsinstitute.

Der historische Gesetzgeber wollte keine generelle Regelung treffen, wann die Aufrechnung aufgrund der Besonderheit eines Schuldverhältnisses ausgeschlossen sein sollte. Eine derartige Bestimmung wäre dem Gesetzgeber zu allgemein gewesen. Ihm kam es vielmehr auf die Besonderheiten des Einzelfalls an. Schon deshalb verbietet es sich, den Grundsatz aufzustellen, wonach die Aufrechnung immer dann ausgeschlossen ist, wenn ein Zahlungsanspruch das Surrogat eines zweckbestimmten einredefreien Herausgabeanspruchs ist.

Das bedeutet nicht, dass die gleichen Erwägungen, welche die Geltendmachung des Zurückbehaltungsrechts untersagen, nicht auch zu einem Aufrechnungsverbot führen können, wenn sich der Herausgabeanspruch infolge Weiterveräußerung des Verfügungsgegenstandes an einen gutgläubigen Dritten in einen Bereicherungsanspruch nach § 816 Abs. 1 BGB gewandelt hat.

Es ist im konkreten Fall zu prüfen, ob die Natur eines Schuldverhältnisses der Aufrechnung entgegensteht. Hierzu ist jeweils zu klären, ob der Zweck eines Zahlungsanspruchs im Falle einer Aufrechnung vereitelt würde. Das setzt allerdings voraus, dass durch Versagung der Aufrechnung der jeweilige Normzweck noch erreicht werden kann.

5. Wenn ein Ehegatte ohne Zustimmung und daher gemäß §§ 1365, 1366 BGB unwirksam über sein gesamtes Vermögen verfügt hat und sich der Herausgabeanspruch nach § 985 BGB oder der Grundbuchberichtigungsanspruch nach § 894 BGB später in einen bloßen Zahlungsanspruch nach § 816 Abs. 1 S. 1 BGB verwandelt hat, kann der Zweck der §§ 1365, 1368 BGB nicht mehr erreicht werden.

   In diesem Fall kann die ursprüngliche Besitzsituation nicht mehr hergestellt werden. Der Ersatzanspruch sowie der Anspruch auf das Erlangte sind lediglich Geldansprüche, die dem verlorenen Gegenstand nicht gleichgestellt werden können. Die §§ 1365, 1368 BGB können ihr Ziel, das (nahezu) gesamte Vermögen eines Ehegatten in seiner konkreten Zusammensetzung vor einseitigen Verfügungen zu schützen, nicht mehr erreichen. Insoweit unterscheidet sich diese Situation auch von derjenigen eines Vertragspartners, der noch im Besitz des erworbenen Vermögensgegenstandes ist und sich hinsichtlich seines Kaufpreisanspruchs auf ein Zurückbehaltungsrecht beruft. Hier kann der ursprüngliche Vermögenszustand durch Versagung eines Zurückbehaltungsrechts wieder hergestellt werden. Kann dagegen der Zweck der §§ 1365, 1368 BGB nicht mehr realisiert werden, ist ein generelles Aufrechnungsverbot nicht erforderlich. Der Geschäftspartner darf daher mit seinem Rückzahlungsanspruch hinsichtlich des Kaufpreises grundsätzlich gegen revokatorische Zahlungsansprüche des Ehegatten aufrechnen.

4. Ein teleologisches Aufrechnungsverbot lässt sich nicht schon deshalb annehmen, weil es den Schuldner davon abhalten könnte, eigenmächtig eine Aufrechnungslage herbeizuführen, d.h. den zu Unrecht erlangten Vermögensgegenstand weiter zu veräußern. Ein solches Aufrechnungsverbot hätte rein präventiven Charakter. Zwar können ausdrücklich normierte Aufrechnungsverbote auch präventive Ziele verfolgen. Fehlt es aber an einer eindeutigen Regelung, kann ein Aufrechnungsverbot nicht aus präventiven Erwägungen hergeleitet werden. Folglich stellt sich die Frage der Zulässigkeit der Aufrechnung in diesen Fällen erst dann, wenn eine Aufrechnungslage bereits entstanden ist, also nicht mehr verhindert werden kann.
5. Ein Aufrechnungsverbot ergibt sich ebenso wenig unter dem Gesichtspunkt der Gesetzesumgehung. Könnte eine Vertragspartei mittels Aufrechnung die gleichen Rechtsfolgen herbeiführen, als wäre eine erforderliche Genehmigung erteilt worden, dann müsste die Aufrechnung ausgeschlossen sein. Das ergibt sich aus dem Zweck des jeweiligen Genehmigungserfordernisses.
   Bei nach §§ 1365, 1366 BGB nichtigen Vermögensverfügungen ist dies jedoch nicht der Fall. Dem Geschäftspartner ist es nicht möglich, durch Weiterveräußerung des gem. § 1365 BGB unrechtmäßig erlangten Vermögensgegenstandes und durch anschließende Aufrechnung die gleichen rechtlichen und wirtschaftlichen Folgen herbeizuführen wie nach erteilter Zustimmung. Einerseits ist der Vertragspartner nicht (mehr) im Besitz der unwirksam erworbenen Sache, andererseits verbleiben ihm auch nicht die mit dem Erwerb beabsichtigten Vermögensvorteile. Von einer Umgehung des von § 1365 BGB festgelegten Zustimmungserfordernisses durch Aufrechnung kann demnach nicht gesprochen werden.
6. Zwar ergibt sich aus dem Schutzzweck der §§ 1365, 1368 BGB kein generelles Aufrechnungsverbot gegen revokatorische Zahlungsansprüche, das bedeutet aber nicht, dass der Geschäftspartner des nach §§ 1365, 1366 BGB unwirksam Verfügenden regelmäßig mit seinem Anspruch auf Rückzahlung des Kaufpreises aufrechnen kann. Falls der Bereicherungsanspruch des Ehegatten dadurch entstanden ist, dass der Geschäftspartner den erlangten Gegenstand an einen gutgläubigen Vierten weiterveräußerte und dieser Eigentum erworben hat, kommt es darauf an, ob der Geschäftspartner damit gerechnet hat, dass er nicht verfügungsberechtigt war. Davon muss jedenfalls dann ausgegangen werden, wenn er zuvor unter Hinweis auf die fehlende Zustimmung aufgefordert

worden ist, den zu Unrecht erlangten Vermögensgegenstand zurückzugeben.
In diesem Fall stellt die Weiterveräußerung eine unzulässige Eigentumsverletzung nach § 823 Abs. 1 BGB dar, und die Aufrechnung gegen sämtliche Ansprüche des Ehegatten, die sich aus dem nach §§ 1365, 1366 BGB unwirksamen Rechtsgeschäft ergeben, ist nach § 393 BGB ausgeschlossen.
Das Gleiche gilt, wenn der Geschäftspartner die Herausgabe der unwirksam veräußerten Vermögensgegenstände, etwa Wertpapiere, missbräuchlich herauszögert, um hierdurch eine Aufrechnungsmöglichkeit zu erlangen. Werden die in den Wertpapieren verbrieften Forderungen zur Auszahlung fällig, verbietet sich eine Aufrechnung nach den Grundsätzen von Treu und Glauben.

FSC
www.fsc.org
MIX
Papier | Fördert
gute Waldnutzung
FSC® C083411

Kolibri 360 GmbH
Ferdinand-Jühlke-Straße 7
99095 Erfurt, Deutschland
produktsicherheit@kolibri360.de